Apresentação do Teatro Brasileiro Moderno

Coleção Estudos
Dirigida por J. Guinsburg

Equipe de realização – Revisão e índice remissivo: Évia Yasumaru; Fotos da sobrecapa: Agência Folha/Sérgio Tomisaki, Lima Barreto; Sobrecapa: Cristiane Silvestrin; Produção: Ricardo W. Neves, Heda Maria Lopes e Eloisa Graziela Franco de Oliveira.

Décio de Almeida Prado

APRESENTAÇÃO DO TEATRO BRASILEIRO MODERNO
CRÍTICA TEATRAL DE 1947-1955

EDITORA PERSPECTIVA

Direitos reservados à
EDITORA PERSPECTIVA S.A.
Av. Brigadeiro Luís Antônio, 3025
01401-000 – São Paulo – SP – Brasil
Telefax: (0--11) 3885-8388
www.editoraperspectiva.com.br
2001

Sumário

Consciência Privilegiada do Teatro – *Sábato Magaldi* IX
Introdução XVII

Parte I: AUTORES NACIONAIS

1. Nelson Rodrigues 3
   1.1. *Vestido de Noiva* 3
   1.2. *A Mulher sem Pecado* 8
   1.3. *A Falecida* 10
2. Abílio Pereira de Almeida 15
   2.1. *Pif-Paf* 15
   2.2. *A Mulher do Próximo* 17
   2.3. *Paiol Velho* 22
3. Silveira Sampaio 31
   3.1. *A Inconveniência de Ser Esposa* 31
   3.2. *Da Necessidade de Ser Polígamo* 35
   3.3. *A "Garçonnière" de Meu Marido* 38
4. Joracy Camargo 45
   4.1. *Deus lhe Pague* 45
5. Guilherme Figueiredo 53
   5.1. *Um Deus Dormiu lá em Casa* 53
   5.2. *A Raposa e as Uvas* 56

6. Henrique Pongetti 61
   6.1. *Amanhã, se não Chover* 61

7. Pedro Bloch 65
   7.1. *As Mãos de Eurídice* 65
   7.2. *Irene* 68

8. Edgard da Rocha Miranda 71
   8.1. *Para onde a Terra Cresce* 71
   8.2. *E o Noroeste Soprou* 75

9. Raimundo Magalhães Jr. 79
   9.1. *Essa Mulher é Minha* 79
   9.2. *A Canção dentro do Pão* 81

10. Lúcio Cardoso 85
    10.1. *O Filho Pródigo* 85

11. Millôr Fernandes 89
    11.1. *Uma Mulher em Três Atos* 89

12. Rachel de Queiroz 93
    12.1. *Lampião* 93

13. Jorge Andrade 97
    13.1. *A Moratória* 97

Parte II: COMPANHIAS NACIONAIS

1. Os Comediantes 107
   1.1. *Desejo* 107

2. Teatro do Estudante do Rio de Janeiro 117
   2.1. *Hamlet* 117

3. Dulcina 127
   3.1. *Chuva* – Sete Anos Depois 127

4. Escola de Arte Dramática 131
   4.1. *Liliom* 131
   4.2. *O Demorado Adeus* 138
   4.3. De Pirandello a Brecht 140
   4.4. De Melville a Thornton Wilder 143
   4.5. Festival Martins Pena 146
   4.6. *A Descoberta do Novo Mundo* 149

5. Olga Navarro 155
   5.1. *Nina* 155

6. Madalena Nicol 159
   6.1. *Eletra e os Fantasmas* 159

7. Jaime Costa 165
   7.1. *A Morte do Caixeiro-Viajante* 165

SUMÁRIO

    7.2. *Falta um Zero nessa História* 172
8. Graça Melo 175
    8.1. *Massacre* 175
    8.2. *O... Magnífico* 180
    8.3. *Volta, Mocidade* 184
9. Teatro Experimental do Negro 187
    9.1. *O Imperador Jones* 187
10. Companhia Delmiro 191
    10.1. *A Falecida Mrs. Black* 191
    10.2. *A Ilhas das Cabras* 194
11. Nicette Bruno 201
    11.1. *Ingênua até certo Ponto* 201
    11.2. *Week-End* 204
    11.3. *Ingenuidade* 206
12. Rodolfo Mayer 209
    12.1. *Obrigado pelo Amor de Vocês* 209
13. Companhia de Teatro de Arena 211
    13.1. *Uma Mulher e Três Palhaços* 211
14. Companhia Morineau 215
    14.1. *A Cegonha se Diverte* 215
    14.2. *Jezabel* 217
15. Teatro de Amadores de Pernambuco 221
    15.1. *A Casa de Bernarda Alba* 221
16. Maria Della Costa 227
    16.1. *O Canto da Cotovia* 227
17. Bibi Ferreira 233
    17.1. *Senhorita Barba Azul* 233

Parte III: Teatro Brasileiro de Comédia

1. *O Mentiroso* 239
2. *Entre Quatro Paredes* (e *O Pedido de Casamento*) 245
3. *O Anjo de Pedra* 253
4. Teatro da Segunda-Feira 261
5. *Seis Personagens à Procura de um Autor* 269
6. *Convite ao Baile* 281
7. *Ralé* 287
8. As Duas *Antígones* 293
9. *Assim é (Se lhe Parece)* 301
10. *Volpone* 307

Parte IV: Temporadas Estrangeiras

1. Jean-Louis Barrault 313
   1.1. 313
   1.2. 315
   1.3. 316
   1.4. 318
   1.5. 320
   1.6. 323
   1.7. 325
   1.8. *Le Livre de Christophe Colomb*. 327
2. Comédie Française 333
   2.1. *Le mariage de Figaro* 333
   2.2. *Les temps difficiles* 336
   2.3. *La reine morte* 338
   2.4. *Le bourgeois gentilhomme* 341

Parte V: Crônicas

1. Ziembinski 347
2. Alda Garrido 351
3. Uma Certa Dercy 353
4. *Folies Bergère* 355
5. *Porgy and Bess* 357
6. Hoje Tem Goiabada... 361

O Exercício do Pensamento Teatral – *J. Guinsburg* 365

Índice Remissivo 369

Consciência Privilegiada do Teatro

A excelência da crítica teatral de Décio de Almeida Prado, além das qualidades naturais do autor, apuradas com o tempo, se explica por uma série de circunstâncias favoráveis: ele se iniciou num momento de renovação do trabalho cênico em São Paulo, tornando-se sua consciência privilegiada; teve a prática anterior do amadorismo, que lhe forneceu os segredos do palco; conhecia as propostas teóricas em voga na Europa, preferindo uma ou outra para orientar os elencos brasileiros; e, sobretudo, encontrou no jornal *O Estado de S. Paulo* o veículo que lhe abriu espaço para desenvolver verdadeiro ensaísmo, distante do *review* adotado pela maioria da imprensa.

Convidado para escrever sobre o TBC no segundo número da revista *Teatro Brasileiro* (dezembro de 1955), Décio deixou claras suas convicções:

> A história do teatro profissional em São Paulo é curta: tem oito anos de idade, precisamente a idade do Teatro Brasileiro de Comédia. Compreender o TBC, portanto, é de certo modo compreender o próprio teatro paulista: foi à sombra dele que crescemos e nos formamos todos, atores, críticos ou espectadores. Deve-se à sua influência, não contrabalançada a não ser recentemente por outras de igual peso – como a do Teatro Maria Della Costa – a relativa homogeneidade do meio teatral paulista, maior, acreditamos, do que a de qualquer outro no Brasil. No Rio de Janeiro, por exemplo, o teatro nascente teve de lutar contra os hábitos e as idéias do velho teatro: as posições oficiais, as posições-chaves, ainda hoje são ocupadas por pessoas que se formaram antes e à margem do fluxo renovador. Em São Paulo, não: todo o nosso teatro pertence praticamente à mesma geração, de menos de quarenta anos, partilhando de princípios estéticos sensivelmente os mesmos.

Esses princípios estéticos se encontram difundidos em *Apresentação do Teatro Brasileiro Moderno*, que reúne a crítica de Décio entre 1947 e 1955, a que se seguiram os livros *Teatro em Progresso* (1955-1964) e *Exercício Findo* (1964-1968), para ceder lugar à valiosa obra de historiador do nosso teatro.

A primeira luta de Décio consistiu em apoiar a modernização do fazer teatral brasileiro, segundo o modelo europeu. No mesmo artigo divulgado em *Teatro Brasileiro*, ele assinala que o grupo amador carioca de Os Comediantes, com Ziembinski, já havia "demonstrado o papel que a cultura européia poderia desempenhar como elemento renovador do nosso teatro". O TBC retomou essa experiência em ponto maior, contando, em certo momento, com cinco encenadores – quatro italianos: Adolfo Celi, Ruggero Jacobbi, Luciano Salce e Flamínio Bollini Cerri, e o polonês Ziembinski, e três cenógrafos italianos: Aldo Calvo, Bassano Vaccarini e Mauro Francini. Conclui o crítico: "Poderíamos dizer, nesse sentido, que o TBC é, em grande parte, um produto europeu, um tanto artificial, se esta própria experiência cosmopolita, por sua vez, não fosse um fenômeno tipicamente paulista". Acrescentaríamos que o Teatro Maria Della Costa, citado por Décio como influência contrabalançada à do TBC, foi buscar na Itália, como seu primeiro diretor artístico e cenógrafo, Gianni Ratto, aliás o único sobrevivente desse esplêndido grupo de artistas.

Em diversas oportunidades, ao longo deste livro, Décio alude a seus princípios estéticos. Insurgia-se ele, em primeiro lugar, contra as velhas companhias brasileiras, formadas em torno do primeiro ator, que aliava também a função de empresário. Não havia o encenador a harmonizar o conjunto do desempenho, e freqüentemente a personagem se amoldava ao temperamento e às demais características desse primeiro ator. Já era impensável, no novo modelo europeu, a inexistência do encenador, a dar unidade à interpretação e aos outros elementos do espetáculo – a cenografia, a indumentária, a iluminação e eventualmente a música.

Décio escreveu, com razão, que não estava em causa o problema do talento: "Talento não é privilégio de geração nenhuma e muitos dos nossos jovens atores estão bem longe de possuir a vocação inata de um Jaime Costa ou de um Procópio". Prossegue o comentário:

A diferença, parece-nos, está essencialmente na maneira de conceber o teatro como espetáculo. Para os mais novos, crescidos dentro da disciplina imposta pelos encenadores estrangeiros, uma peça de teatro é um mecanismo em que cada personagem representa uma determinada função. A graça provém não deste ou daquele elemento funcionando separadamente, a seu bel-prazer, mas do modo perfeito com que todos eles se entrosam uns nos outros. A personagem, para começar, tem certa coerência, certa fisionomia especial e inconfundível. Daí a necessidade de estudá-la como se estuda um problema de psicologia, a obrigação de partir sempre do zero em relação a cada novo desempenho. Depois essas figuras unem-se para formar um todo homogêneo, lógico, onde não existe o acaso ou a improvisação. Tudo foi previsto pelo autor para alcançar o máximo resultado.

Passa Décio, então, a discutir a mentalidade do velho teatro: "Ora, para os nossos antigos atores, nada disto tem muito sentido. Cada qual procura ser engraçado da maneira que lhe é mais fácil e espontânea, não importando se as suas invenções pessoais mantêm ou não a unidade da personagem ou da peça. Jaime Costa é sempre Jaime Costa como Procópio é sempre Procópio". Se essas observações são justas no esquema das antigas companhias, sabe-se que esses primeiros atores, quando convidados a participar de uma iniciativa conduzida por um encenador, se sobressaíram com seu indiscutível talento.

Os pressupostos de Décio não se encerram aí. Ele entra em outro terreno, até hoje polêmico, ao estabelecer sua hierarquia de valores no teatro. Ao examinar *Desejo*, de O'Neill, na montagem de Os Comediantes, sob a direção de Ziembinski, aproveita uma citação de Giraudoux para fazer uma crítica ao diretor "e não somente a ele mas a toda uma classe de encenadores, a toda uma escola do teatro moderno: quando a figura do diretor cresce em demasia, arrisca-se a se interpor perigosamente entre o autor e o público. Embevecidos pelo virtuosismo da interpretação, esquecem o principal – o autor – invertendo a ordem dos valores ao dar maior importância à criação do espetáculo que à criação literária da peça".

Ziembinski não é acusado de desvirtuamento do texto, mas de lhe imprimir "a marca de sua vigorosíssima personalidade. O *Desejo* que vimos não é apenas de O'Neill: é de Ziembinski também". Lembra Décio, a propósito, pelo contraste, o teatro de um Louis Jouvet, e o cita: "o que interessa é a relação estreita, direta, do homem que fala, isto é, do autor, e daqueles que escutam, isto é, da assistência, do público". Com essa afirmação, segundo Décio, Jouvet relega

propositada e modestamente para o segundo plano tanto o *metteur-en-scène* como os atores. Desta concepção do papel do diretor, servidor e não mestre, deriva um teatro oposto ao de Ziembinski, um teatro mais literário que espetacular, um teatro em que os intérpretes abafam deliberadamente qualquer veleidade de virtuosismo para que nada venha a perturbar o verbo do poeta dramático. Quando ouvimos Jouvet, a sua arte consiste em apagar-se: é a voz do próprio autor, Molière ou Giraudoux, que julgamos ouvir. Já de *Desejo* não se poderia dizer a mesma coisa: a direção de cena, o jogo dos atores são valores que têm tanta importância quanto o texto literário.

A longa citação tem o propósito de deixar bem claros os princípios estéticos de Décio. Que se completam com o último parágrafo do comentário, publicado em 1947:

Se nos perguntassem se estas considerações envolvem uma crítica a Ziembinski, teríamos dificuldade em responder. Não há dúvida de que entre as duas posições preferimos decididamente a de Jouvet. Mas a nossa oposição a Ziembinski não diminui em nada a admiração que lhe dedicamos, porque se origina tão-somente de uma divergência de ponto de vista teórico. No fundo, tudo se resume numa pergunta: o que é mais importante, a peça ou o espetáculo? Se tivéssemos certeza da resposta, poderíamos então lançar a primeira pedra. Mas existem, em arte, verdades absolutas? A divergência de escolas não será um postulado necessário e benéfico da vida artística, facultando a variedade e a diversidade? É por isso que, discordando, por vezes, de Ziembinski, respeitamos profundamente as suas convicções. Nem seria possível outra atitude diante do homem que está dando ao Brasil seu melhor teatro, o mais sério artisticamente e o mais desinteressado comercialmente.

Reitera Décio sua perspectiva, em comentário a respeito de *Liliom*, de Ferenc Molnar, dirigido por Alfredo Mesquita, com os alunos da Escola de Arte Dramática de São Paulo: "Começamos a falar do espetáculo e retornamos inapelavelmente à peça. O que talvez não seja de admirar: em qualquer belo espetáculo, é o texto que sobressai, são os atores e elementos da representação que ficam em segundo plano, servidores submissos e indispensáveis da obra de arte".

Por último, ao comentar *Pega-Fogo* (*Poll de Carotte*), de Jules Renard, sob a direção de Ziembinski, Décio lembra: "Colocamos sempre a peça antes do intérprete, porque essa é a hierarquia natural do teatro". Mas se abriu uma exceção, não foi por que não admirasse "a peça mais perfeita deixada pelo teatro naturalista francês de fins do século passado", mas pela criação de Cacilda Becker, a "grande triunfadora" da noite.

Vê-se, porém, na crítica de *Desejo*, que Décio não fecha a questão a propósito da primazia do texto ou do espetáculo. Sabendo que, em arte, não existem verdades absolutas, admite que a divergência pode facultar a variedade e a diversidade, valores positivos. O gosto pessoal não determina a validade de um princípio, qualquer que seja ele. Pirandellianamente, caberia também questionar: quem tem o direito de garantir ser essa ou aquela a intenção do autor? Sobretudo a do autor morto, que não deixou expressa sua intenção? E o encenador que aparentemente o trai não estaria revelando sua motivação profunda?

Cremos que se deva entender a profissão de fé de Décio como estratégia de luta por um teatro sério, isento de arbitrariedades, possíveis quando um diretor ou um intérprete decide transformar o palco em arena de malabarismos. Na Europa, a valorização do texto prendeu-se, de um lado, ao combate contra o *boulevard* e, de outro, à inaceitação da criatividade desregrada do encenador. No Brasil, ela significou o repúdio à chanchada, aos "cacos" freqüentes nos diálogos, à improvisação sem coerência com a psicologia da personagem. Tanto assim que Décio sempre justificou o ecletismo do repertório do TBC, sem preconceito com a montagem de qualquer comédia, já que o elenco deveria atender aos diferentes gostos do público. Na dignidade do espetáculo reside a sua justificativa.

A fundamentação teórica, porém, representa apenas um dos elementos da atividade crítica. Há críticos, principalmente literários, dotados de invejável bagagem cultural, incapazes de pô-la em prática no exame e na avaliação de uma obra. No caso de Décio, verifica-se o contrário: cada objeto como que sugere a forma de sua aproximação, procedendo-se a um diálogo sempre fecundo. No prefácio a *Exercício Findo*, sua terceira e última coletânea crítica, Décio definiu bem o problema, esclarecendo que não escolhia o teor do diálogo, "decretando de antemão que o teatro tem de ser religioso ou irreligioso, materialista ou espiritualista, político ou apolítico". Seu esforço crítico, "durante a representação e enquanto escrevia, organizava-se com a intenção de entender bem o que os outros falavam, esposando momentaneamente aquele determinado universo de ficção, com as suas leis próprias. Acreditava no destino com os gregos, na Divina Providência com os cristãos, no determinismo com os naturalistas, no materialismo histórico com os marxistas". No final do prefácio, depois de temer que fosse um crítico impressionista (qualificativo nada abonador, em face de várias escolas modernas), Décio chegou a uma sábia conclusão: "Uma ciência teatral, se conseguirmos um dia constituí-la, ensinará tudo ao crítico, menos se tal atriz e tal peça são medíocres ou geniais. Essa é uma escolha que ele terá de fazer, jogando às vezes tudo ou nada como qualquer espectador".

Em minhas aulas, respondendo a perguntas de alunos sobre qual o primeiro requisito para ser crítico, nunca hesitei em declarar que era saber escrever. Um certo dom inato para lidar com a palavra é fundamental, sob pena de se perder toda a autoridade relacionada ao assunto. Sob esse prisma, a crítica de Décio, desde o primeiro comentário, se mostrou impecável. A aparente simplicidade se acompanha de precisão, de elegância, de fina ironia. A construção da crítica, sempre bem arquitetada, se louva numa erudição discreta, distante de qualquer forma de exibicionismo.

A organização do livro ajuda o leitor a tomar contato com os autores nacionais, que dominaram o período por ele abrangido. Vai-se de Nelson Rodrigues, com *Vestido de Noiva*, que renovou a nossa dramaturgia (*O Rei da Vela*, de Oswald de Andrade, só subiu ao palco em 1967), até Jorge Andrade, cronologicamente a última revelação, com a estréia de *A Moratória*, em 1955. Outros nomes, presentes nos cartazes, mereceram cuidadosos comentários, a exemplo de Abílio Pereira de Almeida, Silveira Sampaio, Joracy Camargo, Pedro Bloch, Millôr Fernandes e Rachel de Queiroz.

A parte dedicada às companhias nacionais principia pelos Comediantes, estendendo-se ao Teatro do Estudante do Rio de Janeiro (Sérgio Cardoso se lançou aí, em *Hamlet*), a Dulcina, a Olga Navarro, a Madalena Nicol, a Jaime Costa, ao Teatro Experimental do Negro, à Companhia de Teatro de Arena, ao Teatro de Amadores de Pernambuco, a Henriette Morineau e a Bibi Ferreira, consagrando o mesmo cuidado aos espetáculos da Escola de Arte Dramática de São Paulo. Curiosamente, Décio registra, em 1953: "Há muito que o teatro paulista aspira ao aparecimento de uma segunda companhia da mesma qualidade do Teatro Brasileiro de Comédia, de forma a termos, cada ano, dez ou doze espetáculos de primeira ordem em lugar de cinco ou seis. Vários conjuntos tentaram a proeza que, do ponto de vista puramente artístico, está agora em vias de se realizar, ao que parece, pela Companhia Delmiro Gonçalves" (responsável pela montagem de *A Ilha das Cabras*, de Ugo Betti, sob a direção de Rubens Petrilli de Aragão). O elenco, porém, não teve recursos financeiros para se consolidar. A proeza aludida por Décio ficou por conta do Teatro Popular de Arte (Cia. Maria Della Costa – Sandro Polloni), ao inaugurar sua bela casa de espetáculos, na rua Paim, com *O Canto da Cotovia* (*L'Alouette*), de Anouilh, sob a direção de Gianni Ratto. O crítico não escondeu seu grande entusiasmo, proclamando: "O Teatro Brasileiro de Comédia tem esmagado, pela simples força de comparação, as outras companhias surgidas ultimamente em São Paulo. Sandro Polloni é o primeiro empresário a aceitar o desafio do TBC em seus próprios termos, respondendo de igual para igual".

Pelo domínio que exerceu nos anos cobertos por *Apresentação do Teatro Brasileiro Moderno*, o TBC deveria forçosamente receber tratamento especial numa parte inteira que lhe dedicou o autor. Dez capítulos enfeixam a importante trajetória do conjunto, até então, e vários tratam de alguns de seus mais significativos espetáculos. Será justo reconhecer, por isso, que Décio foi a principal testemunha e a referência crítica da nossa primeira companhia profissional, fornecendo, na fonte, um juízo objetivo e sereno sobre os inícios do teatro moderno em São Paulo. E a carreira artística de Cacilda Becker, a atriz que simbolizou no palco o melhor espírito da renovação do desempenho, ganha um relevo particular na crítica de Décio.

As companhias estrangeiras de Madeleine Renaud-Jean-Louis Barrault e Comédie Française receberam alentados comentários. Décio valoriza justamente toda a primeira temporada de Barrault na América do Sul, em 1950, que foi para muitos a descoberta da grandeza do repertório e da encenação, nos mais variados gêneros. E se mostrou particularmente feliz a crítica a *Le livre de Christophe Colomb*, de Claudel, quando o elenco aqui retornou, em 1954. As crônicas dedicadas a alguns nomes e a espetáculos isolados, como *Folies Bergère*, *Porgy and Bess* e um circo, trazem ao primeiro plano o virtuosismo estilístico do escritor.

Ele possuía tamanha certeza da missão cumprida que se propôs reunir em livros toda a sua crítica teatral. Antes dele, somente Machado de Assis teve seus comentários aproveitados num volume das *Obras Completas*. Até hoje não saíram das páginas de jornais as críticas de Artur Azevedo, outro grande observador do nosso movimento cênico.

Não se pode esquecer que determinadas circunstâncias favoreceram a realização, em alto nível, da crítica de Décio. Havia em São Paulo reduzido número de estréias, cada ano, permitindo maior preparo do jornalista, com a leitura das peças e de livros de apoio. Era total a liberdade para a entrega dos comentários, o que facilitava rever a opinião sobre um espetáculo, certamente melhor fundamentada num cotejo.

O Estado de S. Paulo, embora mantivesse apenas uma página de arte, naquele tempo, concedia primazia ao teatro. As demais manifestações não recebiam o mesmo tratamento dele. O próprio noticiário era parcimonioso. Por isso, Décio podia estender-se, se quisesse, por duas ou mais crônicas, acompanhadas com sofreguidão pelos leitores e pelos participantes das montagens.

A possibilidade de desdobrar-se nas considerações dava outra característica à crítica de Décio: ela era também didática, no melhor sentido da palavra. A discussão sobre a linha da montagem e do desempenho aproveitava, antes de tudo, aos realizadores, libertos do juízo "gostei" ou "não gostei" e "está bem" ou "não está bem". E, sem impor nenhuma lição, o crítico ensinava o leitor a entender o mecanismo do teatro, a enxergar o porquê das qualidades e das restrições apontadas. Esse gênero de comentário eleva, com o tempo, o discernimento da platéia.

Se o jornal agiu com absoluta compreensão ao estimular o tipo de crítica feito por Décio, prejudicou-o, sem dúvida, quando pretendeu acompanhar o exemplo da imprensa norte-americana. Em Nova Iorque, virou folclórico o hábito de os realizadores de um espetáculo aguardarem o veredicto crítico na madrugada seguinte à estréia. Mas, ali, as sessões diárias começam mais cedo do que no Brasil, e, no lançamento, com antecedência ainda maior. Assim, o comentarista não precisa esbaforir-se para emitir sua opinião. Entre nós, as estréias, marcadas para as 21 horas, abrem em geral as cortinas com um mínimo de meia hora de atraso. Não há tempo suficiente para amadurecer as idéias. Apesar da dificuldade, Décio sempre conseguiu situar inteligentemente o espetáculo, de acordo com as suas convicções.

Este volume, por felicidade, está isento das limitações que lhe foram impostas mais tarde, e que hoje não prevalecem, em virtude da mudança do horário de fechamento dos jornais. *Apresentação do Teatro Brasileiro Moderno* contém o melhor ensaísmo de Décio de Almeida Prado aplicado ao comentário de espetáculos, e justifica por completo o lugar que ninguém lhe contesta de pioneiro de uma nova postura e de mais importante crítico teatral já surgido no País.

Sábato Magaldi

Introdução

As críticas teatrais que seguem foram escritas para *O Estado de S. Paulo*, aparecendo sob a forma de notas da redação, sem assinatura, conforme o costume do jornal. Pela sua própria origem, portanto, não deveriam viver mais do que vivem as folhas de um jornal – o espaço de uma manhã. Mas, no caso particular do teatro, há motivos, além dos pessoais, para se desejar juntá-las permanentemente num livro. É que existe todo um processo da vida teatral, referente à representação, aos atores, que não costuma subsistir a não ser através dessas notações diárias, apressadas, imperfeitas, fragmentárias. Foi o que levou recentemente um crítico inglês, T. C. Worsley, a intitular um livro seu, de crônicas dramáticas, de *The Fugitive Art*, justificando a publicação e o título em termos que são mais ou menos os seguintes:

> a crítica dramática possui uma vantagem acidental sobre a crítica de livros. Um livro continua a ser lido depois de esquecidas todas as críticas que o seu aparecimento suscitou, se excetuarmos uma ou outra realmente excepcional. Com as representações teatrais dá-se o contrário. As peças elas mesmas podem sobreviver, se o merecerem, mas cada determinada encenação ou cada particularidade do desempenho só viverá enquanto delas persistir um traço na memória ou alguma notação escrita. Por isso parece menos impertinente do que seria no caso da crítica de livros feita em jornal reunir em volume comentários desta – a mais fugidia de todas as artes.

Tal razão, se não houvesse outras, bastaria talvez para me persuadir. O teatro brasileiro, como todo mundo sabe, atravessa uma verdadeira crise de crescimento. Acompanhar dia a dia essa onda renovadora, participar das esperanças de toda uma geração, e deixar dela um testemunho, por imperfeito que seja, é encargo de que não me envergonharia. Mas para o Brasil há uma segunda razão, aos meus olhos bem mais decisiva. O nosso teatro ainda não está na fase de pensar na posteridade, não adquiriu ainda o direito de se enxergar como documento histórico. Estamos no momento da construção, vivemos no presente e para o presente. Ora, o problema porventura mais cruciante entre nós é o da criação de uma consciência teatral, essa qualquer coisa vaga e indeterminada que antecede e prepara a ação, compreendendo, por exemplo, desde o conhecimento preciso de como se ilumina um palco até a discussão a respeito da natureza estética do fenômeno teatral. Essa consciência, vejo-a como obra coletiva e anônima, que se irá e já se vai formando aos poucos, nos grandes centros ou nas cidadezinhas perdidas do interior, dela participando, voluntária ou involuntariamente, todos os que se ocupam, bem ou mal, do teatro, o espectador que entre um ato e outro dá a sua opinião sobre os atores, os dois rapazinhos que de madrugada, num café de província, sonham com Jean-Louis Barrault e Stanislávsky, o jovem ator que acaba de ver Laurence Olivier no *Hamlet* do cinema, o poeta que não consegue esquecer a última peça de Christopher Fry – e também, para que não dizê-lo, as inúmeras pessoas que por este Brasil afora se arrogaram o direito, como críticos, de dizer o que está certo e o que não está certo no trabalho alheio. O que o crítico pode oferecer, em última análise, é menos uma série de verdades incontestes do que uma visão pessoal, um ponto de partida para outras tantas discussões, outros tantos esclarecimentos, outras tantas tomadas de posição. Mas este seu valor, talvez limitado, mais de incentivo ao pensamento, de provocação e estímulo, ninguém lhe poderá negar, se ele exerce a sua profissão com suficiente honestidade e amor.

O critério que presidiu a escolha precisamente destas crônicas, entre outras, foi, está claro, o mais subjetivo possível: só posso dizer que estas me pareceram, apesar de tudo, as melhores. Contudo, não poucas vezes a preferência pessoal cedeu lugar a considerações menos egoístas. Muitas das críticas mais antigas, por exemplo, afiguram-se-me, hoje, não direi erradas (então não as publicaria) mas insuficientes, mal escritas. Publico-as apenas porque dizem respeito a alguma peça ou algum espetáculo que, pela importância, não poderia deixar de lado. Assim mesmo muitos atores ou atrizes não aparecem aqui com a freqüência ou da forma que eu desejaria, seja por falta minha, porque não fui capaz de escrever sobre eles nada que satisfizesse nem mesmo a mim, seja por culpa deles, por não terem quase representado em São Paulo nos últimos anos. Outras crônicas, ainda, salvaram-se pelo desejo de dar um panorama tanto quanto possível amplo e variado, ou por alguma idéia porventura mais significativa, mais esclarecedora, sobre a situação do teatro brasileiro ou sobre o exercício da crítica.

Que a palavra empregada, todavia, não induza a erro. Não tenho a ingenuidade de pensar que a simples reunião de críticas esparsas possa jamais formar um verdadeiro panorama. Certos autores surgem aqui por intermédio de uma única peça – e em tal caso, não é preciso dizê-lo, seria injustíssimo tirar qualquer conclusão sobre a totalidade de sua obra. Outras vezes, dá-se o contrário: a Escola de Arte Dramática e o Teatro Brasileiro de Comédia, por exemplo, quase só figuram através de críticas mais ou menos favoráveis porque, podendo escolher à vontade entre um grande número de espetáculos seus, dei natural preferência aos melhores ou mais significativos. Tais opções, devidas a mil circunstâncias, constituiriam evidente injustiça se o livro não fosse o que realmente é. Poderíamos mesmo compará-lo, de alguma forma, a um instantâneo que, fixando rapidamente a atualidade, nada dissesse sobre o passado e o futuro. O tempo, elemento ordenador de todo apanhado histórico, pouco se manifesta aqui: os acontecimentos são vistos só no presente, como fatos isolados, não chegando a formar cadeia histórica perfeita. Além disso, a noção primordial de um panorama é a perspectiva, a ciência dos primeiros e dos segundos planos. Quando desejamos dar idéia de uma situação, definir um momento, o nosso primeiro cuidado é pesar e cotejar os valores, subdividindo-os em grupos o estabelecendo entre eles uma hierarquia – e nada disto se faz a não ser pelo método comparativo. Ora, como crítico cuja obrigação é escrever sobre determinada peça, determinado espetáculo, descobrindo-lhes os méritos particulares, próprios, fugi sempre que pude ao sistema das comparações em que se exalta uma pessoa com o intuito de depreciar outra e vice-versa. Não se procure, portanto, neste livro, a visão de conjunto organizada e metódica, que ele, pela sua origem, não pode dar, a não ser incidentalmente. As críticas que reuni, somadas, resultarão, quando muito, num minucioso catálogo dos problemas e aspirações do teatro brasileiro atual. Qualquer conclusão de caráter mais amplo caberá ao leitor que, com estes dados fragmentários, tentará, se quiser, completar o quadro – mas por sua conta e risco. Os outros, não desejosos de ir além do que foi o autor, terão de se contentar com o que uma coletânea pode oferecer como sua melhor qualidade – a ausência de plano, de premeditação, a espontaneidade das primeiras impressões, o calor por assim dizer tangível e imediato das coisas que acabam de ser observadas.

Quanto ao modo de escrever, é possível que se estas crônicas tivessem aparecido sob minha exclusiva responsabilidade, e não sob a de um jornal de antigas e respeitabilíssimas tradições, houvesse, na gramática, alguns galicismos e muitos brasileirismos sintáticos a mais e, no tom, maior liberdade e abandono: fala-se possivelmente melhor, com maior despreocupação e intimidade, quando se fala em nome próprio. Refazer tudo agora, entretanto, seria principalmente inútil porque este volume, se algum mérito tiver, não será esse do estilo. O crítico, salvo raríssimas exceções, não é um criador: o que lhe interessa são os outros, não a sua maneira de ser. Limitei-me, pois, a corrigir as falhas mais imperdoáveis.

A divisão do livro em capítulos e seções teria sempre de ser mais ou menos arbitrária. Agrupei inicialmente os autores nacionais vivos, para assegurar a unidade da obra literária. Já em relação aos originais estrangeiros, preferi dividir a matéria pelas companhias que representaram a peça. Sei que esse critério tem graves inconvenientes, como qualquer outro o teria. Espero que não me recriminem, como bairrismo, o ter dado destaque especial ao Teatro Brasileiro de Comédia: escrevendo de São Paulo, era natural que as organizações paulistas, pela simples freqüência, acabassem por prevalecer. Sem contar que essa é a parte menos conhecida em outras regiões do Brasil.

Em trabalhos dessa natureza, escritos dia a dia, sem qualquer cuidado de unidade, são inevitáveis as contradições, as repetições constantes de formas de pensar e de construir, assim como as hesitações, as retificações, a consideração dos prós e contras de um mesmo problema ou personalidade, as marchas e contra-marchas do pensamento à procura de terreno firme. Apesar disso, creio que perpassa por todos estes oito anos de crítica um certo número de convicções que desejo deixar aqui mais uma vez expressas, de maneira genérica e inequívoca, quando mais não seja para expor também lealmente o meu flanco à crítica. Não escondo, por exemplo, a minha preferência pelos atores que estão agora na casa dos vinte ou dos trinta. Respeito e admiro os mais velhos por terem alimentado o teatro em épocas ingratas, vendo as condições adversas frustrarem-lhes as melhores possibilidades de progresso. Mas é aos mais novos que me acho ligado pelas idéias, aos que vieram, de uma maneira geral, depois e não antes de Ziembinski (no teatro brasileiro moderno a atividade de Os Comediantes ainda é o melhor divisor de águas). O que caracteriza tanto a eles como a mim são os mesmos modos de encarar o espetáculo, as mesmas concepções sobre o que seja representar bem, idéias que podemos reunir numa só: a de que toda peça tem de ser encenada, isto é, interpretada em todas as suas minúcias, materiais ou espirituais, por uma só pessoa. Jacques Copeau, de quem todos descendemos, escreveu:

por encenação compreendemos o desenho de uma ação dramática. É o conjunto dos movimentos, dos gestos e atitudes, o acordo das fisionomias, das vozes e dos silêncios, é a totalidade do espetáculo cênico, emanando de um pensamento único, que o concebe, o governa e o harmoniza. O encenador inventa e faz reinar entre as personagens este laço secreto e visível, esta sensibilidade recíproca, esta misteriosa correspondência de relações, sem a qual o drama, mesmo interpretado por excelentes atores, perde a melhor parte de sua expressão.

Por pensar como Copeau, preferi não poucas vezes a inexperiência dos amadores, nos quais a técnica é pequena mas grande a compreensão da peça, às qualidades de desembaraço cênico, ao tirocínio, ao hábito profissional de estar no palco como em sua própria casa, quando desacompanhadas de maior penetração literária. O entendimento e a transmissão do que quis dizer o autor, foram, na medida do possível, os critérios que me serviram de base.

Em relação aos autores nacionais, cometo a heresia de pensar que, considerados em bloco, alguma coisa ainda os separa do nível já alcançado pelos nossos melhores atores, cenógrafos e encenadores, fato, entretanto, perfeitamente normal: no teatro, a revolução literária, sendo a mais profunda, é sempre a última a se fazer. O teatro, como o cinema, não depende só de inspiração mas de um conhecimento técnico que não se adquire sem uma certa íntima convivência. Para se escrever bom teatro, é necessário nascer e crescer dentro do bom teatro, recebendo as primeiras lições e as primeiras influências na idade em que se deve recebê-las: na adolescência. A esse respeito, estamos talvez em situação idêntica a dos Estados Unidos, nas vésperas do aparecimento de Eugene O'Neill. O instrumento já existe: precisa surgir quem saiba manejá-lo com técnica e originalidade. Então existirá, na verdade, um teatro brasileiro.

Com referência à crítica, sobretudo aquela feita em jornal, para um leitor qualquer, entendo-a, no Brasil, como um misto de crítica propriamente dita e de divulgação, quase de propaganda de idéias concorrentes ao teatro. Quero dizer com isto que nem sempre deixei subentendidas muitas noções que, se seguisse o exemplo dos críticos estrangeiros, poderia perfeitamente dar por conhecidas. Daí o tom algo didático, algo expositivo, de muitas crônicas, principalmente das primeiras, quando o nosso teatro estava longe de possuir a maturidade estética atual: em vez de criticar, expliquei uma peça, situei um autor, servindo de intérprete junto ao público, ganhando em alcance social, em ação sobre o meio, o que porventura perdi, sem o menor remorso, em pureza estética. Em tais casos o que predominou, creio, foi o desejo de servir ao teatro da melhor maneira possível. Pelo mesmo motivo, se nunca procurei, também nunca fugi ao dogmatismo. Embora tenha uma noção muito clara da relatividade de todos os juízos estéticos, aceitando e acatando os alheios com o maior prazer, não vejo como se possa fazer obra de crítica, como se possa dizer isto é bom ou isto é mau, sem um mínimo de crenças, que serão talvez erradas mas são as nossas, sem um mínimo de idéias em que se acredita e que se deseja compartilhar com os outros. O dogmatismo, como no caso do magistério, pode não estar na índole do indivíduo mas está na função exercida. Quem ensina, ensina alguma coisa. Quem critica, critica em nome de alguma coisa.

Ainda por outro lado invejo a liberdade do crítico francês ou norte-americano que diz apenas se o espetáculo lhe agrada ou não, sem qualquer reserva, sem poupar a ninguém, sem indagar se o autor é bom rapaz, tem futuro, ou se a companhia é nova, pobre e precisa de auxílio. Uma obra de arte, julga-se pelos resultados, não pelas intenções. No nosso teatro, tal atitude, a única correta artisticamente, quase não é possível. Estamos próximos demais uns dos outros, ligados afetivamente à volta dessa planta frágil, o teatro, que é preciso proteger e cuidar. Cada erro dos outros repercute em nós como se fosse nosso. Não chegamos a ser nem mesmo espectadores; somos cúmplices. É essa sensação de solidariedade, parece-me, que induz muitos críticos, depois de certo tempo de exercício da profissão, ao excesso contrário, isto é, a uma benevolência mais ou menos indiscriminada. Como não falar bem de quem está lutando pelo teatro no Brasil? Também faria o mesmo, talvez, se acreditasse que a palavra tem o dom de transfigurar a realidade, isto é, se acreditasse que o elogio gera por si só o progresso. Infelizmente penso exatamente o contrário. A crítica, subjetiva por natureza, muito pouca coisa tem a oferecer de sólido, de seguro – que ofereça, ao menos, a sua sinceridade, único valor que pode ser sempre absoluto e total.

Para finalizar quero dedicar este livro aos meus alunos, passados e presentes, da Escola de Arte Dramática, na pessoa de seu diretor, Alfredo Mesquita, companheiro já de quinze anos de teatro, e na de seu secretário, Geraldo Matheus Torloni, a cuja incansável dedicação muito devo. E particularmente a meu pai, de quem julgo ter recebido o gosto pelo teatro, nele cedo suplantado por outros deveres mais imperiosos, sem jamais desaparecer, todavia. Cada vida humana não dá para esgotar mais do que algumas das possibilidades que adivinhamos, talvez erradamente, em nós. Desejamos ser "trezentos, trezentos e cinqüenta", e não conseguimos ser, de fato, mais do que dois ou três. É possível, pois, que esta minha atividade crítica não desminta a dele mas antes, em certo sentido, a continue – pelo menos é o que gosto de pensar. No meu espírito, portanto, este livro pertence-lhe mais do que a qualquer outra pessoa.

Parte I

Autores Nacionais

1. Nelson Rodrigues

1.1. *VESTIDO DE NOIVA*

Vestido de Noiva é uma das peças melhor estudadas do teatro brasileiro. Principalmente quanto ao aspecto formal. A originalidade de seu ponto de partida (o delírio de uma moribunda), a invenção dos três planos em que se desenvolve (o da realidade, o da memória e o da alucinação), as possíveis influências do rádio e do cinema na sua forma incomum, o estonteante malabarismo do autor que jamais se perde nesse aparente caos, tudo isso já foi acentuado, dito e redito pela crítica nacional, que se manifestou sobre a peça com um entusiasmo e uma abundância que não lhe conhecíamos.

Não há necessidade, pois, de voltarmos a discutir a técnica de Nelson Rodrigues. Interessa-nos mais descobrir o que existe atrás desse surpreendente virtuosismo.

Salientemos, de início, que a peça é carregada de sexo. De sexo dissemos, não de amor. O que explica as relações exasperadas do trio principal – Alaíde, Lúcia e Pedro – é o sexo, da mesma forma que é o sexo a nota dominante no dueto complementar de Mme. Clessy e seu jovem apaixonado. E até no velório imaginário, o sexo desempenha discreta e comicamente a sua parte. Não se trata, contudo, em nenhum dos casos, de uma simples atração sexual, forte e direta, como encontramos nos romances populares de um Jorge Amado, por exemplo. Em *Vestido de Noiva* há sempre a intervenção de um elemento equívoco que vem perturbar a pureza do impulso, dando-lhe um caráter mórbido, de fruto proibido. É mórbido o sentimento das duas irmãs, cada uma desejando o namorado ou o noivo ou o marido da outra, como o é igualmente o de Pedro, voltado ambiguamente para ambas. O amor de Mme. Clessy por aquele menino de 17 anos é também dúbio. O próprio rapazinho, que poderia ser o único amoroso puro, não o é integralmente: o fato de receber dinheiro mancha-o e perturba-o tanto quanto os outros.

É que na peça de Nelson Rodrigues, velada mas iniludivelmente, existe esse mesmo amor voluptuoso pelo mal, pelo remorso, pelo que faz sofrer aos outros e a nós mesmos, que foi uma das descobertas da poesia de um Baudelaire, antes de o ser da ciência de um Freud.

Talvez tenha origem psicológica semelhante uma segunda característica de *Vestido de Noiva*: o seu gosto pela vulgaridade. A história de Lúcia, Alaíde e Pedro, em si, já é de uma tremenda falta de nobreza, não se percebendo ao certo qual dos três é o mais vulgar nesta peça em que não há julgamentos morais nem distinção entre bons e maus, heróis e vilões. (Alaíde, não há dúvida, é a mais perturbada: talvez, porém, porque o autor a tenha dissecado de preferência.) O próprio arrependimento de Lúcia que, por um momento, parece salvá-la, é passageiro e não deixa traços. Além disso, como se o caráter das personagens não bastasse, o autor ainda vai sadicamente acumulando pormenores desagradáveis, alusões a varizes, a navalhadas, a pessoas que transpiram, ao mesmo tempo que envolve tudo num coro *sui generis*, formidavelmente indiferente e grosseiro, constituído, por jornaleiros escandalosos, médicos impassíveis e jornalistas cínicos.

Nem sempre, entretanto, a vulgaridade é desagradável. Às vezes, se limita a ser estúpida. É o caso do Pai, da Mãe e de d. Laura que, coitados, nada apreendem do drama, contentando-se com repetir frases convencionais, comicamente em desacordo com o que está se passando. É o caso também das figuras inatuais do velório que compõem um *ballet* bufo e vulgar, dolorosamente ridículo na sua afetada compostura.

Partimos, no início da crônica, à procura do que se escondia por trás do mecanismo complexo e sutil de *Vestido de Noiva*. Encontramos agora a sua filosofia de vida e poderíamos até resumi-la em duas ou três linhas apenas, as suficientes para conter a definição de Macbeth: "life is a tale, told by an idiot, full of sound and fury, signifying nothing...". Visão do mundo estranhamente pessimista e amarga, que inspira, aliás, toda uma desencantada literatura moderna, cujo representante mais característico no Brasil é, sem dúvida, Nelson Rodrigues. Se *Vestido de Noiva* ainda deixasse dúvidas a este respeito, *Álbum de Família* teria se encarregado de dissipá-las por completo.

Procuramos até aqui indagar com objetividade, isto é, sem nos pronunciarmos a favor ou contra, quais seriam as características do que poderíamos chamar, com alguma pretensão, filosofia de vida de Nelson Rodrigues, tal como a encontramos escondida sob os véus fantasiosos de *Vestido de Noiva*. Concluímos que os seus principais traços eram certa preocupação com sentimentos sexuais ligeiramente mórbidos e um amargo pessimismo, representado sobretudo pela insistente vulgaridade que o autor infundiu em toda a peça. Dessa morbidez e dessa vulgaridade poderíamos citar outros exemplos, além dos mencionados. Assim a estranha atração de Alaíde por tudo que é equívoco e proibido, seja lugares ou pessoas ou livros, atração cristalizada magnificamente em torno da figura de Mme. Clessy. Ou ainda a linguagem, com a intromissão de frases deliberadamente vulgares ("essa zinha é importante", "é um xuxu", "morreu o coisa!") até nos momentos mais cruciantes do drama.

Deixamos de fazer duas considerações, por julgá-las dispensáveis, tal a sua evidência; mas talvez convenha ressaltá-las aqui, para afastar qualquer possibilidade de mal-entendido. A primeira é de que a vulgaridade que porventura exista em *Vestido de Noiva* não é acidental, isto é, resultante de inabilidade ou incapacidade criadora do autor. A peça contém vulgaridades exatamente na medida em que Nelson Rodrigues as desejou. Ou melhor ainda: a vulgaridade talvez seja uma conseqüência inevitável de sua filosofia amarga e sardônica. A segunda observação é que o fato de *Vestido de Noiva* lidar com assuntos ou personagens vulgares não significa que seja uma peça vulgar: o assunto não determina o caráter de uma obra de arte. *O Crime do Padre Amaro*, por exemplo, disseca impiedosamente a vulgaridade, a estupidez e a maldade. Não é, entretanto, um romance estúpido ou vulgar. Ao contrário, é uma obra de arte não só bela como extremamente original para sua época e meio. Da mesma forma, mas em sentido inverso, podemos com personagens e sentimentos nobres construir uma peça integralmente vulgar.

Tudo depende, portanto, não propriamente do assunto, mas da maneira como é encarado, isto é, da forma ou da transposição que venha a sofrer. Em *Vestido de Noiva*, a forma parece-nos essencialmente artística e poética. Não no sentido da poesia tradicional, está claro, que distinguia rigidamente os assuntos poéticos, nobres e elevados, dos antipoéticos. Mas no sentido da poesia moderna, a de um Carlos Drummond de Andrade, por exemplo, que sabe como ninguém transformar o seu pessimismo, a sua decepção, o seu sentimento extremado de impureza, em imperecível poesia.

Em *Vestido de Noiva*, situações vulgares e desagradáveis, sem o deixar de ser, ganham todavia nova profundidade e significação em virtude da poesia que as invade. Tomemos um único exemplo, o do velório, que é bem característico. O diálogo, os sentimentos expressos pelas personagens, não são apenas vulgares e convencionais: são, além do mais, falsos, porque mascaram segundas intenções, menos nobres ainda. Na vida real, a cena seria insignificante e lamentável. No palco, transportada quase para o plano do bailado, chega a nos comover, tal a força de seu pungente ridículo.

A beleza de *Vestido de Noiva* participa, portanto, até certo ponto, da beleza mórbida de algumas poesias de Baudelaire e da beleza amarga das caricaturas cruéis de Daumier. É um estudo do que há de menos límpido no coração do homem, esse amor ao pecado, ao remorso, à auto-punição, que já assinalamos anteriormente.

Vestido de Noiva é desses encontros felizes de um autor e um diretor, que se compreendem e valorizam mutuamente, ambos no ápice de suas carreiras. É provável mesmo que em nenhuma outra peça tenha Ziembinski sido tão feliz na *mise-en-scène*, como nesta. Em *Desejo*, por exemplo, ainda poderíamos indicar – como o fizemos – alguns pontos em que o encenador se distanciou das intenções do autor, não se subordinando estritamente ao texto. Aqui nada disto acontece; Ziembinski, com intuição admirável, adivinhou e valorizou tudo o que o autor quis dizer, dando à peça uma interpretação das mais lúcidas. O próprio estilo da representação, o próprio jogo dos atores acompanharam fielmente o ziguezaguear do texto, mantendo inclusive a distinção entre os três planos: as cenas desenroladas no plano da alucinação são jogadas num estilo francamente expressionista, que viola deliberadamente a realidade para conseguir maior efeito plástico e dramático, em contraste com as cenas da memória, já mais próximas do cotidiano, e, ainda mais, com as cenas do plano da realidade, que chegam até o naturalismo perfeito da mesa de operação. Variando constantemente de estilo, passando do expressionismo ao naturalismo e vice-versa, não deu Ziembinski apenas uma prova do seu virtuosismo como diretor e da plasticidade do elenco de Os Comediantes. Fez muito mais: manteve sempre presente diante dos olhos do público a distinção entre os três planos, tão essencial para a compreensão de *Vestido de Noiva*.

Já procuramos mostrar que as figuras secundárias da peça de Nelson Rodrigues, ou são propositadamente indiferentes e grosseiras, como os jornalistas, ou simplesmente vulgares, como o Pai, a Mãe e d. Laura, que nada percebem do que está verdadeiramente acontecendo, limitando-se a fazer observações convencionais (na hora do casamento, por exemplo), comicamente em desacordo com a morbidez do drama. Isto é, Nelson Rodrigues enquadrou a ação fortemente dramática numa moldura de pessoas que permanecem indiferentes ou alheias, como acontece, aliás, na vida real. Ainda neste ponto a direção de Ziembinski foi extremamente sagaz, porque soube realçar esse contraste irônico e doloroso, imprimindo às figuras secundárias um leve traço caricatural, que as distancia e distingue inconfundivelmente das

Evangelina Guinle, Stella Perry, Maria Barreto Leite e Carlos Perry em *Vestido de Noiva*, de Nelson Rodrigues. Direção de Ziembinski, cenários de Santa Rosa, produção de Os Comediantes.

outras, as dramáticas. É tempo, aliás, de alguém salientar as qualidades cômicas de Ziembinski, como *metteur-en-scène*, qualidades que, no Brasil pelo menos, ainda não se expandiram integralmente numa comédia, mas que repontam, deliciosamente, aqui e ali. Já em *Desejo*, na curta e magnífica cena do baile, Ziembinski nos dera uma medida de suas possibilidades nesse terreno. Em *Vestido de Noiva*, ajudado por um belo conjunto de jovens atores, entre os quais se destacam Magalhães Graça, Jackson de Sousa e Jardel Filho, consegue, sobretudo na cena do velório imaginário, elevar-se até ao nível do grande cômico, aquele em que a lágrima e o riso quase se encontram, como em algumas comédias de Molière ou em certas fitas de Charles Chaplin.

(1947)

1.2. *A MULHER SEM PECADO*

Por esta altura, não há quem não saiba que o fundamento do teatro de Nelson Rodrigues é a obsessão pela sexualidade. Mas não obsessão em sentido positivo, como a de um Lawrence, tendente a resgatar o sexo da posição humilhante e vergonhosa a que vinte séculos de cristianismo o relegaram. Nelson Rodrigues, no fundo de si mesmo, parece, ao contrário, condená-lo, associando-o geralmente a todos os gestos mais mesquinhos, fazendo-o assumir de preferência formas monstruosas e, portanto, inadmissíveis. Não é o amor, e nem mesmo o amor físico, o seu tema; são as perversões do amor ou, então, os pensamentos e ações menos nobres que o acompanham necessariamente.

A razão psicológica de cada peça sua é uma necessidade de purgar-se moralmente, expondo aos olhos de todos essas pequeninas mazelas que cada um de nós conhece muito bem, escondendo-as no mais íntimo do seu ser. Mas a sua condenação não tem nenhum sentido metafísico: não é o sentimento de pecado do cristão, nem a náusea de existir de certos filósofos modernos. Deriva apenas daqueles momentos de autopunição, que nos levam a pôr o dedo implacavelmente em cada chaga aberta, a acariciar com o pensamento todos os vícios, murmurando morbidamente, como o poema de Manuel Bandeira: "sou a mais baixa das criaturas, me sinto sórdido". As personagens de Nelson Rodrigues, enrodilhadas sobre si mesmas, parecem aquecer-se ao calor que lhes causa o reconhecimento de que a existência humana não é essa coisa digna, sonhada pela hipocrisia dos moralistas. É uma sucessão de pequenas misérias, físicas e morais, com uma única válvula de escape: a possibilidade de nos deleitarmos com o espetáculo da nossa própria indignidade. Analisando bem, a chave desse universo asfixiante e fechado é o sentimento de culpa.

A Mulher sem Pecado, sua primeira peça, limita-se a expor, ainda de maneira larvar e ingênua, esses temas que as peças subseqüentes iriam desenvolver de forma quase alucinante. E talvez seja isso que a torna, na sua simplicidade, muito menos aceitável artisticamente do que as outras: não temos aqui nenhuma das escusas habituais. Despida das invenções técnicas de um *Vestido de Noiva*, despojada dessa espécie de poesia do monstruoso que é a ambição mais alta de *Álbum de Família*, e privada do arrojo irracional, próximo da loucura, de *Doroteia*, resta-nos somente uma peça prosaica e trivial, sobre um assunto desagradável, de uma morbidez de segunda classe, sem qualquer espécie de grandeza.

Apenas uma virtude a sustém: a teatralidade. Nelson Rodrigues, quando quer, sabe comunicar-se, – como nenhum outro autor nacional. É verdade que a feitura desta obra de estreante é linear e primária, abusando dos efeitos mais conhecidos, como as pseudo-surpresas que fecham cada ato, ou o suicídio final, dos mais pobres dramaticamente que se possa imaginar: para todo principiante, o fim lógico de uma peça, quando não se tem mais nada para dizer, é livrar-se da personagem mediante um tiro no ouvido ou outro expediente da mesma ordem. Mas tudo isso não importa do ponto de vista da comunicabilidade: Nelson Rodrigues, por bem ou por mal, sabe fazer o público interessar-se pelo enredo, participar da ação, e não nos admiraremos se *A Mulher sem Pecado* for o maior êxito de bilheteria de Graça Melo na presente temporada.

Quanto à encenação, devemos louvar Graça Melo, pela simplicidade do espetáculo. *A Mulher sem Pecado* não tem outro sentido senão o de contar uma história já em si bastante comum, e tudo o que lhe acrescentássemos, procurando criar uma impressão de teatro revolucionário, tecnicamente ousado, não faria mais do que acentuar a desproporção entre o tom pretensioso da direção e a falta de real profundidade do texto. Graça Melo manteve os atores dentro dos limites modestos de um naturalismo reduzido ao essencial – e fez muitíssimo bem. Como ator, embora nada lhe faltasse em intensidade e vibração física, poderíamos pedir-lhe, talvez, mais concentração psicológica e vida interior: o protagonista não é só um torturador; é também um torturado, corroído, antes de mais nada, pelas próprias dúvidas. Mas esta falha explica-se pelo temperamento de Graça Melo, extrovertido por natureza.

Frente ao seu desempenho franco e direto, o de Lídia Vani estabeleceu um contraste pouco favorável para a artista: se, de um lado, víamos indubitavelmente um homem, de outro víamos uma atriz, com todos os tiques do teatro profissional, preocupada com a beleza dos gestos e com a dicção – essa dicção artificial de tantas de nossas atrizes. Lídia Vani parece estar ainda à espera que um choque lhe revele o caráter fundamentalmente humano do teatro: é com as emoções de todos os dias que se faz arte. Quando isso acontecer, teremos então, possivelmente, uma verdadeira atriz. Ibanez Filho confirma os seus últimos progressos: todo o lado asqueroso, pegajoso, da figura que encarna, foi bem expresso, apesar do seu terceiro ato não estar à altura dos dois primeiros. Araci Cardoso começa agora a desembaraçar-se. Jaime Barcelos repete os seus últimos desempenhos: sempre a respiração ofegante, aspirada, e os gestos excessivamente marcados. Trata-se de um ator em quem adivinhamos um grande talento, mas que não tem progredido como estávamos no direito de esperar. Cenários de Luciano Maurício, explorando com muita inteligência, nas três dimensões, o pequenino palco do Teatro de Cultura Artística.

(1952)

1.3. *A FALECIDA*

Aos poucos Nelson Rodrigues vai-se instalando na contemplação do desagradável, vai erigindo em sistema a pesquisa e o esquadrinhamento de toda a variedade de coisas que os homens consideram normalmente mesquinhas e desprezíveis. Cada nova peça representa um avanço sobre as anteriores. *A Falecida*, por exemplo, está para *Álbum de Família* quase como uma anedota popular pode estar para um poema épico. *Álbum de Família* era o incesto em massa, a morbidez primitiva, bíblica, grandiosa; *A Falecida* é, voluntariamente, a morbidez pequenina, reles, destituída de qualquer magnitude, seja no bem, seja no mal. O que Nelson Rodrigues procurou desta vez foi a poesia e a tragicomédia das vidas suburbanas.

Está claro que a primeira dificuldade em relação à peça é escapar a um julgamento moral, que o público naturalmente não deixará de fazer. Diga-se logo, em defesa dela, que a caça ao sensacionalismo não é o seu móvel, pelo menos conscientemente. Podemos discutir a estética, não a integridade do escritor, que, ao contrário, faz questão de nada conceder a ninguém quando se trata do seu teatro, de ser ele mesmo, e apenas ele mesmo, com uma espécie de fúria irredutível. A solução que achou para ganhar o pão com o suor de sua pena, sem envolver a arte num tal comércio, foi, todo mundo o sabe, a de desdobrar em duas a sua atividade de escritor: a propriamente artística, isto é, a teatral; e a outra, que se derrama diariamente em jornalismo fácil, em romances de sensação etc. Suzana Flagg vende-se para que Nelson Rodrigues não seja obrigado a se vender. A boa-fé do escritor está, parece-nos, acima de qualquer suspeita; mas podemos temer que não acabe ele mesmo sendo vítima da armadilha que criou, vendo-se tragado pela má literatura que fabrica em série, como Dumas pai, romancista e escritor teatral sério, terminou sendo devorado pelo folhetinista. Na vida da arte é muito difícil manter compartimentos estanques. O que somos e o que fazemos de forma secundária, acessória, reflete-se necessariamente nas nossas preocupações principais. Não se tem visto, por exemplo, o cinema comercial consumir e reduzir a nada, em poucos anos, um grande autor, um grande diretor, um grande ator? Nelson Rodrigues deve precaver-se por esse lado – e talvez esta mesma *A Falecida* possa ser interpretada como uma advertência inicial, como um começo de interferência indevida do jornalismo no seu teatro.

Não é difícil imaginar o que o escritor carioca responderia aos que condenam a sua peça por motivos morais:

> Tudo que pus no palco existe; vocês gostariam talvez de esquecê-lo mas eu estou aqui, com a minha intransigência artística, com a minha honestidade de escritor, para não permitir a tapeação. Vocês gostariam, como eu também, que tais coisas não existissem, porque não honram a humanidade, mas infelizmente não posso fazer nada: eis a verdade, eis o que é o homem, eis a vida como ela é.

Este raciocínio, perfeitamente exato, aliás, esquece, entretanto, um fato: a realidade, em si, não tem qualquer significação. É verdade que *A Falecida* não inventa nada. É verdade que os homens têm ocasionalmente dores de barriga, que existem espinhas e mesmo cânceres, que os cavalos nem sempre se comportam com limpeza nos enterros de luxo. Mas o que isso prova? Todos esses elementos podem ser aproveitados pela literatura, mas sob a condição de servirem a uma idéia qualquer, não pelo simples e pueril prazer de dizer coisas proibidas, de escandalizar o próximo. Assim destituídos de um sentido maior, limitados a si mesmos, lançados no palco gratuitamente, fortuitamente, como aparecem em *A Falecida*, que interesse apresentam? Que extraordinária vitória artística há em colocar um ator sentado num tamborete, na atitude de *O Pensador* de Rodin, reproduzindo simbolicamente, ao que parece, o exercício de uma função animal? Nelson Rodrigues acha porventura que está desvendando um segredo a respeito dos homens, pensa que algum espectador ignora tal função, cuja existência todos nós verificamos, sem lhe dar por isso qualquer importância especial? A peça deseja chocar-nos pela sua audácia, mas causa-nos antes a impressão de ingenuidade – a ingenuidade de quem acaba de saber como as crianças nascem e corre a proclamar aos quatro ventos a sua indignada descoberta, como um desafio à hipocrisia. Haverá em Nelson Rodrigues, cuidadosamente oculto, um fundo de puritanismo ferido, um desconsolo adolescente perante a crueza da realidade, que necessita desabafar dizendo em voz alta o que os outros não dizem? Se não, porque essa revolta, esse ar de triunfo, ao revelar fatos que ninguém desconhece e que não têm, efetivamente, a menor importância? A quem estará desejando punir com a descrição das supostas fraquezas e mazelas humanas? O caso é que ele, julgando-se o indivíduo mais livre de preconceitos, é, na verdade, o mais preso, o mais tolhido, ligado que está à necessidade de se afirmar, estética e moralmente, pela oposição, contando o valor de uma obra de arte pelo grau de mal-estar que provoca nos outros.

Como enredo, *A Falecida* é a história de uma mulher histérica que almeja morrer para ter um enterro de luxo, acabando por se ver privada, ironicamente, até dessa satisfação póstuma. O fundo é dado pelo substrato, pelo bagaço, de uma grande cidade como o Rio de Janeiro: o futebol, o jogo de bicho, a religião, o adultério barato, a superstição, a praia. Cada cena, de quatro ou cinco minutos, é um instantâneo cômico ou trágico (em geral as duas coisas ao mesmo tempo), impressionando às vezes por uma espécie de negra poesia ou, mais freqüentemente, por uma ferocidade cômica, uma força sarcástica e corrosiva, cujo equivalente procuraríamos em vão em outros escritores nacionais. Nelson Rodrigues, quaisquer que sejam os seus defeitos, é um homem de teatro, porventura o mais autêntico que possuímos, formando com Silveira Sampaio o par dos nossos grandes instintivos, dos que escrevem teatro por necessidade, não por ciência ou por desejo de comunicação simplesmente literária. A sua forma teatral é direta, falando imediatamente ao público, o seu diálogo vive, incorporando a gíria na linguagem do palco sem qualquer artificialismo. Nas cenas isoladas está, portanto, o melhor da peça. Mas ainda aqui ela falha naquilo que mais procura – transcender o mero realismo, inscrever cada episódio num plano superior. A ação caminha mas não cresce, não se organiza num todo, as cenas, por efetivas que sejam (e algumas são excelentes) não se somam, não se acrescentam umas às outras. O adultério, por exemplo, é um incidente. A conversão religiosa, outro, que mal surge, desaparece. O futebol, *idem*, existindo mais como uma série de alusões descontínuas do que como uma presença constante. A impressão final é de falta de síntese: a história foi contada; porém, os temas permaneceram em estado larvar, como documentos esparsos, porque o autor não sabia aonde queria chegar, não sendo capaz de desenvolvê-los e uni-los numa visão de conjunto. O que significa *A Falecida*? O que desejou exprimir? Eis as perguntas que não conseguiríamos responder. Não criticamos, pois, o Nelson Rodrigues teatrólogo mas antes o Nelson Rodrigues escritor, isto é, alguém que deve ter alguma coisa a dizer sobre os homens – alguma coisa que não seja a simples verificação de que existem muitos assuntos desagradáveis, ou apenas insignificantes, sobre os quais todo mundo, de comum acordo, prefere silenciar.

A Falecida, como *Vestido de Noiva*, é uma peça dominada pela encenação: nela os atores pouco ou nada significam. Assim mesmo é possível louvar a total identificação de Sonia Oiticica ao papel. Se em todas as peças ela for capaz de assumir física e espiritualmente uma personagem com a mesma autenticidade, é uma grande atriz. Sérgio Cardoso revela-se o ótimo ator de sempre, sem sugerir, entretanto, a vulgaridade do papel e do ambiente: uma certa finura, uma certa distinção, que o costumam servir magnificamente, são aqui um obstáculo. Leonardo Vilar aparece bem, de passagem, e Fernando Vilar encontra em Timbira a sua melhor criação até hoje, a mais adequada aos seus recursos de ator.

A direção é de José Maria Monteiro, quase um estreante. Parte da crítica do Rio criticou-lhe o tratamento expressionista de um tema próximo do realismo, fazendo-nos esperar uma dessas direções dançantes, irreais, altamente estilizadas, que seduzem tanto, em geral, aos que principiam. Não vimos nada disto no Teatro Leopoldo Fróes. A encenação é trabalhada, rica de imaginação, porém não faz mais do que acompanhar o texto na sua tentativa de envolver acontecimentos triviais numa atmosfera poética. Talvez o que prejudique José Maria Monteiro seja a comparação forçada com Ziembinski, a sensação vaga e persistente de termos voltado dez anos na história do teatro brasileiro e a suposição de que o encenador de *Vestido de Noiva* teria obtido, na mesma linha, efeitos plásticos mais bonitos, maior rendimento poético, hipótese provavelmente verdadeira. Mas será justo cotejar-se um mestre do expressionismo como Ziembinski e um rapaz que começa agora, não tendo jamais saído do Brasil? Lidar com o nosso teatro dá-nos, aliás, desses prazeres: não temos muita coisa, mas todos os dias surge pela nossa frente uma revelação, um elemento a mais em que passamos a depositar a nossa confiança. José Maria Monteiro, pela encenação de *A Falecida*, é, para nós, a última em data e uma das maiores dessas agradáveis surpresas.

(1953)

2. Abílio Pereira de Almeida

2.1. *PIF-PAF*

Pif-Paf, a comédia de Abílio Pereira de Almeida que o Teatro Brasileiro de Comédia está apresentando juntamente com *Antes do Café*, é peça já conhecida do público, tendo sido criticada nesta seção mais de uma vez. Não é necessário, portanto, repetir aqui os elogios que lhe fizemos por ocasião da estréia. Revendo-a agora, três anos depois, não se modifica a nossa impressão inicial. O assunto envelheceu, é verdade, e talvez não tenha mais o sabor de outrora, contingência quase inevitável em tal gênero. Mas continuamos a admirar a facilidade com que o autor apanha a realidade e a naturalidade absoluta do diálogo. Quer isto dizer que Abílio Pereira de Almeida tem as qualidades primeiras, essenciais, para o teatro. O que ainda lhe falta, impedindo-o de se elevar a um plano superior, é o domínio integral da técnica. Nada mais ilustrativo a esse propósito que o emprego do tempo, dificuldade preliminar a ser vencida por todo autor de teatro. Premido pelo tempo, obrigado a contar uma história dentro das duas ou três horas apenas de espetáculo, o autor teatral que não aprendeu a condensar, a concentrar, não conhece a própria base da construção dramática. Tal é ainda um pouco o caso de Abílio. Em *Pif-Paf*, por exemplo, não conseguiu ele agrupar satisfatoriamente os acontecimentos no primeiro ato, o que o obrigou a fragmentá-lo em quatro quadros. Ora, essas interrupções constantes, essas cortinas, enfraquecem o curso da ação, quebram a continuidade e o crescendo do interesse que caracterizam a maioria das obras teatrais. No próprio espetáculo do Teatro Brasileiro de Comédia estabelece-se, de resto, um contraste sumamente expressivo: ao passo que O'Neill evoca e resume num simples monólogo toda a vida de um homem, Abílio necessita quatro quadros para apresentar a situação inicial de sua peça. Dir-se-á que O'Neill é O'Neill. De acordo. Mas a diferença que acabamos de apontar é exclusivamente de técnica e esta pode ser dominada por qualquer pessoa normalmente dotada. O que acusamos em *Pif-Paf* não é, em absoluto, falta de talento e sim ausência de resolução dos problemas dramáticos que o assunto propunha. Mesmo para um escritor estritamente naturalista, a dificuldade não está em transportar puramente a realidade para o palco, mas, ao fazê-lo, em impor aos fatos a disciplina da forma teatral, sem que disso advenha qualquer sacrifício para a verossimilhança. Em caso contrário, o autor estará sendo dominado pelo assunto em lugar de dominá-lo.

Ainda há outro ponto de técnica que desejamos salientar. Em geral, um acontecimento não repercute no público se não tiver sido preparado. É claro que tal preparação deve ser suficientemente sutil para que o público não possa adivinhar o que vai acontecer. Mas, se não houver uma sugestão inicial, se o espírito do espectador não tiver sido predisposto emocionalmente para o fato, corre este o risco de passar despercebido. Veja-se em *Ingenuidade*, a peça que precedeu *Pif-Paf*, o cuidado com que o autor desenvolveu cada tema, mesmo os mais insignificantes, como o de Mme. Pushkin ou o do restaurante Bonne Nouvelle. Cada um deles é lançado primeiramente na conversa de forma rápida e casual; depois, volta uma ou duas vezes, sempre mais fortalecido, até afirmar-se definitivamente. Se fosse necessário outro exemplo, poderíamos ir buscá-lo no próprio *Antes do Café*, onde o suicídio final é sugerido pelos primeiros ferimentos produzidos pela navalha, até criar-se, no público, a antecipação do drama, o clima ideal para o desenlace trágico. Em *Pif-Paf*, mais de um momento dramático se perde pela insuficiência de preparação.

Quanto à representação, não há nada a acrescentar, salvo que esta nova versão, após as primeiras representações, não estará em nível inferior às precedentes, que tanto entusiasmo despertaram no Municipal e, mais tarde, no Boa Vista. Tanto os veteranos da peça, Marina Freire Franco, Helenita Queiroz Matoso, Abílio Pereira de Almeida, Haroldo Gregori, Delmiro Gonçalves, José de Queiroz Matoso, como os estreantes, Madalena Nicol (excelente, também nesta peça), Célia Biar, José Scatena, Glauco De Divitis e Rui Afonso Machado souberam manter a graça e a naturalidade do texto, as únicas qualidades, aliás, que a peça exige dos atores. Um caso à parte é o de Maurício Barroso, pouco à vontade na personagem que lhe deram. Trata-se, no entanto, principalmente de um erro de distribuição de papéis, pois ninguém, após *Ingenuidade*, pode ainda duvidar de sua capacidade como ator. Em *Pif-Paf*, constrangido a aparentar a sisudez e o amadurecimento de uma idade que não tem, perdeu a espontaneidade, sem com isso chegar a criar a personagem. Em tais circunstâncias, parece-nos, o mais sensato seria sacrificar parcialmente a personagem, pois o público pode perdoar tudo, inclusive os maiores erros de interpretação, menos o ator forçado e contrafeito em cena. Cabia, pois, ao encenador encontrar, entre a personalidade do ator e a da personagem, um meio-termo, um compromisso satisfatório para ambos.

(1949)

2.2. *A MULHER DO PRÓXIMO*

É quase impossível falar de *A Mulher do Próximo* sem se reportar a *Pif-Paf*, comédia de estréia de Abílio Pereira de Almeida. Não há repetição nem identidade de tipos ou situações entre uma peça e outra. Mas o espírito é idêntico e até mesmo o assunto, se tomarmos o termo em seu sentido mais amplo: o ambiente social descrito nas duas peças é exatamente o mesmo.

O interesse de *Pif-Paf* decorria, sobretudo, de sua característica de obra despida de qualquer influência literária. Isto, que poderia muito bem ser um defeito, transformou-se, surpreendentemente, em qualidade. Não que a cultura prejudique e diminua a originalidade da criação artística. Pelo contrário, a marca dos grandes escritores talvez esteja nessa capacidade de fundir harmoniosamente um extenso e aprofundado conhecimento artístico com a originalidade de um ponto de vista estritamente pessoal. Tal é, por exemplo, o caso de Joyce, entre tantos outros. É claro, portanto, que não é a isso que estamos nos referindo.

O teatro é de todos os gêneros literários um dos mais difíceis. A sua própria estrutura, mais ou menos rígida, dependente de uma série de imposições de ordem material, impõe à imaginação do autor uma disciplina quase férrea. Seja por isto, seja porque o teatro, em virtude do seu aspecto comercial, tenha o dom de atrair os escritores mais hábeis que realmente originais, o fato é que o emprego de fórmulas parece ainda mais comum no seu campo do que no das outras artes. A maioria das peças novas soa aos nossos ouvidos como uma música antiga e familiar: conhecemos vagamente aqueles tipos, aquelas situações, antecipamos em linhas gerais o desenvolvimento de enredo, e chegamos até a prever o momento preciso em que o pano vai descer sobre cada ato. É que, de cada dez peças, nove não passam de uma costura mais ou menos hábil de situações e personagens já longamente trabalhadas pela tradição.

Esta peça de Abílio Pereira de Almeida, como a anterior, escapa em grande parte a tais críticas. *A Mulher do Próximo* não é propriamente original como concepção artística, mas difere tanto do comum das peças brasileiras, é tão liberta de reminiscências literárias, respira um ar tão inconfundível da coisa vista e observada diretamente, que não pode deixar de nos surpreender agradavelmente.

Se tais considerações se aplicam igualmente a *Pif-Paf* e a *A Mulher do Próximo*, seria injustiça, contudo, não salientar o considerável progresso técnico que separa uma da outra. *Pif-Paf* era mais uma seqüência de quadros, alguns engraçadíssimos, frouxamente ligados. *A Mulher do Próximo* tem outra harmonia, outra coesão, não facilmente perceptível, entretanto, porque se esconde debaixo de uma construção dramática pouco ortodoxa. O primeiro ato, por exemplo, coloca um problema (o rompimento de Luisa e Alfredo) que deveria ser desenvolvido no segundo, de acordo com os moldes e regras clássicas. Não é isto que se dá. Quando o pano se abre novamente, a crise já foi superada. Por sua vez é o terceiro ato que vai nos revelar, de fato, a verdadeira protagonista da peça e o seu sentido mais profundo. Somente então compreendemos o arcabouço do enredo e verificamos que há uma profunda unidade dramática da primeira à última cena, unidade que permanece subterrânea nos dois primeiros atos para vir à luz, quando Carmen trai finalmente seus propósitos, cozinhados desde o início da peça.

Uma construção como esta, tão estranha, demonstra que o autor, em lugar de conduzir os acontecimentos, sujeitando-os aos modelos tradicionais, deixou-se conduzir por eles, seguindo apenas a sua lógica interna. Não impôs nada e nessa possibilidade de imaginar personagens capazes de ter vida independente e própria, está a prova de sua aptidão criadora.

Notemos ainda, quanto à técnica, que há nesta peça, em relação à anterior, um cuidado bem maior no desenho das figuras secundárias. Ao lado do que poderíamos chamar de enredo principal, o autor não esqueceu de delinear claramente o sub-enredo. Odilon Borges continuando, calmamente, na sua vidinha de conquistador profissional, o novo casamento de Luisa, tudo isso, dado rapidamente, de passagens, esclarece magnificamente o ambiente em que a ação se desenvolve, ao mostrar que o divórcio, ao contrário do esperado, foi bem menos favorável ao marido que à mulher adúltera. Além disso, a história da longa espera de Clemente prepara a revelação similar de Carmen. Há, no teatro, toda uma arte de correspondência, de reforços dramáticos entre os acontecimentos, que o autor já começa a perceber e a empregar.

Finalmente, para terminar a análise deste aspecto de *A Mulher do Próximo*, queremos ressaltar as suas qualidades de dialogação. Abílio Pereira de Almeida já mostrara em *Pif-Paf* uma grande facilidade em apanhar um diálogo diretamente da realidade. Mas só isso não basta. Há, em teatro, dois defeitos opostos e igualmente freqüentes: ou o autor se deixa levar pelos achados felizes ocasionais, perdendo-se nos pormenores, ou ao contrário, (este é geralmente o caso dos principiantes) revela logo aonde quer chegar, marchando inequivocamente para um dado fim. Ora, no teatro, o caminho mais curto entre dois pontos nem sempre é o melhor, porque pôde pôr a nu, com evidência excessiva, o plano inicial do autor, o esquema que lhe serviu de andaime. Abílio sabe como evitar esses dois escolhos. A sua dialogação corre fluentemente, ao sabor das circunstâncias, despreocupada, natural, conduzindo, entretanto, ao ponto visado. Típico, a esse respeito, é o terceiro ato, o mais difícil do ponto de vista da construção, pois joga com duas personagens, somente. O ritmo da conversa entre Carmen e Alfredo é caprichoso, cheio de avanços e recuos, por vezes, quase indolente, mas nem por um momento deixamos de perceber que, por trás das palavras, no mundo do pensamento, há uma tensão que cresce sem parar, uma progressão dramática que só cessa ao atingir o alvo.

Ao fazermos estas observações, não estamos querendo proclamar, está claro, que *A Mulher do Próximo* seja uma peça de técnica revolucionária ou perfeita, uma incomparável obra-prima. Nada disso. A minúcia de nossa análise se explica de outra forma. Abílio Pereira de Almeida parece-nos um autor com muitas qualidades e em ascensão. Num momento em que escasseiam comediógrafos nacionais, qualquer progresso seu é também nosso. Ainda persistem nas suas peças muitas imperfeições, muito tatear à procura de caminho. Mas há na sua atitude uma independência, um desejo de aprender à custa dos próprios erros que é muitíssimo simpática. Se errar, não será nunca por seguir servilmente os demais. "Mon verre n'est pas grand, mais je bois dans mon verre", disse Musset. Aí está, ao que parece, o ideal artístico de Abílio Pereira de Almeida. Não são muitos os autores dramáticos brasileiros dos quais poderíamos dizer o mesmo.

É curioso notar que tanto *Pif-Paf* como *A Mulher do Próximo* obedecem quase ao mesmo ritmo de construção: ambas se iniciam como comédia para concluir como drama. A diferença é que na primeira, ao contrário da segunda, as cenas de comédia são incontestavelmente as melhores, e dominam o espírito do espectador.

O fato é interessante porque evidencia que o autor tem uma visão das coisas bem mais profunda e amarga do que pretende. A primeira intenção de Abílio Pereira de Almeida é sempre fazer comédia ligeira e divertida, criticando certos aspectos da vida de sociedade. Depois, não se satisfaz e, talvez insensivelmente, começa a marchar em sentido oposto, mostrando o outro lado dos acontecimentos, isto é, o lado dramático.

Em *A Mulher do Próximo*, a evolução é extremamente nítida e se há unidade de enredo entre os diferentes atos, não há unidade de tom: aos poucos vai murchando nos lábios do público o riso que as primeiras cenas despertaram. A passagem do cômico para o dramático, que pode desnortear inteiramente os espectadores, tem, entretanto, sua justificativa. Não é possível imaginar a vida brilhante do clube sem o seu contrapeso, representado pelas aventuras extraconjugais de Luisa e Carmen. E aí, então, a história começa a ficar menos divertida, numa sociedade em que os homens, incoerentemente, pretendem ter apenas para si o privilégio do adultério, como se isso fosse possível. A tolice, a cegueira de Alfredo e Jorge estava em pensar que se pode usufruir benefícios de um sistema sem sofrer-lhe as desvantagens.

A Mulher do Próximo não é, portanto, a peça superficial que pode parecer à primeira vista. É verdade que a sua psicologia não apresenta novidades. É verdade também que o autor não escolheu momentos de crise, momentos em que nos revelamos mais a fundo. Mas isso não tem grande importância, pois na peça o que mais interessa é o ambiente e não as personagens. Estes é que são superficiais e não a peça. A humanidade que povoa *A Mulher do Próximo* e *Pif-Paf* não prima, com efeito, pela originalidade ou pela profundidade de vida interior. São pessoas comuns, medianas, como quaisquer outras numa cidade fortemente industrializada, e que, sem ter grande amor ao pensamento ou às manifestações de arte, já não têm também a moralidade rígida das cidades provincianas. Duas preocupações absorvem-lhes o pensamento: o dinheiro, representado pelas promissórias, pelos "papagaios", e também, de uma forma não inteiramente lógica, pelo jogo; e o amor, se assim podemos chamar a simples satisfação de um desejo físico, exacerbado pelo materialismo do meio. No fundo de cada um deles reina uma certa insatisfação que os obriga, de vez em quando, a enfrentar os problemas morais que as próprias circunstâncias impõem. Mas a preguiça, o comodismo, ou a covardia mental não os deixa ir muito longe e a conversa se resolve logo numa série de considerações do gênero "tudo isto é muito complexo" ou "está tudo errado, mas o que quer você que eu faça?". E, na impossibilidade de se harmonizarem as necessidades da vida material com as exigências de ordem moral, aquelas prevalecem.

A atitude do autor, diante de suas personagens, é da mais impecável neutralidade: não as aplaude, nem as condena. O seu papel é o de um mero observador. E, como observador, podemos louvar duas qualidades em Abílio Pereira de Almeida. Em primeiro lugar, o fato de nunca se substituir às suas personagens, discursando em lugar delas, expondo idéias pessoais, como fazem tantos autores dramáticos brasileiros. Não há uma frase em *A Mulher do Próximo* que aquelas mesmas personagens, nas mesmas circunstâncias, não pudessem na vida real proferir. Em segundo lugar, a coragem da observação. Se Abílio escamoteasse alguma coisa do quadro, se se limitasse aos aspectos mais engraçados do ambiente que retrata, se poupasse mais a sensibilidade dos espectadores, teria muito maior êxito junto ao grande público. Mas nesse ponto ele não faz concessões sentimentais. Algumas de suas verdades podem não ser agradáveis: ele as diz da mesma forma.

Poderíamos resumir tais considerações afirmando que todas as qualidades de *A Mulher do Próximo* quase se condensam numa única: fidelidade em retratar certos aspectos da vida paulistana. É claro que por fidelidade não entendemos apenas essas constantes alusões a lugares e ruas de São Paulo que o autor generosamente semeou através de sua peça, recurso, no fundo, fácil e despido de maior significação, valendo mais, nas primeiras vezes, pelo efeito de surpresa. Se *A Mulher do Próximo* se limitasse a isso, não passaria – como disse espirituosa e injustamente alguém – de uma dessas comediasinhas do interior onde são postos na berlinda o boticário, o chefe da estação etc. De fato, quando um autor começa a atingir de maneira mais penetrante a realidade, já é tempo de dispensar tais recursos, puramente exteriores e superficiais.

A fidelidade a que nos referimos é, portanto, outra: há no drama de Abílio Pereira de Almeida um quadro bem mais profundo, e nem sempre lisonjeiro, de São Paulo. O autor nada diz, mas sentimos, por trás das personagens, a atmosfera carregada de materialismo de uma metrópole dominada pela indústria e pelo comércio, e que, em plena crise de crescimento, não tem mais os fortes laços morais das cidades pequenas, sem ter atingido ainda esse arejamento de idéias, esse requinte de imaginação, mesmo no vício, que distingue as grandes capitais.

E não se diga que o autor não teve nada disso em mira ao escrever a peça. Tais características pertencem ao próprio assunto e, se a observação foi sagaz, tinham forçosamente de aparecer no retrato. Aconteceu apenas o que sempre acontece: transpostos para o palco, depurados, reduzidos aos seus elementos essenciais, as figuras e os acontecimentos tomaram nova feição e relevo, acentuando-se as linhas e os contornos. Não é outra, aliás, a função da arte, senão fazer-nos compreender melhor a realidade mediante uma transposição, pois, na verdade, só enxergamos claramente aquilo que já foi interpretado pela inteligência humana.

Não é por esse lado, na nossa opinião, que poderíamos criticar a peça de Abílio Pereira de Almeida. Até aqui aceitamos sem discussão o postulado que lhe serve, conscientemente ou não, de base: que a arte deve ser a cópia exata da realidade. Toda concepção de *A Mulher do Próximo*, inclusive a visão pessimista e um tanto materialista do autor, prende-se visivelmente à estética naturalista, à estética de um Becque ou de um Zola. Ora, é este postulado mesmo que se pode pôr em dúvida, de acordo, de resto, com todo o teatro de vanguarda deste século, cada dia mais distanciado do naturalismo estrito, cada dia mais voltado para a imaginação e para a poesia. Se como assunto a peça de Abílio é inegavelmente moderna, do ponto de vista estético chega consideravelmente atrasada e não poderá de forma alguma provocar nas novas gerações a admiração que desperta uma obra de técnica inovadora e revolucionária como a de Nelson Rodrigues, por exemplo.

A observação não tem, contudo, a importância que poderia ter se se tratasse de uma peça européia. Num meio onde o teatro já esteja francamente desenvolvido, deve-se reservar o entusiasmo da crítica para as peças que abram novos caminhos e horizontes. A nossa situação é outra. No que se refere a autores, nem mesmo um naturalismo digno do nome tivemos ainda. Não é o caso, portanto, de apurarmos em demasia a nossa crítica, fazendo-a girar rigidamente em torno de princípios. Se uma peça é escrita com talento, se representa – como *A Mulher do Próximo* – uma nota de originalidade e de pensamento próprio dentro da nossa pálida produção dramática, basta tal fato para que mereça a nossa admiração e o nosso interesse.

(1948)

2.3. *PAIOL VELHO*

O que caracteriza o novo espetáculo do Teatro Brasileiro de Comédia, colocando-o em nível altíssimo entre tudo o que se tem feito entre nós nestes últimos anos, não é esta ou aquela qualidade em particular, mas uma soma de qualidades, o equilíbrio perfeito de todos os fatores que compõem a representação: uma peça que tem a inestimável vantagem de ser profundamente, autenticamente, brasileira; uma direção comparável às três ou quatro maiores que vimos em nossos palcos; e uma interpretação trabalhada e cuidada ao extremo em que quase todos os artistas superam largamente as suas atuações anteriores.

Comecemos pelo fim, deixando a peça momentaneamente de lado. Não é fácil dizer qualquer coisa de novo sobre Ziembinski, que já tem o seu lugar certo e assegurado no teatro brasileiro. Não há, por exemplo, quem não conheça a sua capacidade para extrair o máximo de cada intérprete, fazendo atores de meros principiantes, ou o seu sentido vivíssimo de teatro como espetáculo, e sobretudo, como espetáculo visual, da mesma forma que não há quem não tenha deplorado a sua tendência para se interpor ocasionalmente entre o autor e o público, marcando tudo, peça e autores, com a sua inconfundível maneira de encarar o fenômeno teatral.

Tais características, como é fácil de ver, se decorriam em parte de uma personalidade singularmente vigorosa, dependiam também das condições em que trabalhava no Brasil, isolado e quase sem pontos de referência. Agora, submetido ao contato diário de dois encenadores provenientes de escolas teatrais diversas da sua, e que nada lhe ficam a

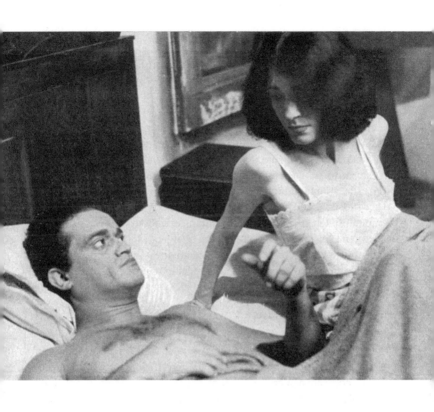

Cacilda Becker e Carlos Vergueiro em *Paiol Velho*, de Abílio Pereira de Almeida. Direção de Ziembinski, cenários de Bassano Vaccarini, produção do Teatro Brasileiro de Comédia.

dever a não ser em experiência, é natural que venha a sofrer influências, na mesma medida em que legitimamente as exerce. Ziembinski trouxe, não há dúvida, muita coisa para o Teatro Brasileiro de Comédia, e inclusive uma consciência profissional – um amor ao trabalho integralmente realizado – como não existe outra no nosso teatro. Mas já começa também, por sua vez, a receber.

Nesse sentido, *Paiol Velho* constitui uma renovação e um índice de que Ziembinski tende progressivamente a eliminar os defeitos, conservando intactas as suas qualidades. De tudo aquilo que já havíamos acostumado a considerar como mais típico da sua maneira, no que esta tinha de estranho ao nosso ambiente e à nossa tradição teatral, quase nada subsistiu: apenas o tom carregado da comemoração festiva que dá início ao terceiro ato, pouco brasileira, e, a nosso ver, pouco de acordo com o espírito da peça, que ignora qualquer espécie de estilização; e o ritmo de várias cenas, ainda mais lento do que aquele normalmente admitido pelas nossas platéias, embora aqui se possa dizer, em defesa do encenador, que outra coisa não fez senão copiar o próprio ritmo da vida, em conformidade com o caráter naturalista da peça. Afora essas restrições, na verdade mínimas, tudo o mais, na encenação de Ziembinski, parece-nos exemplar.

Há peças, perfeitas na estrutura e no acabamento, que suportam mal a colaboração de um encenador de tipo criador como Ziembinski, que, mesmo sem o querer, acaba sempre por acrescentar alguma coisa de seu ao que interpreta. O contrário acontece com peças do gênero de *Paiol Velho*, que, pelo seu caráter, ainda levemente inseguro, de ensaio e de tentativa, só têm a ganhar com quem lhes dê forma teatral. Por isso podemos dizer que *Paiol Velho*, de hoje em diante, pertence quase tanto a Ziembinski quanto ao autor, a exemplo, digamos, de *Amanhã, se não Chover*, ou de *Vestido de Noiva*, que também não se concebem mais sem a forma característica que Ziembinski lhes emprestou, completando com tamanha felicidade aquilo que fora imaginado pelo autor.

É provável que Ziembinski nunca se sinta tão livre, tão à vontade, como ao lidar com material ainda de certa forma virgem – e é esta sua extraordinária vocação de pioneiro, de mestre, no sentido mais amplo e nobre da palavra, que lhe assegura a posição-chave que vem ocupando há muitos anos na formação do moderno teatro brasileiro.

Dissemos que muitos atores tiveram em *Paiol Velho* seu maior desempenho até o momento, o que, seja dito de passagem, é ainda outra forma de encarecer a direção de Ziembinski. Tal não se aplica, entretanto, como é evidente, a Cacilda Becker, cujas últimas interpretações só poderão ser ultrapassadas por alguma coisa de verdadeiramente excepcional. Não se conclua daí, todavia, que Cacilda não tenha enfrentado também dificuldades em *Paiol Velho*: cabe-lhe o mérito se sua atuação pareceu fácil, porque, de fato, Lina é dessas personagens enganadoras, mais simples do que propriamente fáceis de interpretar; simples por não exigir da atriz nenhum esforço físico, esforço que sempre pesa na apreciação do público; mas difícil porque, de alguma maneira, era necessário que essa mulher que pouco fala, que tem todas as característica exteriores da passividade, fosse a maior presença humana em cena. Cacilda conseguiu falar mais com o silêncio que com a palavra, compondo uma figura de mulher rústica instintiva, inarticulada, tão perfeita, dentro dos seus limites, como o menino entre sensível e desabusado de *Pega-Fogo*, ou a solteirona histérica e sentimental de *O Anjo de Pedra*, ou a lésbica de *Entre Quatro Paredes*, ou a mocinha sonhadora de *Ingenuidade*.

Já Carlos Vergueiro teve em *Paiol Velho* a maior oportunidade dramática de sua carreira, aproveitando-a integralmente. Começou um pouco preso às inflexões típicas de Ziembinski, mas foi-se libertando gradualmente, para culminar na cena do ataque de coração, impressionante em todos os sentidos, pela energia dramática e pela vivacidade da observação psicológica. Também Maurício Barroso empregou-se mais seriamente, mais generosamente, do que nunca, deixando para trás aquele ator sempre correto, sempre de bom gosto, porém um pouco frio, um pouco cingido a um certo número de gestos e expressões habituais, a que já parecia destinado. Completa o quadro dos atores principais, Raquel Moacir, uma atriz de absoluta naturalidade e que muitas vezes deixou a impressão de ter mais e não menos experiência de palco que os seus companheiros.

Assinalemos, por fim, dois nomes novos em São Paulo, porém não estreantes em teatro: Eugênio Kusnet e Zeni Pereira. O primeiro foi a personagem exata que o papel requeria: frio, preciso, dominador; a segunda fez-nos lamentar que até hoje ninguém em São Paulo se tenha lembrado de encenar uma peça aproveitando os melhores elementos do Teatro Experimental do Negro – uma Ruth de Souza, um Aguinaldo Camargo e a própria Zeni Pereira – que, pelas pequeninas amostras que tivemos a ocasião de apreciar, formam entre os maiores atores do teatro brasileiro atual. Colaboraram ainda em *Paiol Velho*, Milton Ribeiro, A. C. Carvalho, Freddi Kleeman e Glauco De Divitis, os três últimos um tanto prejudicados pela direção de Ziembinski na pequena cena em que apareceram e que, conforme salientamos, foi a única fraca, fraquíssima mesmo, de todo o espetáculo.

Merece mais do que algumas frases o cenário desenhado por Vaccarini: nunca vimos, em palcos brasileiros, tanta veracidade, tanto cuidado com o pormenor. Ao se abrir a pano, tínhamos, de fato, diante de nós, a casa de um administrador de fazenda velha e semi-abandonada, completa com o telhado de telha vã, o retrato do Sagrado Coração de Jesus e a gaiola de pintassilgo.

Evidentemente, não é o naturalismo uma descoberta de hoje no teatro universal e a menção dos cenários de Antoine, em fins do século passado, com os botequins profusamente sortidos de mercadorias reais e com os seus açougues gotejando sangue de verdade, cenários que poderiam perfeitamente ser habitados de uma hora para outra, fazem-nos antes sorrir, agora que voltamos em geral, a uma concepção mais de acordo com as convenções eternas do teatro, contando novamente com a imaginação do público. Mas a questão não se coloca neste mesmo pé para o teatro brasileiro. De todas as experiências teatrais, o naturalismo está entre as mais fecundas, por varrer do palco tudo o que é artificialismo vazio, tudo o que é convenção nascida não de uma preocupação artística superior mas da simples inércia e da preguiça de trabalhar minuciosamente a cena. Ora, não nos parece que tenha havido, a rigor, um naturalismo no Brasil, compreendido desta forma. Ficamos sempre a meio caminho, com cenários de papelão, visivelmente pintados, e, ao lidarmos com o caipira, descambávamos logo para o caipira de palco, para esse pitoresco superficial que foi cuidadosamente evitado em *Paiol Velho*.

Note-se ainda que o cenário de *Paiol Velho* não representa uma profissão de fé. Vaccarini fê-lo naturalista porque a peça assim o exigia, com a mesma isenção com que ideou os cenários ultramodernos de *A Inconveniência de Ser Esposa*. Aliás, o último encenador que poderia ser acusado de retardatário no Brasil seria Ziembinski, que introduziu entre nós, sucessivamente, quase todas as correntes do teatro moderno, do simbolismo ao expressionismo. O que o cenário de *Paiol Velho* revela, portanto, é apenas uma salutar ausência de preconceitos de escolas e uma vontade de realizar a fundo cada nova experiência cênica, seja ela qual for.

Revendo na imaginação o espetáculo como um todo, antes de passarmos para a análise da peça, não é Abílio Pereira de Almeida, nem Cacilda, nem Carlos Vergueiro, nem Vaccarini, nem mesmo Ziembinski, que nos volta mais insistentemente ao pensamento, surgindo como o verdadeiro triunfador da noite. É o Teatro Brasileiro de Comédia um organismo de uma vitalidade privilegiada, cujo impulso não foi diminuído e abafado nem mesmo por dois ou três anos de êxitos consecutivos e que, apesar de já ter há muito o público a seu lado, continua ainda a crescer, com a fúria e o entusiasmo sagrado dos amadores e a capacidade de realização técnica dos profissionais, contratando, dia a dia, novos encenadores, novos artistas, mantendo-nos numa atmosfera de constante e grata expectativa: e agora, o que poderá vir? E vem sempre alguma coisa nova, um passo a mais dado à frente.

A medida mais corrente na literatura moderna para aquilatar o valor de uma obra de arte é a originalidade, a distância que a afasta das concepções medianas e das idéias caídas em uso comum. O artista deveria começar onde termina habitualmente o leitor ou o espectador. Se quisermos, já não diremos admirar, mas pelo menos compreender *Paiol Velho*, o nosso ponto de partida terá de ser fatalmente outro: as suas melhores qualidades são qualidades médias e a sua incontestável força, a força do lugar-comum.

Não existe conflito social mais óbvio e evidente entre nós do que aquele que, depois de travar-se no terreno econômico, começa já agora a ascender à esfera, mais superficial e brilhante, da política, saltando aos olhos de qualquer um: o choque entre o velho e o novo São Paulo. De um lado – simplificando um pouco os termos – o paulista de quatrocentos anos; de outro, o imigrante. Pois é este, reduzido à escala naturalmente limitada do palco, o panorama sobre o qual se assenta a peça de Abílio Pereira de Almeida. A história, conhecidíssima, é a eterna revolta do aprendiz de feiticeiro, que há forçosamente de aplicar um dia, em proveito próprio, os conhecimentos adquiridos: depois de trabalhar, anos e anos, para os donos da terra, é natural, é inevitável, que o italianinho, a que não se dava nenhuma importância, sonhe também em se transformar cm patrão. E se o drama de *Paiol Velho* é típico, representativo mesmo, no sentido estatístico, mais ainda são as figuras que o animam: João Carlos é o filho de uma família qualquer, com os defeitos e as qualidades inerentes a todo um tipo de educação; Mariana é a viúva que quer fazer alguma coisa e não sabe como, a mãe que vem pedir aos filhos o sacrifício pela fazenda que a sua própria geração não soube fazer; e Tonico Loferato não tem outras características mais fortes a não ser as que derivam logicamente da sua posição social, definindo-se sobretudo pelo desejo de subir a qualquer custo, honestamente, se for possível, desonestamente, se não houver outro jeito. *Paiol Velho* foi anunciada como o drama da terra. Mas esse é, na verdade, o aspecto mais superficial e falso da peça, o único acrescentado timidamente pelo autor, aqui e ali, para efeitos literários. Terra, em *Paiol Velho*, quer dizer somente propriedade, situação social, dinheiro, tudo o que a terra pode significar como elemento de ascensão social e não aquele sentimento quase religioso de apego ao solo, desconhecido dos nossos camponeses, em que o homem se liga por assim dizer misticamente a alguma coisa reconhecida como maior e mais importante, de que se faz humilde servidor. O que Tonico aspira é comprar o seu título de cidadania. E João Carlos e Mariana temem, antes de mais nada, que a venda da fazenda – terra, dizia um velho fazendeiro, é como o fundo de um tacho de doce, que se pode raspar indefinidamente – represente o primeiro passo da degringolada econômica final.

Não cremos estar traindo a peça ao apresentá-la inicialmente por este ângulo social. E, no entanto, nada mais distante de *Paiol Velho* do que esses dramas em que cada personagem assume, diríamos conscientemente, uma posição teórica, como o representante de uma determinada ordem de idéias. As personagens de *Paiol Velho* não se detém nunca para pensar e nem saberiam mesmo expor com coerência os seus pensamentos, movendo-se através de impulsos, de emoções quase desconexas, inclusive Tonico que, na sua grande explosão final, deixa transparecer ressentimentos insuspeitados e profundos, que explicam tanto os seus gestos quanto os planos de enriquecimento que deliberada e racionalmente executa. Nenhum esquema teórico, portanto, geraram essas criaturas no espírito do autor com o intuito de provar este ou aquele ponto de vista. Sentimos a existência de João Carlos, de Tonico, de Mariana, preliminarmente como pessoas humanas, reais e verídicas, e somente depois como paradigmas que são de uma classe, mais pela escassa peculiaridade de suas reações do que por intenção expressa do autor. A própria característica de Abílio, como autor, é o tom direto, despido de quaisquer preocupações estranhas ao drama. Veja-se, por exemplo, a maneira como trata as personagens populares. O povo passou a ser hoje em dia, numa obra literária, quase um *test* para se conhecer as concepções políticas do escritor: conforme estas, parecerá lírico ou bestial, puro ou grosseiro, revoltado ou inconseqüente. A preta cozinheira de *Paiol Velho* escapa a qualquer destes preconceitos literários, revelando com a mais simples exatidão, nas cenas em que aconselha Lina, essa espécie de astúcia popular, tão ingênua e, no fundo, tão próxima da infantilidade, pronta a enganar principalmente porque não possui maturidade sequer para imaginar a existência de razões morais superiores. O dom de observação psicológica de Abílio Pereira de Almeida pode não ser profundo, mas é extremamente exato, extremamente preciso. Não há em *Paiol Velho* um gesto menos plausível, uma frase que soe falso e, no entanto, todos nós sabemos que qualquer descuido seria impiedosamente apanhado pela platéia, não menos senhora do assunto, desta vez, do que o próprio autor.

A essas características irmana-se uma terceira, indissociável das outras: a imparcialidade da peça, o exato equilíbrio que mantém entre as personagens. Abílio Pereira de Almeida não toma partido e não incorre na falha mais comum nas peças interessadas política ou socialmente, que é a de viciar as cartas em favor de uma das facções em jogo: a energia de Tonico, energia de alguém que não recebeu ainda o seu quinhão na sociedade, não é mais nem menos justificável e compreensível do que o esgotamento prematuro de João Carlos. Ninguém é integralmente correto ou propositadamente mau em *Paiol Velho*, e mesmo a desonestidade de Tonico, entendida socialmente, não passa da cotovelada, do empurrão inevitável, de quem não quer ficar eternamente para trás. Avô ladrão, filho barão, neto mandrião – eis como a sabedoria do povo resumia, no século passado, esse processo de enobrecimento e renovação, no qual a sociedade se beneficia das energias humanas ainda intactas e das forças em ascensão, sem premiá-las a não ser postumamente, quando já satisfeitas e apaziguadas.

Somente uma figura de *Paiol Velho* move-se em plano diverso, pouco se misturando às outras e permanecendo, de certa forma, estranha até a seu marido, até a seu amante: Lina. Não é o dinheiro, nem o prazer ou qualquer outro motivo exterior que a guia. As suas razões são mais íntimas, mais autenticamente humanas, porque nascidas do fundo de si mesma, porque irracionais e instintivas: o amor e o sentimento de maternidade. Daí a sua força silenciosa, em contraste com a agitação frenética e, em última análise, vazia, dos outros. Seria injusto reduzi-la, como os demais, a uma fórmula simples, porque a sua riqueza e a sua complexidade psicológica são muito maiores. Há no seu silêncio obstinado a passividade da mulher brasileira do campo, como há também o hábito quase animal da resignação e o bom senso de quem já aprendeu a não contar com a vida; mas há, sobretudo, uma plenitude, uma certeza, um estar solidária consigo mesmo, que a sustém e a levam quase serenamente até o estoicismo.

Paiol Velho dá-nos a visão perfeita de um pequeno mundo, tanto mais representativo quanto mais medíocre e comum. Por alguns momentos, porém, aproxima-se de uma realização literária bem mais alta, ganhando em verticalidade o que pode perder em superfície, ao trazer até nós, na figura de Lina, algo mais do que uma soma de observações bem feitas: uma verdadeira criação.

(1951)

3. Silveira Sampaio

3.1. *A INCONVENIÊNCIA DE SER ESPOSA*

A primeira, indiscutível qualidade de *A Inconveniência de Ser Esposa* é a de introduzir, no nosso teatro, uma nova espécie de graça, um colorido diferente de comicidade. Não se trata apenas da revelação de um nascente autor cômico. É muito mais do que isso. Sarcey, o papa da crítica francesa de fins do século passado, dizia (é Thibaudet quem conta) que *O Chapéu de Palha da Itália*, o conhecidíssimo *vaudeville* de Labiche, fora uma das três únicas revoluções dramáticas que assistira no curso de sua longa carreira como espectador (*A Dama das Camélias* e *Orfeu nos Infernos* constituíram as duas outras). Falta-nos ainda a indispensável perspectiva do tempo, mas é exatamente essa a impressão que nos deixou a peça de Silveira Sampaio: uma revolução na comédia nacional, uma injeção de vitalidade num gênero que, apesar de ser o mais popular entre os nossos autores, é também o mais decadente e o menos original. Seria inútil procurar na literatura teatral brasileira qualquer coisa que se lhe assemelhe: boa ou má, a farsa de Silveira Sampaio está possivelmente no início e não no fim de uma tradição.

O que seja essa nova tonalidade cômica, não é fácil dizer.

A graça de cinqüenta anos atrás, fina, intelectualizada, sutil, cintilante, a frase de espírito que vencia pelo brilho do paradoxo ou da ironia, refletia, conscientemente ou não, a crença na primazia da inteligência, da razão, que se sentia superior a tudo, arrogando-se todos os direitos. De lá para cá, essa crença tem sofrido rudes golpes. Primeiro, foi a vez da ciência – base desse otimismo racionalista – sofrer forte abalo, ao se verificar que as verdades científicas, além de limitadas, são passageiras e falíveis como as outras. Depois, dentro do próprio edifício da ciência, abriu-se nova brecha, quando a psicanálise provou que o homem não é tão racional, nem tão civilizado como julgava. A arte, na literatura e na pintura, acusou imediatamente a crise, voltando-se para o primitivo, para a criança, para o louco, à procura das qualidades instintivas, ingênuas, alógicas do homem. A sensibilidade passou a ocupar, na arte, o lugar destinado anteriormente à razão.

Essa crise de irracionalismo tinha que se projetar forçosamente no humor. A graça mais moderna é de preferência a graça do absurdo, do contra-senso, do disparatado, do pueril, do impulso irracional, do inimaginavelmente estúpido, a graça deliciosamente fantástica, primitiva e requintada dos Irmãos Marx, das histórias e desenhos de James Thurber, dos *cartoons* norte-americanos, a graça da tradição inglesa do *nonsense* em contraposição à tradição francesa da frase de espírito (apesar de um Alfred Jarry...), a graça da inteligência que não acredita mais na própria importância e que é a primeira a rir-se de si mesma, fingindo-se de tola e ingênua. O espírito consiste na contrafacção do espírito, na paródia do espírito.

É essa graça da estupidez levada a graus incomensuráveis – que já repontara no Brasil em criações quase populares como o humorismo de Vão Gogo, com seu *Ministério de Perguntas Cretinas* – que Silveira Sampaio veio trazer agora para a comédia nacional, com uma riqueza de invenção e expressão cômica de espantar. O ponto de partida da peça já é, significativamente, algumas situações teatrais sem nenhuma originalidade. A isso Silveira Sampaio acrescentou quatro personagens que desafiariam a nossa argúcia para descobrir qual a mais primária e mais mecânica em suas reações sentimentais, se não houvesse uma que, incontestavelmente, não se avantajasse às outras, constituindo, nesse sentido, a maior criação cômica da peça: Aluísio. A imagem física, agressiva, iniludível da estupidez, imagem que ele ostenta, é o pijama russo horrendamente amarelo (para ele o próprio símbolo da conquista amorosa) e o descomunal A desenhado como monograma, sobre o peito, na mais descarada das egolatrias. Essa egolatria é o único traço saliente de seu caráter (se não fosse melhor, como em *Macunaíma*, falar em herói sem nenhum caráter...): quando ele engana o amigo, tudo não passa de uma deliciosa aventura sentimental; quando o amigo o engana, ao contrário, é o fim de tudo, da amizade, da honra, do universo, e ele permanece estarrecido, estupefato ante a baixeza humana. Em doses menores, não haveria nada de extraordinário nesta reação psicológica que, curiosa como possa parecer, é mais ou menos normal em todos nós. Mas em Aluísio a passagem de um estado para outro se faz de forma tão rápida e violenta, que assume proporções grandiosamente cômicas: é a personagem se revelando candidamente, sem qualquer sombra de autocrítica, um Comendador Ventura que desconhecesse por completo a censura da razão e do equilíbrio. É que Aluísio, a bem dizer, não existe como personalidade. Colocado em face da posição mais convencionalmente ultrajada que existe – a do marido enganado – ele não passa do veículo ideal de todos os lugares-comuns. Basta que se abandone um pouco, e as idéias feitas começam a jorrar de seus lábios aos borbotões, livremente, mecanicamente, em estado de pureza quase absoluta: a honra ultrajada... o lar conspurcado... não se respeita mais nada... aonde irá parar a sociedade... Os próprios gestos são os de um boneco inarticulado, a voz é outra, a voz convencional das grandes ocasiões, essa voz de dignidade ofendida de uso comum, que pertence a todos em geral e a ninguém em particular, a voz que a sociedade exige, a voz da personalidade social, da máscara, diria Pirandello. Há momentos em que o indivíduo retoma os seus direitos. Mas então, se possível, é pior, é outra espécie de vazio, é o malandro carioca, o pilantra que só sabe imaginar as piadas de mau gosto que os amigos do Jóquei Clube irão inventar e que faz pequenas recomendações safadas, em voz baixa, ao telefone, tentando salvaguardar, principalmente, as aparências, suprema obsessão...

Flaubert, a quem o espetáculo da estupidez humana foi fascinando progressivamente, deixou – ao lado de *Bouvard e Pecuchet*, que é a própria bíblia da imbecilidade – um *Dicionário de Idéias Feitas*, após cuja leitura, desejava ele, ninguém mais ousasse nem abrir a boca de medo de repetir, sem o querer, algumas daquelas frases convencionais.

Esse medo é a constante de Silveira Sampaio, como autor. Seria impossível apanhá-lo, por um momento que fosse, cometendo a *gaffe* de dizer qualquer coisa inteiramente a sério. A sua peça é uma gigantesca paródia e o próprio meio de expressão de que se utilizou, o teatro, serve-lhe sobretudo como pretexto para uma série de caricaturas, de sátiras, que envolvem tudo, todos os gêneros teatrais, da comédia burguesa à tragédia grega, e todos os modos de representar, principalmente os grandiosos e os heróicos.

Daí, a possibilidade de duas atitudes diante de *A Inconveniência de Ser Esposa*: ou não nos afinamos com o espírito da peça e esta nos parecerá a palhaçada mais irritante, mais vulgar e mais destituída de sentido que já se viu num palco; ou, ao contrário, entregamo-nos de corpo e alma às contínuas piruetas do autor, ao extraordinário disparate cômico que é a sua farsa, rindo como poucas vezes rimos na vida.

Não há dúvida de que Silveira Sampaio descobriu um novo e riquíssimo filão cômico. A sua peça é, incontestavelmente, a mais original comédia brasileira moderna. Isso não significa, porém, que o autor já pareça ter encontrado, nela a sua obra-prima. Pelo contrário, *A Inconveniência de Ser Esposa* acusa muitos defeitos de uma peça de estréia, como certos vazios de comicidade (sobretudo no terceiro ato) e também, o que é mais grave, certa ausência de rigor seletivo na escolha dos efeitos cômicos, nem todos da mesma qualidade. Silveira Sampaio já está à frente de nossos comediógrafos mas poderá ainda se ultrapassar, e muito. Estas nossas observações não passam aliás, de uma pseudoprofecia, pois, com antecedência, os fatos já nos deram razão: todos os críticos cariocas assinalam que a segunda peça do autor, *Da Necessidade de Ser Polígamo*, representada atualmente no Rio de Janeiro, é nitidamente superior à primeira.

Não diríamos a mesma coisa do Silveira Sampaio ator. Este surgiu, surpreendentemente, formado e perfeito, seguríssimo de si. Se estivéssemos nos Estados Unidos não seria difícil explicar o milagre. Lá, todos os artistas cômicos se fazem lentamente, nos numerosíssimos espetáculos de nível artístico inferior, nos circos, nos *music-halls*, nos *vaudevilles*, nos *burlesques*, para surgir, repentinamente, donos de sua arte, para a celebridade nacional. Aqui, este amadurecimento é difícil em geral de retraçar, mas, no caso de Silveira Sampaio, não temos dúvida nenhuma em afirmar que deve ter ele existido de alguma maneira, talvez nas "chanchadas" de estudantes ou nas brincadeiras com os amigos, porque uma criação como a sua não pode nascer da noite para o dia. E é tão completa, que o ator está naturalmente fadado a repeti-la, como acontece com todos os criadores de um tipo cômico perfeitamente individualizado.

O caso de Flávio Cordeiro parece-nos diferente. Anotemos, de início, que o autor lhe reservou um papel aparentemente mais original do que o dele mesmo. Isso se explica, a nosso ver, pelo próprio esforço feito por Silveira Sampaio para sair do seu tipo de comicidade e criar algo diferente, bizarro até. Januário, como personagem, é mais estranho que Aluísio, porém menos autêntico, menos nascido da própria carne do criador, se assim podemos dizer.

A espécie de comicidade de Flávio Cordeiro não é das mais acessíveis ao público: é a falsa seriedade, o *pince sans rire*. Dentro dessas características está esplêndido, tão firme como o seu colega. Se os seus recursos não são tão especificamente cômicos, são, por isso mesmo mais extensos e maleáveis, sendo provável que ele os possa aproveitar, com igual êxito, em qualquer outro gênero teatral, que não a farsa.

As duas mulheres, interpretadas por Aimée e Laura Suarez, têm, por força do próprio texto, menos personalidade e menos importância no desenvolvimento cômico da peça. Contudo, tanto uma como outra estão inteiramente dentro de seus papéis, representando com desembaraço e segurança.

Dissemos que a graça de *A Inconveniência de Ser Esposa* refletia um estado de espírito comum a toda a arte moderna. Não fomos, desnecessário é acrescentar, os únicos, nem os primeiros a nos apercebermos disto: os cenários da peça, de autoria de Aldo Calvo, afirmam exatamente a mesma coisa. A dificuldade da cenografia, que é uma arte subsidiária, está em combinar a liberdade pessoal do cenógrafo com a obediência devida ao espírito do texto. Pois essa liberdade e essa obediência constituem precisamente as duas grandes qualidades do cenário de Calvo que, pelo aproveitamento das pesquisas das escolas plásticas mais modernas, conseguiu criar a atmosfera ideal para a compreensão perfeita da peça. Não é outra, aliás, a função do cenário.

(1949)

3.2. *DA NECESSIDADE DE SER POLÍGAMO*

A reação que a maioria das pessoas apresenta em face do teatro de Silveira Sampaio é curiosa, complexa e mesmo contraditória: no momento, ali, diante do palco e dos atores, deixam-se embalar, divertindo-se como nunca; apenas saídas do teatro, entretanto, começam a opor toda espécie de resistências, apressando-se em demonstrar que, afinal de contas, não são tolos a ponto de confundir aquele espetáculo tão irresistivelmente engraçado com a verdadeira arte, como se estivessem vagamente envergonhados do prazer que sentiram.

De fato, há risos que não nos dignificam, como certos risos puramente mecânicos: rimos porque já havíamos rido anteriormente em circunstâncias semelhantes, apesar do gosto da novidade já se ter gasto há muito tempo; ou o riso que nasce da pornografia pela pornografia, isto é, do cômico porque pornográfico.

Mas o teatro de Silveira Sampaio não peca por este lado e, se quisermos encontrar a razão daquela resistência, devemos ir buscá-la mais longe, no preconceito que existe contra o riso, sobretudo em arte. Em todas as épocas houve e haverá quem confunda a gravidade exterior, a solenidade, o tom conspícuo, com a profundidade e a seriedade real do pensamento, confusão que Eça de Queirós explorou até o esgotamento completo do assunto nas figuras burguesas de um Pacheco e de um Conselheiro Acácio.

É possível que a visão dramática do mundo seja mais profunda do que a cômica e que haja alturas a que esta última dificilmente possa aspirar. Mas de modo algum se infere disso que toda obra cômica seja inferior a qualquer obra dramática: Cervantes, Rabelais, Aristófanes, Molière, Shakespeare estão aí para nos certificar precisamente do contrário, no instante que desejarmos.

O teatro de Silveira Sampaio, por exemplo, sem se incluir naturalmente entre as maiores coisas já produzidas pela literatura teatral, parece-nos a tentativa menos convencional e mais criadora que neste momento se faz no teatro brasileiro, em matéria de produção literária. E, nesse sentido, a mais séria também.

Isto nos conduz diretamente a um segundo motivo, que pode pôr de quarentena as peças de Silveira Sampaio: a sua desconcertante originalidade. Ninguém escreveu ou escreve, representou ou representa, como ele. Daí, para muitos, essa dificuldade de julgamento e esse medo de serem enganados, tomando por teatro o que não passa de uma simples e vazia brincadeira. Não é uma coisa séria! – diria uma personagem de Pirandello, e, a esse propósito, convém lembrar que também o teatro do sutilíssimo siciliano não foi considerado por muito tempo nem como teatro nem como coisa séria – e pelo mesmíssimo motivo, somente que em grau muito mais elevado, ou seja, uma desnorteante originalidade de pensamento e de construção teatral.

A objeção que se levanta com maior freqüência contra Silveira Sampaio põe bem em evidência esse desejo de recorrer a padrões, de julgá-lo em relação aos outros. Dizem os críticos que suas peças são falhas, pois não podem ser representadas por ninguém mais a não ser pelo próprio autor. Ora, isto equivale a dizer que as fitas de Carlitos ou dos Irmãos Marx não são boas porque são inconcebíveis sem Carlitos ou sem os Irmãos Marx. No gênero cômico muitíssimas vezes a criação cômica se confunde de tal forma com o criador que não é possível imaginar-se uma coisa separada da outra. Também a graça de Petrolini não tinha graça sem Petrolini (é só ler os textos que ficaram) e isto não impediu que ele subisse dos palcos modestos dos *music-halls* até ser considerado um dos maiores atores de toda a Europa.

Além do mais não é possível afirmar-se com certeza antes de fazer a experiência que as peças de Silveira Sampaio sejam irrepresentáveis por outros atores. É bem mais provável que sejam irrepresentáveis apenas fora do estilo particular para o qual foram criadas e imaginadas, como as peças da *Commedia dell'arte*. Se os atores que contracenam com Silveira Sampaio têm-se mostrado capazes de apanhar com precisão o seu estilo, que ele mesmo qualificou de grotesco, nada impede imaginar que um dia, outro ator possa tomar o seu lugar sem que o espetáculo perca com isso, se o substituto conseguir preencher uma única condição, aliás dificílima – a de não se mostrar inferior, em recursos cômicos, ao esplêndido ator que é Silveira Sampaio.

O seu suposto defeito, portanto, outra coisa não é senão a coragem de levar até as últimas conseqüências a sua originalidade, atingindo, além do texto, o próprio espetáculo e criando não só um novo gênero de comédia como uma nova maneira de representar.

Feitas essas observações, que visam responder a críticas que temos ouvido e lido inúmeras vezes, ficamos com o caminho desimpedido para considerar mais desembaraçadamente essa – *Da Necessidade de Ser Polígamo* – que vem ocupando há alguns dias o Teatro Municipal e que é a segunda peça da *Trilogia do Herói Grotesco*. A primeira – *A Inconveniência de Ser Esposa* – já vimos, não há muitos meses, no Teatro Brasileiro de Comédia.

A segunda peça da *Trilogia do Herói Grotesco* serve para realçar magnificamente, não só as qualidades mas também os defeitos de Silveira Sampaio como escritor de teatro. Sobre as primeiras já temos falado abundantemente, insistindo particularmente na ausência de convencionalismo que torna o seu teatro a tentativa mais viva e interessante do teatro brasileiro atual. Não é este, contudo, o ponto que desejamos referir e nem vemos necessidade de repetir o que já ficou dito.

Agora, fazendo às vezes de advogado do diabo, vamos apontar principalmente os defeitos, bem menos importantes, é verdade, que as qualidades e que se prendem a falhas de construção, ponto fraco de todos os nossos escritores de teatro.

A técnica de Silveira Sampaio, nesta peça, é muito pobre. Assim, o final se torna quase incompreensível, por não acompanhar o espírito do restante do texto e por não ter sido de maneira nenhuma preparado pelos acontecimentos anteriores, ao passo que a estrutura de cada ato mal encobre a forma de monólogo: o primeiro e o terceiro atos são monólogos de Petúnio, e o segundo um monólogo de Diacópolus. Das outras três personagens, Inês é pouco mais do que o interlocutor indispensável, o reativo químico necessário para pôr em evidência as qualidades de Petúnio, enquanto Elvira e Freddy têm o menor grau de existência que é possível ter num palco.

Em qualquer autor menos dotado, tais defeitos seriam esmagadores e definitivos. Em Silveira Sampaio não: a ausência, voluntária ou não, consciente ou não, da técnica tradicional, se às vezes o prejudica seriamente, em outras ocasiões, ao contrário, o favorece, dando-lhe uma liberdade, uma desenvoltura perante as formas e os princípios teatrais mais consagrados que lhe permitem atingir de início essa originalidade procurada tão penosamente por outros. O autor carioca parece confiar apenas na sua inquietíssima fantasia e no seu admirável instinto de ator, desprezando o mais. A fórmula paga esplendidamente quando dá certo mas é perigosa.

Já com relação ao ator, não faríamos restrições de espécie alguma: bastaria a extraordinária imitação do chefe da companhia norte-americana para consagrar qualquer ator cômico em qualquer parte do mundo. O estilo de Silveira Sampaio tem sido acoimado, não poucas vezes, de gratuito. A acusação é que nos parece gratuita. As suas peças são uma série ininterrupta de pequenas paródias – paródia da solenidade, da ênfase oratória, do tom pomposo, e assim por diante. A comicidade está menos no texto do que no modo como este é interpretado e é preciso que o ator deixe bem claro que o autor não está levando nada daquilo a sério. Sem o estilo grotesco de Silveira Sampaio, que lança uma luz espalhafatosa sobre o ridículo de cada frase, não sabemos se seria fácil para o público compreender as intenções satíricas do autor. Esse estilo forma, pois, parte integrante da peça, constituindo-lhe um comentário mímico constante e indispensável.

Laura Suarez tem uma comicidade discreta e sutil, que pode passar despercebida à primeira vista, mas que se vai afirmando à medida que a vemos maior número de vezes. A sua graça, pouco comum, feita de desânimo, de desinteresse, de aparente apatia, estabelece o contraste mais pitoresco com a vitalidade física de Silveira Sampaio, de forma que já se vai tornando difícil imaginar um sem o outro. Teófilo de Vasconcelos, que, durante a ausência forçada de Luiz Delfino, veio do Rio para retomar o papel que havia criado originariamente, é o próprio Diacópolus em pessoa, pulado vivinho e trêfego do texto. Elizabeth Hodos não chega a representar – o papel não exige tanto – mas deixa de fazê-lo da maneira mais encantadora que se poderia desejar... Freddy, como ator, executa números de mágica e toca sanfona.

A solução dos cenários é provavelmente a mais adequada para o palco do Municipal. Com o fito de não perder contato com a platéia, Silveira Sampaio trouxe a ação para o estrado que cobre a orquestra, reduzindo os cenários ao mínimo, passando-os a uma função puramente decorativa. Ainda assim pareceu-nos que outro teatro, menor, menos solene, iria bem melhor com o espírito irreverente da peça, criando essa cumplicidade entre atores e espectadores, imprescindível nesse gênero de espetáculo.

(1950)

3.3. A "GARÇONNIÈRE" DE MEU MARIDO

O segredo de certas obras – segredo que lhe faz a reputação – está em esconder habilmente o vazio sob a capa de uma suposta seriedade, revestindo a mais severa a mais artística das aparências.

O teatro de Silveira Sampaio pertence ao gênero exatamente oposto. O que se mostra nele de preferência é a frivolidade, o desejo de divertir, poderíamos dizer a qualquer custo. Se pesquisarmos um pouco mais, entretanto, não custaremos a descobrir nessas peças, traçadas com mão tão leve e tão despreocupada, uma inteligência muito viva que, sem querer doutrinar ou discorrer, apanha e fixa com a maior facilidade aspectos cômicos da realidade: no fundo de cada uma dessas comédias fúteis, reponta um problema que é verdadeiro e bem observado.

Esse problema, em toda a *Trilogia do Herói Grotesco*, é evidentemente o amor. Mas não se trata do amor romântico, do amor-coração, do amor-sentimento, de que nos falava o velho cardeal do velho Júlio Dantas. O amor, para os heróis de Silveira Sampaio, começa depois do casamento e fora do casamento, e as inquietações que os afligem não parecem provir propriamente do coração.

Por esse lado, o seu teatro participa, talvez sem o perceber, de um dos debates mais apaixonantes e mais fundamentais do nosso século, que se vem travando desde que o homem percebeu que não havia mal algum – e até bem – em discutir as questões do sexo em voz alta e em letra de forma, começando a fazer, tanto nas obras científicas quanto nas literárias, a mais cerrada reflexão e a mais completa investigação sobre tais assuntos, investigação que vai, por exemplo desde Freud até D. H. Lawrence, desde Havelock Ellis até o Relatório Kinsey, tornando-se quase uma obsessão de toda a literatura moderna, em contraste com as anteriores.

Essa falta de recato ou esse horror à hipocrisia e ao falso pudor das palavras, repercutiu também no teatro, e não poderia deixar de ser assim. Agora mesmo, temos em São Paulo duas peças, uma francesa – *Nina*, de Roussin – e outra inglesa – *Pancada de Amor*, de Noel Coward – que ilustram o que acabamos de dizer, não porque sejam excepcionais, mas, ao contrário, porque, apesar de suas audácias, podem ser consideradas como das mais normais e típicas do teatro dos seus respectivos países, não escandalizando a ninguém. O nosso teatro, contudo, conservou-se numa atitude pudica até há muito pouco tempo, isto é, até que começou a surgir no Rio de Janeiro esse movimento teatral que tem como principais representantes Silveira Sampaio e Guilherme Figueiredo, contando ainda, em São Paulo, com uma manifestação *avant la lettre* nas comédias de Abílio Pereira de Almeida. Nesse sentido, as peças de Silveira Sampaio e seus companheiros representam, para a renovação e atualização da comédia nacional, o mesmo que as experiências de Nelson Rodrigues em relação à criação de um drama brasileiro moderno.

Nada disto visa provar, está claro, que o teatro de Silveira Sampaio seja um tratado erudito de questões sexuais, que todo nubente deva consultar, ao lado dos livros já tradicionais sobre o assunto. O autor carioca é primordialmente um homem de teatro, que pensa em termos de teatro, e de teatro cômico. A idéia básica de *A "Garçonnière" de Meu Marido* é, por assim dizer, clássica em comédia: a de fazer encontrar duas personagens num lugar em que não poderiam de forma alguma se encontrar. E as atrapalhações iniciais que daí resultam para Iseu são também mais ou menos clássicas. Acontece, entretanto, que Silveira Sampaio, como qualquer pessoa inteligente, não pode deixar de se preocupar com certas questões que a própria vida moderna vai-se encarregando de pôr diante dos seus olhos e do seu pensamento. O conflito de *A "Garçonnière" de Meu Marido*, a não ser nos primeiros minutos, fere-se não entre duas personagens, e sim entre duas concepções diversas e complementares do amor, ambas profundamente características da vida burguesa: de um lado, o amor doméstico, oficial, santificado pelo lar; de outro, o fruto proibido. Iseu não busca na "garçonnière" outra mulher, mas a sensação de novidade, de liberdade, de aventura, de pecado. Para ele, a volúpia só se completa quando acompanhada de todos os símbolos reconhecidos pela sociedade, ou seja, o perfume francês, o champanhe, o *robe de chambre*, a *garçonnière* etc. Um psicólogo poderia dizer que se trata de um simples reflexo condicionado, explicável numa sociedade que ensina o homem a distinguir, desde muito cedo, entre o amor lícito e o ilícito. Daí a felicidade de Iseu quando Gardênia se oferece para encarnar numa só mulher as duas formas de amor: a solução ideal parece ter sido encontrada, a única capaz de manter a felicidade conjugal sem transformar o amor numa rotina, árida como as outras. A felicidade não dura muito tempo, entretanto, pois a moral logo surge para atrapalhar. Iseu, sempre obediente às sugestões sociais, nada vê de extraordinário no seu caso: ele foi criado dentro de um sistema que concede ao homem a máxima liberdade desde que não transgrida as normas da discrição burguesa. Mas Gardênia? Se a mulher se arrogar os mesmos direitos do marido – e é natural que o faça – a que fica reduzida a propalada dignidade do lar, essa dignidade que a mulher deve carregar, se preciso for, sozinha? Iseu sente confusamente que deve haver qualquer coisa de fundamentalmente errado e imoral quando a esposa passa a usufruir do amor-volúpia, mesmo que seja, paradoxalmente, com o próprio esposo. O problema da peça, portanto, é o de uma sociedade que divide o amor em duas categorias – o digno e o outro – concedendo unicamente ao homem o privilégio de gozar dos dois ao mesmo tempo. Se Iseu parece comicamente incoerente, se é dilacerado grotescamente pelas contradições que existem em seu pensamento, essa incoerência e essa contradição pertencem, sobretudo, a uma sociedade que está passando de um sistema de moral sexual para outro, que ainda não sabemos bem qual seja. Se disséssemos que a comédia faz o processo da dissolução do patriarcado brasileiro nas areias de Copacabana, não estaríamos provavelmente longe da verdade.

É perfeitamente possível que nenhuma destas considerações tenha passado pelo espírito de Silveira Sampaio no escrever a sua peça. O que não as invalidaria, pois um artista, principalmente um artista intuitivo como Silveira Sampaio, é acima de tudo uma antena que capta e transmite as vibrações do ambiente. Ainda outra observação: se esta crônica assumiu ares sérios de discussão sociológica, a culpa naturalmente não cabe à comédia. É que, como disse alguém, tudo depende do ponto de vista: há um *vaudeville* latente no *Hamlet* ou uma tragédia em *O Chapéu de Palha da Itália*. O ponto de vista de Silveira Sampaio é irônico, inconseqüente e ligeiro como os títulos de suas peças; as suas preocupações mais fundas é que nem sempre o são.

A matéria própria de toda comicidade é o ridículo, a tolice humana – idéia que nos vem, sob uma forma ou outra, desde o primeiro e grande crítico de teatro, que foi Aristóteles. Silveira Sampaio não faz exceção à regra: se se refere às suas personagens como heróis, tem o cuidado de acrescentar logo – herói grotesco.

Mas a tolice que nutre o seu teatro é muitas vezes a mais insignificante, a mais familiar, a tolice comum a toda gente, a começar por nós mesmos. As cenas mais originais de *A "Garçonnière" de Meu Marido*, por exemplo, são as que retratam essas pequeninas coisas em que pensamos quando estamos a sós, não ousando confessá-las a ninguém, não porque sejam desabonadoras, mas apenas porque são ridículas – "tenho a impressão de que Bilac gostaria de me conhecer!" – ou, então, esses gestos que esboçamos depois de nos certificarmos bem de que não estamos sendo espreitados, como examinar no espelho o começo da calvície e os dentes, ou fazer um gargarejo perfumado e vestir um *robe de chambre* novinho em folha para esperar uma possível aventura, um possível encontro de amor.

Já se definiu o *humour* como o riso à própria custa, o riso que toma o próprio humorista como objeto. É assim, freqüentemente, o teatro de Silveira Sampaio, construído à volta de alguns gestos grotescos, de pequenos dramas da nossa vaidade, das ínfimas vicissitudes da vida amorosa, já que é a comédia do amor que nos torna mais amiúde vulneráveis e indefesos perante o ridículo. Há o amor, por exemplo, de Romeu e Julieta, de Antônio e Cleópatra, de Armand Duval e Marguerite Gauthier. E, depois, há esse outro amor, menos romântico, mais burguês, que é o de todos nós, pois herói grotesco, em proporção maior ou menor, não há quem não o seja. Silveira Sampaio, através das pessoas em cena, parece estar rindo de nós e, sobretudo, dele mesmo.

Tal é o privilegiado material que Silveira Sampaio traz para o teatro, e que provém de um genuíno e raro dom de observação cômica. Não seríamos sinceros, contudo, se escondêssemos o reverso da medalha, não revelando que as suas comédias nos deixam, freqüentemente, a impressão de que vimos esse material em seu estado primeiro, quase ainda não trabalhado e organizado. Em todas essas peças surgem uma série de idéias excelentes, uma porção de achados cômicos e técnicos (o rádio e o telefone tomando parte na ação etc.) de primeira ordem; idéias, entretanto, que não se desenvolvem até o máximo de suas possibilidades, permanecendo no estágio de esboços, de ensaios, como nasceram. Silveira Sampaio inventa as suas próprias vias de comunicação com o público, não se dando ao incômodo de indagar como os outros fizeram antes dele. Tanto melhor. Mas, ao dispensar assim a experiência alheia, põe-se na obrigação de criar toda uma nova técnica, tão perfeita e apurada como a que rejeitou, pois que não se inova, em arte, por modestamente que seja, sem um esforço de reflexão sobre os meios de expressão muito maior e muito mais penoso do que o habitualmente exigido das pessoas que se limitam a seguir a tradição. Ora, o que parece faltar, e de maneira essencial, ao teatro de Silveira Sampaio, é reflexão – no sentido de elaboração lenta e cuidadosa – tanto sobre o próprio assunto, quanto sobre recursos técnicos que emprega. O autor confia na sua intuição, que é agudíssima, na sua inspiração, na sua facilidade de inventar e improvisar, desprezando quase inteiramente o polimento, o trabalho miúdo e obscuro do artesão.

A *"Garçonnière" de Meu Marido* revela tais fraquezas talvez mais explicitamente do que as outras comédias. A idéia é magnífica, mas a trama da peça tão frágil, inconsistente, que nem chega a enlear por completo o espectador em suas malhas, nem a esclarecer suficientemente o problema proposto, que é o das relações entre marido e mulher na sociedade brasileira. A peça sugere muito, e de uma forma curiosa e inteligente, não conseguindo nunca, todavia, articular e formular o seu pensamento com clareza. Percebe-se, sempre, que o autor está dependendo de um achado cômico do momento, tendo de recorrer com insistência, para reanimar a ação, a personagens puramente episódicas – como o *garçon* e o senador nordestino – sem as quais o fio do enredo, já de si tão tênue, acabaria por desfazer-se. O terceiro ato, o mais ambicioso artisticamente, tenta na verdade discutir em termos de teatro o problema de consciência criado pelo entrecho, exteriorizando o conflito íntimo de Iseu, por meio de um desdobramento de personalidade: o amante e o marido lutando dentro da mesma pessoa. Mas ainda aqui a solução teatral não é perfeita, apesar de interessante e audaciosa, e se o público deixa de rir, como nos atos precedentes, não quer isso dizer que o faça por captar e compreender com precisão o que o autor está querendo dizer em cena.

Todas essas imperfeições, se nem sempre diminuem a comicidade do teatro de Silveira Sampaio, relegam-no, todavia, a um nível inferior ao que poderia legitimamente aspirar, colocando-o ao lado do teatro unicamente para rir, em que não há outra lei senão a gargalhada, como se tratasse, por momentos, de um mero *sketch* de revista. A palavra é, aliás, reveladora, porque *sketch* significa bem o que estávamos procurando descrever: um desenho apenas delineado, apenas esboçado, embora espirituoso.

Com referência à técnica de direção já não faríamos a Silveira Sampaio nenhuma destas objeções. O seu famoso grotesco, que dá tanta importância à mímica, exerce precisamente a função requerida pelo autor, sobretudo quando aplicado num teatro íntimo, em que a força da presença física do ator não perde, restando somente o prestígio das palavras, como infelizmente acontece no Teatro Municipal. Aquela função, a nosso ver, não difere da de qualquer gesticulação teatral a não ser em intensidade, em deformação cômica. No teatro, o gesto sempre serviu, em parte, para manifestar o que a própria personagem gostaria de esconder: o vilão, apesar de toda a sua hipocrisia, trai pela contração maldosa do rosto os seus piores sentimentos, revelando o que o autor necessitava mostrar sem se valer do diálogo. Silveira Sampaio serve-se deste princípio e leva-o ao exagero, à deformação propositalda caricatura: quando Iseu descobre Gardênia na "garçonnière", sentindo-se de repente velho como o próprio mundo, é pelo andar, grotescamente, que, expressa o desânimo, o cansaço, o desgosto, que lhe invadem repentinamente a alma. A graça, de ordem e origem psicológica, está em pôr em primeiro plano o psíquico, reduzindo momentaneamente o homem, o corpo, a um boneco inarticulado, inanimado.

Em teatro dramático, esse processo, isto é, essa expressão física e visível dos sentimentos, feita com tamanha magnitude, chamar-se-ia expressionismo, e é admirável que Silveira Sampaio, guiado apenas pelo seu instinto teatral, tenha chegado até ele para subordiná-lo aos seus fins cômicos particulares.

Acrescente-se ainda, para finalizar, que Silveira Sampaio é servido por atores tão bons quanto ele mesmo, o que não é dizer pouco. Laura Suarez, em *A "Garçonnière" de Meu Marido*, apresenta-se melhor que nunca, com a espécie exata de comicidade, pacata e sossegada, requerida para realçar a agitação do seu parceiro. Vimos Luiz Delfino, no máximo, duas ou três vezes: se o seu trabalho é sempre deste nível, não temos dúvida em afirmar que nos defrontamos com um comediante nato, dono de uma extraordinária vivacidade e facilidade para compor tipos. Raimundo Furtado foi a surpresa da noite: o seu senador nortista é tão deliciosamente senador e tão deliciosamente nortista que suspeitamos logo, com razão, que o ator não é uma coisa nem outra: somente a arte tem o alto privilégio de ser mais real do que a realidade. Sônia Corrêa estréia sem o deixar muito a perceber.

Cenários de Carlos Perry, que só conhecíamos como ator e que havíamos visto, pela última vez, em *Vestido de Noiva*. O seu trabalho é mais uma prova de que Os Comediantes não morreram, continuando ainda agora, quatro ou cinco anos depois de seu desaparecimento, a fecundar e a enriquecer o nosso teatro.

(1950)

4. Joracy Camargo

4.1. *DEUS LHE PAGUE*

Se a peça que se apresenta desacompanhada de qualquer notícia acerca do autor, da época ou da corrente em que se integra, levanta uma série enorme de dificuldades para o crítico, que nem sempre encontra de imediato a perspectiva exata dentro da qual deve encará-la, pior ainda será o caso de uma peça como esta, *Deus lhe Pague*, que já lhe oferece todas as desvantagens e ainda nenhuma das vantagens da celebridade.

A comédia de Joracy Camargo não se apresenta mais ante a crítica na humildade da peça que se estréia e aguarda timidamente o julgamento alheio. Muito ao contrário, vem coroada de um êxito sem paralelo no teatro brasileiro, e não apenas neste, pois já atravessou vitoriosamente fronteiras, em numerosas traduções e, mais recentemente, também por meio de uma fita cinematográfica produzida no estrangeiro. Ora, esta imensa popularidade não só aumenta a responsabilidade da crítica – em tais casos julgada tanto quanto a obra – como poderá até predispô-la irremediavelmente, numa antecipação ilícita do trabalho de julgamento. Com efeito, para alguns, bastará essa série de triunfos para negar a validade de qualquer discussão ulterior: são os que acreditam que o êxito fala por si mesmo, com voz mais forte e autorizada do que qualquer outra. Para os que se comprazem, ao contrário, em se distinguirem desdenhosa e aristocraticamente do gosto comum, esse mesmo fato, no entanto, será a prova irrefutável de que a peça não conseguiu ultrapassar a linha que separa, segundo eles, as obras populares das obras de arte. É fácil ver que uma posição equivale a outra em convencionalismo e falsidade e que ambas representam a abdicação do espírito crítico em favor de um preconceito – ou o de que o público tem sempre razão, ou exatamente o contrário. Se a primeira dessas duas atitudes é tola e primária, a segunda não é só tola mas profundamente irritante, pelo insuportável pedantismo que revela.

Por outro lado, *Deus lhe Pague* ainda não apresenta, a título de compensação, a grande vantagem da peça célebre: a de já estar passada em julgado. Tem dezessete anos. Atravessa, pois, essa idade ingrata em que não se pode estabelecer com segurança se o êxito de um momento irá ou não se transformar no êxito de todos os momentos. E nem podemos mesmo ignorar a existência de tais questões, fingindo, por um esforço de imaginação, que acabamos de receber as primeiras impressões, naquele estado de pureza ideal de quem nunca ouviu falar na obra. Isto porque a peça, em cada uma de suas linhas, denuncia implacavelmente a época em que foi escrita. Se não a situarmos no tempo, corremos o risco de sermos profundamente injustos e até o de não compreendermos suficientemente as causas do seu êxito espetacular.

O teatro brasileiro, no começo da década de trinta – *Deus lhe Pague* é de 1932 – vivia quase totalmente alheio, ao que se passava no teatro universal. Não havíamos ainda conhecido sequer a revolução representada pelo aparecimento da figura do encenador, revolução que datava do começo do século e somente agora está em vias de se processar entre nós. Os cenários, igualmente, eram feitos antes por um técnico, hábil no aproveitar economicamente os mesmos elementos em mais de uma peça, variando o eterno "gabinete" que servia de fundo comum para todas as comediazinhas familiares, do que por um artista que pudesse ser equiparado, em cultura e força criadora, aos outros artistas plásticos. Em uma palavra, era o "cenotécnico", e não o cenógrafo atual. Quanto ao repertório, salvo generosas exceções que não chegavam a alterar o ambiente, estávamos limitados às pecinhas de costumes nacionais, sem outro interesse além de um pitoresco superficial, ou às traduções de comédias de baixa comicidade, de que são excelente exemplo as farsas espanholas de Muñoz Seca, autor dos mais representados na época.

Dentro de um ambiente pacato e sem ambições como esse, *Deus lhe Pague* tinha de repercutir como uma bomba: possuía um fundo mais sério, apresentava certos problemas sociais e políticos, fazia pensar, e era escrito de forma extremamente acessível, a que não faltava inteligência. O grito de "obra-prima" surgiu espontaneamente de todos os lados.

Depois, é claro, progredimos muito e em ritmo que tende a se acelerar. Tomamos contato com Shaw, Garcia Lorca, O'Neill, Giraudoux, Tennessee Williams, com tantos e tantos outros; e até Shakes-

Procópio Ferreira em *Deus lhe Pague*, de Joracy Camargo.

peare, ausente há quase um século, reaparece nos nossos palcos para ser uma das sensações de bilheteria. O que era, por exemplo, grande virtuosismo na construção de *Deus lhe Pague*, em 1932, parece elementar se comparado com a diabólica habilidade de um *Vestido de Noiva*. É preciso não esquecer, no entanto, que a peça de Joracy Camargo veio antes, e não depois de tudo isto, e esta pequena diferença constitui o essencial se quisermos compreender os fatos.

Com relação às idéias, vamos encontrar fenômeno muito semelhante. Quando *Deus lhe Pague* foi escrita e encenada a crise do café e a revolução de trinta, revolução bem mais profunda do que pode parecer, tinham acabado de liquidar um panorama político vindo desde a proclamação da República. O Brasil andava inquieto, pressentindo que havia mais coisas entre o céu e a terra do que sonhava a política burguesa, e ninguém se lembraria mais de repetir que os problemas sociais se resolvem a pata de cavalo. Uma aragem de novas idéias, uma aspiração indefinida de reformas sociais, preparavam as grandes vagas comunistas e fascistas que iríamos ver desenhar-se mais tarde e que, aliás, ainda não encontraram provavelmente o seu escoadouro definitivo.

Deus lhe Pague espelha admiravelmente, embora de forma não profunda, essa inquietação que grassava, sobretudo, nos meios intelectuais. As suas idéias não eram propriamente originais e, muito menos, precisas, mas concordavam tão bem com as que andavam pelo ar, expressavam tão bem o momento, em virtude mesmo da sua fragilidade política, que era impossível resistir. Uma obra ou uma idéia valem, às vezes, menos por si mesmas do que pela ressonância que encontram. O ambiente brasileiro, como uma caixa de música, estava preparado para receber determinada nota, e a Joracy Camargo coube o mérito, não pequeno, de emitir a nota justa no momento exato. Ao relermos a peça, não é sem sorrir que vemos Procópio – em prefácio escrito na ocasião – referir-se com certo orgulho ao "camarada Joracy Camargo". Naquele tempo toda gente era mais ou menos "camarada" – e não custava nada sê-lo. Mais tarde, iríamos aprender que a palavra tinha um sentido mais restrito e mais exato do que imaginávamos implicando não só uma posição política extremamente precisa e limitada como uma posição moral que poucos estariam dispostos a aceitar. Com a relativa experiência que adquirimos, não é difícil perceber agora quanta ingenuidade o tom roseamente revolucionário de *Deus lhe Pague* encerrava, como se tudo fosse questão de um pouquinho de bom senso e boa vontade. Mas, ainda desta vez é preciso repetir: é fácil, é facílimo, ser profeta depois do milagre.

Todas estas considerações parecem convergir para um único ponto, uma conclusão única: não há dúvida que *Deus lhe Pague* representa um marco, um momento da história do teatro brasileiro. Quando apareceu, nesse tão próximo e tão longínquo 1932, era uma excelente peça. Sê-lo-á ainda hoje, em 1949?

Seria inútil pretender que *Deus lhe Pague* não tenha envelhecido: é só comparar o entusiasmo ardoroso que despertava nas primeiras platéias à tranqüilidade, diríamos respeitosa, com que é ouvida hoje. Não há nisso, de resto, nada mais do que a confirmação de uma verdade bem conhecida: entre todos os gêneros literários, é o dramático, em geral, o que mais rapidamente passa da moda, envelhecendo, como acentuou Somerset Maugham, quase no mesmo ritmo do jornalismo.

A questão, portanto, é outra, é estabelecer até que ponto a comédia de Joracy Camargo resiste ainda à ação do tempo, até que ponto conserva intacto o primitivo frescor.

Comecemos pelo pior, pelo que já nasceu, por assim dizer, errado. Referimo-nos ao quadro do primeiro ato, em que o autor remonta ao começo da vida da personagem principal. Não há nessa história de operário roubado pelo patrão uma palavra que não soe falsa e convencional. Aquela ingênua, insuportavelmente ingênua ("Eu pensava que milionário andasse com roupa de ouro... chapéu de ouro... O senhor come?"), e, sobretudo, aquele capitalista, inacreditavelmente vilão, que depois de surripiar os documentos preciosos reaparece magicamente nos momentos oportunos (isto é, de dois em dois minutos) para afrontar dramalhonicamente a loucura da desgraçadinha com seu cinismo de pacotilha, tudo isso pertence à mais pura espécie de subliteratura, aquela que simplifica e falseia propositadamente os fatos em nome da propaganda de uma idéia política. O momento, então, em que a operária enlouquece – o que não custa ao autor mais do que duas ou três falas chega até a lembrar uma involuntária e irresistível paródia da cena famosa de Ofélia – que Shakespeare nos perdoe!

Falamos linhas acima em propaganda de uma idéia. Talvez não tenha sido apenas esta a intenção do autor. Talvez o seu maior erro tenha consistido em querer condensar e resumir todo o drama de duas vidas em vinte minutos de diálogo, esquecendo-se de que assim só poderia obter uma caricatura grotesca e inacreditável da realidade.

Seja como for, já era tempo que Joracy Camargo se dispusesse a reescrever esta cena, que destoa horrivelmente do resto da peça, chegando a motivar essa impressão, penosa que nos causam, por exemplo, as personagens e os enredos de rádio-teatro.

Na escala inversa dos valores, o segundo lugar estaria reservado para as considerações de ordem geral, quase desligadas do texto, a que o autor se refere muitas vezes, sob a denominação um tanto benévola e otimista de filosofia. O processo por si mesmo é sabidamente antidramático e pouco há de teatro nessas espécies de conferências dialogadas, em que um indivíduo vai explanando os seus pontos de vista sobre a vida, a sociedade, os homens etc. etc., ao passo que um outro lhe serve amavelmente, pacientemente, de discípulo humilde indagando nos momentos precisos: "o senhor é contra a esmola?" ou "conteme cá o que é a vida" ou "então, a ciência é inimiga do homem?".

Além disso, numa obra de arte, as idéias necessariamente não possuem a perenidade dos sentimentos humanos ou, mesmo, da beleza de forma: não é a "filosofia" que mais admiramos em Sófocles, Racine ou Shakespeare.

No caso de *Deus lhe Pague*, ocorre que não só as suas idéias estavam demasiado presas ao momento de origem – pelo menos, foi o que procuramos mostrar em crônica anterior – como até o próprio êxito da peça, contribuindo para difundi-las ao extremo, já se encarregou de lhes retirar, de certa forma, o sabor de novidade que porventura possuíam, como numa lição que se ouve pela terceira ou quarta vez. Para que o efeito fora outro seriam necessárias a profundidade e a complexidade de pensamento de um Pirandello ou de um Bernard Shaw, autores cujas idéias, riquíssimas em sugestões, não se esgotam nos primeiros contatos. Ora, a Joracy Camargo poderíamos até dirigir – como outros já o têm feito – a crítica oposta: as suas idéias apresentam-se freqüentemente sob a aparência de brilhantes e ousados paradoxos, mas, na verdade, não se afastam das trilhas mais batidas. Parte do seu êxito explica-se mesmo por essa facilidade em despertar no público a sensação agradabilíssima de estar sendo parte de um jogo de espírito inteligentíssimo, sem exigir-lhe, de fato, qualquer esforço de compreensão. Daí a divergência de opiniões que peças como *Deus lhe Pague* podem suscitar: uns, a considerá-la obra de um pensador originalíssimo; outros, não lhe perdoando o inculcar-se errônea e habilmente como tal.

Idéias genéricas, por brilhantes que pareçam a certa porção do público ou mesmo à maioria, jamais bastam para assegurar, no teatro, êxito tão prolongado como alcançou *Deus lhe Pague*. É necessário, portanto, buscar outros fatores, se quisermos compreendê-lo.

Chegamos, assim, aos elementos que nos parecem menos envelhecidos e mais duradouros na comédia de Joracy Camargo, elementos que, não por mera coincidência, são também mais nitidamente teatrais. Do ponto de vista da platéia continua ainda a interessar não só a figura desse mendigo-filósofo de um exotismo romântico de muito sabor popular, como o triângulo que se arma entre ele, Nancy e Péricles: de um lado a inteligência; de outro, a mocidade; de permeio, a mulher. Não será uma situação teatral que prime pelo ineditismo ou pela profundeza psicológica, mas não é preciso tanto para se escrever uma boa comédia. O que importa, sobretudo, é a hábil manipulação dos elementos – e não se pode negar essa habilidade ao desenvolvimento do segundo e terceiro atos de *Deus lhe Pague* (o primeiro é puramente de retrospecção o exposição). O autor joga destramente com as alternativas do enredo (toda a história do dinheiro emprestado, por exemplo), suspendendo a ação nos momentos culminantes, como convém, para voltar aos degraus da igreja, onde conversam os dois mendigos, de maneira a manter sempre alerta a curiosidade do espectador, até o desenlace. Além disso, o espírito do autor, embora um tanto fácil, é, nessas cenas, extremamente espontâneo. Cada réplica puxa naturalmente outra, sem o menor indício de esforço, e esta vivacidade de ritmo compensa, em parte, o que possa faltar de originalidade.

Dir-nos-ão, possivelmente, que tais qualidades não ultrapassam as qualidades medianas de qualquer comédia agradável – e *Deus lhe Pague* tem outras ambições. De acordo. Julgamos, porém, que a peça ganha em ser considerada daquele ângulo mais modesto – o de uma simples comédia – e não como obra altamente significativa. Errou, a nosso ver, Joracy Camargo ao pretender emprestar à sua história um alcance maior, como se quisesse simbolizar naqueles três personagens todo o drama social da nossa época. Se *Deus lhe Pague* resistir à passagem do tempo, será pelos aspectos mais singelos e não pelos mais pretensiosos.

Para quem nos acompanhou, desde o início, nesta espécie de balanço a que submetemos a comédia de Joracy Camargo, pode parecer que o saldo lhe tenha sido amplamente desfavorável. Tal conclusão não procederia e deve ser corrigida imediatamente, por duas observações, que serão as finais. Não usamos de benevolência nestas apreciações. Se algumas verdades eram duras, não procuramos amenizá-las. A segunda observação é a de que a peça, se talvez diminua ao ser considerada em si mesma, avulta, entretanto, quando integrada no meio de onde proveio e no momento em que surgiu. Já dissemos que era uma excelente comédia na época e para a época em que foi escrita. E, ainda hoje, sustenta-se perfeitamente perante o público. Ora, isto é que se pede, o que se pode pedir normalmente a uma peça de teatro. Se algumas vão muito além, iluminando um período todo ou passando mesmo a fazer parte definitiva da literatura, serão raríssimas exceções, com as quais não devemos regularmente contar.

Deus lhe Pague tem assegurado um lugar de importância na história do teatro brasileiro. Se é duvidoso de que o tenha igualmente na literatura brasileira, que isso não nos induza ao excesso de rigor: de quantas peças nacionais, de todos os tempos, se poderia fazer semelhante elogio?

(1949)

5. Guilherme Figueiredo

5.1. *UM DEUS DORMIU LÁ EM CASA*

A julgar pela crítica do Rio, Fernando de Barros descobriu como empresário – e já não era sem tempo – o segredo de tirar proveito de três elementos que até aqui pareciam irreconciliáveis: encenar comédias brasileiras, inteligentes, e de êxito de bilheteria. Bons autores é sempre mais difícil de conseguir que bons atores e diretores. Estendendo à própria peça esse ímpeto de renovação que percorre nossos palcos, Fernando de Barros coloca-se conseqüentemente como uma das mais importantes forças propulsoras dentro do nosso jovem teatro.

Um Deus Dormiu lá em Casa, a comédia escolhida pela companhia para estrear em São Paulo, não desmente comentários tão otimistas. Não é ainda a peça que o autor poderá escrever quando dominar com perfeição a técnica teatral, quando tiver recolhido os resultados destes primeiros ensaios. Mas, para evidenciar que Guilherme Figueiredo não errou de vocação, basta um só reparo: nos vinte e tantos séculos que decorreram desde que Plauto imortalizou na comédia os amores de Alcmena e Júpiter, ninguém se lembrara ainda de interpretar aqueles fatos da maneira por que ele o fez agora – maneira, aliás, que se presta admiravelmente aos equívocos e às confusões do teatro cômico. *Um Deus Dormiu lá em Casa*, ao contrário de todos os outros "Anfitriões", não é Júpiter que se finge de Anfitrião mas Anfitrião que se finge de Júpiter – com os resultados conhecidos pela história.

Tonia Carrero, Vena Nunes e Paulo Autran em *Um Deus Dormiu lá em Casa*, de Guilherme Figueiredo. Direção de Silveira Sampaio, cenários de Carlos Thiré, produção de Fernando de Barros.

A esse espirituoso achado inicial, a peça associa outros, como o final do segundo ato, em que o tema do amor e da saudade de casa, central na conversa de Alcmena e Anfitrião, se amplia repentina e inesperadamente a todo o acampamento; ou o desenvolvimento do terceiro ato – o mais teatral e interessante dos três – quando o general tebano, ao regressar da guerra, passa de acusador a acusado sem saber bem porque, movido pela dialética da mulher; ou ainda a última cena da peça, engraçada pela preocupação burguesa de Alcmena e Anfitrião de salvar as aparências, e curiosa pela forma hábil de se dirigir diretamente ao público.

Ao lado desses, entretanto, há na peça longos trechos pobres de invenção dramática ou verbal. A comicidade, por exemplo, repousa quase num só recurso, a quebra de tom, do sério para o cômico, do enfático para o familiar, do antigo para o contemporâneo. Alguns críticos cariocas salientaram que esse traço é comum ao teatro de Silveira Sampaio. Mas parece-nos haver uma diferença essencial. Silveira Sampaio explora a fundo o processo, transformando-o freqüentemente em elemento de análise psicológica (como na cena do telefone de *A Inconveniência de Ser Esposa*, em que a personalidade de Aluísio quase se desdobra), enquanto *Um Deus Dormiu lá em Casa* utiliza-o apenas para fazer o riso brotar.

Qualidades literárias não escasseam em Guilherme Figueiredo, o que já lhe dá um lugar quase único entre os nossos autores teatrais. O seu progresso depende, portanto, somente da oportunidade de outras experiências como estas e também – para que não dizê-lo? – de muito trabalho. Em entrevista recente, contava o escritor que, depois de ter amadurecido a peça no espírito durante três meses, escreveu-a de um jacto, em cinco dias. Mesmo se tratando de uma comédia levíssima, não será muito pouco tempo em comparação com os oito meses que Lilian Helman gastou para escrever *The Little Foxes* ou os dois anos e meio consumidos por Eugene O'Neill antes de dar por finda *Eletra e os Fantasmas*?

A direção de Silveira Sampaio é tudo o que se poderia esperar do seu incrível instinto teatral. Em teatro, esse médico de crianças metamorfoseado de uma hora para outra em comediógrafo e encenador, intui, adivinha, mas intui e adivinha sempre certo. Em *Um Deus Dormiu lá em Casa*, o ponto estava em encontrar um estilo que realçasse ao máximo a comicidade quase fácil, principal razão-de-ser da peça, sem escorregar jamais para a graça barata da paródia pura e simples. É admirável a desenvoltura com que Silveira Sampaio consegue tal equilíbrio, mantendo continuamente a atmosfera de jogo de espírito, não de comédia, nem de farsa, desejada pelo autor. Nada na representação é feito inteiramente a sério ou inteiramente de brincadeira e algumas marcações, alguns gestos, chegam mesmo a possuir uma beleza plástica e uma força de sugestão poética que valem por si próprias.

Tônia Carrero é a Alcmena ideal para esse Anfitrião modernizado e propositadamente anacrônico, desde o perfil bem grego até à malícia bem carioca. Paulo Autran volta ao teatro paulista enriquecido com as suas aventuras de filho pródigo. Tem um físico digno de um atleta ateniense, e sabe trocar de estilo, mudar de tom, com a cronometria exata que a peça requer. Numa personagem clássica da comédia grega e romana – a do escravo poltrão e esperto, às vezes perigosamente mais esperto que o seu senhor – Armando Couto dá a nota necessária de comicidade popular, enquanto Vera Nunes se revela uma escrava capaz de competir sem desvantagem com a sua belíssima senhora junto às graças do rei de Tebas e – quem sabe? – também de Júpiter, se este, de fato, se tivesse dignado visitar o lar de Anfitrião...

As vestimentas e os cenários de Carlos Thiré são das melhores coisas que temos visto ultimamente no nosso teatro. A sua fórmula é a melhor possível: a da economia que não é pobreza e a da simplicidade que não é ausência de imaginação.

(1950)

5.2. *A RAPOSA E AS UVAS*

Guilherme Figueiredo é um escritor literário. Em teatro isso quer dizer, em geral, um autor que prefere a palavra à ação, a poesia à realidade. Guilherme Figueiredo é literário nesse sentido: sente-se bem na maneira como falam as suas criaturas que a linguagem delas é a da arte, não a da vida. Do autor, mais do que das personagens, é o espírito, a tendência para a ênfase, a procura do brilho verbal. Mas Guilherme Figueiredo é ainda literário em outro sentido na melhor tradição clássica, só acha inspiração, só se sente estimulado por histórias que tenham sido trabalhadas e elaboradas por dezenas e dezenas de escritores, acabando por adquirir, como assunto, prestígio poético próprio. A sua matéria-prima, o seu ponto de partida, já é a literatura; os seus temas, de preferência, os grandes mitos universais: D. João, Anfitrião e Alcmena. E, quando se encontra menos de veia, Esopo.

Está claro que estas são características que temos de respeitar. Ninguém é o escritor que quer (ou que os outros querem), mas o escritor que pode ser, o escritor que traz dentro de si mesmo. Guilherme Figueiredo tem todo o direito de se inscrever num plano universal em vez do plano mais regionalista, mais apegado à realidade concreta que, no passado, nos deu as melhores obras do nosso teatro – as de um Gil Vicente e de um Martins Pena. Acontece, porém, uma coisa. Colocando-se dentro de uma perspectiva mais larga e ambiciosa, o autor de *A Raposa e as Uvas* sujeita-se naturalmente a ser julgado com redobrada severidade. De um homem de teatro, exigimos principalmente que agrade ao público – essa é a sua função, o seu objetivo. De um escritor, pedimos alguma coisa a mais.

A Raposa e as Uvas tem sido criticada, do ponto de vista teatral, pelo amor à palavra. De fato, todo o primeiro ato e grande parte do segundo e do terceiro, resolvem-se em discursos e declamação de fábulas, sem qualquer ação, sem qualquer conflito. Mas o seu caso não é bem o do teatro contra a literatura. O pecado maior da peça não é o verbalismo: verbal foi Shakespeare, tremendamente verbais são Giraudoux e Cristopher Fry. Não tem sentido, aliás, acusar de verbalismo alguém cuja profissão é lidar com palavras, é extrair delas o máximo de rendimento. O poder verbal é a melhor qualidade de um escritor – quando não é o seu pior defeito. O que criticamos, na peça, e do mesmo ponto de vista literário em que o autor se colocou, é o mau, o falso verbalismo, o *morceau de bravoure*, a tirada heróica, a frase de efeito, a imagem pomposa, a palavra sonora. Guilherme Figueiredo escreve muitíssimo bem quanto ao domínio da língua, mas, muitas vezes, o faz como se Mário de Andrade e Carlos Drummond não tivessem passado pela prosa e pela poesia brasileira, como se Verlaine, muito antes disso, não houvesse torcido o pescoço da eloqüência. É verdade que a eloqüência tem o pescoço duro e o público exulta ao vê-la botar de novo a cabeça de fora. Um escritor da inteligência de Guilherme Figueiredo (a inteligência seria a última qualidade que um inimigo lhe negaria) não tem o direito de reviver, todavia, em pleno século vinte os piores aspectos do parnasianismo. O que caracteriza o estilo poético moderno (referimo-nos, evidentemente, aos artistas criadores, que usam a língua como fim, não aos críticos, que a usam como meio) é a imagem inesperada, o ligeiro desacordo entre o substantivo e o adjetivo, é essa impressão de descoberta, de novidade estética, de dissonância, que vamos encontrar também na música e na pintura. Comparada à malícia verbal, ao humor poético, de um Giraudoux e de um Christopher Fry – para voltar aos nossos exemplos – *A Raposa e as Uvas* surpreende, não por não ter alcançado o resultado a que se propôs, mas, ao contrário, por ter procurado, a todo custo, a declamação retórica, o lugar-comum magnificente.

Também parnasiano nos parece o helenismo de Guilherme Figueiredo. Ele retoma a Grécia, sentimos dizê-lo, exatamente onde Coelho Neto a deixou: sempre as mesmas alusões, esperadas e previstas, ao Partenon, a Fídias, a Praxíteles, a toda uma Grécia que já se esgotou como matéria de citações e referências. *Um Deus Dormiu lá em Casa*, aliás, não cometia esse erro: tanto uma peça quanto outra são gregas, mas a primeira tinha o bom gosto de não se levar muito a sério. Era uma brincadeira engraçada sobre um tema eterno, um jogo engenhoso do pensamento. Pelo menos quanto a nós, preferimos mil vezes o Guilherme Figueiredo homem de espírito ao Guilherme Figueiredo helenista. O que havia de melhor na sua primeira peça, em nossa opinião, não era a finura ática (parece que é assim que se diz), mas a graça carioca, bem chegada a nós, bem autêntica, muito mais próxima de Copacabana do que da Acrópole, de Silveira Sampaio e de Vão Gogo do que de Menandro.

Teatralmente, *A Raposa e as Uvas* peca ao querer casar leveza e profundidade. Se bem a entendemos, é quase um apólogo sobre a liberdade (ainda que tarde!), animado por uma série de figuras que não passam de silhuetas, ligeiramente esboçadas. Esopo define-se por dois traços: diz fábulas e não pode viver sem liberdade. Xantós é um poltrão, um gozador da vida, um estúpido – mais nada. Cleia ama a inteligência de Esopo – eis tudo. Menor existência ainda, como pessoas físicas, como seres de carne e osso, têm a escrava e o militar. Porém este apólogo é dramático. Esopo, que havíamos tomado a princípio como personagem cômica, sofre e acaba por morrer pela violência. Ora, o drama não tem a gratuidade da comédia, não se contenta com a estilização rápida, exige maior consistência psicológica, maior desenvolvimento da situação, maior densidade humana. Daí certa hesitação da peça, como se o autor igualmente estivesse indeciso entre o drama e a comédia, pegando de um os processos, a displicência de tom, e de outro, a gravidade do assunto. Um jogo do espírito basta para nos fazer sorrir. Chorar, no entanto, empenha-nos muito mais a fundo: desejamos saber por que e por quem choramos.

O espetáculo de estréia da Companhia Dramática Nacional nos traz de volta três atores que São Paulo conhece muito bem – Sérgio Cardoso, Léo Vilar (rebatizado Leonardo Vilar) e Nídia Lícia.

De Sérgio Cardoso o que há a admirar acima de tudo é a composição física, realmente impressionante, inesquecível. Quanto ao mais ele não tem nada a fazer senão dizer o texto, coisa que não custa a um artista de sua categoria, porque o papel, todo de superfície, não oferece qualquer lado mais encoberto, mais complexo, que pudesse ser explorado.

A surpresa, entretanto, é Léo Vilar, que conhecíamos da Escola de Arte Dramática. Já uma vez havíamos mandado ao Rio de Janeiro um amador sem pretensões e o Rio nos devolvera um esplêndido ator profissional – Paulo Autran. Agora o milagre se repete. Parece que o calor carioca (no sentido próprio e figurado) tem o dom de dissolver a frieza paulista, a timidez provinciana. Se fôssemos diretor da Escola de Arte Dramática arranjaríamos para que todos os alunos, depois de formados, fizessem um estágio de seis meses no Rio. Quem sabe eles também não voltariam um pouco mais extrovertidos, falando alto, sem medo de gesticular, menos preocupados com o bom gosto e a discrição, qualidades excelentes, mas que, num principiante, podem agir como forças inibidoras? A arte de representar, arte por sua natureza meio sem-vergonha, meio exibicionista, começa além do ridículo. O que Léo Vilar aprendeu fora de São Paulo foi libertar-se, criar coragem. O seu Xantós é magnífico como falsa dramaticidade (a dramaticidade cômica) e a falsa energia (a energia de um covarde em estado potencial).

Também a Nídia Lícia o Rio de Janeiro fez bem: aqui, todavia, a mudança, como todos observaram, foi somente uma volta aos seus primeiros tempos. Nídia retornou representando com mais delicadeza, mais sensibilidade, bonita como nunca. Sonia Oiticica completa o elenco sem lhe quebrar a rara homogeneidade – mas sabemos que outras peças lhe darão melhores oportunidades.

Bibi Ferreira dirigiu a peça, atendo-se antes às marcações, ao aspecto plástico e visual, onde conseguiu belos resultados. A análise do texto, o estudo das inflexões, é apenas correto: nada de errado, nada de teatralmente falso (exceto O Capitão, substituição forçada, feita depois da estréia) e também nada de sutil ou particularmente original. Uma boa leitura do texto, enfim, realçada menos pelos efeitos de voz do que pela harmonia dos gestos e pelos cenários e figurinos da Anísio Medeiros. Como espetáculo, *A Raposa e as Uvas* é a representação mais moderna, mais jovem, mais arejada, mais cheia de vida e promessa, a nos vir do Rio desde a temporada da companhia Fernando de Barros. E o teatro onde está sendo representada, o Leopoldo Fróes, um dos melhores de São Paulo – se não for o melhor pelo conjunto de qualidades.

(1953)

6. Henrique Pongetti

6.1. *AMANHÃ, SE NÃO CHOVER*

A peça de Henrique Pongetti caiu sobre o nosso teatro cômico como a bomba que iria fazer voar pelos ares a figura real de Gregório VII – iria amanhã, isto é, se não chover... A diferença é que a peça não nos deixa melancólica e ridiculamente desapontados.

A comédia brasileira viveu bem uns vinte ou trinta anos à custa de um ambiente único – a sala de visita de uma família de classe média – e de um tipo único, o malandro que, entre dois trocadilhos baratos, é capaz de dar um jeito em qualquer dificuldade, podendo ser interpretado indiferentemente por Procópio, Jaime Costa ou Palmeirim, sem contar os muitos sub-Procópios e sub-Jaimes que vicejam por aí.

Silveira Sampaio e Guilherme de Figueiredo, principalmente este, já haviam procurado dar à nossa comédia um sentido menos regionalista e mais universal. Não chegaram tão longe nesse caminho, contudo, quanto Pongetti, ao situar esta sua peça num país imaginário da Europa, no começo do século, e ao pôr em relevo um assunto tão pouco brasileiro e tão remoto como seja um atentado político contra uma cabeça real (quem é que dá tanta importância a um rei hoje em dia?) planejado pela figura mais anacrônica entre todas do moderno arsenal político: o anarquista. Os heróis de *Amanhã, se não Chover*, como o espanhol da anedota, trabalham por conta própria, e esse individualismo romântico basta para lhes conferir a nota da mais perfeita inatualidade numa época como a nossa, na qual, mercê de uma crescente arregimentação, trabalhamos politicamente cada vez mais por conta dos outros. Desapareceram o prazer e a vaidade pessoal de jogar uma bomba. São os Estados que se encarregam disso, com muito maior eficiência.

O sabor de coisa passada e fora da moda, está claro, não é involuntário. Forma, ao contrário, a própria atmosfera da peça, que se diverte em criar em nós essa disposição de espírito, ao mesmo tempo irônica e enternecida, com que nos comprazemos em rever o passado. Há algo de encantador e irresistivelmente engraçado nos bigodões do começo do século, nas bicicletas de dois lugares, nos cabelos repartidos ao meio e nos coques à Cléo de Merode – e a peça de Pongetti se beneficia dessa simpaticíssima perspectiva para explorar um tipo novo na nossa comédia e que só se compreende naquela época. Não, naturalmente, que todos os anarquistas tivessem sido inofensivos e engraçados como Ballabanoff. O que nos faz rir no herói de *Amanhã, se não Chover* é o caráter mecânico de todos os seus gestos, a sua completa insensibilidade a tudo que não seja idéias políticas abstratas – e idéias políticas abstratas de segunda ou de terceira mão. Assim como Bonnard se alimenta naturalmente de amor e Francesca de simpatia humana, Ballabanoff nutre-se de chavões políticos, triturando pensamentos e engulindo lugares-comuns com a tranqüilidade com que devoramos, todas as manhãs, o pão nosso de cada dia. É impossível descobrir nessa sólida carapaça de teorias, uma brecha, uma fenda por onde entre um pouco de ar, um pouco de bom senso e humanidade. Quando Ballabanoff se engasga e Francesca bate-lhe cordialmente nas costas, é com surpresa que o vemos deixar de discorrer por um segundo para dizer – muito obrigado! – como qualquer um de nós o faria, num lampejo único e passageiro de simplicidade e autenticidade humana.

Ballabanoff seria um monstro completo de inumanidade, uma caricatura odiosa e cruel do que pode ser o jugo das idéias numa inteligência medíocre e desprovida de sensibilidade, se o ridículo, felizmente, não viesse redimi-lo a tempo. Toda a sua complicada mecânica mental trabalha no vácuo, presa a um universo irreal e imaginário, pois esse terrível anarquista (terrível sobretudo ante os próprios olhos) é também um sonhador impenitente, que brinca de anarquismo com a sabedoria ingênua do "faz-de-conta" das crianças – e é esse lado infantil e cândido que o aproxima de Bonnard, o elegantíssimo fabricante de perfumes e bombas incendiárias. Um é o menino bonzinho, simpático, o outro a criança mimada, vaidosa, caprichosa, cheia de vontades, que só brinca quando é ela quem organiza o brinquedo. E nenhum dos dois tem a menor culpa de usar calças compridas. Se assim não fosse, como poderia Francesca aturá-los por mais de cinco minutos, ela que, como mulher, tem os pés fincados na realidade, cuidando complacentemente, maternalmente, daquelas duas crianças grandes enquanto espera uma terceira, o filho, a única que terá realmente importância na sua vida?

Amanhã, se não Chover possui o que poucas comédias possuem, uma personagem de real originalidade e força cômica – foi o que procuramos mostrar em nossa crítica. Mas, apesar disso, mentiríamos se disséssemos que colocamos a peça de Henrique Pongetti à altura das boas comédias estrangeiras, acreditando que possa ser traduzida e representada com êxito em outros países. É que, a nosso ver, falta-lhe ainda aquela qualidade que qualquer peçazinha francesa, contém em abundância – técnica teatral, forma teatral. A riqueza, em fatos, situações, personagens, de uma comédia norte-americana qualquer, daria para quatro ou cinco das nossas, que deixam freqüentemente a impressão de terem sido espichadas de modo a preencher as três horas do espetáculo. Todo primeiro ato de *Amanhã, se não Chover*, por exemplo, é unicamente de expectativa. A sua comicidade vem apenas de uma ou outra frase espirituosa, já que a situação é essencialmente estática e, portanto, antiteatral: o que distingue um diálogo de teatro de uma conversa comum, é a ação, a marcha para um fim, embora seja esta, em muitos e muitos casos, inteiramente subjetiva e psicológica.

A peça só começa a caminhar na realidade quando chega Josette, levantando com a sua presença os primeiros problemas para o público. O segundo e o terceiro ato mantêm viva a nossa curiosidade, voltando o desenvolvimento a fraquejar ao cair do pano. É verdade que, aqui, o autor devia enfrentar um obstáculo por assim dizer intransponível. A peça obviamente só poderia terminar com Ballabanoff desistindo de seus propósitos, pois que um assassínio político não é das melhores maneiras de se terminar uma brincadeira teatral, inócua e divertida. Mas como conseguir esta transformação de uma hora para outra, se todo o trabalho do autor durante três atos fora o de nos provar que Ballabanoff era inabalável como o granito? Pongetti recorreu, como nos contos de fada, a uma princesinha benfazeja que cai dos céus, convenientemente disfarçada, para remediar o irremediável. Não temos nenhuma objeção quanto à princesa: qualquer surpresa inverossímil está nas regras de uma boa farsa. Mas o nosso herói metamorfoseado em extremoso pai de família e excelente bibliotecário, eis tudo o que há de mais contrário à teoria e à prática do Ballabanoffismo, se é que compreendemos alguma coisa do que disse o autor.

A questão é que a peça não podia mesmo resolver nada porque, em última análise, não chega a propor um problema teatral, a não ser o equívoco que é a visita e a falsa identidade de Josette. Desfeito aquele, a comédia retorna ao ponto de partida. As relações entre Ballabanoff, Francesca e Bonnard, o verdadeiro assunto da peça, não são quase atingidas pelos acontecimentos, permanecendo o que já eram. O pano cai porque deve cair, não porque um problema tenha sido proposto e resolvido em termos de teatro.

Não gostamos destas análises puramente técnicas e nem lhe atribuímos maior mérito: o que importa em comédia, como diziam os velhos clássicos franceses, é divertir. Acontece, porém, que para atingir tal objetivo a técnica é a via indispensável, seja ela qual for, antiga ou moderna, tradicional ou revolucionária. As qualidades de *Amanhã, se não Chover* são tantas, a vocação de Henrique Pongetti para o teatro tão evidente, que não nos contivemos em lhe apontar tudo o que, a nosso ver, ainda separa o nosso melhor teatro, como o seu, do melhor teatro de outros países.

Ballabanoff, que representa oitenta por cento da peça, foi concebido pelo autor em termos de caricatura, e de caricatura que não se vexa em calcar saborosamente nos traços. Papéis desse feitio constituem sempre um desafio ao ator, que deve ter a audácia de deixar de lado a naturalidade, sem perder o bom gosto necessário para não pisar ridiculamente em falso. Sob a direção de Ziembinski, Paulo Autran foi exatamente esse ator. Fizemos questão de citar ator e encenador de uma só vez porque numa interpretação tão orgânica e tão cabalmente realizada como a de Ballabanoff, em que a personalidade criada, embora rara e extravagante, se mantém a mesma de um extremo ao outro da peça, sem um desfalecimento, coerentíssima consigo própria, vivíssima, não é possível distinguir o que cabe a cada um. Sentimos a influência de Ziembinski na concepção do papel, e até nos tiques físicos, mas Paulo Autran soube recebê-la e incorporá-la de tal forma que nos deixa a pensar em como são legítimas e fecundas tais influências de artista para artista, quando não se trata de um acréscimo artificial e exterior. A criação de Paulo Autran em *Amanhã, se não Chover* continua a nos acompanhar depois que saímos do teatro – e nos acompanhará, provavelmente, por muitos e muitos meses.

Se os outros atores ficaram em plano mais apagado é que assim os deixou o autor. Tônia Carrero pouca coisa tem a fazer em cena além de ser ela mesma, com o seu encanto, a sua graça, a sua feminilidade. Armando Couto é um magnífico conspirador de opereta e Vera Nunes entra com a mocidade e simpatia, convencendo talvez mais como dançarina do que como princesa de sangue real. Cenário de Lazlo Meitner, no nível que, felizmente, já vai se tornando habitual em nossos palcos. Quanto à direção de Ziembinski, uma palavra basta para resumi-la: perfeita. A melhor que lhe vimos há muito tempo.

(1950)

7. Pedro Bloch

7.1. *AS MÃOS DE EURÍDICE*

Seria fácil demonstrar que todos os monólogos teatrais não passam na verdade de diálogos em que a segunda personagem permanece oculta aos olhos e aos ouvidos, mas não ao pensamento do público: diálogo com o marido que se encontra no quarto vizinho em *Antes do Café*; diálogo com o telefone em *A Voz Humana*; diálogo com a companheira silenciosa em *A mais Forte* – para citarmos apenas três exemplos de peças representadas recentemente entre nós.

A peça de Pedro Bloch, também um monólogo, envereda por caminho diverso: a personagem oculta, no caso, é a platéia. Quer isto dizer que Pedro Bloch quebrou de início a própria convenção de que nasce o teatro: a de que o público assiste à peça apenas na qualidade de espectador. A personagem, no teatro, tem de se revelar indiretamente, pelo que diz aos outros ou a si mesma, nunca pelo recurso à confidência pura e simples. Pirandello, que pensou neste como em todos os problemas peculiares à comunicação teatral, fez o diretor objetar ao pai em *Seis Personagens à Procura de um Autor*: "quando é que se viu uma personagem sair do seu papel, pôr-se a perorar, [...], a propô-lo, a explicá-lo?". Ora, é isto que ocorre, freqüentemente, com a personagem única de *As Mãos de Eurídice*. Às vezes, nos instantes em que fala para si própria, ela se contenta em viver diante de nós: estamos então em face de um monólogo legitimamente teatral. Outras vezes, no entanto, rompe essa barreira ideal que separa os atores dos espectadores, tomando-os diretamente como testemunhas do drama e fazendo a peça, em ponto maior, assemelhar-se a esses monólogos, dramáticos ou cômicos, que os atores, nos fins do século passado, costumavam recitar antes ou depois da peça principal. É claro que este gênero, muito próximo da declamação, deixa de lado todos os enormes embaraços inerentes à forma de narração indireta – sem o narrador presente – que é específica do teatro. É facílimo permitir à personagem chegar até à boca de cena e explicar-se sem rebuços à platéia: perdi a minha filha, estou tristíssimo etc. etc. Seria tão fácil, que a bem dizer não existiria mais peça e sim uma fictícia confissão feita em público.

Pedro Bloch evitou, em sua maior parte, este erro, ao entremear constante e habilmente os dois tipos de monólogo acima referidos e também ao contar a história sobretudo nas entrelinhas, confiando na capacidade de reação e de análise do público. A personagem de *As Mãos de Eurídice* ataca a tudo e a todos: a sogra, o sogro, a mulher, os filhos. Para cada ato seu tem uma desculpa pronta e para cada ato dos outros uma acusação apaixonada. À medida que a ação avança, porém, começamos a perceber que os fatos se passaram na realidade de maneira exatamente inversa da descrita pelo nosso interlocutor. O maior, o único culpado é sempre ele mesmo, com o seu egocentrismo francamente patológico, a sua visão deformada dos acontecimentos. Esta inversão de ponto de vista, que cabe ao espectador realizar, é o traço mais curioso, mais sutil e mais original de toda a peça, a sua verdadeira razão de ser.

Resumir o enredo de *As Mãos de Eurídice* em poucas palavras seria cruel e injusto. A mulher que abandona o homem que se desgraçou por ela ou o filho que morre tuberculoso na flor da idade são motivos populares que poderiam dar perfeitamente origem a uma letra de tango – já deram a muitas. Entretanto, é com essa mesma matéria – a matéria da própria vida, afinal – que se constróem também as grandes obras da literatura, um romance de Dostoiewski ou de Dickens. O que criticaríamos, portanto, em *As Mãos de Eurídice*, seria antes a falta de profundidade real com que é tratado cada um desses episódios. A morte de um filho é um tema naturalmente trágico e se o autor se limita a aludir a ele, certo de que o efeito dramático virá de qualquer forma pela simples exposição do sofrimento humano, estamos no terreno do melodrama, vivendo naquele plano convencional, dos chavões morais e psicológicos, em que o jogo, por exemplo, é sempre e apenas o caminho da perdição etc. Se, ao contrário, a peça nos transmite, de uma maneira pessoal e única, toda a soma de reações envolvida em cada uma dessas experiências humanas, obrigando-nos a ir ao fundo de nós mesmos, temos aquela densidade dramática, aquele poder de revelação psicológica, que é a atmosfera própria do drama ou da tragédia.

As Mãos de Eurídice, infelizmente para a arte – talvez não para a bilheteria – inclina-se com muito maior freqüência para aquele do que para este domínio.

A interpretação de Rodolfo Mayer acompanha fielmente a peça de Pedro Bloch, realçando-lhe as qualidades e os defeitos.

A grande virtude de *As Mãos de Eurídice*, não desprezível num teatro ainda em formação como o nosso, está na sua intensa comunicabilidade. O público, embora podendo mais tarde fazer algumas ou muitas restrições, não deixa de seguir no momento, com grande interesse, o desenvolvimento do drama, identificando-se com o protagonista. Ora, esta mesma eficiência teatral possui em grau altíssimo Rodolfo Mayer: pode-se-lhe negar tudo, nunca convicção dramática, capacidade de persuadir e sugestionar ao máximo a platéia.

Por outro lado, não prima o drama de Pedro Bloch pela autenticidade humana e pelo bom gosto. Em tudo, até nos pormenores (como na invenção daquele egiptólogo que soa tão falso no ambiente universitário brasileiro), evidencia-se a peça escrita com a intenção de impressionar, não importa a que preço, atingindo o público, nos seus pontos mais vulneráveis. E aqui também o ator não faz mais do que sublinhar o espírito da peça, antes acusando de que suavizando o lado teatral e melodramático.

Em teatro, cada gesto, cada inflexão, podem visar dois propósitos diferentes: um o de servir o texto, outro o de proporcionar ao ator uma exibição de virtuosismo. Rodolfo Mayer inclina-se em geral para esta segunda solução, menos profunda artisticamente. O que o salva, em tais casos, é o seu conhecimento de palco e a riqueza realmente extraordinária de seus recursos naturais.

Nenhum outro intérprete nosso sabe, talvez, como ele, despertar tão prontamente a comoção, ainda que através dos meios mais convencionais. Querem a clássica máscara da dor e da confusão mental? Ei-lo imediatamente metamorfoseado – o olhar perdido, os lábios mordiscando nervosamente a ponta dos dedos, os músculos da face repuxando-se a todo momento num tique característico, o pensamento em suspenso, deixando uma penosa impressão de vazio...

A lição é tão perfeita que o público se deixa levar, duas, três, quatro, cinco vezes – quantas vezes o artista desejar – fascinado por aquele raro espetáculo histriônico, por aquela incrível habilidade em fazer as lágrimas brotar dos olhos. E se esquece que a verdadeira prova do mérito de Rodolfo Mayer está provavelmente em qualidades mais sólidas e menos espetaculosas, na faculdade, por exemplo, de ser naturalíssimo quando o quer, ou engraçado com sutileza (ao imitar a mulher comentando os quadros de Portinari) e, mais do que tudo isso, na correlação perfeita que sabe estabelecer, a todos os momentos, entre a expressão e o pensamento. Na maioria dos atores sentimos o esforço em traduzir mimicamente as emoções, percebendo a intenção antes e mais do que o fato. Com Rodolfo Mayer é dificílimo suceder tal coisa. A sua reação fisionômica é sempre instantânea e exata, colocando-nos, por assim dizer, face a face com o pensamento, que se vai formando ante os nossos próprios olhos.

As Mãos de Eurídice, ao lado da técnica do ator, exige também as do orador ou do declamador, isto é, de artes que se dirigem diretamente ao público. Esta mistura de técnicas, aliadas à desigualdade de nível da peça, explica talvez certa hesitação que persiste em nosso pensamento depois do que tudo foi dito. Se quiséssemos resumir em poucas palavras a nossa impressão final sobre Rodolfo Mayer teríamos a maior dificuldade, como se as suas virtudes e os seus defeitos, ambos igualmente poderosos, não encontrassem um denominador comum. Certa predileção pelos efeitos fáceis, certo transbordamento sentimental de mau gosto, são da peça ou pertencem legitimamente ao intérprete? Estaremos diante de um grande ator ou de um grande ator popular? Submetido à disciplina de uma direção, que não leve desta vez, e sendo obrigado a enfrentar um grande texto em lugar de uma simples sucessão de *coups de théâtre*, será Rodolfo Mayer capaz de nos dar uma interpretação verdadeiramente grande, que se desenvolva em profundidade e não somente, como esta, em superfície? São perguntas a que não ousaríamos de forma alguma responder. E talvez não o seja mesmo necessário: o tempo provavelmente não demorará em fazê-lo por nós. Por ora, *As Mãos de Eurídice* limita-se a levantar uma série de questões, sem conseguir respondê-las convenientemente.

(1951)

7.2. *IRENE*

Pedro Bloch não é mais um enigma para ninguém. Ao escrever a sua primeira peça – *As Mãos de Eurídice* – deixou muita gente, e nós também, em sérias dúvidas, sem saber, naquele feixe de qualidades e defeitos, o que representaria mais profunda e permanentemente o autor, acabando por prevalecer. Já agora, dois anos e quatro ou cinco peças depois, não cabe nenhuma indecisão. Pedro Bloch, embora não destituído de habilidade nem de senso teatral, é primordialmente um autor de público, à cata de bilheteria, pronto a negociar com a vulgaridade sempre que necessário.

A sua inspiração procede, de um lado, de um conhecimento superficial da psicologia (essa pequena psicologia, de uso diário, que poderíamos classificar de psicologia dos "complexos") e, de outro, de um conhecimento nada superficial das formas e, principalmente, do espírito do rádio-teatro. O autor de *As Mãos de Eurídice* é, hoje em dia, em teatro, talvez o nosso maior técnico do lugar-comum, matéria que manipula com inigualável maestria.

Irene, por exemplo, apóia-se sobre dois pilares eternos da literatura para mocinhas: a avó resmungona, de coração de ouro (quem não gosta de uma avó resmungona, de coração de ouro?) e a ingênua recém saída de um colégio de freiras, fato que ela indica, em geral, torcendo as mãos e olhando fixamente para a ponta dos sapatos, as quais pontas deverão estar ligeiramente voltadas para dentro. É verdade que o autor introduz astutamente outro elemento, mais ousado e moderno – a educação sexual. Todo mundo percebe, no entanto, desde os primeiros instantes, que se trata somente de um molho um pouquinho mais picante, encarregado de rejuvenescer o velho e apreciadíssimo quitute.

A parte cômica da peça, não sendo menos convencional que o resto, sustenta-se melhor, desempenhando muito satisfatoriamente a sua missão de nos divertir. Não que o rapaz tímido e amoroso seja propriamente uma novidade. Mas ainda se pode rir das suas desventuras, quando apresentadas com simplicidade e certa imaginação. Já os lances dramáticos, intercalados no início do terceiro ato, são, na verdade, difíceis de suportar. Ninguém ignora que a lama costuma refletir o brilho das estrelas e que as cortesãs são muitas vezes excelentes senhoras, libélulas que tiveram a infelicidade de roçar as asas pela podridão do charco. Tais idéias, todavia, por verdadeiras que sejam, têm a desvantagem de se desenvolverem muito mais naturalmente, com outra veracidade humana, na letra de um fado do que numa peça em três atos.

Irene possui a virtude essencial das comédias comerciais – a de navegar em águas ultraconhecidas – o que é uma felicidade para a bilheteria, tendo-se em vista que para cada Cristóvão Colombo em perspectiva existem sempre algumas centenas de milhares de pessoas que preferem ficar comodamente sentadas em suas casas até que alguém descubra a América para elas.

A peça de Pedro Bloch recebeu da Companhia Dulcina – Odilon esplêndida interpretação. Queremos dizer com isso duas coisas: que os artistas representaram muitíssimo bem, fazendo-o, todavia, dentro de um estilo também um tanto *vieux-jeu*, de fato o que melhor se adaptava ao caráter do texto.

Conchita, que é sempre ela mesma, pode desta vez ser ela mesma sem nenhum constrangimento. Diante da fraqueza da personagem, restou em cena apenas a intérprete, com os seus muxoxos, a sua falsa modéstia de avó que no fundo se sabe irresistível, o seu incrível poder de comunicação com a platéia, a sua pseudonaturalidade de atriz experimentadíssima.

O público, embevecido como se estivesse vendo Shirley Temple em pessoa e não uma senhora de mais de sessenta anos, vai-lhe dando corda e ela expande-se à vontade, transformando cada frase num pequeno *sketch* de alguns minutos. Odilon, na figura, bem composta, de um velho funcionário público, também entra no jogo, com a habilidade de vinte anos de prática. Espera pacientemente a sua vez, jamais deixando de contracenar, e assim que a fantasia de Conchita dá mostras de se ter esgotado, retoma o fio do enredo sem uma hesitação, sem um hiato, como se não tivesse notado qualquer digressão.

Mas o que distingue *Irene* é principalmente a homogeneidade, a circunstância, rara em teatro, de cada ator ter encontrado um papel talhado à sua medida. Dary Reis, Dinorah Marzullo e Ed. Castro pareceram-nos ter realizado exatamente as silhuetas cômicas imaginadas pelo autor – e seria injustiça atribuir a eles o que possa haver de superficialmente pitoresco, de falso, de teatral, nas suas personagens.

Deixamos para o fim Sônia de Morais, a estreante da noite, neta de Conchita e sobrinha de Dulcina, que ia representar para o público paulista pela primeira vez. Tal fato valeu-lhe, de início, o mais caloroso acolhimento, que ela soube justificar, mais tarde, com o seu desempenho. *Irene*, como esperamos ter deixado bem claro, não lhe exigiu mais do que o costumeiro ritual da inocência em teatro – olhos postos no chão etc. Mas nas poucas brechas do papel, quando algum traço de humanidade um pouco menos comum remontava à superfície, mostrou-se uma atriz sincera, simples, com alguma coisa além do domínio dos truques da profissão. Uma atriz sem defeitos, sem teatralidade excessiva, magnificamente dotada para fazer uma bela carreira. Dulcina e Conchita, tão nervosas no momento da apresentação, podem ficar tranqüilas e orgulhosas: não será esta representante da terceira geração que irá desmerecer as tradições da família.

(1953)

8. Edgard da Rocha Miranda

8.1. *PARA ONDE A TERRA CRESCE*

Comparada com a maioria das peças brasileiras, *Para onde a Terra Cresce* é um prodígio de habilidade. Entre os nossos escritores de teatro, via de regra tão ingênuos e inexperientes no que se refere à técnica, Edgard da Rocha Miranda surge como um monstro de malícia e conhecimento. Não apalpa o terreno, não ensaia como os outros: tudo o que é possível saber e conhecer sobre as regras fundamentais da carpintaria teatral, ele sabe e conhece. Começa por desenhar com mão extremamente firme a psicologia de cada personagem. Depois congrega-os em duas ou três situações dramáticas. As cenas por sua vez engrenam-se num quadro maior, da mesma forma inflexível com que este quadro vai finalmente inscrever-se num plano geral e único, matriz e origem de cada frase da peça. E tudo isso sem dizer, em geral, nem de mais nem de menos, revelando o necessário e sugerindo o resto, explicando-se através das palavras e também através dos silêncios, valendo-se tanto dos grandes episódios quanto de alguns pequeninos e significativos nadas para criar um ambiente de expectativa e tensão, em que nos sentimos prontos a projetar o passado sobre o futuro, tentando decifrar sofregamente o que poderá vir em seguida. Perto do fiozinho de enredo, precariamente alimentado, que constitui o elemento dramático de quase todas as nossas peças, *Para onde a Terra Cresce* é um caudal volumoso, um alude, riquíssimo de fatos, de personalidades, de observações, que se cruzam e se entrecruzam sagazmente formando um desenho único. Se há qualquer coisa a se objetar por esse lado, será o excesso, o abuso, e não a deficiência de técnica: deliciado com os próprios efeitos, acaba às vezes o autor por reforçá-los e sobrecarregá-los. Assim, por exemplo, os finais de cada ato constituídos invariavelmente por um retumbante *coup de théâtre*, ou o desfecho da peça, em que um ponto ideal de discrição dramática é atingido para ser logo ultrapassado por uma quente onda de sentimentalismo melodramático.

Dito isso, feito esse elogio, ficamos mais à vontade para apreciar a peça, lembrando que a técnica, por importante que seja num teatro incipiente como o brasileiro, não é certamente tudo, nem o mais importante. O caso de Edgard Rocha Miranda não é, aliás, tão espantoso como possa parecer. Não se trata de um escritor que, unicamente guiado pelo instinto, tenha adivinhado os princípios essenciais do teatro. Formado e amadurecido como escritor, nos Estados Unidos, é de lá que nos trouxe essa capacidade seguríssima de armar um enredo. A história da mina que está prestes a desabar, as explicações algo especializadas sobre a galeria A ou a galeria B (trata-se da exploração de uma mina de ouro) que, no instante exato, vão se revelar de tanta importância para o aspecto sentimental do enredo, todo esse sábio entrosamento de cálculo e emoção, todo esse cuidadoso e paciente planejamento que visa extrair o máximo de dramaticidade de cada pormenor, tudo isso já nos é bem familiar através do teatro e do cinema da América do Norte. Representada na Broadway, *Para onde a Terra Cresce* não teria maior significação: o que faz admiravelmente, e pela primeira vez, é transplantar essa técnica para o Brasil, aplicando-a a temas brasileiros.

O drama de Edgard da Rocha Miranda, do ponto de vista literário, é muito mais modesto do que costumam ser os dramas nacionais. Ao contrário dos outros, não quer revolucionar e renovar por completo o teatro moderno – sonho de todo principiante – nem dizer a última palavra em relação à psicologia ou atingir os mais altos cimos da poesia dramática. Limita-se a contar uma história em termos de teatro – e quanto mais o faz, mais acerta. O que de melhor possui deriva do seu próprio núcleo dramático, da idéia que deve ter dado origem a toda peça: essa maneira sugestiva e exata de contar como nascem e como crescem os mal-entendidos entre os homens. A princípio, apenas uma vaga suspeita, que se reforça por ser recíproca; mais tarde, atos de desconfiança de parte a parte, que parecem outras tantas confirmações de hostilidade; depois, os recados mal compreendidos, as intenções mal interpretadas, até o conflito explodir irrefreavelmente, esmagando aqueles que, num esforço derradeiro e inútil de boa vontade, tentam ficar de permeio. O desenvolvimento desse gráfico do ódio, velho como a humanidade, é o que a peça contém de mais verídico e de mais original – o texto vale na medida em que se apega a ele.

Às vezes, contudo, o autor esboça alguns traços mais ambiciosos, não chegando a atingir o alvo. Referimo-nos, por exemplo, a todo esse lado poético, bucólico ou semi-simbolista, a essas lutas entre sabiás e gaviões, a essas alusões constantes a Fernão Dias Paes Leme, que visam imprimir um tom heróico, quase de epopéia; e, principalmente, a essa referência aos conflitos sociais do nosso tempo, como se a luta entre o operariado e os patrões não passasse de um gigantesco e lamentável equívoco, suscetível de ser resolvido facilmente se ao menos "tous le gens du monde voulaient s'donner la main".

Em tais momentos, o que torna fraca *Para onde a Terra Cresce*, retirando-lhe qualquer sentido mais amplo, é a urbanidade do autor, a sua falta de maior dureza – aquela dureza que distingue tão freqüentemente o pensamento lógico, não recuando diante de nada. Edgard da Rocha Miranda não leva as idéias até as suas últimas conseqüências, preferindo abrandá-las, caindo num sentimentalismo piegas. Mas, se não é, de maneira alguma, um pensador, revela-se um escritor sensível, hábil e um homem de teatro que domina perfeitamente o seu ofício. Em nossa opinião, bastam tais qualidades para conferir a *Para onde a Terra Cresce* um lugar absolutamente à parte na nossa literatura teatral, como uma das poucas obras que pode ser discutida além do nível puramente técnico, escolho não ultrapassado pela quase totalidade de suas companheiras.

Se um dia alguém se lembrasse de estabelecer a sério um paralelo entre as qualidades físicas e as artísticas, poucos exemplos seriam tão apropriados como os dos três encenadores do Teatro Brasileiro de Comédia. A força, a robustez física de um Celi ou de um Ziembinski parecem comunicar-se e incorporar-se magicamente ao espetáculo, da mesma maneira que a fragilidade de um Salce vai transparecer inevitavelmente, no palco, sob a forma de ironia ou graça poética.

Para onde a Terra Cresce, por exemplo, transpira por todos os poros aquele excepcional vigor dramático que já havíamos assinalado a propósito de *Entre Quatro Paredes* e de *Seis Personagens à Procura de um Autor*. É a mesma encenação feita de músculos e nervos, com uma diferença ponderável: à medida que amadurece, Celi começa a abandonar os traços mais gritantes de originalidade. Em *Para onde a Terra Cresce*, reduziram-se ao mínimo os efeitos grandiosos e inesperados, que os encenadores jovens, particularmente no Brasil, costumam confundir com a própria direção, como se dirigir fosse encadear uma série de achados felizes, uma sucessão de pequenos truques de marcação, encarregados de evidenciar o toque pessoal do diretor. Ajudado pelos cenários de Vaccarini e pela constante orientação crítica do autor, Celi voltou-se para o que forma a base e a espinha dorsal de qualquer espetáculo: o desempenho dos atores, a interpretação que não fica aquém ou além do texto, amoldando-se paciente e inteligentemente a todos os seus contornos. Desse ponto de vista, a encenação do drama de Edgard da Rocha Miranda parece-nos exemplar.

Em relação aos atores, individualmente, não é tão fácil criticar *Para onde a Terra Cresce*: a diversidade de valores tornou-se tão pequena que a nossa tentação é fazer logo um elogio coletivo. Desapareceram, com efeito, as grandes oscilações – alguns ótimos, outros péssimos – das peças anteriores. Continuamos naturalmente a discriminar e a distinguir entre os atores, mas não com a presteza de outrora, e levando em consideração, sobretudo, as oportunidades que o próprio texto oferece a cada um.

Para o primeiro plano veio desta vez alguém que, julgado sempre ator cômico, só neste papel dramático encontrou a verdadeira medida do seu talento: Luiz Calderaro A sua interpretação não poderia ser mais convincente, com essa força de persuasão que nasce da perfeita aderência do ator à personagem. É verdade que Calderaro, pelo físico, pela voz, e até pela pronúncia é um ator mais rústico que os outros, achando-se, portanto, mais à vontade numa peça como a de Edgard da Rocha Miranda. Mas, a figura que desenhou, sob a aparente rusticidade, é de grande firmeza de observação psicológica – e é isso que lhe dá tanto valor.

Em pé de igualdade com Calderaro, colocaríamos Paulo Autran. O seu desempenho, não há dúvida, é menos autêntico, mais visivelmente representado. Impõe-se, no entanto, pela potência e pela energia quase brutal, salvando-se brilhantemente da pesada e incômoda carga de grandiloqüência que o autor lhe destinou. Waldemar Wey, por seu lado, repete ainda uma vez a proeza que lhe vem sendo incansavelmente exigida, peça após peça, pelo TBC: a de transformar uma pequena ponta num grande papel. Dois ou três gestos, quatro ou cinco falas, bastam-lhe para retratar toda a malícia e toda ingenuidade do nosso caipira, estabelecendo um delicioso contraste entre o seu pitoresco universo e os graves problemas e preocupações do comunista. Waldemar Wey estilizou leve e sutilmente o papel, mas isto, se pode constituir defeito numa peça naturalista, abre-lhe por outro lado perspectivas muito amplas, porque raríssimos são os atores que conseguem recriar a realidade acrescentando-lhe ainda uma terceira dimensão – a fantasia poética.

Carlos Vergueiro não deve ter tido muito trabalho para interpretar o comunista: já domina perfeitamente essa espécie de dramaticidade, fria e cortante, feita de sarcasmo e de furor contidos. Maurício Barroso era, inicialmente, apenas um "galã", jogando antes com as qualidades de homem que de ator. Agora trabalha com a imaginação, como nesta peça, dando colorido a uma personagem que por si pouquíssimo colorido possuía. Caso semelhante é o de Marina Freire, que vem se libertando de todos os cacoetes do período amador. A sua interpretação é das mais simples e despojadas que lhe vimos, e das mais sinceras também. Para Cleide Yaconis falta sobretudo o tempo que não teve nos ensaios: depois de algumas semanas o desempenho será o mesmo, porém aprofundado.

Dos três jovens da peça, Luís Linhares, o mais experiente, foi o melhor. Benedicto Corsi não repetiu os seus belos desempenhos da Escola de Arte Dramática e Maria Lúcia não conseguiu dar vida ao seu papel, aliás o mais fraco e convencional de todos.

Resta a questão do sotaque. Talvez a execução dos atores não tenha sido perfeita, porque desigual ou porque mais próxima do interior de São Paulo que do interior de Minas. Tudo isso não invalida, no entanto, o fato fundamental de que a experiência ficou. O domínio de todos os sotaques, nacionais ou estrangeiros, faz necessariamente parte da bagagem do ator, e não há nenhum motivo para deixar de lado a pronúncia do interior, tão rica de possibilidades dramáticas como qualquer outra. Por detrás da experiência do Teatro Brasileiro de Comédia, podemos mesmo vislumbrar o dia em que o nosso palco se terá definitivamente livrado do falso sotaque e da comicidade superficial dos caipiras de rádio. E haverá alguma coisa mais desejável que isso?

(1952)

8.2. *E O NOROESTE SOPROU*

Já havíamos lido *E o Noroeste Soprou*. Vendo-a agora no palco, lente que desvenda e põe a nu cada pequenino defeito, tornamos a ter a mesma impressão: uma boa peça realizada de forma imperfeita. O que há de melhor no drama de Edgard da Rocha Miranda é a idéia. O que há de mais fraco, a solução dos problemas técnicos.

Como construção, *E o Noroeste Soprou* erra em dois pontos capitais, embora não propriamente difíceis de corrigir. Em primeiro lugar, não sintetiza suficientemente, não agrupa os acontecimentos em torno de quatro ou cinco momentos de crise, momentos privilegiados, como os chamou Thibaudet, organizando e enrijecendo dramaticamente o enredo. Ao contrário, o ritmo da peça parece antes de romance, espraiando-se preguiçosamente no tempo, tentando reproduzir no palco a evolução lenta e sinuosa da vida. Isso dá uma sucessão de pequenos quadros, alguns curtíssimos e perfeitamente desnecessários.

Em segundo lugar, falta à peça uma certa noção de perspectiva, de primeiro e segundo plano. Perdemos de vista freqüentemente o enredo principal, para o qual tudo deveria convergir (a chegada do padre na cidadezinha longínqua e abandonada, sequiosa por dar evasão a um anseio entre espiritual e supersticioso) porque o autor, talvez apegado afetivamente às suas criaturas, não quis sacrificar nenhuma delas em proveito das outras. Quase não há personagens principais e secundárias. Todas têm a sua história, o seu drama, contados rapidamente, de passagem. Daí o acúmulo de minúcias psicológicas, o excesso de colorido, distraindo a atenção, sobrecarregando o texto, numa tentativa de fazer a peça fervilhar não só de vida mas de sentido social, humano e até filosófico. Mas, no palco, quem muito abarca, pouco abraça: teatro, arte de síntese, requer mais do que qualquer outra uma relativa simplicidade de linhas e intuitos. Edgard da Rocha Miranda não é um estreante. Mas tem, de quem se inicia na literatura, essa ânsia de se exprimir totalmente, de dizer de uma vez tudo o que pensa a respeito dos homens, como se cada peça fosse um microcosmo onde se visse refletido, em ponto pequeno, todo o universo. Quando aprender a conservar a imagem principal sempre em foco, quando se preocupar menos com as idéias e mais com os homens, não os considerando apenas ou principalmente como símbolos, representantes de uma determinada atitude em face da vida, poderá vir a ser um dos nossos primeiros escritores de teatro.

É pena que tais insuficiências, ainda mais perceptíveis na representação do que na leitura, venham prejudicá-la seriamente, porque *E o Noroeste Soprou*, não obstante falhas ocasionais de gosto literário, contém todos os elementos de uma peça excelente, a espera de melhor aproveitamento. Jacques Deval, com a sua grande prática de teatro, vai adaptá-la para ser apresentada num dos teatros de Paris. Não nos admiraremos se alguns simples cortes, e uma maior concentração episódica, lhe der a coesão, a economia, que tanta falta lhe faz na versão brasileira.

O desempenho, como o texto, luta para trazer ao palco a linguagem dos nossos caboclos. No Brasil as distâncias sociais são enormes: entre gente de cidade, como Edgard da Rocha Miranda e os atores do Teatro Brasileiro de Comédia, e gente do campo, há um abismo, um oceano que não se transpõe artisticamente a não ser com muito tato e imaginação. São, na verdade, duas culturas, duas maneiras de pensar e de dizer totalmente diversas, criando, para o ator, problemas insolúveis, pelo menos enquanto não se formar nesse sentido uma boa tradição teatral. Confronte-se, por exemplo, a desenvoltura, a confiança em si dos atores que desempenham personagens cultos – Ziembinski, Paulo Autran, Freddi Kleeman – com o visível e freqüentemente malsucedido esforço de composição dos outros, entrando e saindo do diapasão a cada instante, ora convencendo, ora dando-nos uma realidade de palco, falsa, convencional, não conseguindo aliar a naturalidade à criação de personagens rústicas e ao estudo de sotaques característicos. Curioso, a esse respeito, o caso de Felipe Wagner: pela emissão grosseira da voz, pela impossibilidade de falar claramente, a sua personagem é a que mais se aproxima de um certo tipo de caboclo. Mas também, por isso mesmo, é a que soa geralmente de forma mais artificial. Dois intérpretes, no nosso modo de ver, lograram resolver o impasse: Rosires Rodrigues, que sugere uma espécie de emoção primitiva, inarticulada, e Luís Linhares, este realmente integrado no ambiente social que retrata. Os outros pegaram, das personagens, somente os tiques, realçando-os mais do que o necessário.

Não culpemos, entretanto, Ziembinski por não ter alcançado o que ninguém ainda alcançou entre nós, apesar de seu generoso esforço de simpatia em relação à peça e às personagens: é a própria matéria da vida do campo que, no Brasil, ainda não foi trabalhada satisfatoriamente pela arte. Erros de direção, se porventura os há, seriam outros: talvez a solução cênica, diversa do original, com o carro entrando e saindo constantemente do palco, recurso cansativo quando empregado várias vezes. Mas, aqui, a falha, ao que parece, pertence ao palco do TBC. Também o final da presente versão parece-nos bem mais fraco do que o anterior, quando o padre era morto por apedrejamento, de acordo com a excitação e desorientação emocional criada. De quem a idéia da mudança? De Ziembinski? do autor?

(1954)

9. Raimundo Magalhães Jr.

9.1. *ESSA MULHER É MINHA*

Essa Mulher é Minha principia como uma curiosa comédia de costumes do interior. A indignação das duas beatas com o bispo que, depois de vinte anos, ousou pela primeira vez pernoitar na casa de uma rival, as confabulações do padre para reconduzir ao aprisco a ovelha em vias de se desgarrar, o sentimento pessoal e familiar que impregna esses pequenos episódios, prenunciam uma peça acima do comum, fazendo-nos, além disso, pensar que esse gênero de teatro, despretensioso artisticamente e de êxito comercial seguro, está quase por se fazer entre nós, abandonado que foi depois das tentativas algo superficiais de um Viriato Corrêa ou de um Armando Gonzaga. Retomar o pitoresco das vidinhas humildes dos subúrbios ou das cidadezinhas do interior, injetando no texto uma dose maior de veracidade psicológica e, na representação, todo o cuidado que se costuma reservar às grandes obras, eis uma fórmula que poderia dar ao nosso teatro algumas comédias da graça simples e verdadeira, embora sem profundidade, de um *Life with Father*, por exemplo.

Depois entra Procópio – e a peça que vínhamos antecipando por assim dizer termina. O enredo assume um aspecto reconhecidamente teatral, trabalhando mais algumas situações forçadamente cômicas do que todos esses pormenores de segundo e terceiro plano, que dão tanto relevo psicológico e social aos acontecimentos. Do meio para diante, *Essa Mulher é Minha* (que se chamava primitivamente, com muito mais cor local, *João Gangorra*) é Procópio – Procópio, todo Procópio e somente Procópio.

Tratemos de acrescentar logo que o público não se sentiu de maneira nenhuma logrado com a mudança – São Paulo andava saudoso de Procópio, essa é que é a verdade. A última vez em que o vimos por aqui, tentando um gênero dramático para o qual não nasceu, parecia abatido, representando quase sempre de olhos baixos, seguindo humildemente o ponto, como que enfarado da profissão que escolhera havia mais de trinta anos. A peça de Raimundo Magalhães Jr. tem pelo menos esse grande mérito de restituí-lo aos bons tempos antigos, servindo como uma espécie de trampolim capaz de lançá-lo por momentos a alturas a que ela mesma não alcança. Pouco coibido por um texto que não se faz de mais importante do que realmente é, improvisando visivelmente de momento a momento, Procópio renasce, revive, e volta a ser o ator que aprendemos a admirar tanto.

Para quem já o conhece de velho, não há propriamente novidade: o seu repertório de graças é sempre o mesmo. Mas para quem nunca o viu, que deslumbramento não devem ser aquelas inflexões em que o tom propositadamente hipócrita da voz desmente a compunção das palavras, aquele revirar de olhos que ao mesmo tempo finge esconder e denuncia tanta incontida malícia, aquele jogo de cadeiras, de ombros, dois ou três passos de uma improvisada dança que é igualmente um negaceio de corpo e uma ameaça de capoeira, enfim todas as inconfundíveis peculiaridades desse ator que é um epítome vivo e palpitante da nossa malandragem popular – traço certamente menor, mas não desprezível da nossa índole nacional.

Entretanto, toda essa riqueza de recursos, acumulados durante uma vida inteira de palco, não é de molde a desfazer todas as nossas prevenções. Não é contra a falta de maior disciplina artística que nos insurgimos: aos grandes atores certas perigosas liberdades são permitidas e a improvisação feliz, nesses casos, jamais foi empecilho para o prazer de quem quer que seja.

O que reclamamos é uma subordinação maior do criador à criatura. A melhor qualidade de riso, no teatro, provém não diretamente do ator mas da personagem, nascendo da perspicácia posta na sua composição. Como nas boas caricaturas, rimos porque nos surpreendemos a compreender melhor alguma coisa, vendo-a sob uma luz inesperadamente exata. Carlitos é quase um *clown*, deformando e estilizando violentamente tudo em que toca; e se, no entanto, rimos e nos emocionamos com ele, é porque através da sua excêntrica figura percebemos o patético e o ridículo que acompanha sempre fielmente a todo homem.

Procópio, infelizmente, não atingiu ainda esta espécie de riso. A sua graça é geralmente superficial, à flor da pele, sem penetrar, sem marcar, sem inventar um tipo que fique na memória. Daí não termos em *Essa Mulher é Minha* uma verdadeira criação cômica. Em vez de um João Gangorra autêntico, um tipo popular talvez contraditório dentro dos seus diferentes impulsos de honestidade e desonestidade, mas capaz de guardar certa coerência íntima e inexplicável consigo mesmo, Procópio dá-nos uma coleção de expressões cômicas engraçadíssimas que, somadas, não conduzem a nada psicologicamente. Vimos um ator cômico e não uma personagem cômica.

Ninguém, hoje em dia, vai à companhia de Procópio esperando encontrar aqueles valores – cenário, direção, homogeneidade de desempenho – que já começamos a considerar como inerentes à natureza do teatro. A sua companhia sempre foi a exibição de um astro poderosíssimo, em torno do qual gravitam palidamente uns tantos satélites. Também sob este aspecto, *Essa Mulher é Minha*, se não chega a espantar, não desilude. Talvez tenham sido os quatro meses de representações consecutivas no Rio que criaram entre os intérpretes uma certa segurança, um certo hábito de representar em conjunto, fazendo às vezes de direção. O fato é que este elenco, integrado na sua quase totalidade por desconhecidos e estreantes, e nem todos com vocação para o teatro, nos impressiona mais agradavelmente do que os profissionais renomados das temporadas precedentes, conhecedores profundos de todos os truques que costumavam passar até há bem pouco tempo pela suprema perfeição na arte de representar.

Falamos em falta de vocação – não é esse naturalmente o caso de Hamilta Rodrigues que, ao menos nesta peça, se revela magnífica atriz, com toda a espontaneidade e seiva popular requerida pelo papel. Fernando Vilar também parece em progresso, de *A Respeitosa* para cá. Dos outros salientamos Vanda Pinheiro, particularmente pelo terço que rezou baixinho, num canto da sala, no início da peça, e que é um belo estudo tragicômico de uma beata em estado agudo de aflição.

Essa Mulher é Minha não se dirige, como pensamos ter deixado bem claro, aos *happy few* do nosso teatro. Mas, dentro do seu gênero, aceitas inicialmente todas as suas limitações, não deixa de merecer a preferência que o público lhe vem demonstrando.

(1952)

9.2. *A CANÇÃO DENTRO DO PÃO*

A Canção dentro do Pão é um mau título para um peça bem interessante e, sobretudo, inesperada no ambiente do teatro brasileiro. Passa-se na França, nas vésperas da revolução de 89, e pretende ser nada mais, nada menos do que uma arlequinada, uma dança de máscaras quase à maneira da *Commedia dell'arte*.

O marido é naturalmente o *pierrot* da história, o eterno ingênuo, o eterno enganado, desta vez nas vestes de um confeiteiro mais orgulhoso das suas tortas do que um rei dos seus domínios. A sua maior infelicidade é ser confundido com a vil raça dos padeiros e a sua maior felicidade possuir uma linda e econômica mulher. Esta é inconstante como Colombina: gira, faz piruetas e trai o marido nem ela mesma sabe bem porquê: é mulher, a sua função parece que é essa. Mas que culpa lhe cabe de ter a cabeça vazia, de ser bonita e apreciada pelos homens? O pretenso Arlequim é um velho nobre, dispenseiro do rei, que planeja e maquina afastar o fiel Jacquot da sua infiel Jacqueline. Os acontecimentos, está claro, são os mais insignificantes, os mais fúteis: uma canção dentro de um pão, por exemplo; basta para desencadear a tragédia. No final a ingenuidade é recompensada e as forças do mal castigadas: Arlequim, em vez de Colombina, recebe uma boa coça de pau – e está tudo resolvido. Perpassa de vez em quando um ou outro anacronismo cômico e bem colocado, entrevê-se por um segundo a "Marselhesa", que ainda não aconteceu ou a sombra de Napoleão. Percebe-se, principalmente, que se está dançando sobre um vulcão: a melodia alegre é o *ça ira*, a reflexão espirituosa a de Maria Antonieta dizendo que o povo, tendo menos pão, devia comer mais bolo, as tortas do Mestre Jacquot têm, por exemplo, a forma da Bastilha – a Bastilha que será tomada de assalto naquela mesma noite. Muito em breve os nobres perderão a cabeça – não mais, todavia, pelas mulheres do povo. Isso, entretanto, é outro assunto, um assunto feio e grave que a peça tem o bom gosto de evitar.

É difícil estabelecer-se até onde vai o texto e onde começa o trabalho do diretor – e este é o maior elogio que poderíamos fazer à encenação de Sérgio Cardoso, que se funde e se confunde com a peça como se as duas tivessem nascido juntas. Muitas destas alusões rápidas, destes achados que brilham por um segundo, são indiscutivelmente da direção: é ela que faz dançar estas criaturas frívolas, propositadamente convencionais, ao som de um ritmo endiabrado, ritmo de notas de música, de frases, de risos, de movimentos. O espetáculo pretende capturar a graça aérea de outras épocas, de outros teatros, e o consegue, auxiliado em primeiro plano pelos belos e delicados cenários de Nilson Pena. Sérgio Cardoso é Jacquot: seria difícil imaginar desenho ao mesmo tempo mais leve e mais grotesco, caricatural dentro de uma linha de impecável bom gosto francês, sem deixar de aproveitar com inteligência a comicidade popular brasileira, a comicidade dos nossos palhaços e dos nossos cômicos de revista. Nídia Lícia passa pelo palco sem um vislumbre de idéia, uma gota de sentimento, como uma boneca mecânica e graciosa. Léo Vilar é a velhice ridiculamente brejeira, a vilania antes cômica do que efetiva. Infelizmente o quarto elemento da representação – a lei – caiu em mãos de um ator ainda principiante, criando verdadeiros hiatos dentro da peça, fazendo-nos perceber, pela força do contraste, quanto uma comédia desse gênero deve aos atores.

Como texto, *A Canção dentro do Pão* é um pouco menos feliz. Raimundo Magalhães Jr. compreendeu perfeitamente o gênero e as personagens. Mas a peça sofre de um mal já caracterizado pelos críticos e que poderíamos denominar "o mal dos três atos". Uma poesia, um conto, um romance têm as dimensões da sua inspiração, do seu assunto: o escritor pode terminá-los à hora que quiser. Uma peça de teatro, não: os três atos são praticamente obrigatórios do ponto de vista comercial, se o autor deseja ver representados a sua comédia ou o seu drama. Daí uma peça estender-se pelo tempo afora, muito mais do que permitiria o seu fôlego. *A Canção dentro do Pão* é assim: reduzida porventura a dois atos, livre de todas as partes mortas, em que o enredo se arrasta em vez de correr, posta toda ela num mesmo ritmo, esfuziante e contínuo, seria excelente. Como está, é somente uma boa peça, com alguns vazios, algumas repetições, alguns instantes de monotonia, ao lado de outros agradabilíssimos. A sua comidade, entretanto, quando acerta, é muito mais fina do que estamos acostumados em nosso teatro, inclusive com uma ponta de absurdo, de *nonsense* poético. O público comum não sabemos como a receberá: talvez a ache fútil demais, tola demais. Ao público de estréia, todavia, composto em grande parte de gente de teatro, pessoas especialmente sensíveis à fantasia e ao ritmo, fez rir quase seguidamente.

(1953)

10. Lúcio Cardoso

10.1. *O FILHO PRÓDIGO*

Desde que nasceu, o teatro brasileiro sofre da falta de qualidade literária. Não há um só comediógrafo ou dramaturgo, do começo do século até o aparecimento de Os Comediantes, que seja considerado um escritor, um companheiro de armas, pelos escritores. Mas, estes últimos dez anos revolucionaram de tal maneira as coisas, que estamos nas vésperas, talvez, de padecer do mal oposto, a pique de vermos submergido o nosso pobre teatro sob toneladas e toneladas de imagens preciosas e palavras requintadas. Poetas e romancistas – principalmente poetas – partindo da verdade incontestável de que o grande teatro sempre foi literário e poético, chegam à conclusão mais do que duvidosa de que a literatura e a poesia dispensam qualquer teatralidade. Se ainda não conquistaram os nossos palcos, em virtude da prudência dos empresários, já dominam por completo o terreno das peças não publicadas e não representadas. De cada dez manuscritos inéditos de algum valor, podemos estar certos de encontrar pelo menos sete ou oito de cunho poético. Não há, hoje em dia, meio-termo na nossa literatura dramática, não há Lilian Helman ou Terence Rattingan, artesãos honestos, conscienciosos, porventura não inteiramente geniais, mas conhecedores do seu ofício. Admitimos apenas os extremos: os nossos autores ou são humildes fabricantes de "chanchadas" ou pretendem ser a última edição, revista e melhorada, de Claudel, Giraudoux e Christopher Fry.

O Filho Pródigo, de Lúcio Cardoso, é bem um sinal dos tempos. Como pode um homem inteligente, sensível, escrever uma peça que é um monumento de literatice, em que não há um sentimento, uma idéia, que não venha revestida de uma crosta espessa e impenetrável de literatura? Imaginávamos, por exemplo, na nossa ingenuidade, que a cor preta só pudesse ser sentida como uma maldição onde houvesse pretos e brancos vivendo em sociedade e onde os brancos fossem ricos, poderosos, e os pretos, não. Mas, os pretos do país imaginário de Lúcio Cardoso pensam diferentemente: nunca viram uma pessoa de outra cor e vivem todo o dia a lastimar amargamente a cor que a natureza lhes deu, como se de fato existisse uma hierarquia natural entre as cores ou como se aceitassem os padrões sociais de terras estranhas e desconhecidas. Dirá naturalmente Lúcio Cardoso que a poesia tem os seus direitos e que a cor negra não é mais do que um pretexto literário, um símbolo da prisão em que se debate o homem. Muito bem, mas parece-nos que se deve desconfiar por princípio dos símbolos que não tenham ao menos um pé na realidade, dos símbolos que nos mergulham irremediavelmente nesse mar de literatura pura de onde apenas os maiores escritores – os criadores de mitos – conseguem voltar sãos e salvos.

Qual a verdadeira condição dos negros entre nós? Infelizmente em sua maioria são ainda uns pobres coitados, sem dinheiro, sem saúde, sem cultura, sem arte, sem nada. Como fazer então para aproveitá-los literariamente? Nada mais simples: basta dar propositada e desdenhosamente as costas a toda e qualquer realidade humana e psicológica. Por essa regra simples de fazer literatura toda peça negra deve ser de preferência poética e, se possível, bíblica. Não há mais operários nem colonos entre os negros do nosso palco: apenas Édipos ou Rei Lears em perspectiva. Nenhum problema econômico ou social os aflige: unicamente a angústia de ser ou a perplexidade filosófica perante a fragilidade da condição humana. De outra forma o escritor não terá dado provas suficientes da sua independência perante a realidade, essa independência que é o seu brasão de nobreza, o seu privilégio de artista por entre a vulgaridade dos outros homem e das coisas materiais.

O azar é que a insinceridade do pensamento – insinceridade no sentido de exercício literário – origina inevitavelmente a insinceridade da maneira de escrever, atingindo agora a própria matéria artística. Evitando os lugares-comuns da vida real, *O Filho Pródigo* cai em cheio em todos os lugares-comuns da literatura. Fugimos do mundo familiar, sem originalidade, dos negros de carne e osso, para ingressarmos no mundo ainda mais familiar, ainda menos original, das convenções literárias, o mundo bíblico, por exemplo, onde os peregrinos fatalmente usam bordões, o patriarca reparte o pão na hora da ceia e todos se referem solenemente ao cheiro quente da terra e ao perfume capitoso do corpo da bem-amada. Dissemos que não existe um instante, um elemento de autenticidade na peça. Mentimos. Há: uma cabra que alguém teve a má idéia de colocar em cena, esquecendo-se de que uma cabra, mesmo numa peça poética e embora possua um lindo nome bíblico – Sara – é sempre uma cabra. Isto é, um ser que, não conhecendo teorias estéticas, nada sabendo sobre literatura, ignorando tudo a respeito da estilização poética, não pode deixar de introduzir na representação, sem o querer, enquanto vai encarando placidamente os espectadores ou tentando abocanhar algum pedaço de cenário mais ao seu alcance, uma nota inesperada de malícia animal, uma presença viva, carnal. Quem é que se vai preocupar com um peregrino bíblico quando pode observar essa coisa deliciosamente simples, espontânea, natural – uma cabra?

O Filho Pródigo, se realizasse as suas altíssimas aspirações literárias, seria algo assim como as peças de Claudel, único autor em todo mundo, ao que nos conste, capaz de assumir o ar modesto de quem acabou de reescrever a Bíblia sem resvalar pelo ridículo – e assim mesmo, olhe lá! Uma peça, enfim, que pede atores de grande poder poético, de grande domínio verbal, atores, vamos dizer, como os da Comédie Française – ou pouco mais abaixo. Por que motivo um grupo de atores novos, muitos estreantes, resolve começar por uma peça desse calibre literário, tão longe do público a que deveria se dirigir, é um mistério cuja solução nos escapa. Talvez, ainda aqui, o demônio da distinção artística, o medo de não figurar no pequeno grupo dos eleitos, o temor de representar peças que não são grandes textos literários. De qualquer forma é nosso dever assinalar que a segunda apresentação do Teatro Experimental do Negro, dependendo menos do encenador, esteve em nível bem superior ao da primeira. Atores como Abdias Nascimento, Aparecida Rodrigues, José Ezio, Ana Felimonoff, Claudiano Filho mereciam um texto teatral mais comunicativo, que desse a medida do talento de cada um. (Léa Garcia tem o defeito de se julgar uma grande trágica, coisa que, quando a gente pensa que é, não deve demonstrar a ninguém.) Agradáveis também os cenários de Anísio Medeiros.

Para terminar, gostaríamos de contar um pequeno apólogo. Em 1838, Domingos José Gonçalves de Magalhães sentou-se à sua mesa de homem de letras, de poeta ilustre, resolvido a dar ao Brasil, como explicou num prefácio de doutas considerações, "se me não engano, a primeira Tragédia escrita por um Brasileiro, e a única de assunto nacional". Um acontecimento artístico, portanto, da maior relevância. Quase na mesma ocasião havia no Rio de Janeiro um escritorzinho sem grandes ambições literárias. As suas comédias, na maioria das vezes simples esboços em um ato, escritas apressadamente, sobre os joelhos, numa média de uma produção nova cada dois meses, para consumo teatral imediato, limitavam-se a retratar sem qualquer pretensão um aspecto da vida rural ou urbana, um episódio engraçado, uma figura típica da época. Passaram-se cem anos. As comédias de Luís Carlos

Martins Pena – chamava-se assim o nosso autor – continuam a existir e a viver como foram escritas, isto é, como obras de teatro. Todos os anos um certo número de atores diverte-se ao representá-las e um número ainda maior de espectadores diverte-se ouvindo-as e vendo-as no palco. E as peças do venerável pai das nossas tragédias? Bem, essas continuam intactas, guardadas zelosamente entre outros volumes igualmente veneráveis. Provavelmente, desde sua criação nunca mais ninguém pensou em representá-las e mesmo sob a forma de livro não conhecem novas edições há muitas e muitas décadas. Mas qualquer pessoa curiosa, procurando bem, conseguirá encontrá-las no fundo de alguma biblioteca erudita. Às vezes, até um historiador literário, de passagem, dedica-lhe quinze ou vinte linhas de comentários, geralmente irônicos e desfavoráveis. O mais engraçado é que tais comentários são feitos precisamente em nome da literatura, dessa literatura desprezada por Martins Pena e que Gonçalves Magalhães cultivava de uma maneira tão nobre, com tanto fervor estético, com tantas e tão bem fundadas esperanças no julgamento futuro da posteridade. Não é de arrepiar os cabelos?

(1953)

11. Millôr Fernandes

11.1. *UMA MULHER EM TRÊS ATOS*

Um crítico francês que chegasse ao Brasil ficaria à primeira vista impressionado com a originalidade do nosso teatro. Na França, escritores como Giraudoux ou Sartre, Montherlant ou Salacrou, Marcel Aymé ou Anouilh, Mauriac ou Roussin contentam-se modestamente com a forma de teatro legada pelo passado. Nenhum deles se imagina um ousado revolucionário da técnica teatral, tarefa que é deixada para os escritores maiores – para um Pirandello, por exemplo. No Brasil, não: quem não inventar pelo menos duas ou três coisinhas novas considera-se o último dos homens. Em drama, depois de Nelson Rodrigues, toda peça que se preze deve se passar no mínimo em dois planos: o objetivo e o subjetivo, ou algo semelhante. Em comédia, depois de Silveira Sampaio, é necessário que alguma personagem gesticule como um professor de mímica. E em dramalhão, depois de Pedro Bloch, trata-se nada menos nada mais do que escrever toda uma peça somente com três personagens, ou duas personagens, ou uma personagem (enquanto algum empresário mais esperto não inventa a peça sem nenhuma personagem).

Está claro que o nosso crítico não tardaria muito em verificar que a verdadeira originalidade está do lado de lá e não do lado de cá do Atlântico. É que os escritores franceses, tendo alguma coisa a dizer, não se preocupam tanto com a maneira de fazê-lo. A comédia ou o drama, com os seus três atos clássicos, com a sua técnica bem conhecida, bem explorada, podem não representar um passo à frente na história do teatro mas chegam perfeitamente para exprimir um certo número de verdades que merecem ser ditas. Com os nossos escritores teatrais o caso é outro. Na realidade eles não tem muito o que comunicar. A questão, pois, é fazê-lo da forma mais supostamente original: de preferência os cenários devem ser imaginários, se a peça for bíblica deve trazer um coro negro etc. Daí as invenções cênicas, o malabarismo fácil, o truque com que se pretende disfarçar o vazio.

Uma Mulher em Três Atos padece infelizmente desses males todos. A forma parece ser de grande originalidade: o mesmo ator faz sucessivamente três papéis, a mesma cena é repetida mais de uma vez sob ângulos diferentes, há uma suposta janela na parede imaginária que separa o palco da platéia, os cenários deformam-se conforme o estado de espírito das pessoas etc. Mas a observação psicológica que se esconde por detrás de tanta novidade é bem mais velha, bem mais comum: as mulheres traem os maridos, os intelectuais são pobres e o mundo pertence aos imbecis audaciosos. É verdade que com matéria ainda mais corriqueira se pode escrever uma obra-prima. Mas é preciso então que as personagens tenham certo grau de originalidade, sendo algo mais do que categorias, padrões-modelos de suas respectivas classes. Que os professores de ginásio são ingênuos todo o mundo está farto de saber: o que nos interessaria conhecer é um determinado professor e não o professor de ginásio convencional, com todas as suas características também convencionais: a timidez, a distração etc. Não importa que as personagens sejam superficiais: a observação do autor não deveria sê-lo.

Não estamos insinuando com isto que Millôr Fernandes não seja um homem de espírito. Ao contrário, como humorista a única coisa decididamente pouco espirituosa que inventou foi o seu pseudônimo – Vão Gogo. Quanto ao resto, é das poucas pessoas capazes de fazer rir com inteligência e imaginação num país triste como o nosso, que se julga engraçadíssimo mas é impressionantemente pobre em escritores cômicos. Millôr Fernandes criou um estilo próprio, uma maneira de dizer as coisas, um novo vocabulário cômico, e para alguém que é obrigado a ser espirituoso a prazo fixo, semana após semana, mantém-se surpreendentemente vivo e em forma.

A comicidade do teatro, porém, é outra: salvo raríssimas exceções (um Oscar Wilde, um Bernard Shaw), está nas personagens, não no espírito pessoal do autor. A figura do avarento, por exemplo, como qualquer outra de Molière, não é engraçada em si: engraçada é sua tragédia vista por nós, pelo lado de fora. Millôr Fernandes percebeu esse fato, tentando às vezes apoiar-se na graça das coisas tristes e das pessoas falhadas. Mas cansa-se, desiste logo, e passa a enfileirar uma série de réplicas cômicas, fazendo a sua peça assemelhar-se a uma colcha de retalhos da qual se pode, a qualquer momento, tirar uma amostrinha para admirá-la à parte. Há um enredo e há frases engraçadas em *Uma Mulher em Três Atos*, mas uma coisa não decorre da outra. Além disso, a própria qualidade do espírito pareceu-nos muito abaixo do que esperávamos, nivelando-se, na maioria das vezes, ao humorismo feito de vulgaridade dos *sketches* das nossas revistas.

Enfim, *Uma Mulher em Três Atos* foi para nós, talvez por confiar muito no autor, apesar de estreante, quase um desapontamento – opinião que o público parece não ter compartilhado de maneira nenhuma. A peça, que iniciou a sua carreira no Teatro das Segundas-Feiras, vai ser transferida para o horário normal do Teatro Brasileiro de Comédia. Os responsáveis pelo teatro devem saber o que estão fazendo e não duvidamos nada de que a medida dê os melhores resultados do ponto de vista comercial: a peça, afinal de contas, é de Vão Gogo, e o público já se habituou a sorrir antes mesmo que ele abra a boca.

Armando Couto interpreta na peça de Millôr Fernandes uma variedade de papéis, indo de um cafajeste das praias cariocas até um modesto professor de ginásio. O primeiro, não há dúvida, é o que lhe deve ter dado maior trabalho porque mais composto, mais longe da sua verdadeira natureza de ator. Há atores ricos de vitalidade, nascidos para desempenhar papéis fortes, afirmativos; e outros que por assim dizer estão constantemente pedindo desculpas por terem vindo ao mundo. Armando Couto parece-nos pertencer antes a esta do que àquela categoria. Constrói mais com a inteligência (inteligência que demonstra tão claramente ao dirigir) do que com o instinto, conta mais com os efeitos de discrição do que com os de exuberância. O cafajeste, triunfante, com a sua euforia, a sua segurança de quem nunca se colocou na pele alheia, está nos antípodas de sua maneira natural de ser. Aliás o bestalhão de Copacabana – tão diferente do seu congênere paulista – parece ser, hoje em dia, em teatro, uma especialidade de Silveira Sampaio. Havia, por exemplo, no herói de *A Inconveniência de Ser Esposa* uma plenitude de tolice, um espojamento na vulgaridade, que se busca em vão na personagem de Millôr Fernandes, formada pela justaposição calculada de todos os traços convencionais do tipo, pelo uso voluntário e sistemático da gíria. A diferença é que Millôr Fernandes está evidentemente contra a personagem, ao passo que Silveira Sampaio identifica-se entusiasticamente com ela, diverte-se com a sua estupidez, desposa alegremente todos os seus pontos de vista. Lidando com material assim pobre, Armando Couto, por mais que tenha tentado, não conseguiu dar-lhe o sopro de vida: o seu cafajeste permanece uma caricatura trabalhada e exterior, em que o esforço de composição do ator não basta para nos convencer de que estamos em face de um exemplar humano autêntico. Já com o professor de ginásio acontece o contrário. Talvez Armando Couto não lhe tenha dispensado metade do esforço que lhe custou o outro: foi ele, no entanto, que saiu mais natural, mais espontâneo, mais convincente, mais dolorosamente cômico. A lição a tirar é que cada ator deve respeitar os seus próprios limites, não procurando lutar em demasia contra as próprias tendências. Por outro lado, as personagens fracas não apresentam menores possibilidades, sejam elas dramáticas ou cômicas. Charles Chaplin, por exemplo, não deu ao cinema a sua maior figura ao criar uma personagem vencida, delicada, tímida?

Ludy Velloso não tem limitações, digamos assim, de natureza: é uma atriz que se adapta a qualquer papel, capaz de ser, num palco, triste ou alegre, feia ou bonita, simpática ou antipática, exuberante ou contida, conforme quiser o encenador. *Uma Mulher em Três Atos* proporciona-lhe o ensejo de ser, dentro da mesma peça, uma porção dessas coisas ao mesmo tempo, e nesse sentido pode ser considerada a melhor oportunidade que já teve em São Paulo.

A direção de Adolfo Celi, embora agilíssima de espírito, embora com o acabamento perfeito de sempre, ressente-se às vezes da influência do teatro de Silveira Sampaio, perigosa porque as soluções do escritor carioca são excessivamente marcantes, não podendo ser repetidas por ninguém mais. São de Silveira Sampaio, por exemplo, o poeta lírico vestido de palhaço e a mudança de tom nas finais de frase, com uma conclusão rápida e inesperada.

Os cenários de Mauro Francini criam muito melhor do que o texto o que deveria ser a real atmosfera de peça: um ambiente de decomposição, de deliqüescência moral, disfarçado por um certo ar de normalidade e mesmo de elegância.

O Teatro Brasileiro de Comédia tem sido acusado, com inteira razão, de se fechar sobre si mesmo, ignorando tudo que se passa no resto do teatro nacional. Se a iniciativa de Adolfo Celi, convidando Ludy Velloso e Armando Couto para representarem no teatro, na qualidade de artistas-visitantes, deve ser encarada como uma mudança de atitude, como uma tentativa de aproximação das outras companhias, só merece elogios. Na verdade Armando e Ludy são dois bons atores, que vêm progredindo de maneira constante e que mereciam esta oportunidade de aparecer perante a maior e melhor platéia de São Paulo. A peça de Millôr Fernandes exige de cada um deles uma verdadeira exibição de virtuosismo – e, de maneira geral, os dois mostraram-se à altura da empresa. Este é, aliás, o melhor aspecto da representação. *Uma Mulher em Três Atos*, no nosso modo de ver, é uma peça fraca. Mas, na direção de Celi e na interpretação de Ludy Velloso e Armando Couto, transforma-se num espetáculo agradável, razão que talvez explique, pelo menos em parte, a preferência que o público lhe vem demonstrando.

(1953)

12. Rachel de Queiroz

12.1. *LAMPIÃO*

A maneira à primeira vista mais fácil de remediar a pobreza do nosso teatro será a de trazer alguns escritores para o teatro. Encomendar uma peça a José Lins do Rego, outra a Jorge Amado, uma terceira a Carlos Drummond de Andrade. Com isso teríamos o sangue generoso do romance e da nossa mais alta poesia aquecendo as veias algo atrofiadas do teatro. *Lampião*, de Rachel de Queiroz, vem demonstrar que a fórmula é tão falsa quanto atraente: não adianta a qualidade literária, desacompanhada de um mínimo de qualidades teatrais.

Rachel de Queiroz pode escrever admiravelmente, mas ignora tudo do teatro. O seu drama é menos uma peça do que uma crônica, sem qualquer unidade dramática. A caatinga e o cangaço, de resto, não são temas cômodos de submeter às dimensões exíguas do palco. As longas caminhadas a pé ou a cavalo, os ataques às cidades, as lutas contra a polícia, as pilhagens, tudo o que torna o cangaço um fenômeno coletivo e uma aventura essencialmente andeja, reduzem-se, no palco, a meia dúzia de homens discutindo à volta de um caldeirão. Suspiramos pelo amplo campo de ação do romance, pela riqueza visual e liberdade de movimentos do cinema.

Lampião não conseguiu vencer o primeiro obstáculo do teatro, a concentração no tempo e no espaço. Em vez de propor uma ação una, dramaticamente organizada, fragmentou-se numa série de episódios desligados entre si. Cada vez que baixa a cortina, temos de partir novamente do zero: o que passou, passou. Dentro dos quadros (salvo o primeiro, mais teatral), repete-se o mesmo fenômeno: meia hora de acontecimentos comuns, triviais, indiferentes. De repente um cangaceiro qualquer, mal delineado psicologicamente, desconhecido da platéia, vem ao primeiro plano, revolta-se, e Lampião o mata, antes que tivéssemos tempo de tomar pé no assunto, de escolher partido, de participar emocionalmente da revolta e do crime. E da mesma forma morre o chefe dos bandoleiros, varrido por uma rajada de metralhadora súbita e mal previsível, como na vida, isto é, sem qualquer transposição teatral, sem qualquer preparação. Em segundos, a tragédia está consumada. E o público, por ter permanecido alheio, sai se queixando de que não acontece nada, que não há ação, isso num drama em que ocorre, contando por alto, um rapto de mulher casada, dois seqüestros, um assassínio em cena, mais dois nos bastidores quase à vista do público, uma luta a punhal entre irmãos, e que termina com a morte à bala dos dois protagonistas.

Rachel de Queiroz parece acreditar na eficiência dramática dos fatos violentos, esquecendo-se que, no palco, "um fato é um saco (a imagem é de Pirandello) que não se mantém de pé se não o rechearmos de razões e sentimentos". A morte de Desdêmona não seria nada para nós se não fosse o termo lógico e inevitável de um longo conflito, se não existissem as maquinações de Yago, as dúvidas de Otelo, os pressentimentos da própria Desdêmona, toda essa preparação para a catástrofe que vemos se desenhar lenta e perversamente ante nossos olhos. Quando chega o estrangulamento, atinge-nos em cheio. Lembremo-nos de *Pega-Fogo*. O menino está conversando com a criada, contando a sua vida, quando a mãe abre abruptamente a janela: é pouca coisa mas o quanto basta para dar ao público um estremecimento de horror. É que toda a situação psicológica estava explicada, fazendo de cada um de nós um cúmplice, em quem se refletia dolorosamente cada pequenino fato, cada diminuto avanço do enredo. Em *Lampião* tudo acontece e nada repercute. A ação, no teatro, por lidarmos primordialmente com o homem, e não com a paisagem ou com as coisas, terá sempre de ser predominantemente moral, ao contrário do cinema.

A fraqueza dramática da peça, entretanto, é freqüentemente resgatada pelo estilo. Não há ninguém, no teatro brasileiro, que dialogue melhor do que Rachel de Queiroz, ninguém que faça falar homens e mulheres do povo numa língua ao mesmo tempo tão espontânea e literária, tão expressiva e natural. Synge, fascinado com a imaginação verbal do povo irlandês, ficava horas ouvindo as conversas da cozinha. Não cremos que a linguagem do nordeste seja menos sugestiva, menos rica de imagens, de graça, de vida, de força, de pitoresco, de imprevisto, do que a da Irlanda. E em Rachel de Queiroz ela encontra o seu instrumento literário perfeito: alguém com o ouvido e a memória capazes de perceber e guardar toda a variedade de sintaxe, toda a riqueza de vocabulário, e com o conhecimento íntimo da língua para achar a expressão literária mais bela e menos vulgar. Rachel de Queiroz escreve no limite entre a naturalidade e a afetação. É um estilo pessoal, inconfundível, mas que não chega nunca a cair no pedantismo ou no preciosismo. Um pouco mais e já seria enjoativo, amaneirado – esse, o extraordinário segredo do seu encanto.

Sérgio Cardoso, fora as artísticas, tem duas qualidades do grande ator: a ambição e a coragem. Ambição que, muito cedo, já o vai levando à posição de chefe de companhia, e coragem que o faz escolher, como encenador quase estreante, peças de montagem custosa e difícil. Mas está claro que tais virtudes, se não exercidas com grande senso de medida, poderão transformar-se facilmente em outros tantos defeitos. Em *Lampião*, por exemplo, encontramos, lado a lado, uns e outros. É evidente que Sérgio soube pesar a sua responsabilidade: os atores estão trabalhados e o conjunto, na parte de interpretação, bastante firme. Um excesso de confiança, todavia, ou uma pressa injustificada, levou-o a estrear antes que o espetáculo estivesse totalmente maduro do ponto de vista técnico. O painel pintado por Aldemir Martins sobre o pano de boca andou enguiçando, as luzes nem sempre saíram como deviam – e quando o espetáculo terminou o seu protagonista e diretor, ao agradecer, caiu desmaiado, exausto de fadiga e emoção. Ora, teatro só se faz com cabeça fria e nervos descansados. Não serão esses arroubos, simpáticos e românticos, as noites passadas sem dormir, as providências de última hora, que lhe darão segurança e solidez. Quanto a nós, pelo menos, preferimos as estréias sem outras emoções que não as puramente artísticas. Se há outros dramas, para além do pano de boca, deverão permanecer ignorados pela platéia – tal nos parece ser o próprio princípio do teatro profissional. Essas considerações têm alguma oportunidade, porque, de vez em quando, ainda surgem pessoas para desculpar os percalços de estréia e para indagar se não seria melhor a crítica ver a peça depois de quatro ou cinco representações. No nosso modo de entender, é preciso firmar a norma exatamente contrária: o espetáculo de estréia deve ser um espetáculo como outro qualquer, possivelmente melhor. Esse é o interesse comercial das companhias – com a crítica ou sem a crítica o público da estréia sempre será da maior importância para o êxito da peça – e essa é também a vitória que o Teatro Brasileiro de Comédia já alcançou para nós e de que não devemos abrir mão – a de podermos assistir às primeiras representações de coração inteiramente sossegado.

Mas nada disso diz respeito propriamente ao espetáculo. Artisticamente falando, *Lampião* é desigual, sobretudo por uma falta de unidade no estilo dos atores. A maioria deles lembrou-se que o sertanejo é antes de tudo um forte, sem o raquitismo exaustivo dos mestiços neurastênicos do litoral. Daí certas atitudes de estátuas toscas e desengonçadas, certa teatralidade nos gestos, e, às vezes, nas frases, como que buscando uma estilização primitiva e rude. Jorge Chaia, ainda não adaptado por completo à maneira do teatro paulista, Vicente Silvestre, mesmo Carlos Zara, seriam bons exemplos do que desejamos dizer. Tudo estaria bem, se Sérgio não destoasse dos outros – e se a verdade artística e humana não estivesse com ele. O seu cangaceiro não é um mito, mas um homem profundamente real, triste, desconfiado, solitário, preferindo exercer o mando pela sugestão da força. Sabendo-se temido, timbra em falar baixo, em tom normal, sem qualquer ênfase, numa ostentação tranqüila de preeminência em que entra muita vaidade pueril e muito egocentrismo. Uma figura ao mesmo tempo curiosa e ligeiramente sinistra que ficará como uma de suas maiores criações psicológicas, um retrato perfeitamente verossímil, sem nada de convencional, de um bandoleiro de uma região pobre. É pena que, como encenador, ele não tenha sabido infundir a cada personagem a mesma originalidade, o mesmo dom de observação, fazendo-os viver de verdade. Talvez assim a encenação ultrapassasse o simples pitoresco, transmitindo em profundidade esse ambiente do nordeste que o espetáculo tenta desesperadamente comunicar e que não chegamos de fato a sentir, não obstante a riqueza de pormenores de ordem material. Uma paisagem social é dada antes pelo homem do que por uma roupa de couro ou por um sotaque característico. Eis um fato que Sérgio Cardoso compreendeu melhor como intérprete do que como diretor.

Araçari tem o físico do papel, a espécie exata de beleza ingênua e silvestre que, no palco, não fica mal numa mulher do povo. Como atriz, está começando, cheia de altos e baixos, às vezes ótima, às vezes inexpressiva, às vezes inaudível, pela má dicção, rápida demais, e por falar com um sopro de voz que não chega nem às primeiras filas.

Os cenários de Aldemir Martins não estavam inteiramente prontos no dia da estréia, dificultando qualquer julgamento. Tratando-se de um artista inteligente e de um dos nossos melhores desenhistas, não custa lhe abrir um crédito de confiança também na cenografia.

(1955)

13. Jorge Andrade

13.1. *A MORATÓRIA*

Não é difícil perceber em *A Moratória* reminiscências estéticas de autores como Ibsen ou Tennessee Williams, Tchékhov ou Arthur Miller. Mas isso indica apenas as afinidades literárias do autor, as formas dramáticas que ele admira e sente como suas. O realismo, um discreto simbolismo, e o intimismo poético, marcam as fronteiras naturais do seu temperamento dramático.

Quanto ao resto, que é tudo, não há peça nenhuma mais genuinamente brasileira do que a de Jorge Andrade. Brasileira, de início, está claro, pelo quadro social. *A Moratória* mantém-se quase exclusivamente no plano psicológico, evitando o pitoresco fácil: não é, certamente, um drama rústico, recheado de cor local. Quando desce, contudo, ao pormenor, o faz com absoluta segurança: não há nada de falso, de inventado, na sua evocação da vida de um fazendeiro paulista, desses que desapareceram com a crise do café. Mas o seu verdadeiro brasileirismo não é exterior, não está no cenário, na descrição superficial de certos hábitos e modismos regionais. Brasileira parece-nos a própria qualidade de sua emoção. A literatura européia moderna, como se sabe, baniu o sentimento: Kafka descreve pesadelos mas não perde jamais o tom seco, nítido, cortante. Uma lágrima autêntica, não filtrada pela estética, isenta de ironia ou sarcasmo, causaria pasmo no teatro francês atual: dir-se-ia termos voltado ao melodrama e ao burguês século dezenove. Somente os italianos (veja-se o neo-realismo cinematográfico) ousam de vez em quando aproximar-se do sentimentalismo, e assim mesmo com que preocupações. Em tal meio *A Moratória* seria um escândalo: uma peça de emoção pura, escrita com emoção da primeira à última cena, não se pejando de recorrer aos instintos mais simples e primitivos do homem: o amor e o ódio, o sentimento de segurança e o de frustração. As personagens lançam-se umas contra as outras, repelem-se, arrependem-se, voltam atrás – mas nunca se exprimem em termos que não sejam o da vida diária, nunca se elevam a níveis inacessíveis a qualquer pessoa. Os temas de Jorge Andrade são os grandes e eternos lugares-comuns da literatura – e possa ele conservar para sempre esta sua inocência e pureza de olhar. Um passo ou outro talvez seja menos firme, ameaçando resvalar pela pieguice ou pelo melodrama, mas quase invariavelmente a peça é admirável de emoção autêntica, comovendo-nos na mesma medida em que visivelmente comoveu o seu autor. Quem não souber vê-la – ou senti-la – por este lado, julgando-a, ao contrário, por padrões estéticos que não os seus, não poderá sequer compreendê-la.

Como pensamento, *A Moratória* baseia-se em três ou quatro grandes idéias singelas, provando o que todo mundo sabe: que não é com idéias (ou principalmente com idéias) que se constrói uma obra de arte. O que ela faz é o julgamento de uma sociedade já destruída, ou em vias de aniquilamento. O "coronelismo", mais do que um regime político – ainda à espera de interpretação sociológica – era uma maneira de ser, de viver, de pensar, de estabelecer relações entre os homens, tendo como base uma rígida hierarquia social. O próprio Quim, isolado na sua fazenda, deblatera contra o governo, acusa a política, mas não deixa de revelar a mesma cegueira e a mesma teimosia dos seus adversários: sem o saber, pela formação e educação, está muito mais próximo deles do que da "gentinha" da cidade que viria logo a seguir, como conseqüência de um processo de democratização apressado pela crise. Amigos ou adversários, do governo ou da oposição, todos pertencem a um mesmo sistema, cuja unidade – a fazenda – era de natureza econômica e não política, pondo nas mãos de um simples particular uma parcela enorme de poder.

Hoje já temos suficiente recuo no tempo para que possamos considerar tais fatos sem a necessidade de nos pronunciarmos contra ou a favor, de atacá-los ou defendê-los. Podemos encará-los objetivamente – qualidades e defeitos – com essa espécie de simpatia alerta, de compreensão não destituída de crítica, que se chama perspectiva histórica. Foi o que fez Jorge Andrade, com extrema honestidade, e mantendo perfeita isenção de espírito. Ele não deixa de apontar sem piedade os vícios de uma mentalidade que já havia vivido o seu momento e desempenhado o seu papel: o sentido exagerado da importância pessoal – donde o orgulho individual e de família – a noção de casta privilegiada, a falta de visão da realidade e do hábito de trabalho disciplinado, a

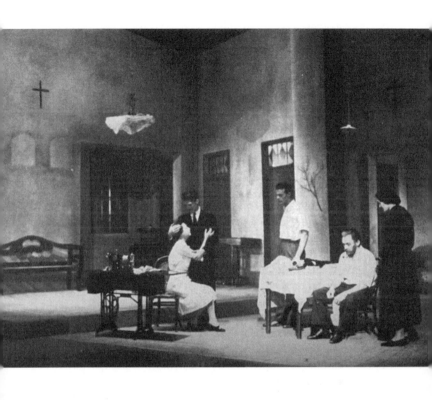

Fernanda Montenegro, Moná Delacy, Elísio de Albuquerque, Sérgio Brito e Milton Morais em *A Moratória*, de Jorge Andrade. Direção e cenário de Gianni Ratto, produção de Sandro Polloni.

incapacidade de seguir a evolução social. Nenhum progresso se faz sem vítimas – e é ao mesmo tempo inevitável e justo que assim seja. Mas esta é somente a metade da história: um homem, por pertencer antes ao passado do que ao presente, não deixa de ser um homem. E Jorge Andrade nunca comete o erro de enxergar as suas personagens como categorias sociais. Quim não é um "coronelão" qualquer mas uma pessoa tocantemente humana, um fazendeiro que cresceu e viveu em suas terras, potentado incontestável e incontestado, não compreendendo, por mais que faça, com esse empenho nascido da necessidade, outro sistema de vida. Marcelo, se é um fraco, um desajustado, tem a seu favor uma capacidade elementar de ternura e poesia, um desejo de se comunicar que não encontra vazão. Não se trata de julgar um certo estado de coisas mas de assistir ao sofrimento de alguns seres humanos privados repentinamente não só de sua riqueza mas inclusive de seus padrões sociais e morais, de sua forma de existir e de compreender a existência. Enfrentam uma época difícil e haviam sido educados para viver com facilidade, para mandar e ser obedecido, para receber mais do que dar, seguindo a rota dos avós e bisavós. Acostumados à liberdade do campo, têm de se submeter à disciplina da vida urbana, de onde sairão polidos pela pobreza ou inutilizados em definitivo. O extraordinário equilíbrio da peça é dado pela visão clara de que eles estão, com justiça, condenados a perecer, mas que isto não torna a sua experiência humana menos penosa e amarga.

Assim se explica a comoção que sacudiu literalmente, em tantas e tantas cenas, o público da estréia, não se extinguindo com o fechar do pano, prolongando-se nas demonstrações de entusiasmo, nas conversas, nos aplausos, nos cumprimentos aos artistas: a peça havia acumulado em nós uma carga emocional que era preciso libertar de alguma maneira. Em todos os olhares, ao sairmos do Teatro Maria Della Costa, havia um ardor, uma irreprimível alegria: por nos termos purgado de nossas paixões – na melhor tradição aristotélica – e por termos assistido ao nascimento de um autor brasileiro que, mais do que qualquer outro no presente momento, nos permite ter confiança no futuro da dramaturgia brasileira.

Tecnicamente *A Moratória* é admirável de maturidade, o resultado do instinto teatral aliado ao conhecimento do teatro e a uma paciência, a uma habilidade de construção, verdadeiramente artesanal. A ação desenvolve-se ao mesmo tempo em duas épocas, 1929 e 1932. Mas esta solução nunca é gratuita, originalidade deliberada ou exibição de virtuosismo. À medida que avançamos vamos compreendendo que a simultaneidade de planos constitui a própria essência do drama: a história não teria toda a sua dramaticidade sem esta interação constante entre duas séries de acontecimentos, uns anteriores, outros posteriores à crise do café. Um tema é proposto numa época e retomado logo na outra, formando um contraponto doloroso e por vezes irônico entre o passado e o presente, cada frase assumindo novo sentido em face do que acabamos de presenciar ou do que sabemos estar em vias de suceder. *A Moratória* é assim um diálogo intemporal entre o desânimo e a exaltação, a alegria e a tristeza, a esperança e o desespero. O que há nela de mais terrível é a expectativa otimista, a cegueira dos protagonistas, quando nós, espectadores, libertos do tempo, já os sabemos perdidos. Daí ser o pai a grande personagem trágica (para ele a confiança no futuro é uma necessidade vital) e daí igualmente o efeito tremendo da última cena, a primeira e única em que ele deixa de reagir aos acontecimentos à sua maneira, pela teima infantil e pela obstinação. Havíamos realmente chegado ao fim.

Falamos em tema, em contraponto (repetindo aqui uma expressão de Gianni Ratto) – e, numa peça como esta, tais empréstimos feitos à terminologia musical são, em verdade, alguma coisa a mais do que simples metáforas literárias. É que o ritmo tem importância capital no drama de Jorge Andrade: a entrada da filha, satisfeitíssima com o seu vestido, foi imaginada obviamente como um *allegro vivace*, assim como a despedida da fazenda é um *adagio comosso*. E a única crítica que faríamos à peça é ter sacrificado por vezes a proporção do conjunto em favor do desenvolvimento maior de uma ou outra parte. Há cenas demasiado longas para um tal tipo de construção, onde a variedade e o contraste são forças principais. Os pormenores estão certos mas a relação entre eles nem sempre o está, exceto no primeiro ato, o mais uno e coeso dramaticamente. Defeito que a encenação tão sensível de Gianni Ratto não disfarça, demorando-se amorosamente em algumas minúcias.

Tirando essa pequenina falha, todavia, também do ponto de vista da encenação *A Moratória* é um impressionante triunfo. *O Canto da Cotovia* e *Com a Pulga atrás da Orelha* já haviam revelado, em Gianni Ratto, uma rara visão global do espetáculo, uma capacidade incomum de movimentar harmoniosamente um grande elenco e de apreender o tom que convém a um texto literário. Estas mesmas qualidades tornamos a reencontrar em *A Moratória*, na solução de cenário (dois cenários dentro de um só, sem comprometer a unidade do todo) ou na precisão com que são executadas as passagens de um para outro plano. Mas, o caso agora era diverso: a peça de Jorge Andrade apoia-se inteiramente, não sobre o espetáculo, mas sobre o desempenho individual dos atores. Propunha, portanto, uma nova prova para Gianni Ratto, que a venceu com a maior maestria, oferecendo-nos uma representação primorosa, pouco menos do que perfeita, uma das melhores que já vimos em palcos nacionais. Dedicando três meses aos ensaios (quando o texto era de encenação materialmente fácil, não exigindo um elenco numeroso), Ratto conseguiu que seus atores se despojassem de toda teatralidade, impregnando-se lentamente das personagens e de uma certa indefinível atmosfera. Esse o milagre da encenação: o de ser tão singela, tão verídica, não acrescentando nada à peça, no sentido de achados exteriores. Fez o mais difícil: deixou as personagens serem livremente sentimentais, sem ela mesma o ser. Na comoção, guardou o mais possível o senso de recato e medida.

Fernanda Montenegro é uma intérprete exemplar, expansiva sem ser afetada, a um só tempo natural e teatral, não tendo a necessidade de sublinhar para transmitir ao público o seu menor pensamento. Elísio de Albuquerque acompanha com fidelidade a evolução da personagem: violento nas cenas de violência, submisso e alquebrado mais tarde, um homem cheio de vitalidade que vai se desmoronando aos poucos perante os nossos olhos comovidos. Milton Morais trouxe da sua experiência em companhias pequenas, onde a improvisação é a regra, um à vontade, uma falta de inibição e contração, que se prestam admiravelmente à figura do filho, uma das mais ricas do ponto de vista psicológico. E Moná Delacy representa com a maior humildade, apagando-se para criar a personagem. Tudo nela serve ao papel: a voz, o físico, a economia de meios, numa pseudomonotonia que pode ser muito efetiva.

Com duas personagens, aliás de menor relevo, Jorge Andrade não conseguiu se identificar: a tia e o noivo. Talvez como conseqüência desta falta de convicção inicial, são também as duas interpretações menos convincentes. Sérgio Brito é um ator criador, do tipo (não físico, bem entendido) de um Pierre Brasseur ou de um Charles Laughton, sentindo sempre a necessidade de elaborar e compor. *O Canto da Cotovia* e *Com a Pulga atrás da Orelha* ofereceram-lhe oportunidades deste feitio – e o resultado não poderia ter sido melhor. Já *A Moratória* pediu-lhe apenas simplicidade, simplicidade absoluta e total, coisa que o seu temperamento dramático exuberante jamais poderá dar. Wanda Kosmo, na tia rica e egoísta, causou a impressão de ter saído diretamente de uma loja de antigüidades: dura e hirta como um manequim, inumana até na voz, fazendo questão de proclamar em cada gesto a própria maldade (quando, de fato, a personagem deveria se achar a melhor pessoa deste mundo). Se já não a tivéssemos visto outras vezes, em circunstâncias diferentes, descreríamos de suas possibilidades de atriz.

Podemos dizê-lo sem presunção: nunca, nestes últimos anos, o público de São Paulo desamparou um grande espetáculo. Em companhias nacionais ou estrangeiras, vimo-lo sempre sabendo discernir e distinguir o melhor. Pois bem: *A Moratória* é uma peça original e humana, interpretada de forma magistral. Não somos nós que o afirmamos, mas a totalidade da crítica. Não acreditamos, portanto, que a peça deixe de ter todo o público que merece, sob o pretexto de que é nacional ou de que o autor é jovem e ainda pouco conhecido. Sandro e Maria Della Costa, ao encená-la, acreditaram na sensibilidade de cada um de nós. Não sabemos como nos sentiríamos, se os decepcionássemos.

(1955)

Parte II

Companhias Nacionais

1. Os Comediantes

1.1. *DESEJO*

A crítica que temos ouvido mais freqüentemente, a propósito da representação de *Desejo*, é a de que os artistas dirigidos por Ziembinski não são naturais. Ainda no debate organizado, na semana passada, pela Associação Brasileira de Escritores, um dos presentes sustentou inteligentemente esse ponto de vista. Tornemos, pois, a examinar a questão, concordando de início em que a observação é verdadeira. É indiscutível que Os Comediantes alongam os gestos e as entonações até torná-las antinaturais, irreais poderíamos dizer, no sentido de inexistentes na realidade quotidiana. Mas para que esta simples verificação assumisse valor de crítica, seria necessário estabelecer de antemão qual o ponto de partida dos Comediantes. Se estes tivessem desejado copiar a vida, reproduzindo-a tal e qual a vemos todos os dias, então poderíamos com razão denunciar a sua antinaturalidade como uma falha, uma insuficiência. Nesse caso, eles teriam ficado aquém – ou além – do ponto visado. Mas, acontece que o alvo dos Comediantes é outro. Partindo da premissa, tão freqüente no teatro moderno, de que teatro é teatro e não vida, os atores dirigidos por Ziembinski só poderiam, está claro, chegar à realização de um teatro antinatural, que teatralize e não apenas reproduza os acontecimentos, submetendo-os a uma deformação – ou interpretação – artística. Acusá-los de antinaturais, portanto, tem tanto sentido como criticar uma bailarina por andar nas pontas dos pés, ou uma personagem da tragédia clássica por se exprimir em versos, quando na vida real ninguém anda nas pontas dos pés ou fala em versos. Isto é, se separamos nitidamente o domínio da arte do domínio da realidade quotidiana, não podemos criticar um em nome do outro.

Isto não quer dizer, é evidente, que não possamos, de forma alguma, criticar a interpretação de *Desejo*. Poderemos fazê-lo de duas maneiras. Primeiro: não aceitando o ponto de partida inicial dos Comediantes. Cairíamos então numa discussão teórica sobre o valor do teatro naturalista e teríamos que justificar esteticamente as nossas preferências. Mas nesse caso não estaríamos criticando propriamente *Desejo* e sim toda uma concepção de teatro. Segundo: poderíamos também aceitar os princípios estéticos dos Comediantes – a distinção entre teatro e vida – rejeitando, contudo, a interpretação de *Desejo*, não mais por julgá-la antinatural mas por julgá-la antiartística. O que é muito diferente. Podemos, por exemplo, achar feio o ritmo de um gesto, como achamos feio certo ritmo musical, sem que haja necessidade de recorrer a outros valores que não os puramente artísticos.

É neste sentido, aliás, que se pode dizer que a chamada arte moderna é difícil para o grande público. O naturalismo, fazendo recair o valor de uma obra de arte na sua objetividade, na sua semelhança com o objeto retratado, facilita extraordinariamente o julgamento estético. Porque, para verificar se um retrato é parecido, se um ator é natural, basta um dom de observação comum, ainda que desacompanhado de qualquer sentimento artístico. A rigor, estamos então substituindo o senso estético pelo científico, estabelecendo juízos de realidade e não de valor, para usarmos o jargão filosófico. Já a arte moderna, que pretende ser julgada por critérios exclusivamente artísticos, pede um máximo de sensibilidade e, mais ainda, de sensibilidade apurada, educada, alicerçada numa reflexão constante sobre a natureza da arte. A arte moderna exige, pois, uma dedicação que muito poucos poderão lhe dar. Neste sentido, repetimos, ela não é nada fácil: é difícil, tão difícil como as terras pedregosas do velho Efraim que, sem muito amor e devotamento, jamais produziriam frutos.

Superficialmente, poderíamos filiar *Desejo* à tradição de um naturalismo que nasceu com Zola e deu, no moderno teatro norte-americano, um *Tobacco Road*, por exemplo.

O camponês animalizado, preso à terra pela cobiça, os ódios de família, a luta desesperada em redor de uma talvez próxima herança, o apetite sexual que não conhece barreiras, nem mesmo as familiares, a linguagem áspera e brutal, enfim toda a contextura exterior de *Desejo* parece descender diretamente dessa linhagem.

Ter-se-ia enganado redondamente, contudo, quem se contentasse com tais aparências. No fundo, O'Neill está longe do naturalismo dos fins do século passado. E não somente por influência de um Freud que, descobrindo por vias científicas o que os melhores escritores já haviam pressentido, isto é, que o mistério da personalidade humana é muito mais profundo do que sonhava a nossa vã psicologia, veio revolucionar por completo o panorama da ficção moderna. É evidente que O'Neill sofreu também essa influência: relações entre pais e filhos (inclusive a mãe morta), em *Desejo*, podem ser facilmente expressas em termos psicanalíticos, assim como a energia sexual que anima Eben e Abbie não é mais o simples e bem determinado impulso animal dos naturalistas e sim algo diferente, ao mesmo tempo mais elementar e mais complexo, algo que é a própria fonte criadora da personalidade.

Não era, todavia, à psicanálise que nos reportávamos, ao falar da distância que separa O'Neill do naturalismo racionalista e científico (ou pseudocientífico) de um Zola. Porque a psicanálise, em que pese a sua aparência pouco ortodoxa, é ciência também, e como tal poderia ser aceita e digerida pelo naturalismo.

A diferença a que nos referíamos é muito mais profunda, é o misticismo de O'Neill, este sim, bem em desacordo com as doutrinas literárias de cinqüenta anos atrás. O movimento pendular da história não cessa e o século XX, em geral, retomou todas as posições artísticas abandonadas, como exauridas, pelo racionalismo do século XIX.

"Quase todas as peças modernas – dizia O'Neill a Joseph Wood Krutch – se referem às relações entre os homens, o que absolutamente não me interessa. Interessam-me as relações entre o homem e Deus".

Este é o tom novo, que certamente desconcertaria e desapontaria os naturalistas. O drama de *Desejo* pode ser o da posse, posse da terra e da mulher, como diz Leon Milras, mas é necessário acrescentar – como ele o faz – que essa luta carnal e material tem ressonâncias místicas e religiosas: "o que é a mulher para o homem do campo? É igualmente, como a terra, o elemento passivo que espera o sulco destinado a transformar sua aridez em impulso de criação. A mesma necessidade panteísta que impele Eben em direção à terra, arrasta-a para Abbie, a mulher. A avareza, o desejo, a ambição, são pretextos externos, aparentes. Por detrás há uma força incomparável". Força misteriosa que move também a Abbie e o velho Efraim. Todos os três são seres tensos, inflexíveis, duros. Os outros, os fracos, fugiram como Pedro e Simão. Disseram que iam em busca de terras férteis ou do ouro da Califórnia. Mas, na realidade, foram procurar o prazer, a vida gorda e mole, o Deus fácil. Efraim – o puritano da Nova Inglaterra – sabe que Deus é difícil e, por isso, prefere o campo árido, as rochas de sua fazenda. A sua ambição – como a de Eben ou de Abbie – não é a ambição vulgar (seria tão fácil a Califórnia...) mas a sede mística do absoluto, que mantém os seus sentimentos na máxima tensão, tanto na virtude como no crime.

A veemência das paixões atinge tal paroxismo, a atmosfera fica tão carregada, que a catástrofe é inevitável. Final amargo e pessimista, comum na obra de O'Neill. Porque – paradoxo supremo – esse místico não é religioso, na acepção estrita da palavra: o seu misticismo antes de mais nada é um anseio desesperado, um apelo que fica sem resposta.

Em *L'Annonce faite à Marie*, por exemplo, mesmo após o mal ter desempenhado integralmente o seu papel, respiramos ainda confiança e serenidade. O contrário acontece com *Desejo*: os homens são condenados. Mas haverá esperanças de salvação? O'Neill não responde. O seu drama é o da inteligência que, à procura de uma explicação superior para o universo, nem crê suficientemente nas próprias forças, nem encontra, na comodidade das religiões estabelecidas, solução adequada para sua inquietação.

A interpretação de Os Comediantes foge, em quase todos os pontos, às normas habituais no teatro brasileiro. O próprio palco tradicional, distante e enquadrado por cortinas, abandonou desta vez a moldura clássica, avançou pelo proscênio a dentro, desceu pela abertura da orquestra, só se detendo diante das primeiras fileiras da platéia. O palco conquistou o máximo de terreno possível, tudo fazendo para eliminar a distância que separa atores e público. Quanto a este, mal refeito do choque inicial de se ver inesperadamente tão próximo da ação, quase que integrado nela, sofre logo a seguir outro, derivado do estilo mesmo da representação.

Os artistas dirigidos por Ziembinski, abandonando resolutamente a naturalidade, se esforçam por criar um estilo teatral, exteriorizando energicamente, nos gestos e movimentos, as emoções que sentem. A alegria de Pedro e Simão, ao abandonar o sítio, é expressa por salto e contorções, quase numa dança. Eben, quando ouve a notícia da morte do filho, deixa-se cair pesadamente de joelhos, de braços abertos, como que crucificado. Mais uma revelação dolorosa, e ei-lo que se abate de borco, fulminado e inerte. A emoção foi comunicada ao público, direta e poderosamente, por via visual, à semelhança do que acontece no *ballet*. Na maneira de falar também predomina a mesma forte exteriorização. As reações são exageradas, ampliadas, vistas através de lentes de aumento. A dor, o amor, o sofrimento exprimem-se com um vigor, tanto verbal como físico, inexistente na vida real. É que Ziembinski não deseja "vida" no palco e sim "teatro". A função do teatro é "teatralizar"' os acontecimentos, emprestando-lhe cores mais vigorosas e mais brilhantes.

Estamos distantes do teatro naturalista e próximos do teatro russo moderno – não o tivesse Ziembinski freqüentado longamente! Certas apreciações de Norris Houghton sobre o teatro soviético – tiradas do seu esplêndido *Moscow Rehearsals* – poderiam aplicar-se quase literalmente à arte dos Comediantes: "Nenhuma das personagens tem a aparência de uma pessoa comum, e entretanto, todas parecem bem reais. Os narigudos são *muito* narigudos, os chapéus grandes das senhoras *muito* grandes, os magros *muito* magros, e as gordas *muito* gordas". E, mais adiante: "nada há de abstrato nessas pessoas e ocorrências e, contudo, a teatralidade de que se revestem as intensificam ao ponto de torná-las quase irreais".

Naturalmente não estamos afirmando, com essas aproximações, que haja uma similaridade absoluta entre o estilo de Os Comediantes e o retratado nas linhas acima. O que Ziembinski trouxe da Rússia não foram moldes a serem copiados mas apenas um princípio, uma nova concepção de teatro – a do teatro teatral – e um fim: a ação direta e violenta sobre o público. A arte de Ziembinski, como a de certo teatro russo, como a do alemão Piscator, visa, antes e tudo, dominar o espectador.

Foi, aliás, o que aconteceu no Municipal. É possível que o público tenha criticado *Desejo* depois – em nome da moderação e da naturalidade do teatro francês, modelo a que estamos habituados – mas, no momento mesmo da representação, ficou inegavelmente fascinado, preso, subjugado por aquele espetáculo diferente, vibrátil, violento, que se desenrolava apenas a alguns metros de distância.

Até aqui sugerimos – sugerimos apenas – as qualidades que explicam o êxito avassalador que Os Comediantes vêm obtendo: a originalidade e a imaginação com que foi ideado o espetáculo e, sobretudo, a obediência inflexível, por parte de todos atores, a um estilo de representação inteiramente novo no Brasil.

Não iremos discutir – como já vimos ser feito – se o espetáculo de Os Comediantes está ou não à altura do melhor teatro norte-americano. Parece-nos absurdo querer comparar dois teatros que se encontram em grau de desenvolvimento tão diverso. Nem iríamos confrontar intérpretes que, embora promissores, se encontram ainda nas primeiras tentativas dramáticas sérias, como os que integram Os Comediantes, (exceto Ziembinski e Olga Navarro, exatamente os dois pontos altos do conjunto) e atores de um país onde o palco profissional é a última etapa de uma longa carreira.

Se quisermos fazer alguma comparação sensata, fiquemos no Brasil. E no Brasil, não nos parece arriscado afirmar que não vemos nenhuma companhia, nenhuma organização teatral, capaz de montar *Desejo* melhor que Os Comediantes.

Um tal elogio nos põe imediatamente à vontade para entrar no terreno das restrições. Dito inicialmente todo o bem que pensávamos de *Desejo*, podemos agora criticar também livremente, sem receio de que a crítica tome proporções que realmente não tem.

A forma exterior de *Desejo* é francamente naturalista. É verdade que dentro desse naturalismo aparente se abriga um sobrenaturalismo, se nos permitem a expressão, um misticismo primitivo que se exprime por formas alegóricas: a fusão entre a imagem da terra e da mulher, por exemplo, ou a associação entre a dureza da pedra e a dureza de Deus – o Deus dos puritanos *yankees* – etc. Mas, em sua contextura exterior, não há dúvida de que *Desejo* se aproxima muito do naturalismo.

Ora, por uma questão de lógica interior, que deve prevalecer na obra de arte, gostaríamos de ver tal naturalismo respeitado também na interpretação. Façamo-nos entender: a nossa objeção não é a de que a interpretação de Os Comediantes se afasta da naturalidade da vida – ponto já tocado em crônicas anteriores. Se O'Neill tivesse escrito *Desejo* como um drama expressionista, por exemplo, nada mais certo, a nosso ver, que uma interpretação também expressionista. Mas se O'Neill escolheu, como forma de arte, um naturalismo, ainda que exterior, a interpretação nada mais deve fazer senão seguir-lhe os passos. Não foi o que vimos em *Desejo*, no qual o naturalismo foi abandonado por completo, demasiadamente. Se Os Comediantes se tivessem mantido dentro de um certo naturalismo e, apesar disso, tivessem conseguido exprimir o aspeto da peça que podemos chamar de místico, então teríamos, segundo nos parece, encontrado a fórmula definitiva e perfeita.

No teatro, ao contrário do que acontece com a maioria das outras artes, não há um único momento criador. Há dois: o da criação literária, em que a peça é pensada e escrita, e, mais tarde, o da criação do espetáculo, no qual ela é transportada para o palco. Em geral, salvo os casos relativamente raros de autores que são também atores, não é o mesmo indivíduo que preside esses dois momentos. Concluída a peça, cessa a função do autor, que entrega a outrem a tarefa de fazê-la viver, levando-a à cena. Esta transplantação do papel para o palco, ou melhor, esta corporificação da obra, não era, até época bem recente, entregue aos cuidados de nenhum especialista. Os próprios atores, guiados por algum companheiro de maior experiência ou fama, se incumbiam de interpretar o texto literário.

A começar dos fins do século passado, entretanto, tal situação se foi modificando gradualmente, e em mais de um sentido. Em primeiro lugar, a criação do espetáculo, a *mise-en-scène*, na expressão aceita em todas as línguas, adquiriu um novo e inesperado prestígio. Diante de certas invenções mecânicas, como a do palco giratório, e, principalmente, em face da descoberta da luz elétrica, capaz de milagres na arte de ilusão que é o teatro, começou-se a perceber que o elemento literário, a peça, não era tudo no teatro. Os profetas da nova era espalharam aos quatro ventos que o teatro não é somente um ramo da literatura – como o conceberam os clássicos – mas, muito mais do que isso, uma verdadeira fusão de todas as artes. A pintura, a música e a dança foram chamadas para ilustrar o espetáculo, e os cenários, os figurinos, os acessórios passaram vitoriosamente do segundo para o primeiro plano. Em suma, afirmando-se que a *mise-en-scène* não decorria fácil e inevitavelmente do texto mas que, ao contrário, poderia ser extremamente criadora e imaginosa e, até certo ponto, livre, isto é, independente do texto, viu-se o autor compartilhar o seu pedestal de glória: não apenas com o ator, como era tradicional, mas com uma série de elementos considerados até então secundários e puramente técnicos, como o eletricista ou o cenógrafo. Viu-se, principalmente, como conseqüência inevitável da valorização do espetáculo, o aparecimento triunfal de um novo artista, especializado na arte de fundir os diversos elementos teatrais num todo harmonioso: o *metteur-en-scène*, ou diretor. Presenciamos então, já no nosso século, esse fato inacreditável: a fama e o prestígio dos *metteurs-en-scène* obscurecerem a dos atores, e mesmo a dos autores. Quando se fala no teatro alemão pré-nazista o nome que nos ocorre em primeiro lugar é o de Max Reinhardt, assim como o teatro russo da época revolucionária encontra a sua expressão mais significativa em Meierhold. Na própria França, menos abalada por tais concepções, não houve, entre as duas guerras, nenhuma nova Sarah Bernhardt ou Rejane, nenhum novo Coquelin ou Lucien Guitry. Isso não se explica por uma possível decadência da arte de representar: é que a publicidade recai atualmente principalmente sobre os diretores, os Jouvets, Pitoeffs, Batys, Dullins etc. Na verdade, os grandes teóricos do teatro do século XX são os diretores.

Talvez os leitores estejam indagando a que vem esta digressão: sem ela jamais poderíamos situar precisamente a posição única de Ziembinski no teatro nacional. Porque Ziembinski é o primeiro representante, no Brasil, dessas tendências teatrais que acabamos de descrever: é o primeiro grande *metteur-en-scène* do nosso teatro. Daí não só as suas qualidades, a sua fecundidade, a sua incontestável ação renovadora entre nós, como também as suas limitações e fraquezas.

A qualidade mais evidente de Ziembinski é a sua invulgar capacidade realizadora. Nenhum outro homem de teatro brasileiro foi capaz, como ele, de reunir elementos jovens, na maioria inexperientes, e com eles enfrentar peças das mais difíceis do repertório universal, plasmando espetáculos que se sustentam vitoriosamente, mesmo diante de platéias frias e desinteressadas como as nossas, a paulista em particular. Analisado sob esse aspecto, o êxito obtido por *Vestido de Noiva* e *Desejo* assumiria ares miraculosos, de quase sortilégio, não houvesse a personalidade forte de Ziembinski para explicá-los.

A ação de Ziembinski não se limita, aliás, aos atores. É ele também quem inspira e guia o cenógrafo e quem ordena as luzes. Dele nasce todo o espetáculo, desde os pormenores de ordem técnica, desde o jogo de cena mais insignificante, até o plano geral da interpretação, essa atmosfera particular e especial que banha cada obra, diferenciando-a das outras.

Cabe a Ziembinski a primazia de ter introduzido no nosso teatro a figura até então desconhecida do diretor – o diretor entidade suprema do teatro, princípio e fim do espetáculo. Jean Giraudoux, no prefácio ao livro de Claude Cézan sobre Jouvet, descreveu muito bem essa nova figura:

[...] cada diretor tem sua teoria do ritmo, do jogo de cena, da evolução teatral. É devido a esta própria teoria que se tornou célebre. As suas peculiaridades são tão afamadas como as de um grande costureiro, o que lhe vale exaltadas amizades ou inimizades. São elas a sua firma, a sua razão de ser [...] A simples indicação, nos cartazes, de que a direção da peça é de Max Reinhardt atrai mais público que o nome do próprio autor. O público se interessa tanto pela peça como pela interpretação que Reinhardt lhe dá. Assim, a peça desempenha o papel da fazenda com que o costureiro cose o vestido, ou, mais exatamente, do libreto sobre o qual o músico constrói a ópera.

As palavras de Giraudoux – por isso as transcrevemos – têm o mérito de sugerir imediatamente a crítica que poderíamos fazer a Ziembinski, e não somente a ele mas a toda uma classe de encenadores, a toda uma escola do teatro moderno: quando a figura do diretor cresce em demasia, arrisca-se a se interpor perigosamente entre o autor e o público. Embevecidos pelo virtuosismo da interpretação, esquecem o principal – o autor – invertendo a ordem dos valores ao dar maior importância à criação do espetáculo que à criação literária da peça.

A influência de Ziembinski na interpretação de *Desejo* transparece em tudo, nos acertos como nos excessos. Foi ele quem imprimiu ao espetáculo a sua teatralidade talvez demasiada, como foi quem destacou e sublinhou tudo o que há de melodramático na obra de O'Neill. Não há dúvida que o teatro de O'Neill tem este defeito, explicado por alguns críticos como reminiscências da infância, da época em que o futuro escritor perambulava em companhia do pai, ator famoso, especializado em *O Conde de Monte Cristo*... Mas, na interpretação de Os Comediantes, o lado melodramático foi ainda realçado, carregado, chegando, por vezes, a bordejar o nosso antigo dramalhão.

Se não podemos, portanto, acusar Ziembinski de ter propriamente desvirtuado a peça, podemos, ao menos, assinalar que ele lhe imprimiu a marca de sua vigorosíssima personalidade. O *Desejo* que vimos não é apenas de O'Neill: é de Ziembinski também.

Lembramos, pelo contraste, o teatro de um Louis Jouvet, do Jouvet que afirmou: "que interessa é a relação estreita, direta, do homem que fala, isto é, do autor, e daqueles que escutam, isto é, da assistência, do público", relegando assim propositada e modestamente para o segundo plano tanto o *metteur-en-scène* como os atores. Desta concepção do papel do diretor, servidor e não mestre, deriva um teatro oposto ao de Ziembinski, um teatro mais literário que espetacular, um teatro em que os intérpretes abafam deliberadamente qualquer veleidade de virtuosismo para que nada venha a perturbar "o verbo do poeta dramático". Quando ouvimos Jouvet, a sua arte consiste em apagar-se: é a voz do próprio autor, Molière ou Giraudoux, que julgamos ouvir. Já de *Desejo* não se poderia dizer a mesma coisa: a direção de cena, o jogo dos atores são valores que têm tanta importância quanto o texto literário.

Se nos perguntassem se estas considerações envolvem uma crítica a Ziembinski, teríamos dificuldade em responder. Não há dúvida de que entre as duas posições preferimos decididamente a de Jouvet. Mas, a nossa oposição a Ziembinski não diminui em nada a admiração que lhe dedicamos, porque se origina tão-somente de uma divergência de ponto de vista teórico. No fundo, tudo se resume numa pergunta: o que é mais importante, a peça ou o espetáculo? Se tivéssemos certeza da resposta, poderíamos então lançar a primeira pedra. Mas, existe, em arte, verdades absolutas? A divergência de escolas não será um postulado necessário e benéfico da vida artística, facultando a variedade e a diversidade? É por isso que, discordando, por vezes, de Ziembinski, respeitamos profundamente as suas convicções. Nem seria possível outra atitude diante do homem que está dando ao Brasil o seu melhor teatro, o mais sério artisticamente e o mais desinteressado comercialmente.

(1947)

2. Teatro do Estudante do Rio de Janeiro

2.1. *HAMLET*

Raramente se tem formado no meio intelectual paulista uma atmosfera de tão intensa expectativa como a que cercou a estréia do Teatro do Estudante do Rio de Janeiro. E não era para menos. A imprensa e o público carioca tinham saudado no Hamlet de Sérgio Cardoso uma das maiores interpretações já aparecidas nos palcos brasileiros em todos os tempos. O jovem ator foi considerado, unanimemente, como a maior esperança do nosso teatro no gênero trágico, ausente de nós desde os dias de João Caetano.

A expectativa era, portanto, mais pela figura de Sérgio Cardoso do que por qualquer outra coisa – e por ele começaremos. Digamos logo que não nos pareceu que o entusiasmo da crítica carioca tenha sido mal dispensado. As qualidades naturais do intérprete de Hamlet são realmente espantosas, tanto mais em se tratando de um quase estreante, educado num país onde não há a menor tradição dramática para lhe sustentar os passos.

Não falta a Sérgio Cardoso nenhum dos atributos por assim dizer físicos do grande ator. A sua primeira, a sua mais indiscutível qualidade é a elegância. Durante quatro horas timbrou em variar incessantemente de atitudes: não teve uma que fosse desgraciosa. E não se trata, bem-entendido, dessa elegância artificial, exterior, que dá a impressão de estudada, de ajustada por fora pela mão hábil de um diretor. Parece que o seu corpo adivinha instintivamente o que é elegante e os seus gestos têm a facilidade, o desembaraço, a naturalidade, a necessidade interior, de um grande dançarino. Sérgio Cardoso não representou o papel: dançou-o, no sentido melhor e mais estritamente teatral que a palavra comporta, porque jamais transpôs a fronteira fluida que separa o teatro do *ballet*. Ajudam-no ainda um rosto expressivo, dramático, e a voz excelente, vigorosa, rica de variedade e de inflexões. Do ponto de vista puramente material, o único reparo que lhe podemos fazer refere-se à dicção, que é boa sem ser perfeita, faltando-lhe articulação mais nítida nos momentos de grande rapidez.

Todas essas surpreendentes e estonteantes qualidades não bastaram, entretanto, a nosso ver, para dar um grande Hamlet. É que ele não conseguiu retratar toda a extrema complexidade da personagem. O que este ganhou em movimento, em exteriorização, perdeu em profundidade, em vida interior. As partes mais brilhantes, o sarcasmo, a fantasia, o poder inventivo, o espírito bufão, foram extremamente bem delineados, lembrando por vezes o brilhantíssimo Mercutio de John Barrymore em *Romeu e Julieta*. Mas o drama do pensamento voltado sobre si mesmo, o estudioso de filosofia de Wittenberg, o herói romântico e melancólico, desapareceram por completo. O que vimos foram mais as grandes qualidades histriônicas de um ator de que uma grande peça.

Desenvolveremos este ponto mais tarde. Por ora façamos a observação final de que esta nossa crítica, mesmo se verdadeira, não tem o alcance que poderia ter em circunstâncias diversas. Em outros países, onde o teatro já se acha plenamente desenvolvido, a transmissão sem deformações da peça é provavelmente o melhor critério para se julgar um espetáculo. Nesse caso o *Hamlet* do *Teatro do Estudante* talvez não merecesse integralmente o nosso aplauso. Mas, no Brasil, tão pobre em teatro, a simples descoberta de um grande ator em perspectiva já é fato suficientemente importante para deixar qualquer outro para atrás. Hamlets há muitos por esse mundo afora. Grandes atores, no Brasil, pouquíssimos. Desse ponto de vista a iniciativa de Pascoal Carlos Magno não poderia ter sido melhor sucedida. Devemos mesmo acrescentar que no Brasil atual, entre amadores ou profissionais, novos ou velhos, experimentados ou não, nenhum ator criaria melhor o Hamlet do que Sérgio Cardoso, sejam quais forem as objeções que lhe possamos fazer.

Dissemos que não há tradição trágica, ou mesmo dramática, em nosso teatro. É necessário, entretanto, acrescentar que já estão surgindo os primeiros indícios de que logo venha a surgir. Há, por exemplo, evidente ar de parentesco entre o jogo de Sérgio Cardoso e o de certos jovens que vimos em *Desejo*, de O'Neill, encenado por Os Comediantes. Num e noutros predomina a mesma exteriorização violenta, a mes-

Sérgio Cardoso e Sérgio Brito em *Hamlet*. Direção de Hoffman Arnisch, cenários de Pernambuco de Oliveira, produção do Teatro do Estudante do Rio de Janeiro.

ma procura de efeitos dramáticos ou melodramáticos, o mesmo uso e abuso das qualidades físicas do intérprete, a mesma fuga decidida ao naturalismo, nos gestos e nas inflexões. É um teatro mais de carne e nervos que de pensamento, mais exterior que psicológico.

Daí advém o seu êxito junto ao público, que gosta das emoções fortes. Dentro desta orientação, e por força mesmo de suas qualidades, acabou Sérgio Cardoso por emprestar à personagem uma exaltação, uma excitação, diríamos quase um frenesi, que este não possui, ao menos em caráter permanente. Tornou-se até difícil distinguir os momentos da pseudoloucura – os momentos que Hamlet se finge de louco para mais desembaraçadamente vigiar o padrasto – dos outros momentos, tal a tensão ininterrupta, esgotante, da interpretação. A platéia, não há dúvida, deixou-se dominar pela energia, pela vibração do intérprete, cujas qualidades pessoais são realmente extraordinárias. Mas terá compreendido a personagem e mesmo a peça?

Para explicar esta similaridade de estilo em grupos diferentes, este nascente estilo trágico, podemos aventar mais de uma hipótese, que não se excluem. De início, temos que contar com a influência, próxima ou longínqua, de Ziembinski. O encenador polonês pela sua invulgar inteligência, pela sua capacidade realizadora, pelo seu conhecimento de teatro, é hoje em dia talvez a força mais poderosa do teatro brasileiro. Nenhum outro é capaz de inspirar tanto os jovens atores, e isto é um fato que não podemos escamotear, apreciemos ou não as suas conseqüências. No caso presente, a essa influência de ordem geral, deve se ter juntado a da direção de Hoffman Arnisch, que, pela amostra, parece provir do expressionismo alemão. É curioso, pois, observar que, por motivos fortuitos como seja a radicação de dois mestres estrangeiros no nosso país, iniciemos a nossa tradição dramática moderna dentro das tendências do teatro alemão e russo – e não dos teatros até agora mais chegados a nós, isto é, o francês, o italiano e o inglês.

É possível também que a explicação, em parte, seja outra. O melhor teatro brasileiro, no momento, é feito por estreantes. Ora, parece-nos normal que um principiante, por maiores que sejam suas possibilidades, comece pelo mais exterior, pelo mais facilmente imitável, pelo mais impressionante e espetacular. A seu tempo virá a concentração, a interpretação despida de qualquer ornato, reduzida à sua essência, a interpretação que com muito maior economia de meios, lança bem mais luz sobre o texto: dizer em voz baixa, sem ênfase, e emocionar da mesma forma é coisa reservada somente aos artistas já inteiramente senhores de sua arte.

Se essa hipótese é verdadeira, as características que analisamos não seriam senão o tributo pago à inexperiência. Nisto não haveria, aliás, nada de estranhável, pois que o destino destas primeiras gerações a se preocupar seriamente com o reerguimento do teatro nacional – e estamos nos referindo tanto a atores como a encenadores, cenógrafos e críticos – tem forçosamente que ser o daquelas tropas napoleônicas que, na retirada trágica da Rússia, destruídas todas as pontes, enchiam com seus corpos os leitos dos rios para que o resto do exército pudesse passar. O papel do teatro brasileiro atual é sacrificar-se para que os que vierem depois possam atingir esse grande teatro sonhado por todos, mas que não se improvisa de um dia para outro. E talvez entre estes – mais felizes do que nós – esteja o próprio Sérgio Cardoso, que ainda é muito jovem. Tudo depende do seu esforço, do seu desejo de cultivar as suas qualidades e não os seus defeitos. Sabemos, de resto, que há uma bolsa de estudos na Inglaterra à sua espera. Lá, em contato com os maiores e mais sóbrios atores do nosso tempo, saberá ele certamente encontrar a disciplina, o ponto de equilíbrio exato entre o pensamento e o gesto, entre a naturalidade e a estilização, que ainda lhe faltam. E de que não será então capaz quem, aos vinte anos, na primeira tentativa ousada, já conseguiu atingir as extraordinárias alturas deste seu *Hamlet*, que São Paulo inteiro, neste momento, admira?

As notícias que tinham precedido a estréia do Teatro do Estudante deixavam supor que o espetáculo valesse sobretudo pela interpretação de Sérgio Cardoso. Em não poucas críticas cariocas vimos, de par com os maiores elogios ao criador do Hamlet, restrições mais ou menos sérias ao valor do conjunto. E há realmente algum fundamento nesta distinção. Para se julgar Sérgio Cardoso não é necessário recorrer a nenhuma circunstância atenuante, não é necessário lembrar que se trata de um amador e de um principiante. O seu trabalho sustenta confronto, sem qualquer desvantagem, com as melhores interpretações do nosso teatro profissional, malgrado as críticas que lhe possamos fazer. Já o mesmo não acontece com seus companheiros. Seria injusto, entretanto, criticar a todos pelo padrão excepcional estabelecido por um. Considerados como amadores, às voltas com uma peça muito difícil, os artistas do Teatro do Estudante não nos parecem em nada inferiores aos melhores do gênero entre nós.

Para falar dos outros desempenhos, é necessário, antes de mais nada, fazer uma distinção entre a concepção do papel – a maneira como a personagem é compreendida psicologicamente – e a sua execução. Esta cabe aos atores, aquela sobretudo ao encenador. No *Hamlet* a execução pareceu-nos, em geral, boa; a direção, nem sempre. Atores como Carlos Couto – excelente no *Primeiro Comediante* – Sérgio Brito, Maria Fernanda, Nilson Pena, Luís Linhares, Pernambuco de Oliveira, Antônio Ventura – principalmente como Coveiro – têm todas as qualidades necessárias ao palco: excelente voz, boa presença, muita aplicação, muita vontade de acertar, e, o que é mais admirável, ausência completa dessa timidez, desse embaraço tão comum e tão compreensível em se tratando de estreantes ou quase estreantes.

O que lhes faltou, a nosso ver, foi uma análise psicológica mais precisa do texto. Pelo menos, não concordamos com muitas das interpretações. Iremos nos valer, freqüentemente, aliás, nestas observações, dos comentários extremamente minuciosos e lúcidos que dedicou ao *Hamlet* uma das maiores autoridades no assunto: Granville-Barker, o famoso autor e encenador inglês, falecido em 1946.

Comecemos pelo rei, a figura mais complexa da peça, após Hamlet. Cláudio não é um vilão vulgar. É o que atestam os seus remorsos, próximos dos de Macbeth, e o seu amor à rainha, que é sincero, jamais se desmentindo através da peça. Isto, entretanto, não é o principal. O principal é que ele não deixa entrever os seus verdadeiros sentimentos, não deixa transparecer a sua desmedida ambição, que se serve de qualquer recurso, inclusive o crime, para atingir os seus fins. A sua atitude em relação a Hamlet é compreensiva e amável o quanto pode ser, e só vai se modificar quando já não lhe é possível alimentar dúvidas sobre as intenções do sobrinho. Foi o "sortilégio do seu espírito" – no dizer do Espectro – que lhe valeu a conquista da rainha. E, mal terminada a terrível revelação desta cena, Hamlet não pode deixar de confrontar o que acabara de ouvir com a figura insinuante do tio: "Ó vilão, vilão, sorridente, diabólico vilão! Venham as minhas tábuas, que é necessário registrar que se pode sorrir, sorrir, e ser um celerado".

Exatamente esta é, na nossa opinião, a figura de Cláudio: um celerado capaz de qualquer torpeza, sem que isto lhe perturbe a serenidade, a inteligência ou a afabilidade. E é isto que vai explicar a dificuldade que Hamlet sente em desmascará-lo, e também, em parte, a incerteza em que se debate até o momento em que o rei se trai pela primeira vez, na cena famosa com os comediantes. Até então, nada ainda nos garantira da veracidade das palavras do Espectro, que talvez, diz o próprio Hamlet, não passe de uma "alma danada" que "me engana para perder-me".

Não foi bem essa a interpretação dada no espetáculo do Teatro do Estudante. Sérgio Brito, certamente obedecendo às indicações do encenador, mareou desde o início a vilania da personagem, manifestando a maior prepotência e até aberta animosidade contra Hamlet. Dentro dessa linha de interpretação, que nos parece discutível, a sua atuação, repetimos, foi boa, imaginosa e sugestiva.

Outro ponto em que discordamos da direção de Hoffman Arnisch refere-se às figuras de Rosencrantz e Guildenstern. O diretor alemão, carregando no traço, pintou-os deliberadamente como dois tolos. Que sejam insignificantes não há dúvida: tolos, não. Insignificantes serão na medida em que Shakespeare não os desenvolveu dramaticamente, mal se dando ao trabalho de individualizá-los, e, também, na medida em que o seu convencionalismo estreito, o seu servilismo de cortesãos bem educados, contrasta com a extraordinária e revoltada independência de Hamlet. O que lhes falta, como a tanta gente, é muito mais personalidade, caráter, no sentido psicológico e moral do termo, que propriamente inteligência. Notemos, para começar, que são dois dos amigos mais íntimos de Hamlet, criatura excepcionalmente inteligente. É a rainha quem o diz, explicando porque mandou chamá-los: "Bons amigos, muito tem ele falado de vós; e estou certa de que não vivem outros homens a que seja mais preso". No encontro com o príncipe – e não há motivo para duvidar da cordialidade com que este os recebe a princípio, antes que, com sua singular perspicácia, descubra que são enviados do rei – trava-se entre os jovens um duelo de espírito, uma troca de respostas semifilosóficas, semi-humorísticas: "os três trocam golpes de lógica e espírito por um certo tempo, como jovens inteligentes o fariam", diz Granville-Barker.

Outra interpretação que pode merecer alguns reparos é a de Polônio. Excluindo Horácio, que tem talvez as qualidades do príncipe sem os seus defeitos, todas as outras personagens masculinas da tragédia fazem contraste com Hamlet, do ponto de vista psicológico. Fortinbraz, pela possibilidade de ação, da ação impensada e generosa, capaz de arriscar um exército por um nada, por uma "casca de ovo", capaz de encontrar "numa palha o motivo de disputa, quando está a honra em jogo"; Cláudio, pela desonestidade; Guildenstern e Rosencrantz, pela subserviência; Laertes, pela superficialidade (notem-se as reações tão diversas dos dois diante do mesmo fato, o assassino do pai, uma impulsiva e desorientada, a outra perdendo-se pelo excesso de reflexão). Mas nenhum lhe é tão contrário como o Camareiro Real, nenhum lhe inspira tanta mofa e desprezo. É que Polônio, julgando-se avisado e finório, é, na realidade, o que menos compreende a tragédia e o caráter do príncipe. A tolice de Polônio é a pior espécie de tolice, a tolice mais oposta à sublime indisciplina de Hamlet – a tolice solene, enfática, conspícua, fátua, a tolice de quem se embala ao som das próprias palavras, e para de repente indagando: "que estava eu a dizer? Por Deus, estava a dizer qualquer coisa; onde fiquei eu?", para recomeçar incansavelmente.

Hoffman Arnisch preferiu, entretanto, dar outra concepção ao papel: em lugar da tolice importante, a mais consentânea com o cargo elevadíssimo da personagem, tivemos uma tolice saltitante, ingênua, quase infantil, quase de opereta.

Na crítica do espetáculo do Teatro do Estudante devemos tomar, de antemão, duas atitudes. Uma de benevolência para com os atores, que são jovens e principiantes. Outra, completamente diversa, de crítica simplesmente, em relação ao encenador. Com efeito, a larga experiência de Hoffman Arnisch em palcos europeus dispensa qualquer complacência. Trata-se, não de um amador, mas de um profissional e como tal deve ser julgado. Ora, acontece paradoxalmente que o que nos parece fraco no *Hamlet* é a direção, não os atores. Porque se não podemos exigir do encenador que transforme em bom um mau artista, temos, no entanto, o direito de exigir dele que não falhe nas linhas psicológicas gerais da peça. E é este acerto na direção que falta por vezes no espetáculo do Teatro do Estudante, como temos procurado analisar. Agora, atacaremos um último ponto: a cena da loucura de Ofélia.

Ofélia é uma das figuras mais pungentes da peça. É a mais fraca, a mais frágil, a mais tragicamente abandonada. Hamlet tem ao menos Horácio, que não o desampara um só momento. Ofélia, não. É uma menina perdida entre homens que, premidos pelo crime ou pela vingança, não têm tempo para se ocupar dela. A única presença feminina à sua volta é a da Rainha, mas esta mesmo longínqua, distante, ainda que simpática. Ofélia não tem mãe ou confidente. É governada pelo pai e pelo irmão e nenhum dos dois parece interessar-se de verdade pelo seu amor adolescente. Os conselhos que lhe dão primam pelo chamado espírito prático, isto é, pelo bom senso despido de qualquer sensibilidade – e cada um de nós sabe como tais conselhos podem mortificar e humilhar em certas ocasiões. É um triste espetáculo ver-se o amor dessa pobre menina servir de joguete entre Cláudio, Polônio e Hamlet. Este a fere também, mas não como os outros: cruelmente, deliberadamente, transferindo para ela toda a amargura que lhe vai na alma. A corda rompe sempre do lado mais fraco e Hamlet, temeroso ou incapaz de enfrentar a rainha, vinga-se sobre Ofélia inocente, num processo que a psicologia moderna compreende muito bem. Ofélia voga assim ao sabor das circunstâncias, tragicamente só, sem a mínima capacidade de defesa. E é dessa passividade, dessa meiguice espezinhada, esmagada, reduzida a bagaço pelos acontecimentos, que advém o seu encanto como figura poética. Encanto e poesia que desejaríamos ver preservadas na loucura, nessa loucura dolorosa mas não propriamente surpreendente. A loucura de Ofélia deve ser apenas uma ausência da razão, uma volta lírica à inocência da infância, da qual, na verdade, ela nunca se afastou por completo. Nem as canções impuras conseguem manchar-lhe os lábios, pois a tensão psicológica, demasiado forte, rompeu definitivamente o nexo que liga a palavra ao pensamento.

A interpretação desta cena, aliás brilhantemente realizada por Maria Fernanda, foi exatamente oposta à que indicamos. A loucura de Ofélia foi vibrante, ativa, capaz de correr, de gritar, de sublinhar a malícia de certos versos, uma loucura mais de mulher que de menina, mais carnal que lírica, mais material que etérea.

De todas estas críticas que vimos fazendo ao trabalho de Hoffman Arnisch não se deve concluir, no entanto, que a sua direção não tenha também méritos – se assim fosse é óbvio que a peça não poderia ter o êxito que conheceu. Parece-nos que o encenador alemão torceu a peça, dando-lhe mais vida exterior, mais dramaticidade, mais teatralidade, do que convinha ao seu espírito. Mas, sente-se uma interpretação, um pensamento a unificar todas as cenas, todas as figuras, e, além disso, percorre a peça um ritmo exterior, de gesto e movimentação, extremamente vivo e brilhante. Não há dúvida de que Hoffman Arnisch conhece o teatro, sabe como captar a atenção do público: o seu *Hamlet* beira às vezes o melodrama, a peça de efeitos e sensações violentas. Seríamos injustos se não acrescentássemos que muitíssimas cenas foram excelentes de qualquer ponto de vista – a da representação na Corte e a do cemitério, por exemplo.

Disse-nos uma pessoa, estreitamente ligada ao grupo, que a direção se explica, em parte, pelo receio de arriscar, com atores e públicos inexperientes como o nosso, uma interpretação menos exuberante, mais sóbria e intelectualizada. Mas não deixa de ser extremamente perigoso, como princípio, esse intuito de trazer o grande teatro ao nível do público, e não o contrário.

Queremos terminar estes comentários sobre o espetáculo – voltaremos a falar sobre a peça[1] – dizendo duas palavras a respeito dos cenários, de autoria de Pernambuco de Oliveira. A nosso ver, têm eles duas grandes qualidades: são econômicos e funcionais. Em tons neutros, sem chamar grandemente a atenção, permitem que a ação deslize quase ininterruptamente. O sistema de diversos planos, tão atacado por muitos críticos cariocas, e que já foi empregado com muito maior complexidade em outros Hamlets, parece-nos dos mais felizes para enriquecer a movimentação e facilitar a troca dos cenários. Se houve excesso, aliás, uma ou outra vez, no uso dos degraus por parte dos atores, culpa não cabe ao cenógrafo. Os figurinos com altos e baixos, uns realmente bonitos, outros um tanto convencionais. Pernambuco de Oliveira parece-nos um artista em plena ascensão: qualquer juízo definitivo seria, neste caso, precipitado.

(1948)

---

1. Deixamos de publicar três crônicas, referentes unicamente ao texto shakespeariano.

3. Dulcina

3.1. *CHUVA* – SETE ANOS DEPOIS

Chuva de novo em São Paulo, depois de tantas vitórias, de tantas viagens ilustres, eis um acontecimento que nos enche de alegria e apreensão. Alegria em rever um dos clássicos do moderno teatro brasileiro, das poucas representações dos últimos anos que nos atrevemos a equiparar às melhores atuais. Apreensão por não encontrá-la, talvez, tão viva como a guardáramos em nosso espírito. Ninguém deixa de temer esses encontros súbitos com o passado, em que temos às vezes de renegar desconsoladamente um pedaço de nós mesmos, do que fomos e pensamos.

Chuva envelheceu, não há negá-lo. Os cenários muito mais realistas do que estávamos acostumados, a chuva que escorre de fato dos beirais, a atmosfera semiprimitiva criada, já não nos causam a mesma maravilhada surpresa. São hoje fatos corriqueiros, incorporados pacificamente aos nossos hábitos teatrais. Mesmo Conchita e Manoel Pera – fariam tanta graça como agora? Até Dulcina – não teria antigamente o seu primeiro ato menos pitoresco fácil? Perguntas destinadas a ficar sem resposta. Todo mundo sabe como é difícil a uma realidade presente competir com a força persuasiva da memória. Por outro lado, os sete anos que nos separam da primeira representação de *Chuva* foram de vacas gordas para o teatro nacional, habituando-nos a outra severidade, propondo-nos pontos de referência cada vez mais altos.

Tudo isso, porém, não tem maior importância. *Chuva* conservou intacto o que possuía de verdeiramente essencial. O coração da peça e da interpretação não se alterou. Dulcina continua a nos comover profundamente com o espantoso gráfico do medo que traça no segundo ato, o quadro de uma pobre criatura cercada por forças que a ultrapassam de muito, física e espiritualmente. O nó na garganta, o olhar de fera acuada, os repentes de suposta coragem, de suposto desafio, tentando esconder, no fundo do coração, a humilhação e o terror, são os mesmos de outrora, agindo sobre nós, libertando uma poderosa onda de emoção e piedade. Todos os trunfos estão contra ela – a lei, a moral, a religião, a força organizada e o pensamento organizado. É o bastante para que, quaisquer que tenham sido os seus erros, desejemos estar ao seu lado, como quem auxilia um ser ferido, oferecendo a nossa solidariedade humana.

Odilon Azevedo foi o que menos mudou – e fez bem. A sua sobriedade de gestos, a sua disciplina, mantida apesar das mil e tantas representações, ganhou em contraste com a tendência dos outros, natural em todo ator, de ir acentuando os contornos, esquecendo progressivamente o texto em benefício da movimentação. O rev. Davidson é sem sombra de dúvida o seu melhor papel. Não um homem forte, um missionário aparentemente seguro de si (interpretação também possível), mas, desde o início, um fanático próximo do paroxismo, da exaustão, quase um desequilibrado.

Nos outros desempenhos, nenhuma novidade, exceto Dary Reis, como O'Hara, representando com muita sinceridade. A encenação pode ser considerada a melhor de quantas Dulcina fez, conseguindo captar muito bem o ambiente carregado, falsamente alegre, com que se espera um desenlace dramático.

Chuva é a velha história da pecadora e do ermitão que se convertem mutuamente. A revelação do espírito para um coincide com a revelação do corpo para o outro, e as duas experiências, ambas igualmente avassaladoras, têm de se chocar porque atuam em sentido contrário. O que as explica, no íntimo, é a nostalgia secreta, inconfessada, do que não possuímos – a nostalgia do pecado, para um, da virtude, para outro. Daí essa espécie de inquietação que eles procuram afogar e disfarçar com o ruído do gramofone roufenho ou das preces murmuradas à meia voz. O diagrama da peça é o de uma tensão que cresce até se descarregar com a rapidez de uma centelha elétrica. A solução, amarga e lógica, para o homem, é o suicídio, e, para a mulher, a volta ao antigo cinismo, agora mais triste e desconsolado, porque posto à prova. Agora ela sabe, com a segurança das convicções definitivas, que os homens são mesmo todos idênticos, todos uns porcos.

Como fundo, desenvolve-se, apenas esboçado, outro choque: o de duas civilizações diversas, duas maneiras de encarar a vida. Para os nativos a chegada dos brancos significa a perda da crença nos antigos

Dulcina em *Chuva*, de John Colton e Randolph Clements. Direção de Dulcina.

valores sem que nenhum outro os venha verdadeiramente substituir. Para os brancos é a última oportunidade de recobrar, para os instintos, a primitiva inocência, o primitivo paraíso perdido. Para uns como para outros, a troca de influências é um convite à lassidão e ao vício. O sentimento de culpa, a indolência, a bebida, contribuem tanto para formar o clima da peça quanto o calor ou a umidade.

John Colton e Randolph Clements, os dois adaptadores, nada mais fizeram do que passar esses elementos do conto para o teatro, perdendo-se naturalmente, na troca, essa hábil e simulada displicência em narrar, característica da arte de Somerset Maugham. Tudo o que havia sido deixado nas entrelinhas, como sugestão, é dito expressamente no palco. A peça não possui a secura, o subentendido, o nervo do conto. Apesar disso, talvez fique como a melhor peça de Maugham, o que seria um irônico paradoxo num escritor que viveu para o teatro, não sabendo ver, no entanto, as possibilidades teatrais oferecidas pela dramática figura de Sadie Thompson.

(1953)

4. Escola de Arte Dramática

4.1. *LILIOM*

Apresentam-se hoje pela primeira vez em público – se excetuarmos alguns exames de fim de ano – os alunos do segundo e terceiro anos da Escola de Arte Dramática de São Paulo.

O espetáculo desta noite representa mais que um simples espetáculo, mais mesmo do que dois anos de trabalho de um grupo de professores. São vinte e três futuros atores que se iniciam para o palco brasileiro, numa só representação.

É claro que esta prova não será a única, nem a decisiva para os alunos ou para a escola. Para os primeiros, porque ainda não são atores. Para a segunda, porque a influência renovadora de uma escola não aparece em dois ou três anos. Em arte, mais do que em qualquer outra atividade humana, muitos são os chamados e pouquíssimos os escolhidos.

Não são estas considerações, entretanto, que importam. O que importa é salientar que esses rapazes e essas moças não vão se lançar à aventura da arte, tão desprevinidos e mal preparados como os seus colegas de outrora e ainda de ontem. Em dois anos de estudo, aprenderam a usar a voz, os gestos, o corpo, dominando os preceitos básicos da arte de representar. Desenvolveram ainda outras qualidades, tão imprescindíveis quanto aquelas: o espírito de equipe, o senso de disciplina, a compreensão do valor da direção e dos princípios teóricos do teatro. É o que fica perfeitamente evidenciado num simples pormenor: todos os cenários, todas as vestimentas, todos os acessórios do espetáculo foram, em parte ou na totalidade, feitos pelos próprios alunos, que, além de atores, serão também os contra-regras, os maquinistas, os encarregados dos efeitos de luz e de som etc. Essa humildade perante a arte, essa devoção, não poderá evidentemente deixar de produzir os mais belos frutos.

Liliom não é uma peça comum, nem fácil de encenar. Lenda em sete quadros – foi a melhor denominação que o autor encontrou para classificar essa história de amor, que se desenrola entre uma empregadinha doméstica e um rufião de feira e nos conduz aos mais inesperados ambientes, de um parque de diversões suburbano em Budapeste a um tribunal supraterreno, sem jamais deixar de extrair dos acontecimentos o máximo de poesia, não essa poesia puramente de palavras, muitas vezes tão falsa e antidramática em teatro, mas a poesia da ação, a poesia dos fatos, a poesia dos amores humildes e dos ambientes populares.

Nem todo mundo, portanto, escolheria a delicada, a difícil peça de Molnar para atores que se estréiam. Mas não devemos esquecer que *Liliom* exige muito mais do diretor que dos atores e que de todos os elementos que colaboram no espetáculo de hoje, o único veterano, o único que pode suportar sobre si todo o peso de uma representação, é, precisamente, o diretor, Alfredo Mesquita. Isto não só justifica a escolha da peça, como torna uma das maiores atrações do espetáculo o reaparecimento, depois de dois anos de ausência, do encenador que nos deu, com *À Margem da Vida*, uma das melhores produções do nosso teatro amador, antes de se dedicar inteiramente à Escola de Arte Dramática.

Há, em teatro, uma lei sutil, incompreensível, inexorável que faz que um espetáculo nunca esteja realmente pronto a não ser um quarto de hora antes (ou depois) da hora marcada. Esta noite, com tantos estreantes, é natural que, no palco do pequeno auditório da Sociedade de Cultura Artística, reine a maior das confusões, até o momento exato de começar a representação. Terminados, por fim, os derradeiros preparativos, prontos os atores, os cenários e os acessórios, a luz e a música, no instante mesmo em que a cortina se abrir sobre um espetáculo que tanto significa para eles, é provável que um arrepio de emoção, o último de uma longa série, percorra os atores. Nesse instante – se é que isso lhes pode servir de amparo e estímulo – de uma coisa podem estar certos os alunos da Escola de Arte Dramática: a emoção e a ansiedade serão também do público, que estará em espírito e coração ao lado deles, "torcendo" pelo êxito integral de um espetáculo tão estreitamente ligado ao futuro do teatro paulista e brasileiro.

Não há nada mais difícil do que exprimir a vida das coisas inarticuladas, a poesia das pessoas que ignoram o que seja poesia. De mil tentativas nesse sentido, uma dá certo. Essa uma, em teatro, chama-se *Liliom*. A peça de Ferenc Molnar não pode ser colocada entre as maiores ou as mais significativas do nosso tempo: sua mensagem é restrita, sua poesia, menor. Mas, dentro desses limites desejados pelo autor, é perfeita, e seu lirismo toca-nos por vezes bem mais de perto do que a força ou a profundidade das pouquíssimas que lhe são superiores.

Em *Liliom*, todas as personagens pertencem a uma só grande família: a dos humildes, a dos deserdados, aqueles que, como diz Dandy, nunca chegam a enfrentar o chefe de polícia em pessoa quando são presos – qualquer empregado subalterno basta para eles – e, se alcançarem algum dia o céu, serão recebidos naturalmente por um anjo de terceira categoria. Mesmo os policiais, mesmo a Tia Muskat, com seu fabuloso parque de diversões, não passam de pobres diabos sentimentais, como os outros, obrigados pela superioridade do dinheiro ou da função social a desempenhar um papel menos simpático. Alguns são totalmente inocentes, felizes e ignorantes como as crianças, líricos sem o querer e sem o perceber. Assim, Maria e Wladimir Constantinovitch. É claro que tanta candura não pode deixar de ser recompensada. Sem qualquer espécie de inquietação, cumprem seus deveres miúdos, prosperam e são felizes. Outros, como Júlia e Liliom, não ficam assim na superfície dos acontecimentos, sentindo-se tentados irremediavelmente pelo conhecimento, digamos, do bem e do mal. Sabem que existe o amor, o sofrimento, o sacrifício, a morte. Liliom percebe, sem que ninguém lho diga, que a vida não consiste apenas em ser porteiro de restaurante ou em passear de mãos dadas aos domingos. Há coisas muito mais importantes: a música maravilhosa do realejo ou os cavalinhos de pau com suas cores berrantes e sua animação endiabrada. Há a poesia, em suma. Mas, de que modo exprimir sensações tão indistintas? Como o dinheiro, também o domínio das palavras, o jogo das idéias, são privilégios de alguns tantos afortunados, que se exercitaram para isso. Os outros sentam-se em bancos de jardins e calam-se quando querem dizer alguma coisa. A confusão de Liliom é, aliás, ainda mais funda e dramática. Enervado pela perda do emprego, única atividade lúdica ou artística que a vida lhe oferece, desnorteado pela responsabilidade do casamento e da paternidade próxima, seu destino e sua mente estão à mercê do primeiro que vier: qualquer Dandy convencê-lo-á a seguir esta ou aquela direção. E Liliom morre como viveu, atormentado, dividido contra si mesmo, desconhecido e ignorado pelos que o rodeiam. Apenas Júlia, pelo amor, consegue conhecê-lo melhor. Mas sabe que é inútil tentar transmitir esse conhecimento a quem quer que seja. Novamente o silêncio obstinado, a recusa do consolo alheio, são as únicas heróicas soluções.

O drama mais profundo de Liliom é o da ternura que não encontra meios de expressão, o do lirismo que se estrangula na garganta. Ele quer comunicar algo e, num momento feliz de libertação, chega a ensaiar um canto de alegria e triunfo – "Eu vou ter um filho!" – em que põe toda a sua alma. Mas este grito inarticulado, sem seqüência, é o máximo que consegue atingir. O pensamento, as palavras não o ajudam e, desamparado, recorre à violência e à brutalidade, padrões por excelência de masculinidade no ambiente em que vive. Nas suas pobres mãos inábeis, a angústia só encontra manifestação no gesto impensado e selvagem: a própria ternura, o próprio amor, transformam-se em seus contrários. Mas – e esse milagre revela o sentido último da peça – existem algumas criaturas que vêem a intenção e não o gesto. Liliom somente não fere aqueles que involuntariamente mais faz sofrer, isto é, aqueles que ama: sua mulher e sua filha. Nas últimas cenas, Liliom torna-se um símbolo e a peça, um apólogo, indicando que pertence aos humildes, aos infelizes, aos simples de espírito, não apenas o reino do céu, mas também o da poesia.

A encenação de Alfredo Mesquita é um exemplo de como o gosto de um diretor e a compreensão do espírito profundo de uma peça podem compensar a ausência de atores seguros e experimentados. O drama de Ferenc Molnar não é construído segundo moldes convencionais. Como as lendas e os mitos, forma-se pela sucessão de pequenos quadros da vida de um homem, não faltando nem mesmo o julgamento depois da morte, tão típico da imaginação popular. Os cenários ingênuos, as roupas coloridas e extravagantes, a movimentação e os gestos fortemente extrovertidos e até a caracterização dos atores, saborosamente primitiva e pitoresca, compõem um fundo que nos transmite a atmosfera da peça antes que uma palavra sequer seja proferida. A representação, como é natural em estreantes, nem sempre se mantém no mesmo nível. Em alguns momentos, é a própria peça de Molnar que temos diante dos olhos, autêntica, vivíssima. Em outros, apenas um esboço, uma imagem não inteiramente nítida. Mesmo nestes instantes, contudo, as intenções estão tão bem compreendidas e a direção lança-nos num rumo tão exato que não nos custa nada ouvir a voz do autor comunicando-se conosco, por cima dos atores. E, em *Liliom*, esta voz ressoa ainda hoje com a mesma pureza, a mesma espontaneidade, a mesma atualidade de quarenta anos atrás. Para qualquer espectador dotado de um pouco de simpatia e alguma imaginação, é difícil conceber-se espetáculo mais honesto, mais sincero, que dê maior prazer genuíno, mais alegria e emoção, do que esse que ocupa o pequeno palco do Teatro de Cultura Artística.

Depois de escrita a nossa primeira crônica, voltamos novamente, por mais de uma ocasião, ao pequeno auditório do Teatro de Cultura Artística. E a nossa admiração pelo trabalho dos alunos da Escola de Arte Dramática cresceu com essa dura prova que é ver o mesmo espetáculo sucessivas vezes. Não percebemos, no jogo dos atores, nenhuma modificação intencional, nenhuma alteração no diálogo, ou no gesto, ou no movimento. Mas a representação firmou-se, os intérpretes ganharam confiança em si e naturalidade: o espetáculo amadureceu. Se tivéssemos de refazer os elogios, seria para mais, não para menos.

Encenando *Liliom*, pela maneira por que o fez, deu Alfredo Mesquita a mais bela lição de teatro que os seus alunos poderiam desejar. Sentado a quatro ou cinco passos daquele palco de dimensões modestas, vendo as cortinas pretas que servem de fundo aos cenários e entrevendo quase os bastidores, distinguindo a caracterização artificial dos atores e percebendo cada mudança súbita de luz, não há espectador que não verifique como é frágil a base material dessa imensa ilusão coletiva que é o teatro. E torna-se evidente, evidentíssimo, que a arte consiste precisamente em transmudar esses elementos numa realidade de ordem superior. Não importam os meios para isso, importa apenas convencer, criar a ilusão. Uma estátua, um banco e algumas colunas podem muito bem figurar um jardim; três barracas de feira, um variadíssimo parque de diversões; e um espaço de dois ou três metros, enfeitado com estrelas de papelão e nuvens de filó, o próprio céu. Quem consegue esse milagre não são os objetos em si, que nada valem, mas a inteligência, a sensibilidade de um diretor, conjugadas ao poder e à magia da palavra humana. Decorridos alguns segundos, esquecemos aquela realidade singela. Não é mais um ator que temos em frente de nós. É Liliom solicitado sucessivamente pelos mais diversos sentimentos, por Júlia, pela Tia Muskat, pelo Dandy, indeciso entre a liberdade e a vida burguesa, entre o dever e o crime, entre o filho que vai nascer e o apelo irresistível da aventura. É o destino de um homem que se joga perante nós e não podemos deixar de nos emocionar porque o jogador, coitado, é um mau jogador, um pobre jogador inexperiente e fanfarrão, que aceita qualquer provocação, qualquer desafio, que sacrifica tudo por um gesto de rebeldia e audácia aparente. Mesmo quando o adversário é a misericórdia divina e deseja salvá-lo, seja como for, Liliom faz o possível para perder, movido estupidamente pelo orgulho de não ceder e de nada ficar devendo a ninguém.

O drama de Molnar lembra-nos uma dessas moralidades medievais, ingênuas e populares: o homem, as tentações, os bons e os maus exemplos, o pecado, e, por fim, o julgamento e a absolvição miraculosa no último instante (os outros, as pessoas que Liliom ama, conhecem-no melhor do que ele mesmo). Tudo dentro de uma visão entre irônica e piedosa – um pouco de ironia, muitíssimo de piedade – que nos faz tanto participar angustiadamente da ação, quanto permanecer fora dela, como espectadores ao mesmo tempo apaixonados e divertidos. É essa dupla posição, a que o autor nos obriga constantemente, que torna a peça difícil para o público (este deseja unicamente entregar-se, identificar-se), dando-lhe um sentido mais amplo. Se não houvesse a alternância da tensão dramática com o comentário irônico, levemente desconcertante, se Liliom não ressuscitasse imediatamente após a morte para submeter-se à mais inesperada das cortes celestiais, a peça não passaria de um drama de amor e de morte, como as outras, em vez de ser esse mesmo drama sob a forma de uma lenda ou de um apólogo.

Começamos a falar do espetáculo e retornamos inapelavelmente à peça. O que talvez não seja de admirar: em qualquer belo espetáculo, é o texto que sobressai, são os atores e elementos da representação que ficam em segundo plano, servidores submissos e indispensáveis da obra de arte.

Que os alunos da Escola de Arte Dramática retirem da encenação de *Liliom* os ensinamentos que ela contém. Teatros suntuosos, cenários ricos, abundância de recursos materiais, são coisas que qualquer dinheiro compra. Mas a arte não se vende. Dá-se a quem sabe cortejá-la. Pitoeff, paupérrimo, quase sem público, não contando com outra riqueza senão um pequeno palco, uma companhia modesta e o seu talento de ator e de encenador, sempre foi um dos homens de teatro mais admirados e invejados de toda a Europa.

A direção de Alfredo Mesquita, em *Liliom*, elucida de maneira claríssima a questão mais difícil para um ator jovem: a de distinguir o que é acessório e o que é essencial em teatro.

Vendo *Liliom*, chegamos, paradoxalmente, a bendizer a falta de experiência destes estreantes. O ator, com o tempo, com o contato diário com o palco, pode não progredir em profundidade, mas progride seguramente em superfície. Se nem sempre aprende a trocar de personalidade em cada novo papel, adquire, pelo menos, esse desembaraço, esse conhecimento mecânico do que faz rir e chorar, que basta, o mais das vezes, para iludir o público. Há atores que representam anos a fio o mesmo papel – são eternamente eles mesmos – sem que as platéias pareçam ressentir-se disso. É que o hábito de estar em cena, aperfeiçoado ao ponto de se tornar uma arte, supre todas as outras qualidades que lhes faltam. Os alunos da Escola de Arte Dramática não possuem ainda, para bem deles, tais recursos. E na sua falta, não têm outra solução senão tomar o verdadeiro caminho de teatro: estudar o papel, aprofundar-se na sua interpretação, sentir, de fato, as emoções que devem simular. Esta é a característica mais forte e mais agradável da representação de *Liliom*. Nenhum truque, nenhum artifício. Não dizemos tais coisas, pensando neste ou naquele ator. Mas, se desejássemos dar um exemplo, nenhum melhor do que o de Moná Delacy, a Júlia da peça. O seu jogo é discreto, aparentando-se exteriormente à monotonia, pela ausência de efeitos espetaculosos. Dentro dessa sobriedade, entretanto, quanta emoção genuína! A personagem, na sua interpretação, vive mesmo nos momentos em que não diz nada, e evolui, física e psicologicamente, diante dos nossos olhos, da menina ingênua e delicada das primeiras cenas, à mulher marcada pelo sofrimento e pela resignação. Moná Delacy não tem um registro só, como muitas artistas: exprime, com igual justeza, a doçura ou o amargor, o amor ou o ódio, sem nunca perder certa dignidade, que é a dignidade do próprio papel.

A segunda grande qualidade dos alunos da Escola de Arte Dramática é representar com o corpo todo e não somente com as mãos e com as palavras, como foi hábito, durante tantos anos, no nosso teatro. A encenação de *Liliom*, feita com sentido visual muito acurado, significou, em tal sentido, um grande exercício de técnica, oportuníssimo neste momento em que, principalmente na França, companhias como a de Jean-Louis Barrault e a de Grenier-Hussenot, encabeçam um movimento que visa libertar o ator da tirania do diálogo. Ainda neste ponto, vamo-nos contentar com dois exemplos, quando poderíamos citar muitos: as interpretações dos papéis de Dandy e Hollunder Filho. Odilon Nogueira, como o primeiro, descreve-nos mais e melhor a psicologia de sua personagem pelos gestos, pelas atitudes do corpo, do que pela elocução. Dandy não precisa falar para manifestar-se. Encosta-se na soleira de uma porta, com um ar semi-arrogante, semidisplicente, e todo o seu caráter já está definido. Também a figura do fotógrafo nos foi dada principalmente pela imagem. A dancinha que se repete cada vez que entra um freguês é uma paródia deliciosa do ritual inconsciente que acompanha toda profissão. A execução de Marcos Jourdan, sem ser perfeita, revela que o ator compreendeu com muita inteligência o cunho que deveria emprestar ao episódio.

Já dissemos que os nomes que acabamos de citar vieram naturalmente ao nosso espírito por força dos assuntos considerados. Se fôssemos distinguir entre os melhores, não seria possível deixar de salientar logo o trabalho de Celeste Jardim, como Maria, perfeito psicologicamente e o mais eficiente de todos do ponto de vista da comunicação com a platéia. Os artistas da Escola de Arte Dramática não têm ainda, em geral, capacidade de projetar a sua personalidade por sobre a ribalta, arrastando o público consigo. É preciso que o público vá até eles. Celeste Jardim é das poucas que escapam por completo a esta crítica. Poderíamos também, com igual justiça, salientar os nomes de José Renato e Armando Pascoal (esplêndidos como o caixa Lindzmann e Wladimir Constantinovitch), Geraldo Matheus, Léo Villar, Flávio Gonçalves, Sérgio Sampaio e, em plano ligeiramente abaixo, o que se explica pelas próprias oportunidades do papel, os de Benedicto Corsi, Eduardo Bueno, Orlando Marcucci, Luiz Furquim, Henrique Becker e Liana Duval.

Falta ainda falar das duas Tia Muskat e dos dois Liliom: não se trata, está claro, de esquecimento. Foi muito simpática a idéia de fazer dois artistas alternarem-se no mesmo papel, pois que incutiu, nos atores, a idéia de que o bom teatro não depende de um determinado intérprete mas de um trabalho de equipe. Lucila Curban e Dina Lisboa, ótimas Tia Muskat, têm como atrizes, qualidades diferentes e mesmo opostas. A primeira é direta, realística, simples. A segunda tem mais imaginação e mais gosto poético; recorreu, por isso mesmo, com mais habilidade, ao sentimento de nostalgia, dando outra profundidade psicológica à tentativa de reconciliação com Júlia. Quase a mesma oposição vamos encontrar com relação aos atores que incarnaram Liliom. Xandó Batista realça o lado torturado da personagem: sua máscara, seus movimentos, algo presos, traem, imediatamente, um indivíduo atormentado pelo pensamento; seu defeito para o papel, é ser por demais introspectivo, por demais intelectualizado. Francisco Ariza, ao contrário, acentua o caráter popular de Liliom; é um ator menos preocupado com a própria interpretação, muito mais espontâneo, que segue seu caminho levado por um instinto natural de ator.

No drama de Molnar, Liliom é a única personagem de psicologia complexa, de tendências variadas e contraditórias. É a única, portanto, que pede um intérprete experimentado, um grande ator, na verdade. Esse ator talvez conseguisse fundir as duas interpretações que vimos numa só, proporcionando-nos um retrato completo e integral de Liliom, o que nem Xandó nem Ariza conseguiram. Que tal circunstância não lhes sirva, contudo, de motivo para qualquer desânimo. Foram as suas qualidades que, mais cedo do que os outros, os levaram a experimentar o peso de uma enorme responsabilidade. É naturalíssimo que tenham pago certo tributo por isso.

(1950)

4.2. *O DEMORADO ADEUS*

Amanhã, no Museu de Arte Moderna, será encenada a peça de Tennessee Williams, em um ato, *O Demorado Adeus*. O espetáculo, que será dirigido e representado por alunos da Escola de Arte Dramática, possui uma particularidade que lhe dá um significado inteiramente especial: trata-se da primeira experiência de teatro de arena feita no Brasil.

Quem não ignora como as convenções teatrais têm variado através dos séculos, principalmente no que diz respeito à forma do edifício em que se realiza o espetáculo, nem desconhece como certas peças lucram com a proximidade entre ator e público, não pode se surpreender com esta inovação que, a exemplo do circo, coloca os atores no seio mesmo do público, e que ameaça se transformar numa verdadeira epidemia, nos Estados Unidos, começando agora a interessar os profissionais depois de ter conquistado os amadores. Eça de Queirós disse certa vez, mais a sério do que dava a entender, que um pé desastrado, que se torce na casa contígua a nossa, nos toca mais direta e profundamente do que todas as catástrofes de caráter nacional ocorridas na China (benditos tempos aqueles em que a China aparecia tão tranqüilizadora, alheia e longínqua!). Essa mesma lei da proximidade vigora no teatro: com o ator representando a dois passos, é impossível a distração, o bocejo do espectador que está nas últimas filas e consulta displiscentemente o programa. A ação – para o bem ou para o mal da peça – influencia-nos muito de perto para que possamos ficar indiferentes: começamos a participar do drama, envolvendo-nos em suas teias, antes mesmo de o percebermos.

Mas não é sobre o teatro de arena, iniciativa preciosa num país quase sem teatros, porque faz de cada recinto relativamente amplo um excelente teatro em perspectiva, que desejamos falar. Interessa-nos mais destacar, embora sumariamente, a boa qualidade do espetáculo de amanhã, que vimos por ocasião de sua primeira apresentação, nas próprias dependências da Escola de Arte Dramática. Que ninguém, no entanto, se engane quanto ao sentido de nossas palavras, esperando encontrar, no Museu de Arte Moderna, atores de nível já profissional: a formação de um artista – toda gente o sabe – leva bem mais tempo do que os três ou quatro anos de um escola. O que esta pode dar é apenas a indispensável base técnica e, sobretudo, uma clara visão teórica dos elementos que entram na constituição de uma obra de arte. Ora, deste ponto de vista teríamos muito que admirar na encenação de *O Demorado Adeus*. Antes de mais nada, a coragem de apresentar uma solução teatral desconhecida e inédita entre nós, não porque desconhecida e inédita, mas por se adaptar como nenhuma outra à natureza da peça. Há nesta independência de espírito uma atitude – nem de fuga nem de procura deliberada da originalidade – que nos parece excelente prenúncio.

Teríamos ainda de louvar a perfeita compreensão do que faz o encanto peculiar de uma peça como a de Tennessee Williams – a fusão harmônica de elementos provindos de todas as artes, em que o sentido resulta não só das palavras mas também das sugestões plásticas, do emprego da luz e da música, do ritmo, de tudo que sirva para impregnar o texto de uma atmosfera poética capaz de nos subjugar tanto pelos sentidos quanto pela inteligência. O drama de *O Demorado Adeus* passa-se quase todo ele na memória, no confronto entre o presente e o passado. A encenação de José Renato soube realçar-lhe esta característica e confia inteligentemente na imaginação do público ao desprezar os elementos miúdos da ilusão dramática, tais como cenários e acessórios realistas.

Este conhecimento do que é primordial e do que é secundário no teatro, raríssimo em principiantes, esta compreensão de que a realidade apenas sugerida é, no palco, quase sempre mais forte e reveladora, indicam por parte dos alunos da Escola de Arte Dramática uma maturidade artística que estávamos longe de suspeitar. O que nos leva a concluir sobre a relativa precariedade da técnica em tudo que se refere à arte. Haverá alguma coisa que substitua a pureza, quase ingênua, de uma equipe como esta, que se inicia movida exclusivamente pela paixão e pela compreensão do que constitui essencialmente o estranho sortilégio do teatro?

O Demorado Adeus vale sobretudo pelo conjunto, não havendo nomes a salientar quanto aos intérpretes. Basta dizer que os papéis serão vividos por Moná Delacy, Lucila Curban, Geraldo Matheus, Armando Pascoal, Eduardo Bueno, Sérgio Hingst e José Renato, a quem, como já dissemos, caberá também a direção do espetáculo. A tradução e os efeitos de luz são de Sérgio Sampaio, os efeitos sonoros, de Xandó Batista.

(1951)

4.3. DE PIRANDELLO A BRECHT

Ignoramos se foi propositada a apresentação, num mesmo programa, de duas peças polêmicas e de caráter político, como são as de Pirandello e Bertold Brecht, encenadas pelos alunos da Escola de Arte Dramática, no Teatro Brasileiro de Comédia. Parece-nos mais provável que o encontro tenha sido pura coincidência, pois uma das características mais marcantes do nosso tempo é justamente essa de sobrepor sempre, e por assim dizer inconscientemente, os problemas políticos a quaisquer outros. Como também não deixa de ser característico o fato dos dois autores defenderem pontos de vista quase diametralmente opostos.

Em *Um Imbecil*, Pirandello previu, com aquela sua reconhecida lucidez, um dos traços que dia a dia vai se acentuando na luta partidária, constituindo um dos pontos cruciais do debate político deste 1951: o da progressiva desumanização da política. Desde o instante em que o homem passa a considerar todas as questões sob um ângulo puramente teórico, como dados de um problema abstrato, em que cada pessoa figura exclusivamente como um elemento a mais, é natural e inevitável que deixe de ver a realidade humana e concreta, a única, afinal de contas, que existe de verdade. Jogando unicamente com conceitos – e muitas vezes preconceitos – esquece, por exemplo, a criatura de carne e osso que sofre a seu lado.

Essa é a história breve e esquemática de *Um Imbecil*. Para o chefe socialista da peça de Pirandello, o próprio sofrimento humano só pode ser encarado como um meio para alcançar um fim: a eliminação sistemática e impiedosa do adversário. Mesmo a doença, mesmo o suicídio, transformam-se paradoxalmente em armas de combate. A morte também, e não somente a vida, deve subordinar-se e arregimentar-se.

Até o momento em que o feitiço se volta contra o feiticeiro, revelando toda a outra face inesperada da questão...

A esta crítica, feita em profundidade, apesar do tom enganadoramente ligeiro da peça, Bertold Brecht responde, em *A Exceção e a Regra*, da maneira mais admirável que poderia fazer. É verdade que a linguagem da política, como os seus objetivos, é sempre, pela própria índole, abstrata. O imperialismo, por exemplo, exprime-se teoricamente por meio de uma série de dados estatísticos. Mas, no fundo, o que move os homens na luta política não são propriamente estes dados, e sim o que eles representam em termos humanos. É o caso, por exemplo, de dois homens que lutam juntamente para vencer o deserto, para superar a fome, o cansaço e a sede, e que se conservam, contudo, pela força das circunstâncias sociais, naturalmente inimigos, a ponto do menor gesto de simpatia de um, poder ser legitimamente interpretado, pelo outro, como um novo ataque em perspectiva. A política, portanto, não desumaniza somente. Na maior parte das vezes, faz até precisamente o contrário: a resolução dos problemas individuais, por essenciais que sejam, não podem anteceder a dos coletivos. O que importa, antes de mais nada, é criar condições para que cada ato de bondade e desinteresse seja a regra e não uma incompreensível, quase indesculpável, quase monstruosa exceção.

Também quanto à forma, Pirandello e Brecht estão em campos opostos. *Um Imbecil* é a realidade apenas ligeiramente transposta por esse fundo constante de ironia que já nos habituamos a considerar como inerente ao espírito do autor. Brecht, ao contrário, deseja um teatro que não tenha pejo de se mostrar teatral, fazendo apelos diretos aos espectadores para que abandonem a sua cômoda posição, tomando, pelo pensamento, parte ativa no debate.

Os alunos da Escola de Arte Dramática, dirigidos por Alfredo Mesquita, teriam, pois, oportunidade para se exibirem em dois terrenos muito diversos. E das duas demonstrações, agradou-nos muito mais, sem dúvida alguma, a segunda. A interpretação de *Um Imbecil* permaneceu sempre num plano muito esquemático e pouco profundo, sem vida e verossimilhança, jamais chegando a convencer por completo o público. Além disso, o tom caricatural dado ao chefe, diminuiu-lhe o interesse. Se se diminui a estatura moral e política da principal figura, diminui-se também inevitavelmente o alcance da peça. Imbecis sempre existiram e sempre existirão, sem que isto constitua problema especial: que a política possa transformar momentaneamente um homem inteligente num completo imbecil – eis a novidade. Já *A Exceção e a Regra* recebeu um tratamento muito feliz, ao mesmo tempo severo e imaginoso, bem de acordo com o espírito do texto. O que nos leva talvez a concluir que Alfredo Mesquita, encenador de excepcional visão plástica, mas que costuma por vezes tolher e inibir um pouco os seus atores, encontre melhor campo de expressão em peças estilizadas e poéticas como estas. Talvez a sua maneira de conceber o teatro, como uma transposição altamente artística, em que desempenham papel de primeira plana tanto a cor quanto a música, ao lado da palavra, não o predisponha para a mobilidade, o caráter informe e pouco organizado, da realidade bruta. Veja-se, por exemplo, o acerto dos cenários e das vestimentas de *A Exceção e a Regra*, simples e originais, em contraste com a relativa inexpressividade dos mesmos elementos na peça de Pirandello.

Duas coisas apenas chocaram-nos em *A Exceção e a Regra*: o trecho da *Canção do Tamoio*, enxertado na tradução, e a *marche sur place*. A primeira por introduzir uma nota familiaríssima de indianismo romântico e brasileiro num debate de política moderna. As palavras de Gonçalves Dias e Bertold Brecht assemelham-se acidentalmente quanto à forma, mas no fundo, nada possuem em comum. E a segunda por repetir um exercício que Marcel Marceau executou recentemente entre nós de forma inigualável, além de inserir no teatro uma técnica que lhe é essencialmente estranha. A mímica possui as suas leis próprias, tão claramente diferenciadas quanto as do teatro ou do *ballet*, e não cremos que haja interesse em transplantar literalmente soluções de uma dessas artes para as outras.

O espetáculo da Escola de Arte Dramática completou-se com um pequeno *sketch*, inteiramente diverso das peças que vimos comentando. *Palavras Trocadas*, de Alfredo Mesquita, não é mais do que uma brincadeira inconseqüente, mas uma brincadeira vivíssima e espirituosa. A idéia é colocar três personagens sem qualquer originalidade numa situação dramática igualmente batida, e fazê-los trocar sistematicamente todas as palavras habituais por outras, as mais inesperadas e fantasiosas possíveis. Quando o acordo entre atores e público se faz perfeito dentro da confusão, isto é, quando os sons das palavras, o ritmo da frase e expressão dos atores bastam para nos dizer tudo aquilo que o diálogo de fato não está dizendo, o efeito de contraste entre o fundo e a forma é de um cômico irresistível. *Palavras Trocadas* tem a espontaneidade, o sabor imprevisto de uma *trouvaille*, e os seus limites também: não poderia ser repetida por ninguém sem perder a graça e o sentido.

Peças deste feitio, pela sua própria inconseqüência são das mais difíceis de representar. Apesar disso, direção – novamente de Alfredo Mesquita – e intérpretes conjugaram-se para dar uma representação cuja leveza e senso de estilização cômica estiveram bem além do que se poderia normalmente esperar de meros alunos.

Não se tratando de atores, mas de escolares, talvez fosse melhor não distinguir nomes. A tentação, entretanto, é grande demais para que possamos resistir: Liana Duval e Benedicto Corsi pareceram-nos sobressair entre os seus colegas nas peças de Pirandello e Brecht. Quanto aos intérpretes principais de *Palavras Trocadas*, Dina Lisboa, Moná

Delacy, Duílio de Fabricius – todos os três merecem menção especial, principalmente a primeira que representou como se fora consumada comediante.

(1951)

4.4. DE MELVILLE A THORNTON WILDER

Não é sem um certo constrangimento, quase por dever de ofício, que nos dispomos a falar de *O Escriturário*, mimodrama apresentado pela Escola de Arte Dramática. O juízo crítico pressupõe necessariamente familiaridade com o assunto. Ora, a mímica moderna é uma arte da qual temos no Brasil (e mesmo na França ou na Inglaterra) pouquíssima experiência. Se até os seus criadores sentem que ainda estão tateando o terreno, ainda à procura de um certo número de soluções que sirvam de linguagem, que dizer então de quem em toda a sua vida não viu mais do que dois ou três espetáculos de mímica? Como julgar as possibilidades de uma arte por uma amostra tão reduzida? Como, por outro lado, distinguir num espetáculo novo, o que é fácil do que é difícil, o que é criação do que é mero emprego de um vocabulário já de uso comum? O mais sábio será imitar o simples espectador, que diz somente se gostou ou não gostou, sem pretender atribuir às suas palavras qualquer valor objetivo ponderável. E como espectadores estamos no mesmo caso dos outros todos espectadores que não se contentaram enquanto não chamaram, no final, sete vezes os intérpretes de *O Escriturário* ao procênio – gostamos muito do mimodrama de Luís de Lima. Todo ele talvez não seja da mesma qualidade: às vezes o interesse se afrouxa, e o episódio da viúva, excelente em si, não contribui em nada para contar a história ou para centralizar a nossa atenção sobre o seu protagonista. Mas quando a figura estranha de Bartolomeu vem ao primeiro plano (na cena da prisão, por exemplo, ou da morte), as soluções encontradas por Luís de Lima colocam-nos sempre diante da própria essência do conto de Melville: a sensação do inexplicável, de alguma coisa que escapa ao nosso entendimento mas não à nossa sensibilidade. *O Escriturário*, nos seus melhores instantes, fala-nos do sobrenatural por intermédio das coisas cotidianas, como as histórias de Kafka.

A execução pacientemente trabalhada e apurada em todos os seus pormenores, também acusou leves oscilações de estilo: os alunos da Escola, quase geométricos em seus movimentos, duros, precisos, presos evidentemente a uma rígida disciplina corporal; Luís de Lima, mestre entre discípulos, de movimentos mais flexíveis e arrendondados, de silhueta mais romântica, criando uma ligeira desproporção entre a força expressiva e quase lírica que comunica instintivamente à personagem e a função que esta desempenha na peça. A mímica, aliás, pare-

Jorge Fischer Jr. em *Pantomima*, mimodrama baseado num conto de Herman Melville. Direção de Luiz de Lima, cenários de Badia Villató, produção da Escola de Arte Dramática de São Paulo.

ce ser uma arte de muito menor virtuosismo individual que a dança: o que nos fica, depois de fechado o pano, é sobretudo uma forte impressão de conjunto. Ainda assim poderíamos destacar o trabalho de dois alunos: Geraldo Matheus, figura quase de autômato, quase inumana, diríamos saída de *O Gabinete do Dr. Caligari*; e Jorge Fischer, a quem não falta, para ser um criado ideal das comédias de Marivaux ou um *zanni* da *Commedia dell'arte*, nem a presteza corporal, nem a dose exata de tolice e de esperteza, de ingenuidade e de malícia.

Passando de *O Escriturário* para *A Feliz Viagem de Trenton a Camden* (título pouco convencional para uma peça também pouco convencional), qualquer constrangimento de nossa parte que ainda subsistisse desapareceria: não temos a menor dúvida, a menor hesitação, em afirmar que o ato de Thornton Wilder é uma pequena obra-prima de poesia e humor. Tudo o que os autores não conseguem dizer habitualmente em três horas de espetáculo, Wilder diz em vinte minutos, não necessitando para o seu arsenal de mágico, de transfigurador da realidade, mais do que quatro cadeiras, um estrado e cinco ou seis atores. O segredo da peça está inicialmente na sua ausência de formalismo, na candura com que se apresenta, tratando público e intérpretes como se não passassem de bons e velhos amigos, desses que dispensam qualquer cerimônia. Estabelecida a atmosfera de simpatia, de intimidade, cada personagem vai-se entregando a nós, vai-se revelando através das palavras e dos gestos mais insignificantes, como se não estivéssemos nós numa platéia e eles num palco. Os escritores franceses, principalmente depois de Flaubert, ensinaram-nos a não ter senão desprezo pelo rebanho humano, pelos que não sabem pensar por si mesmos. Não há nada deste orgulho aristocrático de intelectual no escritor norte-americano, deste medo de se deixar envolver pela mediocridade alheia. Wilder não ignora nem esconde que as suas criaturas só falam por intermédio de lugares-comuns sentimentais – daí o lado cômico delas; mas põem tanta sinceridade, tanta emoção verdadeira, no que dizem que por assim dizer renovam as fórmulas gastas pelo uso – daí o seu lado inocente e poético. *A Feliz Viagem* não é mais, de fato, que uma viagem feliz de uma família feliz: a mãe dominadora, centro da vida familiar, solidamente instalada na realidade, sem qualquer preocupação de ser original ou inteligente; o pai, ausente, mergulhado no jornal ou dentro de si mesmo; os filhos, encabulados com o desembaraço materno, ainda preocupados com a questão mais importante da adolescência: o que dirão os outros? Apesar da simplicidade do diálogo, todo um aspecto das relações entre pais e filhos ressalta naturalmente, sem qualquer esforço. É que Wilder acrescentou à realidade uma outra dimensão – a de sua crítica, ao mesmo tempo enternecida e levemente irônica.

A direção de Don Robinson fez os alunos da Escola de Arte Dramática representarem esta peça singela como deve ser representada:

com graça e singeleza, como se tudo não passasse de uma brincadeira algo improvisada. Flora Basaglia e Jorge Andrade formaram o casal de velhos; Maria Madalena Diogo e Jorge Fischer, os dois filhos, de traços mais acentuadamente cômicos; Maria do Carmo Bauer representou a nota discretíssima da emoção, tendo o cuidado, de não carregá-la; e Geraldo Matheus, como O Diretor de Cena, fez, à vista do público, com simpatia e eficiência, aquilo que costuma fazer todos os dias por detrás dos cenários: guiar e orientar os atores. Em suma, uma bela peça e uma bela representação.

(1953)

4.5. FESTIVAL MARTINS PENA

O Festival Martins Pena, organizado pela Escola de Arte Dramática, dá-nos, pela primeira vez em São Paulo, uma idéia do que pode render teatralmente uma peça do fundador da nossa comédia, quando encontra à sua disposição amplos recursos materiais. Que seriam Molière e Shakespeare, num palco, desprovidos dos meios de encenação com que habitualmente se apresentam? Pois esse é o sentido da experiência que a Escola acaba de realizar. Falta ainda, está claro, a prova definitiva, a representação profissional feita com atores também profissionais, capazes de tirar o máximo de cada papel: só então poderemos saber até onde vai Martins Pena. Mas, enquanto isso não acontece, estes excelentes amadores que são, por agora, os alunos da Escola de Arte Dramática, já chegam muitíssimo para evidenciar as imensas possibilidades cênicas desse que foi o nosso primeiro e continua a ser o nosso maior comediógrafo.

Três são as peças encenadas. Uma de 1840, quando o escritor tinha vinte e cinco anos e mal se iniciara na profissão. Outras duas desse período de produção efervescente em que Martins Pena escrevia pouco menos de uma comediazinha por mês, para atender às necessidades imediatas do consumo, para responder à sofreguidão com que o público as devorava, uma após outra – dez peças novas encenadas só no ano de 1845!

A *Família e a Festa na Roça* é o Martins Pena da primeira fase: um observador arguto dos usos e costumes rurais, habilíssimo no fixar cada pormenor, no apanhar cada peculiaridade de linguagem, mas que não possui ainda a noção do movimento e do ritmo teatral. A minuciosidade vagarosa com que se inicia o enredo serviria, talvez, de preparação para um drama naturalista em três atos: numa rápida comédia contribui apenas para manter o público em suspenso, à espera de que alguma coisa aconteça. E o que acontece a seguir, depois de tanta enervante expectativa, é demasiado fugaz, demasiado esquemático, demasiado conhecido teatralmente, para despertar entusiasmo. Se não houvesse a segunda cena, esplêndido pretexto para o encenador, a peça não mereceria ser representada, embora merecesse ser lida pelo cuidado quase etnográfico com que esboça um quadro da vida cotidiana numa fazenda do século passado.

O Dilettante, vindo cinco anos mais tarde, tem outro amadurecimento técnico, outra vida e interesse. Custa também um pouco a engrenar mas quando o faz caminha de achado em achado, misturando farsa e melodrama, até o final, magnífico de graça e fantasia. Chega mesmo a estudar um tipo humano – o fanático da ópera italiana – fato raro neste teatro mais social que psicológico. A conquista da teatralidade não significa, todavia, sacrifício da observação. Basta que seja introduzido em cena um elemento menos conhecido, um paulista, por exemplo, representando o sertão, a vida bruta, para que o dom de Martins Pena se ponha a funcionar, registrando tudo o que diz respeito ao forasteiro, desde o poncho que usa até o papo que virá provavelmente a ter, desde o hábito de entremear cada frase com um "senhor, sim", "senhor, não", até uma espécie de orgulho de casta, primitivo e rude – "Palavra de paulista! Paulista não volta atrás!" – simpático porque não escudado em qualquer espécie de grandeza material (São Paulo ainda não era a cidade que mais cresce no mundo).

Os Dous ou o Inglês Machinista, do mesmo ano de 1845, tende mais para a farsa, para os chavões e truques por assim dizer físicos da comicidade: o bate-boca, os empurrões, as pessoas escondidas, a pancadaria em cena. Viverá, cenicamente, na medida em que alcançar essa atmosfera de paródia, de brincadeira, que tem como principal personagem a gratuidade do jogo, o ritmo teatral valendo por si mesmo. Ainda assim não deixa de aparecer alguns elementos da realidade social, o negrinho trazido dentro de uma caixa como presente de aniversário, traço delicioso como retrato de uma época, de um tipo de mentalidade, já observado por Sílvio Romero, e a presença dos dois indesejáveis do momento, os dois exploradores, o negreiro e o inglês, este uma personalidade que iria marcar por muito tempo a nossa comédia.

Terminadas as peças ficamos a pensar no curioso e triste destino de Martins Pena. Aos trinta e dois anos parte para a Inglaterra, em busca de melhor carreira – a diplomacia – e, possivelmente, de uma experiência artística mais larga e profunda. E aos trinta e três morre em Lisboa, tuberculoso, num último desesperado esforço para voltar às terras do Brasil, onde talvez recuperasse a saúde. Nunca chegou, portanto, a desenvolver plenamente o seu talento. Malgrado tantas e tão reais qualidades, as suas peças conservam sempre um certo ar de coisa inacabada, imperfeita, escrita às pressas, sob o signo da imaturidade ou sob o grilhão do êxito imediato. Até onde chegaria, se lhe fosse dado viver mais alguns poucos anos, só podemos conjeturar.

Martins Pena não dá grande margem aos atores: ele nos apresenta, de preferência, cenas de conjunto, ricas de atmosfera mas fracas em individualidades marcantes – e nem o espaço de tempo de trinta ou quarenta minutos daria para qualquer aprofundamento psicológico. O que conta em tais peças, é a *vis comica*, a capacidade de sugerir em alguns traços ligeiros uma silhueta próxima da estilização da caricatura. É natural, pois, que se tenham destacado os atores providos desse gênero de comicidade imediata. Jorge Fischer, por exemplo, ofereceu-nos uma coisa pouco comum em nossos palcos: um estudo bem realizado de uma pronúncia estrangeira, engraçado sem ser falso e convencional. Aliás, preferimos vê-lo, apesar da sua juventude, em papéis característicos, nos quais não corre o risco de se enternecer em demasia pela personagem, como sucede, às vezes, quando enfrenta situações românticas. É sem dúvida um dos primeiros atores da sua geração, destinado a uma grande carreira. Gustavo Pinheiro tem uma qualidade que nunca deixa de agradar: a truculência cômica. Todas as vezes que se defrontar com um papel à sua feição, subjugará com facilidade o público. Geraldo Matheus compreendeu que em Martins Pena perde quem se mantém neutro, sem colorido cômico: na falta de melhor material com que lidar, procurou e achou uma voz cavernosa e trêmula de dramalhão, bastante divertida, sem perder a linha de bom gosto mesmo na paródia. Jorge Andrade começa agora a se desenvolver. Necessita somente de ficar mais livre e espontâneo de gestos, assimilando as influências recebidas (a de Waldemar Wey é visibilíssima). Poderíamos ainda citar Marly Mendonça, excelente nas ingênuas voluntariosas. Maria do Carmo Bauer, Vicente Silvestre Cioffi, Isaías Raw, Líbero Ripoli Filho e outros. O que importa, todavia, é salientar a homogeneidade do conjunto. A Escola está finalmente se aproximando daquele ponto em que as diferenças individuais, no elenco, se explicam, sobretudo, pela diversidade de experiência de palco e pelas oportunidades apresentadas pelo papel.

As duas direções de Alfredo Mesquita são das melhores que já fez: buscando acima de tudo a naturalidade na cena da família na roça; animada e alegre no quadro do leilão; e inventiva, engenhosa quanto às marcações, em *O Dilettante*. Um trabalho de primeira ordem, isento do defeito mais freqüente nele: o de prender a movimentação dos atores, exigindo-lhes uma sobriedade só cabível em grandes artistas. A direção de Luís de Lima, também boa, natural, poderia ser mais ousada no que se refere à procura de efeitos cômicos: *Os Dous ou o Inglês Machinista* é dessas farsas que ou se realizam no plano da fantasia, onde tudo é permitido, ou não chegam a convencer.

O cenógrafo teatral tem de ser um homem dos sete instrumentos, tocando todos com perfeição. Na receita entra um pouco do pintor, um pouco do costureiro, um pouco do arquiteto, um pouco do homem de teatro. Poucas pessoas, entre nós, corresponderiam tão bem a esse ideal como Darcy Penteado. A prova são os seus cenários e roupas para *Os Dous ou o Inglês Machinista*, uma verdadeira escala de cores, que é, ao mesmo tempo, um sutil comentário psicológico, indo da respeitabilidade do negro e do verde (o pai nobre) à inocência do branco e rosa (a ingênua), culminando romanticamente com o jogo das tonalidades de azul e roxo. Alfredo Mesquita, em *O Dilettante*, estréia como cenógrafo e o faz muito bem, numa linha, entretanto, já diversa, mais próxima da realidade, menos imaginosa e poética. As suas roupas, de gosto impecável, poderiam quase ser usadas na vida diária, sendo menos figurinos de teatro do que as de Darcy. A solução dada por Clóvis Graciano ao primeiro quadro de *A Família e a Festa na Roça* parece-nos pobre, não resolvendo a contento o problema da mutação rápida de cenários. Depois, entretanto, no segundo quadro, com a paisagem da cidadezinha provinciana, tirou belíssima desforra, demonstrando a sua costumeira solidez plástica.

A maior presença do espetáculo, contudo, não é nenhuma dessas: é a do próprio Brasil pós-colonial, com os seus moleques, os senhores fazendeiros, as vendedoras de cocada, os peralvilhos, os acendedores de lampião, os guardas nacionais, as mucamas, as siás-donas, os sertanejos, os comerciantes de meias caras. Esta é a humanidade que perpassa pelas três peças, infundindo-lhes extraordinária unidade histórica e artística. Foi o que Martins Pena sentiu ao terminar tão freqüentemente os seus atos com uma festa popular, uma função de Reis, um leilão em benefício do Divino. E foi o que o espetáculo, como um todo, soube realizar com perfeição. Quando falta assunto, é a música, é a dança popular, que salvam as peças de 1844, como as fitas brasileiras de cem anos depois. O Festival Martins Pena, pensando bem, não está longe de ser igualmente um festival Debret e Ruggendas, – uma evocação pitoresca, cheia de movimento e cor, de uma nacionalidade que estava nascendo.

(1954)

4.6. *A DESCOBERTA DO NOVO MUNDO*

Faz dois anos que Luís de Lima veio ensinar na Escola de Arte Dramática. E agora que ele vai deixá-la, por motivos pessoais, não artísticos, talvez seja o momento para se proceder ao levantamento de suas realizações e, em especial, de sua influência.

Dois anos não representam muito, particularmente na vida de uma escola, onde as atividades didáticas, curriculares, têm de predominar. Luís de Lima não teve tempo, praticamente, para dirigir mais do que dois espetáculos (se excluirmos uma experiência menor, e menos afeita ao seu temperamento, como a encenação de *Os Dous ou o Inglês Machinista*, de Martins Pena): em 1953, *O Escriturário*, mimodrama baseado num conto de Melville; e em 1954, *A Descoberta do Novo Mundo*, de Morvan Lebesque. Todas as duas peças são trabalhosas, difíceis até para profissionais, quanto mais para alunos de arte dramática, todas as duas exigiram meses e meses de ensaio. Isso já nos indica alguma coisa sobre o encenador, ou seja, o fervor com que se entrega a certas tarefas que lhe falam à imaginação, sob pena até de ignorar essas contingências de ordem material de que vive cheio o teatro. Apaixonando-se por uma peça, por uma idéia de espetáculo, é homem para esquecer tudo o mais, dando o melhor de si, e exigindo também o melhor de cada intérprete, com uma espécie de entusiasmo que pode chegar, às vezes, à exasperação. Se este exclusivismo nem sempre facilita os entendimentos pessoais, compreendendo-se mais talvez numa companhia do que numa escola, por outro lado revela um amor autêntico ao teatro, cujo exemplo não deve ter escapado aos seus discípulos.

Há, todavia, uma afinidade mais significativa entre os dois espetáculos que encenou: ambos, embora em escala pequena, insuficiente para exercer influência real e duradoura, trouxeram para o nosso teatro uma contribuição estrangeira caraterística, bem diversa da contribuição alemã e russa de Ziembinski, ou da italiana, de Celi, Salce, Bollini e Ruggero Jacobbi. Essa influência, naturalmente, é a da França, país onde ele se formou artisticamente. Se quiséssemos resumi-la em dois nomes, enfrentando o perigo do esquematismo, diríamos que Luís de Lima apresenta-se sob o signo de Étienne Decroux e sob o signo de Jean Vilar, não talvez de forma deliberada, mas porque essas são as figuras preponderantes do meio teatral em que viveu em Paris.

Decroux, como todos sabem, é o pai de pantomima moderna, o mestre de Barrault e Marcel Marceau. Ainda é cedo, possivelmente, para saber se as suas pesquisas determinarão o nascimento de uma nova arte, não inferior às outras, mas já não se pode duvidar da repercussão que tais idéias vêm tendo sobre o teatro propriamente dito – e é um pouco desta inquietação, deste sentido de procura plástica, que Luís de Lima nos trouxe, como discípulo, que também foi, de Étienne Decroux. A mímica está presente, em primeiro ou em segundo plano, como protagonista ou como comparsa, nos dois espetáculos que realizou em São Paulo.

A outra influência – a de Vilar – é muito mais profunda, do ponto de vista teatral. Para compreendê-la, temos de situá-la historicamente, ainda que em traços ligeiros. Giraudoux e Jouvet, de 30 a 40, renovaram por completo o teatro francês, ao reintroduzir no palco duas entidades quase desaparecidas: a poesia e o estilo. Em outros termos, o valor da imaginação pela imaginação e o valor da palavra pela palavra. Mas, a construção dramática em Giraudoux ainda permanecia ligada aos moldes da dramaturgia burguesa: três atos, poucos cenários, relativa unidade de tempo e de espaço, continuidade perfeita de ação, desenvolvimento gradual e ordenado dos temas etc. Ora, o teatro do último decênio deu um novo passo à frente, tentando se libertar destes últimos resquícios naturalistas – e, nesse sentido, pode-se dizer que o grande mestre da metade do século não é Giraudoux, mas Claudel, o Claudel de *Le soulier de satin* e *Le livre de Christophe Colomb*. As encenações de Jean Vilar, por exemplo, por tudo o que delas se diz e se escreve, parecem tender antes para o tablado nu do que para o cenário fechado, antes para a construção livre, de tipo shakespeariano ou espanhol, do que para a construção francesa clássica.

Desse movimento, *A Descoberta do Novo Mundo* é excelente exemplo – e não por acaso. Morvan Lebesque, com efeito, é um autor e crítico intimamente ligado ao trabalho de renovação de Jean Vilar, colaborador freqüente da magnífica revista *Théâtre Populaire*, que é uma espécie de órgão oficioso do Théâtre National Populaire, não por qualquer sujeição econômica ou administrativa mas por afinidades mais fortes – as de idéias e de fins. Ele mesmo escreveu, a propósito do seu drama, que se trata de "uma experiência de teatro poético e popular, segundo modos de apresentação análogos aos de Jean Vilar".

Luís de Lima, portanto, ao encenar a peça de Morvan Lebesque sobre Cristóvão Colombo, presta um grande serviço ao teatro brasileiro: o de apresentar um novo tipo de peça e um novo tipo de encenação, não diríamos totalmente desconhecidos mas ainda pouco conhecidos, e, sobretudo, pouco praticados entre nós. A quase completa ausência de cenários em contraste com a importância dada às roupas, a fusão de elementos mímicos e musicais, um certo jeito de espetáculo ao ar livre, tudo isto são elementos ainda não assimilados e absorvidos devidamente pelo nosso teatro. Conhecemos, talvez, uma representação brasileira desenvolvida em linhas mais ou menos semelhantes a estas, ainda que em moldes mais comerciais: *O Canto da Cotovia*, na esplêndida encenação de Gianni Ratto. Ambas parecem trazer um eco das cogitações estéticas mais recentes, colocando-se, do ponto de vista puramente teórico, na vanguarda do teatro nacional, adiante das melhores realizações do Teatro Brasileiro de Comédia.

A Descoberta do Novo Mundo, como peça e como encenação, poderá ter defeitos: ninguém lhe negará, contudo, o mérito da inovação. Se não é o melhor espetáculo da Escola de Arte Dramática, no sentido de realização perfeita, de consecução plena dos objetivos visados, é certamente o mais ousado, o mais original e o mais moderno, até a presente data. Para os alunos que o interpretaram deve ter-se constituído no melhor dos exercícios: exercício profissional, e, acima de tudo, exercício de gosto artístico.

Paul Claudel é católico. Morvan Lebesque certamente não o é. Longe de nós subestimar tal fato. Feita a ressalva, entretanto, ficamos livres para dizer que *A Descoberta do Novo Mundo* nos parece ser, antes de mais nada, uma tentativa para reescrever, em novos termos, *Le livre de Christophe Colomb*, libertando-o de sua interpretação religiosa e destacando algumas idéias apenas sugeridas por Claudel. Os temas que poderíamos chamar de leigos são mais ou menos os mesmos nas duas peças: a solidão do homem superior, a irremediável falta de imaginação e de nobreza dos outros, o medo ("o grande medo dos bem-pensantes"), a exaltação de tudo que ousa ultrapassar as medidas humanas preestabelecidas.

A genialidade é vista por Lebesque como um estigma quase infamante: "devo ter uma mancha no rosto – diz Colombo – invisível somente para mim". E a descoberta da América é mostrada como um paradoxo, uma aventura que deu certo à força, não de bom senso, mas do seu contrário. Eis as palavras de Isabel, a Católica, dirigindo-se ao rei de Espanha: "Escutai pois este homem, cuja loucura é evidente. [...] Senhor, eu vos suplico de expulsar do palácio essa conselheira dos maus reis, a sabedoria. Senhor, eu vos suplico de escutar este homem chamado Colombo, não porque é sábio, mas porque é aventuroso" etc.

Ora, este tom, se não nos enganamos, é exatamente o de Claudel. A diferença é que este lança as suas idéias nervosamente, confusamente diríamos, enquanto Morvan Lebesque as desenvolve de maneira longa e, às vezes, quase didática – e dos dois processos preferimos, no palco, o primeiro, isto é, o poético, e não o lógico.

Dramaticamente, *A Descoberta do Novo Mundo* sofre de ausência de ação. Não nos referimos, naturalmente, à falta de maior número de acontecimentos exteriores, pois essa é a natureza da peça, nem ao tamanho das falas (impressionantes, na verdade, a ocupar, não raro, páginas inteiras de texto), mas à falta de comunicação e permeabilidade humana entre as personagens. Todas parecem falar constantemente consigo mesmas, tomando os outros mais como testemunhas do que como opositores. Não há antagonismo porque as razões recíprocas não se interpenetram, não agem umas sobre as outras, não se fecundam mutuamente, transformando-se em ação, seja física ou moral. No primeiro quadro, já se definem de uma vez por todas – o político, o homem da igreja, o fidalgo – e daí por diante nada mais nos resta senão assistir, sem grande entusiasmo, não obstante a qualidade literária e a inteligência penetrante do pensamento, a esse desfilar pouco dramático de profissões de fé. A peça só se anima e vive no segundo ato, onde ao menos se esboça um conflito real, travado também entre homens e não só entre idéias puras.

Lope da Vega termina a sua peça sobre Colombo no momento da descoberta – e, considerando-se os últimos atos das peças de Claudel e Morvan Lebesque, é o caso de se perguntar se o autor espanhol não enxergou melhor do que os franceses o problema dramático. Certo que o raciocínio iniciado nos primeiros atos de *A Descoberta do Novo Mundo* não se completa sem o último: a ingratidão e a deslealdade são partes integrantes e necessárias do cortejo que acompanha os grandes homens. Mas, acima dessas razões lógicas há, para o público, uma razão teatral mais forte: depois da euforia do descobrimento, todo o resto corre o risco de parecer grandeza desprezível. A enormidade do fato histórico como que esmaga os seus frágeis protagonistas. O acidente passa inevitavelmente ao plano principal: a descoberta da América é, talvez, um fato dramático mais poderoso do que a história pessoal de Colombo.

Na encenação de Luís de Lima o que ressalta logo é a imaginação, a capacidade de enriquecer o texto por uma série de sugestões plásticas e musicais, que podem ir, em certos momentos, até o exagero, sobrecarregando a representação, como no início do segundo ato, um tanto sufocado pela mímica. Mas, esses são defeitos normais de quem começa, ainda à procura de equilíbrio – e, para quem começa, antes abundância do que carência de recursos. Parece-nos das mais felizes a concepção geral do espetáculo, inclusive a escolha da música, a invenção de alguns dispositivos cênicos simples e eficazes, e o desenho inspiradíssimo dos figurinos, feito por Luciana Petrucelli, com a distinção que já aprendemos a esperar em seus trabalhos. Faríamos, neste capítulo, somente uma restrição grave: os cortes introduzidos no texto, talvez por economia de atores, afetam seriamente a estrutura da peça. O segundo quadro do terceiro ato, colocando o problema do tráfico de escravos, é um elo dramaticamente indispensável, preparando a cena seguinte. E a volta do tema do Comediante, omitido na representação, explica-se pela construção rigorosa e simétrica do drama, de feitio quase musical.

A parte individual dos atores é bem mais fraca, estabelecendo uma certa desproporção, para os espectadores, entre o que se vê e o que se ouve. O instante de maior poesia, por exemplo, pertence paradoxalmente, à mímica – a cena de Luizito, interpretada magistralmente, sob máscara, por Jorge Fischer Jr. É possível que parte da culpa desta fraqueza caiba a Luís de Lima, cuja experiência, por enquanto, é mais de mimo que de ator. Mas, a causa maior, sem dúvida alguma, está nos próprios alunos da Escola de Arte Dramática, que ainda não têm fôlego para abordar papéis puramente de texto, que se apóiam sobre a inteligência e não sobre a emotividade. Pouquíssimos in.´rpretes não se mostraram inferiores às personagens, citando-se, entre estes, Maria do Carmo Bauer, Jorge Fischer Jr. e, num plano mais discreto, porém perfeitamente aceitável, Gustavo Pinheiro, Emanuel Corinaldi e Emílio Fontana (até que enfim encontrando um papel propício ao seu timbre de voz).

É grande o esforço de todos, contudo, no sentido de acertar o estilo apropriado ao gênero da peça. Mesmo nos menos convincentes, há um louvável esforço de composição, visível nas atitudes, nos gestos, na sobriedade da declamação, que, se não valer, por acaso, como resultado, valerá, certamente, como a melhor das disciplinas artísticas. A representação, se não é a mais espontânea, talvez seja a mais fina e elegante da Escola. Há aqui, ao que parece, um certo impasse comum a toda arte: o que se ganha em transposição artística, em recuo estético, perde-se geralmente em naturalidade e contato com a vida. Tal antítese somente é resolvida satisfatoriamente pelos grandes atores – e seria pedir muito, desejar igual proeza por parte de simples alunos. *A Descoberta do Novo Mundo*, sem possuir a espontaneidade, a facilidade aparente do Festival Martins Pena, em que o texto não se colocava acima dos intérpretes, não os intimidando, é um espetáculo que honra não só a Escola de Arte Dramática mas o próprio teatro paulista.

(1955)

5. Olga Navarro

5.1. *NINA*

À primeira vista, uma comédia como esta de André Roussin, que retoma pela centésima vez a história do marido, da mulher e do amante, sugere que o teatro cômico francês contemporâneo está exausto, acabado, levando-nos a exclamar, com uma ponta de cansaço e de indignação: mais uma comédia de adultério! Mas, à medida que prestamos atenção, percebemos que Roussin, repetindo tudo, não repetiu nada, e que se voltou à carga foi à maneira desses escritores de novelas policiais, especializadas num só tema, que retornam vinte ou trinta vezes às mesmas situações para lhes dar vinte ou trinta soluções diferentes.

O que André Roussin tentou em *Nina*, como já havia tentado em *La petite hutte*, foi inovar de dentro para fora, se assim podemos dizer, isto é, imaginar astutamente a novidade no bojo mesmo das fórmulas teatrais mais vulgares e batidas. Cada situação, gasta por dezenas de anos de uso – a começar, nos primeiros minutos, pela cena do marido que procura o amante para assassiná-lo – foi encarada por um ângulo tão imprevisto e novo que não podemos deixar de rir, desse riso que jorra irresistivelmente sempre que vemos alguma coisa bem assentada ir de pernas para o ar, seja um senhor grave e circunspecto, seja uma cerimônia soleníssima que sai inesperadamente pelo avesso. Nada acontece em *Nina* como deveria acontecer e todas as reações psicológicas das personagens são divertidas surpresas. Naturalmente seria facílimo alcançar esse mesmo resultado abandonando por completo a lógica e lançando-se de uma vez por todas no terreno do absurdo, como fazem certos cômicos norte-americanos. Mas, André Roussin, o mais hábil dos comediógrafos, é francês demais, racionalista demais, para semelhantes aventuras. A loucura de sua peça, como a de Hamlet, é metódica. Admitindo-se como ponto de partida a psicologia especialíssima de Nina e do marido (e todo bom espectador está invariavelmente pronto para acompanhar o autor em suas premissas se ganhar alguma coisa com essa concessão), todo o desenvolvimento posterior da peça parecerá obedecer à mais estreita e rígida das lógicas. A soma dos dados iniciais é surpreendente, como eles próprios, mas não absurda. A graça está mesmo na naturalidade com que ocorre o ilógico, na placidez com que o impossível psicológico acontece.

Em 1885, um autor sem público imaginou uma situação originalíssima para o começo de uma peça. Um marido desconfiado, com todas as características conhecidas dos maridos desconfiados, tem violenta cena de ciúmes com a mulher. Repentinamente chega alguém e os dois se calam embaraçados: o pseudomarido, cheio de direitos e deveres, era, de fato, o amante! Nascia assim *La parisienne*, de Henri Becque, a primeira das inumeráveis peças bordadas sobre os aspectos inesperados e cômicos do triângulo amoroso. *Nina* e *La petite hutte*, vindo setenta anos depois, tinham naturalmente de levar o processo às últimas conseqüências: a absoluta impossibilidade de se distinguir entre o marido e o amante anuncia já agora, provavelmente, o fim do ciclo das comédias de adultério. Não é possível traçar indefinidamente variações em torno de uma figura geométrica tão simples como o triângulo.

A peça de Roussin, ao contrário do que pensávamos a princípio, lucra com a existência das outras tantas que a antecederam. A sua comicidade freqüentemente ressalta melhor em comparação com o que já vimos dezenas de vezes, pois reside na maneira sutil com que apresenta pelo avesso uma situação teatral velha e familiar. É uma peça impregnada de teatro, escrita por um autor que conhece todos os seus truques, divertindo-se com eles, e agradará principalmente aos atores pelo seu caráter às vezes quase de contrafacção do próprio teatro.

A interpretação da companhia Olga Navarro deixou-nos duas impressões bem distintas: a de que os atores, de per si, estavam muito bem, e a de que faltava algo à direção. Nem todas as situações cômicas da peça, que se sucedem com prodigiosa abundância, foram postas diante do público com a mesma nitidez, essa nitidez perfeita que é indispensável na comédia. A técnica da comédia, como se sabe, é mais exata e precisa que a do drama, dependendo da pausa exata, da inflexão exata, da mímica exata, de tudo o que torna uma anedota engraçadíssima nos lábios de uma pessoa e inteiramente sem graça nos de outra.

Quando os atores de Olga Navarro acertavam em cheio, as gargalhadas nunca deixaram de explodir. Nem sempre, contudo, tal fato sucedeu, e as possibilidades cômicas de muitas frases ou idéias, por não estarem suficientemente exploradas, passaram quase despercebidas. É bem possível, aliás, que o próprio contato com o público, guiando os artistas, permita obterem gradualmente um rendimento cem por auto.

Das três figuras principais, a do marido, interpretada por Fregolente, foi a que alcançou mais plena e mais freqüentemente a nota cômica, embora roçasse de leve, em uma ou outra ocasião, pela caricatura. Mais adaptado agora ao teatro íntimo, usando mais discretamente a mímica e a voz, nunca Fregolente nos pareceu melhor do que neste engraçadíssimo desempenho. Olga Navarro, ao fazer a protagonista, enfrentava uma tarefa especialmente difícil. Elvira Popesco, para quem o papel foi escrito, é um monstro de feminilidade ilógica, um vendaval cômico organizado. Olga Navarro, ao contrário, prima nos papéis fortes, simples e dramáticos. Não havia, portanto, grande afinidade inicial entre a atriz e a personagem. Ainda assim a interpretação de Olga corresponde ao que se espera de uma atriz que está colocada entre as quatro ou cinco primeiras do nosso teatro. Se fosse mais excêntrica, talvez a peça ganhasse em vibração cômica, mas o fato é que a sua Nina está perfeitamente desenhada e é tão verossímil quanto qualquer outra. Orlando Guy, muito natural, luta apenas com uma voz sem grande cor e com uma articulação pouco clara. Num, papel episódico, Dionísio Azevedo portou-se com um desembaraço raro em estreantes. Não temos dúvida de que é um ator em perspectiva. Cenários muito bons, de autoria de Armando Balloni, e tradução de Raimundo Magalhães Jr., com o único mas grave inconveniente de obrigar os atores a usar o tratamento na segunda pessoa – resíduo da influência do teatro português – que nunca empregamos familiarmente, a não ser no palco, e que soa tão falso aos nossos ouvidos, pelo menos a nós, brasileiros do centro, paulistas, mineiros e cariocas.

(1950)

6. Madalena Nicol

6.1. *ELETRA E OS FANTASMAS*

Escrever uma peça que dura cinco ou seis horas e contém três peças inteiras, cada uma de muitos atos: – poderá um autor dramático propor-se tarefa mais gigantesca e, ao exigir do espectador o que ninguém ousaria, dar uma prova mais gloriosa de confiança na amplitude do seu próprio gênio?

As dimensões físicas de *Eletra e os Fantasmas*, a sua falta de medida, a sua ignorância deliberada das leis ordinárias do espetáculo, serão, talvez, sinais exteriores, mas sinais importantíssimos, reveladores que o escritor estava à procura de alguma coisa julgada também descomunalmente grande, alguma coisa perdida para o teatro há perto de vinte e cinco séculos: a grandeza do teatro grego no seu apogeu.

Ao reviver as figuras de Agamenon e Clitemnestra, Eletra e Orestes, em trajes modernos, ao trazer para os nossos dias essas figuras que já pareciam distanciadas no tempo mesmo na época de um Ésquilo ou de um Sófocles, não quis Eugene O'Neill beneficiar-se somente do prestígio da dramaturgia helênica ou da terrível força dramática de uma história de violência de proporções quase inumanas – a violência da mulher contra o marido, dos filhos contra a mãe. Não era o enredo que interessava a O'Neill na trilogia de Orestes. A sua ambição, mais alta, era a de escrever uma peça de nossos dias, mas tão ampla, tão rica de significados e de repercussões como uma tragédia antiga.

O que há de mais profundo em *Eletra e os Fantasmas* são aqueles temas que todos os críticos já nos habituaram a considerar como tipicamente esquilianos. Os Mannons constituem uma réplica moderna dessas famílias mitológicas sobre as quais recaíra a cólera impiedosa de um Deus, levando-as à extinção completa em virtude de algum sacrilégio, e na admiração respeitosa e amedrontada dos camponeses ante a casa poderosa e solitária dos Mannons, há muito do sentimento de espanto com que o coro grego considerava a glória e a desgraça de um Édipo e seus descendentes.

Em tais casas, uma lei infalível faz o ódio brotar do ódio e o crime brotar do crime. O assassínio de Ezra Mannon determina o de Brant tão inflexivelmente como o suicídio de Cristina determina o de Orin: todos eles formam os elos necessários de uma mesma cadeia de acontecimentos. Iniciada a série, cometido o primeiro crime, a ação só encontrará repouso no esgotamento total, quando Eletra se achar finalmente só, frente a frente com os seus fantasmas, isto é, quando o ódio ou o amor não tiverem mais objeto.

Na *Oréstia* de Ésquilo, porém, todos esses temas subordinam-se ao tema superior da fatalidade, que domina amplamente os demais. O maior protagonista é o destino, são as relações entre os homens e os deuses, ou melhor, entre os homens e a ordem universal. É isto que dá à tragédia o seu sentido pleno, incluindo toda a humanidade em seu âmbito. Se O'Neill quisesse, de fato, transpor o mesmo problema em termos modernos, essa seria a grande dificuldade a vencer. Não contando mais com os deuses – e a religião atual é a primeira a deixar de lado a idéia de um Deus vingativo e perseguidor – não lhe restava outro recurso, senão o que adotou, buscando esta determinação fatal dentro da própria personalidade humana. As relações ambivalentes de amor e ódio, as atrações e repulsões que a vida familiar, com suas competições, desperta, as afeições e ciúmes recíprocos entre pais e filhos, poderiam muito bem desencadear uma série de crimes iguais ao da trilogia clássica, com a diferença de que a mola dos acontecimentos estaria dentro e não fora dos protagonistas. Ao procurar no psíquico um substituto da fatalidade, O'Neill, desejasse ou não, teria de apelar assim para a forma mais severa e exclusiva de determinismo psicológico que se conhece hoje em dia: a psicanálise. Note-se que *Eletra e os Fantasmas* serve-se da psicanálise sobretudo para fins dramáticos, para construir uma tensão semelhante à do teatro antigo, com a marcha inelutável dos acontecimentos para uma conclusão conhecida ou entremostrada. A psicanálise é o princípio de que o autor parte, não o fim a que deseja chegar, não possuindo o texto nenhum caráter de prova ou demonstração. Se se tornasse evidente que toda aquela motivação psicológica não possui base alguma na realidade, ainda assim a estrutura da peça permaneceria de pé como organismo dramático, da mesma forma que podemos nos emocionar com uma tragédia grega sem participar das crenças no sobrenatural que lhe serviram de alicerce.

Mas a psicanálise é um sistema de explicação universal, não se referindo apenas a estas ou aquelas pessoas. Como explicar então a preferência dada aos Mannons, o seu caráter de família marcada pela desgraça? Aqui, O'Neill lançou mão habilmente de um dos aspectos ao que parece mais característicos da vida norte-americana: o puritanismo. A luta que se trava entre os Mannons, quando a examinamos mais profundamente, não passa da exteriorização violenta de um conflito interno a que cada um deles está sujeito em particular: o conflito entre os instintos animais e os freios que a razão moral lhes cria. Quando o drama começa, Ezra e Cristina Mannon incarnam as duas posições inimigas. Há, entre eles, um terreno em comum, que é a sensualidade, o sonho das ilhas perdidas onde o amor dos sentidos não se confundisse com o pecado. Mas enquanto Cristina aceita a sensualidade e deseja-a e com a sede dos que não se viram ainda satisfeitos, Ezra reprime-a até torná-la vergonhosa e inconfessável. Esse contraste entre a frieza, a dignidade exterior, e a chama interna, essa hipocrisia constante e dilaceradora, é o segredo que condena os Mainnons. Lavínia e, mais ainda, Orin serão jogados de um lado para outro por essas duas forças antagônicas até a exaustão e assim se compreende a curiosa evolução psicológica desta Eletra moderna, que elimina a mãe principalmente para tomar-lhe o lugar, para poder expandir sem concorrência e sem testemunhos a sua exaltada sensualidade. Adotando-se as premissas de O'Neill, o desenrolar da ação torna-se não só extremamente claro mas também necessário e inevitável. Poderíamos dizer, forçando um pouco os termos, que assistimos às diversas fases de um duelo entre a vida e a morte – o anseio vital de Cristina e a máscara mortuária que caracteriza, fisicamente, todos os Mannons.

Teria O'Neill realizado assim o seu intento, recriando para nós a tragédia grega? Sem ousar responder à pergunta, observemos que O'Neill lutou contra dois obstáculos a bem dizer intransponíveis.

O primeiro é que não contamos mais com heróis, no sentido grego da palavra, aquelas figuras ao mesmo tempo remotas e próximas, legendárias e reais, que estavam a todo o momento em todos os pensamentos e de cujos atos afigurava-se depender o destino da própria humanidade. O prestígio poético de um universo miraculoso, habitado por homens que pareciam deuses e deuses que pareciam homens, desvaneceu-se para sempre.

O segundo é que a psicologia, do ponto de vista dramático, não passa de uma fraca substituta para a fatalidade divina. O que torna *Eletra e os Fantasmas* um drama psicológico moderno – tal foi o desejo do autor – impede também que lhe possamos conferir uma significação cósmica: os fantasmas de Lavínia, ao contrário dos da verdadeira Eletra, não se referem a alguma coisa misteriosa que esteja acima de nós. Eugene O'Neill sentiu-o melhor do que ninguém e não deixou, no seu diário de trabalho, de comentar com certo desespero: "a hell of a problem, a modern tragic interpretation without the benefit of gods".

A dignidade de sua tentativa está na coragem, maior do que a de qualquer outro dramaturgo moderno, com que se lançou a esse "hell of a problem!".

Na encenação de *Eletra e os Fantasmas*, Ruggero Jacobbi teve de aceitar inicialmente duas imposições: a necessidade de cingir-se às dimensões, relativamente pequenas, do palco do Royal e a de adaptar o texto a uma duração que não ultrapassasse de muito à julgada viável comercialmente. Não é preciso acrescentar que tanto uma coisa como outra deviam alterar, em grau maior ou menor, o sentido de uma peça tão amadurecida, mesmo nos pormenores mais insignificantes, tão organicamente pensada, tão coesa dramaticamente, como é a tragédia clássico-moderna de Eugene O'Neill.

Tendo de cortar, Jacobbi preferiu deixar de lado todas as cenas que poderíamos chamar do Coro, isto é, os comentários das pessoas que não participam diretamente dos acontecimentos, mas criam a atmosfera de espanto, admiração e insulamento em que se movem os protagonistas. A exemplo da tragédia grega, a função desses comentários é prolongar poeticamente a ação, mostrando as suas repercussões longínquas sobre os outros, sobre os estranhos, como que formando uma caixa acústica vibrante de ressonâncias.

Despojada desse pano de fundo que dá relevo ao desenho principal, a peça, sem chegar a sofrer em sua continuidade dramática, fica mais nua, mais pobre, menos envolvida por aquele halo de legenda necessário na tragédia para acrescentar uma nova dimensão poética aos fatos, na verdade tão comuns como quaisquer outros, se reduzidos a si mesmos.

Com os cenários aconteceu idêntica simplificação. O palco do Royal, magnífico para a intimidade das comédias modernas, não comportava evidentemente os cenários austeros, pesados, frios e solenes – dessa frieza e solenidade peculiares às coisas ricas e mortas – descritas pelo autor. A solução de Jacobbi foi de fugir ao problema, evitando uma impressão mais exata da realidade ao recorrer exclusivamente ao branco e preto. Se, no primeiro quadro, que se repete algumas vezes durante o transcorrer do espetáculo, os cenários de Túlio Costa conseguiram funcionar muito bem dentro desta solução, que em si poderia ser econômica e original, o mesmo já não se pode dizer das outras cenas, onde não se harmonizam e não se casam a tragédia de perseguidos, de endemoniados, imaginada por O'Neill, e aqueles móveis levíssimos e branquinhos. Dois quadros pareceram-nos sofrer particularmente com isso: o da morte de Ezra Mannon (o chefe de família riquíssimo, o general vitorioso, morre, em seu quarto, na mais modesta das camas) e a do assassínio de Brant, no navio, que perdeu grande parte do seu colorido e do seu sabor especial. Para se ter uma idéia precisa do que faltou a esta cena, basta reler as frases de Stark Young ao comentá-la na versão norte-americana primitiva, na qual – diz o crítico – os elementos visuais diziam tanto quanto as palavras: "a balada que dá início à cena, o canto e a embriaguez, do cantor, o navio solitário perdido entre a bruma, estabelecendo um clima de nostalgia, de futilidade, de convite ao mar e de vínculos à terra e à memória, são idéias excelentes que enriquecem muitíssimo a contextura da peça".

Este enriquecimento da ação pela cor, pela música, pela luz (que é uniformemente brilhante em *Eletra e os Fantasmas*), pelos coros, por tudo que pode acrescentar ao texto uma nota mais forte de lirismo e uma nova e mais ampla significação poética, não esteve quase presente na encenação de Jacobbi que, em parte, por força daquelas circunstâncias materiais, se aproximou muitíssimo de uma versão de "câmera", para citar as suas próprias palavras.

Qualquer outro encenador – acreditamos – diante de tais obstáculos talvez duvidasse da exequibilidade da tarefa, levantando a questão primordial de saber se há, na verdade, interesse artístico em apresentar uma interpretação de "câmera" de uma peça que se define ou se quer definir exatamente pelo contrário, ou seja, pela grandiosidade. Com efeito, não se compreendem certas obras de arte fora das dimensões gigantescas que lhes são próprias – e *Eletra e os Fantasmas*, no pensamento do autor, pertence sem dúvida a esta classe.

Mas é provável que para Ruggero Jacobbi os fatos se apresentassem de maneira bem diversa. Para ele, a peça de Eugene O'Neill vale – e vale muito – apenas se considerada num plano mais modesto do que o proposto pelo autor, apenas se rebaixada da categoria de tragédia para a de drama ou até de melodrama. E, então não haverá qualquer mal em representá-la num tom também menor. Jacobbi julga O'Neill falho como poeta trágico e excelente em tudo o que concerne à dramaticidade da ação. Daí o ritmo direto, sem sutilezas psicológicas, sem claro-escuro, sem segundos planos, que imprimiu ao jogo dos atores. Depois de ter sido expulsa do texto e dos cenários, a poesia se viu eliminada também da representação, permanecendo em cena somente um grande melodrama, intenso mas um tanto vazio, vigoroso mas pouco profundo.

Terá a peça de O'Neill lucrado com semelhante interpretação, inegavelmente lógica e una, como tudo que vem da inteligência de Ruggero Jacobbi? Não o cremos. *Eletra e os Fantasmas* foi concebida como uma réplica moderna à tragédia grega e sem este constante ponto de referência perde quase inteiramente a sua significação. Se se trata de um drama moderno como os outros, para que tantas alusões clássicas, tanta pretensão e tanto aparato? A cartada que Eugene O'Neill jogou ao escrevê-la é uma das mais ousadas, uma das mais curiosas artisticamente, uma das mais ricas de todo o teatro moderno. Não saberíamos dizer com segurança se o autor venceu – e para isso seria preciso vê-la numa versão integral e perfeita, posto que teatro se julga no palco. Mas, de qualquer forma, achamos que merecia ser reproduzida em toda a sua plenitude, a fim de que o público pudesse avaliar livremente, não deixando a platéia com a impressão, algo desapontadora, de que a peça já chegou irremediavelmente julgada e condenada diante de si, como se tivesse sido apresentada, mais do que por um encenador, por um crítico inabalável em seus pontos de vista.

A interpretação dos atores enquadrou-se, como é natural, na orientação geral do espetáculo. O lugar de maior relevo coube a Madalena Nicol, de fato uma grande atriz. A Lavínia que compôs não ultrapassou o seu nível, digamos, normal de interpretação, mas acontece que esse nível é elevadíssimo. Cada ator, para a composição do papel, parte de uma qualidade que possui como nenhuma outra. Em Madalena Nicol a qualidade dominante parece ser a voz – voz de grande cantora que, na realidade, ela é – capaz também de aspereza e antimusicalidade se preciso, quando a sua garganta parece contrair-se convulsamente. Madalena foi a única que não sacrificou a naturalidade para obter intensidade e o seu estilo contrastou por isso, levemente, com as entonações mais declamatórias dos seus colegas, vindos de recentes experiências shakespearianas.

A seguir, distinguiríamos Sérgio Brito, um ator com alguns defeitos e numerosas qualidades. Entre os defeitos, a tendência para o enfático – nas palavras e nos gestos – e um domínio ainda imperfeito da esplêndida voz que possui e que usa às vezes com força excessiva, às vezes em tons demasiado agudos. Entre as qualidades, muito vigor, muita sensibilidade, muita inteligência.

Anotemos ainda os nomes de Míriam Carmen, um tanto popular dentro de sua incontestável força dramática (a força, não há dúvida, é a característica do conjunto), de Tito Fleury, em grande progresso, de Rejane Ribeiro e Elísio de Albuquerque. Luís Linhares, o esplêndido marido de *A Endemoniada*, pareceu-nos deslocado no papel, não tendo o ar sadio, feliz e inconsciente com que Peter atravessa quase toda a peça a que deve destoar por completo das outras personagens, das personagens marcadas pelo destino.

(1950)

7. Jaime Costa

7.1. *A MORTE DO CAIXEIRO-VIAJANTE*

A Morte do Caixeiro-Viajante é uma peça simples e objetiva. Na verdade, tão simples e objetiva, que quase dispensa o crítico. Porque, apesar da sua construção pouco convencional, apesar das liberdades tomadas com o naturalismo, não existe ninguém, acreditamos, incapaz de compreender o que a peça nos comunica com tanta clareza.

Willy Loman é um homem à beira da morte, um homem esgotado fisicamente e desorientado mentalmente, um ser humano que sofre diante de nós – e não há linguagem mais universal, mais compreensível que a do sofrimento. E o pior é que nem sequer podemos apontar com precisão o antagonista, como nos dramas antigos: não há um inimigo, um rival no amor, um vilão, ou essa entidade salvadora – o destino – sobre a qual costumávamos descarregar todo o peso da nossa responsabilidade. A ciência moderna descobriu que os nossos piores inimigos, os mais implacáveis, moram dentro de nós mesmos, não necessitando de outro instrumento para nos destruir além dos nossos pensamentos e das nossas ações. A tragédia de Willy Loman está na absoluta desproporção entre as intenções e os resultados. De um lado, a vontade de acertar, de vencer, de educar e encaminhar os filhos; de outro, uma total e comovedora incapacidade para fazê-lo. Contra a formidável competição da vida moderna, só tem a opor quatro ou cinco idéias pueris, que nem ao menos são autenticamente suas: a de que o homem que trabalha, sabe sorrir e tem amigos acaba sempre por triunfar. O êxito material como fim, uma discreta e amável propaganda pessoal como meio – eis o evangelho desse novo credo ingenuamente otimista e superficial, que tão bem representa um certo aspecto da vida norte-americana.

O drama de Arthur Miller, começando pela análise psicológica, termina, naturalmente, sem qualquer pedantismo ou tom didático, pela análise social: além de contar a vida de um homem, no fundo não muito diferente de todos os outros homens, narra também a morte de um caixeiro-viajante, fazendo um corte em profundidade, nas aspirações, crenças, sonhos, ilusões de um determinado tipo de classe média. Willy Loman terá que morrer como viveu, esmagado tanto pela fantasia como pela realidade, sem jamais ir corajosamente ao fundo das coisas, sem jamais compreender a si mesmo ou aos outros.

A unidade da peça vem do perfeito equilíbrio do escritor. Arthur Miller nunca deixa a comoção perturbar-lhe a nitidez, a dura imparcialidade do pensamento; mas nunca deixa igualmente que a inteligência venha constranger-lhe a capacidade de compreensão. Não desculpamos sumariamente Willy Loman: ao contrário percebemos que todos os seus malogros emanam inevitavelmente da sua personalidade. Mas isso não nos impede de desejar oferecer-lhe como a um irmão, aquela solidariedade humana de que tão avidamente necessitava.

Duas coisas ressaltaram com igual veemência no espetáculo que vimos no grande auditório da Sociedade de Cultura Artística. Primeiro, a fraqueza da interpretação, para um conjunto profissional experimentado, e em relação ao valor da peça. Depois, o fato desta impor-se, apesar de tudo, chegando poderosamente até nós, como um grande texto.

Não nos agradou nem a direção de Ester Leão, pouco criadora, pouco imaginosa, nem a maneira de representar dos atores, presos ao antigo estilo do teatro brasileiro (em que articular com clareza e falar alto eram as duas qualidades primordiais), com freqüentes descaídas para um tom de sentimentalismo piegas que é o oposto da arte viril de Arthur Miller. A alternação da memória e da realidade, por exemplo, perdeu o seu caráter visual: as cenas rememoradas não emergem ou desaparecem magicamente das sombras como deveriam. Todo o cenário de Santa Rosa é constante e quase uniformemente iluminado, deixando de existir essa força de sugestão plástica, esse poder de encantamento, tão necessário à poesia do texto. De toda a representação, salvam-se alguns momentos felizes de Roberto Duval e Paulo Monte, e o brilhante segundo ato de Jaime Costa, comovente mais pela indiscutível sinceridade do intérprete do que pela técnica.

Não obstante essas falhas – voltamos a insistir – *A Morte do Caixeiro-Viajante* é das melhores peças que vimos em 1951 em São Paulo, só comparável aos *Seis Personagens*, de Pirandello. Esse seria já um grande motivo para ninguém deixar de assisti-la. Existe outro, todavia, não menos ponderável: o de dar apoio à Companhia Jaime Costa neste seu primeiro esforço de renovação, por ora apenas em parte bem-sucedido. Não é todos os dias – e nem mesmo todos os anos – que se tem oportunidade de ouvir um texto como o de Arthur Miller.

(1951)

Jaime Costa, com a sua habitual franqueza, não fez segredo de que considera a presente reencenação de *A Morte do Caixeiro-Viajante* uma espécie de desafio ao cinema, que teria desvirtuado o sentido da peça de Arthur Miller. Em geral, consideramos ociosas tais comparações, em que se pesam duas artes heterogêneas ou dois países tão desigualmente desenvolvidos, no que diz respeito ao teatro e ao cinema, como o Brasil e os Estados Unidos. Mas desta feita, é preciso confessar, o gesto algo quixotesco da Jaime Costa não nos parece destituído de bom senso.

O cinema tem recebido com desconfiança a influência do teatro – e, em geral, com razão. Mas, o teatro, tendo algumas dezenas de séculos a mais de existência, já não teme tanto a vizinhança das outras artes, sabendo que um ideal de pureza absoluta, isto é, de confinamento, de reclusão, não é exeqüível, nem fecundo. Tolo seria ele se recusasse a se enriquecer com os tesouros descobertos pelos outros, inclusive pela mais recente e atual das artes – o cinema. Peças, como as de Thornton Wilder, Tennessee Williams, Arthur Miller, podem mesmo ser consideradas como tentativas para integrar na tradição teatral uma série de técnicas desenvolvidas sobretudo no cinema.

A Morte do Caixeiro-Viajante é um belo exemplo disso. Cada ato seu é uma unidade perfeitamente estruturada, começando e terminando no mesmo lugar, e não refletindo mais do que algumas poucas horas de ação real. Mas, essa disciplina quase clássica esconde, no fundo, uma liberdade desconhecida pelo teatro antigo. É que a análise do mecanismo cerebral (inspirada longinquamente na "corrente de consciência" da psicologia e proximamente na técnica do diálogo interior do romance moderno) permite ao escritor transitar do presente para o passado e vice-versa com a maior sem-cerimônia. Uma palavra lançada ao acaso, uma gargalhada – e eis que revive, no palco todo um mundo soterrado na memória: velhos episódios, obsessões, esperanças frustradas, divagações sentimentais, não somente aquilo que foi, mas o que poderia ter sido. A ação, sem sair do palco, sem depender da mudança de cenários, percorre dezenas de lugares, relembra mil acontecimentos extemporâneos, evocando sinteticamente os sessenta e tantos anos de uma existência penosamente vivida, com o seu tecido de tenras ilusões e duras realidades.

Quando termina a peça, verificamos com espanto que não estamos tão longes quanto pensávamos das três unidades famosas, de tempo,

Jaime Costa em *A Morte do Caixeiro-Viajante*, de Arthur Miller. Direção de Ester Leão, cenários de Santa Rosa.

lugar e ação: a peça contou, de fato, somente dois dias da vida de um homem, os seus dois últimos dias de vida. A procura de unidade, de concentração dramática, tão característica do teatro, foi, portanto, conservada. A diferença é que se substituiu a exposição clássica, clara, lógica, ordenada, ocupando as primeiras partes da peça, por um instrumento mais preciso e delicado, capaz de deslizar pelo espaço e pelo tempo com a leveza da memória ou da imaginação. Aproveitou-se integralmente a simultaneidade do cinema (ou do romance), mas sem trair a natureza especificamente teatral da narração.

Ora, toda esta criação, vertida para o cinema, perde quase obrigatoriamente a sua originalidade, que consiste, como vimos, no aproveitamento teatral de técnicas cinematográficas. Transportada para a tela, a engenhosa arquitetura imaginada por Arthur Miller desfaz-se naturalmente, sem deixar vestígios. Em comparação com a peça, que invenções de forma nos propõe a fita? O uso do *flash-back*? A mobilidade da ação? A simultaneidade? Mas que fita dispensa tais processos? Não formam eles, atualmente, a própria rotina do cinema? Tudo que no teatro era descoberta, experiência, tentativa, apresenta-se no cinema como a mais pura normalidade: extraordinário é que as coisas se passassem de outra forma.

Esta é a primeira crítica que faríamos à fita. A segunda refere-se à compreensão do papel principal. Willy Loman, na peça, será tudo o que quiserem, um homem cansado, inoportuno e importuno, irritadiço, tagarela, pueril, com todos os defeitos agravados pela idade e pela exaustão – não um louco. Estabelece mal o contato com a realidade, vive mais de quimeras do que de fatos, chega a falar a sós consigo, a perder a sensação do instante presente, a dialogar exclusivamente com o passado, mas tais sintomas nos são mostrados como os de um homem em crise, talvez em vias de desintegração psíquica, não como os de um simples alienado mental. Daí o interesse humano da peça, o seu alcance (que abrange parte tão grande da humanidade) e mesmo a sua eficiência dramática: sentimos que ainda há esperanças, que a nossa simpatia, a nossa compreensão valem alguma coisa, podem ajudar, ao contrário do que aconteceria em relação a um psicopata, já pertencente ao campo da clínica especializada.

O cinema, no entanto, pensou diferentemente. Apresentou-nos um Willy Loman semi-alucinado, a avançar contra os outros de punhos cerrados, sem enxergar nada, sem ouvir nada, como na cena passada no *subway* (ter visões em casa, sozinho, ou no *subway*, em presença de estranhos, são duas coisas inteiramente diversas). Rompe-se dessa forma o equilíbrio essencial do enredo: temos pena daquele pobre homem porém já não nos identificamos com o seu destino. O caso, de dramático, passa a ser puramente patológico.

A interpretação de Jaime Costa, não do ponto de vista técnico, de capacidade de representar, parece-nos estar bem mais próxima do original. A sua concepção do papel talvez seja um pouco sentimental, um pouco choramingas, com esse elemento de *self-pity*, de autocomiseração, que os norte-americanos tanto desprezam. Mas, de um modo geral faz muito mais justiça a Willy Loman do que a de Frederich March, provavelmente por estar mais presa ao próprio texto teatral, aos termos em que o drama foi inicialmente imaginado e escrito.

Excusado é dizer que, no resto, a fita suplanta a versão nacional, sobretudo no desempenho das personagens secundárias. Ester Leão praticamente não dirigiu a peça, no sentido de orientação psicológica dos atores: cada um está como sempre esteve, com as qualidades e vícios já conhecidos, com as inflexões e gestos de costume, Jaime Costa representando para o papel, para a peça, comovendo pela evidente sinceridade, os outros representando para o público. A diretora limitou-se a solucionar – e assim mesmo sem qualquer virtuosismo – os problemas materiais da encenação: indicar por onde o ator deve entrar e sair, onde deve incidir o foco de luz etc., fazendo funcionar razoavelmente a carpintaria, por vezes bastante complicada, do espetáculo.

De mal semelhante sofre o cenário de Santa Rosa, que, embora competente, não chega a nos transportar para o terreno da poesia, por não ter sido vivificado, transfigurado. Em cenários como este toda a magia é proporcionada pela luz. É ela que faz as paredes desaparecerem, tornarem-se transparentes como por encanto; é ela que cria na escuridão, repentinamente, um lugar que antes não existia, repetindo materialmente o milagre da evocação pela memória. O cenário de *Vestido de Noiva*, por exemplo, era um só, mas não se entregava de todo à primeira vista: só aos poucos a luz ia-lhe desvendando cada segredo, cada nova riqueza, cada pormenor insuspeitado. O cenário de *A Morte do Caixeiro-Viajante* permanece exposto, duro, inteiriço, de princípio a fim, sem surpresas, sem flexibilidade. Poderíamos atribuir novamente a falha a Ester Leão se a arte de iluminar não fosse um dos aspectos essenciais da cenografia, se a luz não constituísse por assim dizer a quarta dimensão obrigatória de todo cenário poético digno de tal nome.

Caixeiro-viajante é o termo exato, em português, para traduzir o "salesman" do título da peça Arthur Miller – *The Death of a Salesman*. Mas não dá senão fraca idéia do vigor com que se apresenta a palavra no original inglês. Uma sociedade capitalista como a do norte dos Estados Unidos assenta fundamentalmente sobre a indústria e o comércio. O que confere títulos de nobreza são as transações comerciais, não a produção agrícola, como acontecia até há muito pouco tempo entre nós. O vendedor é, portanto, a chave da sociedade, do ponto de vista econômico. Não se vendem só mercadorias: por extensão, o norte-americano fala com a mesma naturalidade em "vender uma idéia", seja ela política, artística ou mesmo filosófica. Não se trata, portanto, apenas de trocar um objeto por outro, mas de alguma coisa infinitamente superior: de persuadir, de convencer, de contornar resistências, de saber impor o nosso pensamento e os nossos propósitos, de fazer triunfar, em suma, a nossa personalidade sobre a personalidade dos outros. A habilidade de vender marca, ao mesmo tempo, o nosso prestígio social e o nosso sentimento íntimo de plenitude. Fazendo-nos respeitado, faz-nos também respeitável ante os nossos próprios olhos. O fato mais original desta nova situação é que o trabalho – o trabalho pelo trabalho – já não vem colocado em primeiro plano, como ensinavam os catecismos morais dos séculos passados. O importante não é produzir: é passar adiante o que se produz. Inversão que, como todo mundo sabe, surgiu com a arte da propaganda: a produção de bens não corresponde mais obrigatoriamente às necessidades de consumo. Em primeiro lugar, fabrica-se a mercadoria: depois, cria-se o freguês. Tudo é questão de método, paciência, perspicácia, perseverança e dinheiro.

Não compreenderíamos nada da crônica de Willy Loman – vendedor numa sociedade de vendedores – se esquecêssemos tais noções, subjacentes ao drama.

Willy Loman nasceu para a vida ao ar livre, para os esportes, talvez para plantar e colher. Mas aceita, humilde e confusamente, a função que lhe foi reservada pela sociedade, sem desconfiar que está traindo as suas tendências em nome de uma série de ficções, de uma série de mitos sociais. Às vezes, perturba-o a lembrança do tio Ben, o aventureiro que enfrentou a floresta virgem, vivendo a grande e fascinante aventura do ouro. Mas essa imagem pertence ao passado, a um Estados Unidos pioneiro que já não existe. O símbolo moderno do triunfo é outro, quase tão arrebatador quanto o primeiro – o vendedor de oitenta e quatro anos, enfermo, que fecha todos os negócios por telefone, sem sair do quarto! Pode-se imaginar apoteose maior, fim de vida mais glorioso para um caixeiro-viajante?

Crédulo como uma criança, Willy Loman só enxerga os aspectos mais superficiais e convencionais da realidade. O êxito, para ele, está condicionado não tanto a qualquer qualidade real e profunda, como a um golpe de mágica, a exemplo das histórias populares onde toda uma carreira de magnata origina-se de um alfinete economizado sabiamente na juventude. Willy Loman vive à procura do segredo do êxito, da fórmula miraculosa, da idéia genial que valha um milhão de "dollares". Com os olhos infantis da classe média, observa principalmente os preceitos repetidos dia e noite pela publicidade: para vencer na vida, a questão é barbear-se todas as manhãs (como nos quadrinhos de anúncios), saber se impor, falando o menos possível, não assobiando alto no elevador, deixando de apanhar um objeto caído no chão para não mostrar subserviência. A vida é um jogo de aparências, ganho pelo mais esperto e pelo mais simpático. O prêmio virá fatalmente no fim, sob a forma de um automóvel, uma geladeira e a respeitabilidade comercial. O diabo é quando o prêmio não vem – eis o drama, o fato que Willy Loman precisou viver sessenta e três anos para começar a compreender. Ao impulso da revelação brutal, todas contradições que existiam nele explodem repentinamente, como sucessivas e trágicas iluminações. A caça ao êxito tem isso de perigoso – se falha, não deixa nada em seu lugar. Para quem passou a existência inteira acreditando na inevitabilidade da recompensa final, espécie de selo da justiça aposto pela sociedade às pessoas que nunca se desviaram dos seus mandamentos, a pobreza não significa somente privações, dificuldades de ordem econômica – essas qualquer homem suportaria. É a derrocada, a humilhação, a sensação de vazio e inutilidade, a ruína de todo um sistema moral. Willy Loman ainda tenta recompor-se, repete as velhas fórmulas aprendidas na mocidade, procurando agarrar-se a alguma coisa de sólido. Mas o antigo sortilégio não funciona. Em lugar do vencedor prenunciado pelos lugares-comuns do otimismo, vemos um homem só, abandonado, desamparado, vítima de todas as ilusões criadas pela coletividade para ajudar os indivíduos a agüentar a carga, um homem que educou os filhos para um universo quimérico, inexistente, e que morrerá sem nunca chegar a perceber verdadeiramente as razões do seu malogro.

Para Willy Loman, Arthur Miller não tem outra coisa a oferecer senão simpatia e comiseração. O que ele julga e condena, na sua peça, é uma determinada e falsa tábua de valores. *A Morte do Caixeiro-Viajante*, em essência, é uma análise dos ideais pelos quais vivem e morrem, todos os dias, dezenas de criaturas humanas – análise dura, lúcida, pungentíssima.

(1951)

7.2. *FALTA UM ZERO NESSA HISTÓRIA*

Enquanto o primeiro ato de *Falta um Zero nessa História* ia pacientemente preparando os quiproquós dos atos seguintes, diante daquelas situações e daquela maneira de representar tão nossa velha conhecida, uma questão começou a nos preocupar: que elemento misterioso é esse que nos permite distinguir, com tanta facilidade, o velho do novo teatro no Brasil? Que espécie de qualidade separa as representações dos atores de apenas vinte ou trinta anos de uma representação como a de *Falta um Zero nessa História*, que já se vai tornando rara no nosso teatro?

Talento certamente não é. Talento não é privilégio de geração nenhuma e muitos dos nossos jovens atores estão bem longe de possuir a vocação inata de um Jaime Costa ou de um Procópio. Espírito comercial também não é: os jovens, à medida que forem amadurecendo na profissão, terão de aprender por sua vez a amarga lição de que o êxito comercial é uma das chaves do teatro, quaisquer que sejam as suas ambições artísticas.

A diferença, parece-nos, está essencialmente na maneira de conceber o teatro como espetáculo. Para os mais novos, crescidos dentro da disciplina imposta pelos encenadores estrangeiros, uma peça de teatro é um mecanismo em que cada personagem representa uma determinada função. A graça provém não deste ou daquele elemento funcionando separadamente, a seu bel-prazer, mas do modo perfeito com que todos eles se entrosam uns nos outros. A personagem, para começar, tem certa coerência, certa fisionomia especial e inconfundível. Daí a necessidade de estudá-la como se estuda um problema de psicologia, a obrigação de partir sempre do zero em relação a cada novo desempenho. Depois essas figuras unem-se para formar um todo homogêneo, lógico, onde não existe o acaso ou a improvisação. Tudo foi previsto pelo autor para alcançar o máximo resultado.

Ora, para os nossos antigos atores, nada disto tem muito sentido. Cada qual procura ser engraçado da maneira que lhe é mais fácil e espontânea, não importando se as suas invenções pessoais mantêm ou não a unidade da personagem ou da peça. Jaime Costa é sempre Jaime Costa como Procópio é sempre Procópio. E se do segundo admiramos a malícia que se disfarça em inocência, do primeiro saboreamos sobretudo o completo cinismo, a frase escandalosamente malandra dita com rosto imperturbável. Assim se explica, por exemplo, o uso do "caco", posto em geral dentro da peça da forma mais absurda. O arbitrário é mesmo uma das características mais fortes do nosso velho teatro. E a própria *Falta um Zero nessa História* poderia incumbir-se de nos fornecer os melhores e mais variados exemplos nesse sentido. Consideremos alguns. Dois maridos, sob o pretexto de fazerem um vôo de experiência num helicóptero, com fins científicos, aproveitam na realidade os quatro ou cinco dias de férias conjugais para uma série de aventuras. Na volta, na mala de um deles, a mulher encontra uma chupeta, travando-se então o seguinte diálogo:

– Que chupeta é essa?
– É a chupeta do motor.
– A chupeta do motor?
– Quero dizer, a chupeta do filho do promotor.

Pode naturalmente surpreender-nos a puerilidade do jogo de palavras, de nível primário. Mas surpreende-nos ainda mais a absoluta gratuidade de toda a cena. Por que há de um marido, em tais circunstâncias, trazer para casa uma chupeta? E como há de alguma mulher acreditar numa explicação dessa ordem? E não se pense que o referido episódio constitua exceção. Toda a peça é formada segundo o mesmo princípio: o outro marido, por exemplo, traz uma calça de mulher e a explicação que lhe ocorre é que se trata de uma nova espécie de páraquedas. Não interessa, portanto, a esse tipo de representação, nem a lógica, nem a verossimilhança, por mínima que seja: qualquer coisa absurda que se diga é engraçada, como acontece quando se conversa com uma criança. Até o título da peça é de uma total gratuidade. Que história é essa a que falta um zero? Nenhuma. O título é bom exatamente porque não diz nada e se originou de uma canção em voga na ocasião em que Jaime Costa apresentou a peça no Rio de Janeiro. Não há nenhum motivo para que não mude a cada nova representação, desde que o seja para outro igualmente vazio de sentido.

A respeito da peça, que já foi encenada no Brasil, há muitos anos, sob o título de *O Águia*, e que apesar do nome francês do suposto autor – Nancy Aumont – parece-se bem mais com uma farsa inglesa do que com um *vaudeville* parisiense, é difícil adiantar alguma coisa com segurança. O presente texto resulta provavelmente da adaptação de uma adaptação de uma adaptação, sendo o último adaptador, em ordem, um tal Sr. Paulo Manhães, que outro não é senão o nosso Jaime Costa que, como vemos, além de representar e dirigir o espetáculo, ainda achou jeito de colaborar na peça e desenhar os cenários.

Para se ter uma idéia da comédia, como foi escrita originariamente, seria necessário usar de um processo semelhante ao que se emprega com as telas famosas dos velhos mestres: remover cuidadosamente os sucessivos retoques de pintura e as sucessivas camadas de verniz, que representam o esforço de várias gerações bem intencionadas para dar mais beleza e lustre ao original, até chegar ao primitivo quadro na sua primitiva pureza. Se fizéssemos algo de parecido em relação a *Falta um Zero nessa História*, removendo os "cacos" provenientes de três ou quatro décadas de existência num palco, o resultado obtido seria possivelmente uma farsa simpática, despretensiosa, e, na verdade, muitíssimo engraçada, porque as complicações de enredo do segundo ato, embora não propriamente originais, sucedem-se num ritmo que chega a ser quase estonteante.

Como está, *Falta um Zero nessa História*, mesmo fazendo rir muitíssimo o público, deixa a impressão de que o que falta principalmente é uma peça de teatro nessa história que Jaime Costa está representando no Teatro Santana.

(1952)

8. Graça Melo

8.1. *MASSACRE*

Em *L'existencialisme est un humanisme?*, conta Sartre que foi procurado certa vez, durante a guerra, por um estudante que, por assim dizer, punha-lhe o destino entre as mãos. Se permanecesse na França ocupada, não teria de abandonar a própria mãe, de quem era o único arrimo. Se, por outro lado, partisse para a Inglaterra, iria lutar por um princípio político de alcance muito maior, participando de uma luta que interessava a milhares ou mesmo milhões de franceses. Mas, e se este sacrifício fosse inútil? Se não conseguisse iludir as tropas de ocupação e chegar até a Inglaterra? Ou, se lá chegando, caísse, como tantos outros, na rotina de um trabalho de escritório, apenas remotamente ligado ao esforço da luta comum contra o invasor?

De um lado, uma pessoa querida, no que tem de inconfundível e único, essa presença humana, imediata, viva, palpável. De outro, princípios morais frios e longínquos, de eficácia duvidosa, embora de amplitude infinitamente mais vasta.

Era, na sua máxima nudez, o problema da escolha tão caro à filosofia existencialista, como, de resto, a qualquer filosofia moral. O ponto a que Sartre queria chegar, relembrando o episódio, é que não há nenhum corpo abstrato de doutrina capaz de resolver teoricamente, de antemão, esse dilema concreto e dilacerante como a própria vida. O problema deve existir para ser resolvido. Em outras palavras, repetindo uma das fórmulas preferidas de Sartre, a existência precede sempre à essência. Vivemos e, depois, definimo-nos em relação à vida.

Não é preciso ter invulgar senso dramático para perceber a facílima e fecundíssima aplicação que tais reflexões podem ter no teatro. Haverá alguma coisa mais dramática do que situações cruciais e privilegiadas como estas, que se colocam na encruzilhada não só de duas decisões momentaneamente diversas, mas na de dois destinos porventura opostos na sua disparidade? E que faz ordinariamente uma peça de teatro se não condensar, em algumas horas, à volta de um número limitadíssimo de incidentes, toda a vida de uma ou mais criaturas?

Massacre, de Emanuel Roblès, retoma esse tema da escolha, trazendo-o, entretanto, para um terreno bem mais fácil e próximo do grande público. As suas qualidades são antes de força e de sinceridade do que de astúcia de pensamento.

O núcleo em roda do qual se organiza o enredo é tão simples, expõe-se desde os primeiros instantes com tanta franqueza, que não há mal algum em revelá-lo aqui. Na Venezuela ainda do período colonial, Simon Bolívar foge dos seus perseguidores espanhóis, de maneira a poder continuar a luta em prol da libertação do país. Seis pessoas, escolhidas ao acaso, são presas como reféns; serão fuziladas ao cabo de uma hora. Ao oficial espanhol que, traindo os seus companheiros de armas, deixou escapar Bolívar, cada um daqueles seis inocentes vai repetir até a exaustão física e emocional a mesma e obsedante pergunta: terá ele o direito de silenciar sobre a direção tomada por Bolívar, sacrificando seis vidas humanas exatamente em nome dos princípios humanitários que tanto o seduziram na pregação de Bolívar? E se de qualquer maneira o chefe revoltoso malograr, com ou sem o auxílio daqueles sacrifícios? Que sentido terá a sua obstinação?

É evidente, como assinalou a crítica francesa, que, para o público, o problema não se apresenta nesses mesmos termos. Os fatos presentes da peça de há muito se tornaram passados e a história se incumbiu de resolver de uma vez por todas a questão, demonstrando que não foi inútil nenhum sacrifício feito em favor de Bolívar. O que para os protagonistas é um angustiante dilema moral, aparece aos nossos olhos como a mais segura das certezas.

Mas se isto retira inevitavelmente parte da eficiência dialética de *Massacre*, não nos deixando em dúvida, divididos contra nós mesmos, prontos a aceitar os dois lados do problema e a discuti-lo com a máxima isenção de ânimo, não lhe retira, entretanto, nem a força de persuasão nem o calor humano. *Massacre* não faz pensar como as melhores peças de Sartre ou de Camus, não esmiúça as múltiplas possibilidades de especulação teórica contidas em cada ato humano. *Les Bouches Inutiles*, de Simone de Beauvoir, igualmente sobre um tema de escolha entre a vida humana e princípios morais e políticos, é, desse ponto de vista, muitíssimo superior.

Mas o drama de Emanuel Roblès lucra também, por outro lado, com a falta de equilíbrio entre os dois pratos da balança: colocando-se

Graça Melo e Mário Brasini em *Massacre*, de Emanuel Roblès. Direção de Graça Melo, cenários de Santa Rosa, produção do Teatro de Equipe.

decisivamente do lado de Bolívar, arrasta-nos consigo, fazendo-nos desejar impacientemente que o protagonista mantenha até o fim o seu silêncio. Deixamos de nos interessar pela discussão de idéias e passamos unicamente a nos emocionar com os acontecimentos: é com o coração, não com o cérebro, que aguardamos nervosamente o desfecho da peça. E para isso contribui, não pouco, certa generosidade de pensamento, certo ímpeto, certa simpatia pelos oprimidos, que atinge facilmente a nós brasileiros, que também tivemos as nossas guerras de independência.

O tom de *Massacre*, apesar de nitidamente moderno, apesar da contenção, da sobriedade, não está longe de se aparentar, no fundo, à exaltação patriótica e principalmente humanitária de um Castro Alves, por exemplo. E não será esse certamente o menor dos seus atrativos, porque os bons sentimentos nunca deixaram de ser artísticos quando expressos com tanta convicção e sinceridade.

Podemos certamente criticar a direção de *Massacre* em mais de um ponto. Mas, não podemos negar que a peça de Emanuel Roblès tenha sido integralmente dirigida, e dirigida por um homem de teatro ciente do que estava fazendo. Da mesma forma, podemos não apreciar pessoalmente o estilo dado por Graça Melo ao espetáculo. Mas, é impossível não reconhecer que o espetáculo traz a marca de uma personalidade, um ponto de vista artístico que congrega e unifica a peça. Sentimos de maneira fortíssima a presença de alguém que pensou e cuidou de cada um dos elementos da representação, fazendo reinar entre os atores, entre os cenários e as marcações, entre os gestos, as atitudes, os acessórios, os efeitos de luz, aquela harmonia, aquele nexo, aquela "misteriosa correspondência de relações" que para Copeau era o próprio sinal da existência de uma encenação digna desse nome. Bastaria esta qualidade para conferir a *Massacre* uma classe à parte no nosso teatro, onde a maioria dos espetáculos são ainda o produto acidental da reunião de atores mais ou menos em liberdade.

Como tendência artística, *Massacre* lembra o grande período de Os Comediantes, sob a direção de Ziembinski: a mesma ênfase, a mesma predileção pelas marcações nítidas, escultóricas – formando por vezes quase uma dança hierática; o mesmo senso do ritmo e do silêncio que galvaniza, o mesmo colorido gritantemente teatral, a mesma preocupação, talvez excessiva, talvez já não tão moderna como há vinte anos atrás, com os valores puramente de direção.

Quer isto dizer apenas que o trabalho de Ziembinski germinou e deu frutos, continuando no de seus antigos discípulos. Não há, com efeito, na encenação de Graça Melo, nenhum servilismo, nenhuma repetição mecânica de efeitos ou achados alheios. O espírito somente é que é o mesmo, coisa das mais legítimas em arte. Afinal de contas,

Ziembinski nada inventou daquilo, como seria o primeiro a proclamar, caso fosse necessário. Em arte, todos nós – exceto cinco ou seis privilegiados em todo o mundo – nada mais somos do que os elos de uma gigantesca corrente, passando para a esquerda as idéias e os conhecimentos que acabamos de receber da direita.

Se o bom gosto e a discrição fossem os únicos ou os mais seguros critérios para julgar uma obra de arte, talvez tivéssemos de condenar *Massacre*. Graça Melo, como encenador, nem sempre soube evitar certo tom declamatório e certa melodramaticidade vulgar que, sobretudo no segundo ato, chegam quase a irritar, transportando as idéias de Roblès para um plano popular, oratório, próximo da praça pública e do discurso patriótico. Mas em casos como esse deve-se dar importância ao que existe e não ao que falta. Ora, sobram em *Massacre* qualidades também extremamente positivas, e principalmente muita exuberância, muito impulso, muita vibração, muita agressividade e virilidade de pensamento. Quaisquer que sejam os seus defeitos, não há dúvida de que a encenação está plenamente realizada, comunicando cada situação dramática, conforme a intenção do diretor.

Julgando o grupo do Teatro de Equipe, individualmente, já a nossa impressão seria menos boa. Assim mesmo três interpretações, pelo menos, parecem-nos excelentes: as de Graça Melo, Mario Brasini e Carlos Couto. A Graça Melo cabe o mérito de ter tornado compreensível e até mesmo aceitável a psicologia de um fanático da violência – violência física, desbordante, chegando quase à histeria. Em face dele, Mario Brasini brilha pelas virtudes opostas: simplicidade, naturalidade, simpatia (talvez o Montserrat que compôs tenha sido até mais doce do que convinha ao equilíbrio da peça). Carlos Couto impressiona sobretudo pela voz, pelo rosto, talhado para o papel.

Logo a seguir destacaríamos Lídia Vani, em surpreendente progresso, a caminho de perder esse ranço de artificialismo, de afetação, que o mau teatro já lhe ia dando definitivamente, como à maioria das nossas atrizes; Maurício Sherman, cujo trabalho, apesar de meticuloso e feito evidentemente com carinho e inteligência, não chega a anular por completo a diferença de idade entre o ator e a personagem; e Labanca, embora sempre intencional demais, como se fosse fazer, em cada frase, importantíssima revelação.

Os outros quase todos bem fracos. Ibanez Filho e Serafim Gonzales nem mesmo a dicção conseguiram dominar perfeitamente. Walter Duarte e Araci Cardoso têm ainda pouca presença em cena. Eduardo Garcez é um caso à parte. Já representa – e até demais. É verdade que se trata de um ator representando outro ator... Mas ainda assim não haveria necessidade daqueles ares pomposos e postiços. Quando recita, entretanto, está esplêndido, dentro do estilo da época, sem qualquer excesso ou ar de contrafacção. Parece-nos que no seu caso o que houve, mais do que qualquer outra coisa, foi erro de direção.

A maioria dos atores do Teatro de Equipe são estreantes, aos quais se deveria aquela espécie de benevolência reservada costumeiramente aos amadores. Não a tivemos nesta crônica – o que não deixa de ser uma forma de elogio indireto aos companheiros de Graça Melo.

Cenários de Santa Rosa, tão felizes quanto os figurinos de Caribé (particularmente os masculinos). Boa tradução de Miroel Silveira.

Neste balanço um tanto longo, as nossas múltiplas idas e vindas deixaram possivelmente, no espírito do leitor, a impressão de que há muita coisa a colocar tanto no ativo quanto no passivo da representação. De fato, é essa a nossa opinião, devendo-se esclarecer, todavia, um ponto: o saldo é inteiramente favorável a Graça Melo. Cremos mesmo que *Massacre* o veio pôr na vanguarda do nosso teatro, talvez como o mais promissor entre os encenadores brasileiros do momento.

(1952)

8.2. *O... MAGNÍFICO*

Le cocu magnifique é uma comédia sobre um marido enganado, escrita para liquidar com todas as comédias sobre maridos enganados. Três ou quatro séculos de ficção burguesa – ficção dramática ou cômica – encontram o seu natural desaguadouro e o seu marco final nesta história a um só tempo comum e estrambótica, que não sabemos nunca como classificar exatamente, se como a mais lírica das farsas ou como a mais descabelada das tragédias.

Não é a lealdade da mulher que entra propriamente em jogo na peça de Crommelynck. É a dúvida do homem, a preocupação do marido com a própria dignidade conjugal, compreensível numa sociedade que repousa basicamente sobre a noção de fidelidade sexual, estabelecendo o paradoxo de fazer recair em outra pessoa a incumbência de velar pela honra de cada um de nós. Daí *Le cocu magnifique* ser, antes de mais nada, um longo monólogo de Bruno, apenas alimentado pelas ocorrências ou figuras secundárias do enredo, inclusive a mulher, que outra coisa não representa senão o indispensável pretexto, o primeiro impulso que vai pôr em movimento, para sempre, todo o complexo mecanismo do ciúme.

Não é tanto a infidelidade que nos tortura: é a incerteza. Não é tanto o amor: é o amor próprio. Eis as batidíssimas premissas de que Crommelynck vai tirar algumas das mais inesperadas e fantásticas conclusões. Se Bruno pôde duvidar, embora por um segundo, da honestidade da esposa, por que não há de duvidar sempre? Se a mulher é capaz de esconder no íntimo do seu pensamento, oculto irremissivelmente aos olhos de todos, um instante que seja de tentação, por que outros instantes iguais não se hão de seguir, cada vez com intensidade maior?

Uma vez perturbado por tais idéias, Bruno está perdido, condenado, pelo seu temperamento de poeta e sua imaginação transbordante, a segui-las até as últimas conseqüências. Privado desse ponto de apoio, imprescindível à vida do espírito, que é a certeza, a segurança de convicções, não lhe resta mais nada a não ser debater-se e agitar-se num pesadelo sem fim, em que cada nova prova de honestidade de Estela é transformada pela sua incrível capacidade de desconfiar em outro irrecusável indício da culpabilidade da mulher, numa espécie de círculo vicioso condenado a girar perpetuamente sobre si mesmo.

Por um momento, Bruno entrevê uma possibilidade de salvação, uma âncora que o prenda à terra firme. Não se pode provar de um modo absoluto e total a inocência de uma mulher: mas, pode-se provar facilmente a sua culpabilidade, quando esta existe. A solução estará, portanto, na certeza salvadora e abençoada de ter sido enganado, único ponto final capaz de deter aquela marcha interminável de perguntas sem respostas, de dúvidas sem soluções. E é por isso que Bruno lança furiosamente Estela nos braços de todo mundo, esperando pagar com o corpo da mulher o preço da própria paz de espírito. Mas ainda então o repouso revela-se ilusório. Apenas traído, como desejava, Bruno começa a achar que talvez não o tenha sido, conduzido pelas mesmas razões anteriores, agora funcionando em sentido oposto. Se cada frase ingênua, se cada expressão de inocência, pode dissimular um horror de dissolução moral interna, por que o contrário não será também verdadeiro? Se desprezarmos o critério da aparência, palpavelmente falho, por que não concluir então sistematicamente contra a evidência dos fatos?

As suspeitas de Bruno estão, pois, fadadas a não ter fim: uma vez posta em ação a máquina da dúvida não há nenhuma razão humana que tenha força para detê-la na sua marcha devoradora e lógica. Podemos duvidar até da licenciosidade, como já duvidáramos da candura. Vítima da sua inesgotável capacidade de desconfiar, Bruno acaba por se enclausurar dentro de um sistema irrespiravelmente fechado, em que todos os sinais, de honestidade ou de desonestidade, passam a ser interpretados como signos misteriosos de que só ele possui a chave.

Na última cena da peça, Estela abandona o marido, carregada nos braços de um pobre guardador de ovelhas, mais físico e menos metafísico nos seus transportes de amor. Não importa: a dúvida de Bruno, apesar de despojada do seu objeto, continuará a funcionar sozinha, no vácuo, porque o ciúme, a arte de enxergar coisas que não existem, não necessita de outro alimento além do que ele mesmo secreta. O que lhe interessa, na qualidade de marido, é, sobretudo, não ser *dupe* dos acontecimentos, especialmente dos mais evidentes:

"– Ah, não, não, tolo assim também não! É mais um dos estratagemas dela! Desta vez eu não caio!"

Essa imagem final de Bruno, cego e surdo a tudo o que se passa ao seu redor na ânsia de descobrir no fundo da sua consciência o segredo da verdade, assemelha-se curiosamente à situação daqueles filósofos que precisam contemplar o espetáculo do próprio pensamento – e da própria dúvida – para ter finalmente a certeza de que o universo existe, esse mesmo universo que os sustém, indiferente, sob seus pés.

Não há dúvida de que a dialética de Bruno é impecável. O seu raciocínio seria até inteiramente convincente se não apresentasse um pequenino e fatal defeito: ser lógico demais, daquela lógica extremada, que não mede conseqüências, levando-nos diretamente ao absurdo. E é a loucura metódica e ordenada da peça que a salva de qualquer pretensão filosófica, levando-a para outro terreno, inteiramente diverso: o terreno da fantasia e da extravagância, onde as coisas deliciosamente impossíveis é que sempre acontecem. Se *Le cocu magnifique* começa por um esboço de análise psicológica do ciúme, embora irônico, embora pelo método do absurdo, termina por uma evasão sutil e devastadora de todas as leis morais do mundo burguês, como uma paródia, convulsa, frenética e dramática, de todos os dramas burgueses – reais ou imaginários – inspirados pelo tema da infidelidade conjugal. É uma obra de libertação essencialmente lírica, um mito poético que está para o *Otelo*, por exemplo, um pouco como o *Ubu-Roi*, de Jarry, está para o *Rei Édipo*, de Sófocles.

A comédia de Crommelynck é uma dessas obras nascidas sob o signo da ambigüidade, hábeis em dissolver e anular todas as fronteiras bem estabelecidas, confundindo e irmanando o cômico com o dramático, o poético com o grotesco, o lógico com o extraordinário. Obras que primam em amalgamar os contrários, como já o faz sutilmente o próprio título, em que a trivialidade do substantivo é logo desmentida pelo único adjetivo que jamais lhe poderia caber – *Le cocu magnifique*! Não é sem alguma *coquetterie*, aliás, que o autor belga se mantém sempre a cavaleiro entre vertentes opostas, dando a todo o texto uma tonalidade elegante e displicente de incerteza ou de sentido levemente dúbio, como, por exemplo, ao acrescentar a uma das falas de Estela esta deliciosa e pitoresca rubrica – "sem malícia, provavelmente" – que é um dos comentários mais graciosos e irônicos que se possa fazer à sua figura de mulher.

Qualquer interpretação de *Le cocu magnifique* é válida, portanto, seja feita em estilo quase naturalista ou violentamente lírico, em trajes históricos ou modernos, desde que respeite a complexidade essencial do seu pensamento, a delicadeza e a finura de suas intenções.

Ora, isto é precisamente o que não nos parece ter acontecido na versão de Graça Melo, a começar pelo texto em português. *Le cocu magnifique* está escrito numa linguagem semipreciosa e seca, em que as palavras encantam porque surpreendem e destoam vagamente, em que as imagens não são nunca exóticas mas também nunca aquelas que esperávamos e prevíramos. Passá-la para a linguagem do bom senso e do lugar-comum literário, a exemplo do que fez consistentemente Raimundo Magalhães Jr., é tirar-lhe metade do encanto e do sentido artístico, como se traduzíssemos a poesia de uma Cecília Meirelles na prosa de um Genolino Amado (e escolhemos de propósito o exemplo de um homem que sabe escrever para marcar que a diferença se refere principalmente ao gosto, ao espírito literário). É possível que Raimundo Magalhães Jr. tenha procedido dessa maneira para aproximar a peça do público, facilitando-lhe a compreensão e a aceitação. Certas obras, contudo, valem e definem-se pelo seu caráter voluntariamente menos acessível. Podemos aceitá-las, tais quais são, ou rejeitá-las: vulgarizá-las é que não é possível.

A direção de Graça Melo, além de cortar o texto, mutilando-o às vezes de forma arbitrária, jamais conseguiu encontrar o estilo que justificasse e fizesse valer os dois lados diversos e contraditórios da peça: o grotesco e o lírico. O quanto se encontrava ele à vontade, como encenador, dentro da eloqüência teatral e simples de *Massacre*, pareceu agora pouco à vontade, às voltas com o cerebralismo de Crommelynck, esmagado entre um palco cujas diminutas proporções não aprendeu ainda a dominar e o trabalho de um cenógrafo que vagueou desorientadamente através dos séculos e através dos países, à procura de uma forma original e poética para os cenários e para os figurinos.

Nos dois primeiros atos, o público ainda acompanhou os atores, divertindo-se com os aspectos mais superficiais do enredo, aqueles que se aproximam, por exemplo, do teatro de Silveira Sampaio.

As últimas cenas, no entanto, correram num ambiente de incompreensão por assim dizer total, de alheamento quase completo, entre palco e platéia. Que significariam aquelas incessantes cambalhotas e piruetas mentais? Apenas malabarismo do autor, cansativo e vazio como todos os malabarismos? Os intérpretes pareciam não ter certeza sobre o sentido mais profundo do que estavam representando – e se eles não sabiam, muito menos nós, que estávamos do lado de cá da ribalta, na qualidade de simples espectadores.

Como ator, Graça Melo valeu-se da sua experiência, da sua sinceridade contagiante, do seu calor emotivo, e se não chegou a esclarecer e a iluminar intelectualmente o papel, também não perdeu o contato direto com o público. A sua presença física de ator, das mais fortes do nosso teatro, bastou para manter sempre de pé o espetáculo, se não a peça.

A interpretação de Lídia Vani merece reparos especiais. Estela é uma figura essencialmente feminina, uma espécie de enigma poético, que o homem tem de a todo momento decifrar (o drama de Bruno é que ele decifra sempre errado, por excesso de imaginação). Graça Melo querendo emprestar-lhe o máximo de alada poesia, fê-la dançar literalmente do primeiro ao último minuto, não lhe negando nem mesmo o clássico sapatinho de bailarina. É fácil perceber o motivo dessa solução, que ameaça, aliás, invadir totalmente o teatro brasileiro, voltando monotonamente todas as vezes que se trata de traduzir em gestos, num palco, a graça da mulher. Não é a dança o próprio símbolo da leveza? Nada mais fácil, portanto: é só pegar as soluções da dança, já prontas e trabalhadas por alguns séculos de exercício, e transportá-las tal e qual para o teatro, ponto por ponto. O que semelhante raciocínio simplista esquece é que isso significa contornar o obstáculo em lugar de vencê-lo, recorrendo logo ao mais óbvio e ao mais convencional. Em outras palavras: a atriz pode sugerir a graciosidade impalpável da dança, mas deve ser capaz de fazê-lo por meios especificamente teatrais, como atriz perfeita, segura da sua arte, e não como dançarina, forçosamente imperfeita.

Dos outros atores, cujas limitações em *Le cocu magnifique* derivam diretamente da encenação, anotemos apenas, por dever da lealdade, que Ibanez Filho se apresentou muitíssimo melhor do que na peça de estréia, sendo o único que superou o desempenho realizado anteriormente em *Massacre*.

(1952)

8.3. *VOLTA, MOCIDADE*

Volta, Mocidade parece-nos pertencer à categoria dos espetáculos que deixam escapar a oportunidade por um triz. A escolha inicial foi a melhor possível: uma peça de grande êxito comercial nos Estados Unidos e dois artistas naturalmente indicados, até pelas características físicas, para interpretá-la. Se há entre as nossas atrizes, uma Lola, é Olga Navarro; se há, entre os atores, um Doc, é Graça Melo. Qualquer coisa todavia, não funcionou bem, qualquer coisa faltou – talvez a direção, talvez o tempo de amadurecer cada desempenho – e o milagre da catálise artística não se verificou. Que diferença existe entre uma boa poesia e uma grande poesia? Quase nada, uma idéia ou uma palavra mais feliz, algo imperceptível aos ouvidos de todos, exceto dos mais sensíveis. Entretanto, uma está destinada a viver para sempre e a outra a perecer quase como nasceu. Também no teatro as pequenas diferenças são freqüentemente as maiores – são elas que determinam o acabamento do espetáculo, a sua realização como obra de arte perfeita e independente.

Nos dois primeiros atos de *Volta, Mocidade* muito pouco acontece. A peça sustenta-se por assim dizer do que não acontece, dos sentimentos mal formulados e das palavras que não chegam a ser ditas. A sensação predominante é de vazio, de expectativa frustrada, sensação que deveria apoiar-se sobre uma encenação sensível e minuciosa ao extremo, atenta ao ritmo, à pausa, aos meios-tons, ao aproveitamento sutil de cada pequeno episódio, insignificante em si mas poderoso no que diz respeito à criação de uma certa atmosfera poética do desencanto, melancolia e frustração. Olga Navarro, todavia, como protagonista, nunca nos comunicou totalmente a alma secreta e profunda da sua personagem, essa angústia diante da fuga da mocidade que a fazia expandir-se em falsa alegria e falsa agitação. Embora admirando a sua contagiosa simpatia humana, a sua naturalidade em cena, o seu desembaraço de atriz, permanecemos meros espectadores, mais propensos ao riso do que à emoção, sem sentir o drama pelo lado de dentro, na nossa própria pele.

Depois, vem o terceiro ato e a peça muda inesperadamente de feição: tudo o que não havia acontecido começa a acontecer em escala exagerada. Um bêbado que rouba furtivamente uma garrafa diante dos olhos do público, uma violentíssima cena de loucura alcoólica, são elementos tão ingênuos artisticamente, tão melodramáticos, tão próximos do *grand-guignol*, que somente um máximo de sinceridade na sua apresentação, de simplicidade e verdade humana, os poderia salvar. Como nas fitas neo-realistas italianas, a questão seria encontrar uma nota de autenticidade, de ausência de artifício, que nos fizesse descobrir, sob a capa do convencionalismo, da situação já gasta porque mil vezes explorada em obras de segunda e terceira ordem, a matéria-prima, bruta e vulgar, da própria vida. Mas, ainda aqui, a representação não se elevou o necessário: Graça Melo não foi mais do que um bom ator representando uma cena de bebedeira.

Some-se a essas, uma série de pequenas outras falhas, o cenário incolor, pouco pessoal, de Clóvis Garcia (tão inferior aos que ele tem realizado ultimamente), o desempenho quase indiferente de muitas "pontas" (as de Milton Goulart, Thalma de Oliveira e Fernando Mascaro, por exemplo), a ausência de maior caráter norte-americano nas roupas e nos móveis – e teremos um espetáculo apenas regular para um gênero de peça que não se contenta com nada abaixo do excelente.

Graça Melo, como diretor, reaparece no mesmo ponto em que o deixamos: possui uma porção de invulgares qualidades, prejudicadas pela falta da única qualidade que talvez conseguisse fundir e vivificar todas as outras: paciência ao lidar com os pormenores materiais, capacidade de esperar até que a representação amadureça, até que a análise psicológica tenha tempo de penetrar em profundidade no ator, de se sedimentar, ganhando sutileza.

Acreditamos que a peça de William Inge, em circunstâncias cênicas perfeitas, nos pudesse emocionar, como aliás, nos emocionou em alguns trechos do primeiro e do segundo ato. Mas é forçoso confessar que este primeiro contato nos revelou, acima de tudo, as idéias e técnicas tomadas de empréstimo, os andaimes que lhe serviram de construção. Descende ela, diretamente, dos dois autores do século passado que maior influência exercem na moderna ficção teatral norte-americana: Ibsen e Tchékhov. De Ibsen, recebeu o gosto pelas situações reais, temperadas por um discretíssimo uso de símbolos. De Tchékhov, a preferência pelos conflitos surdos e abafados (apenas a explosão final não seria permitida pelo autor russo). A exemplo da maioria dos dramas provindos dos Estados Unidos nos últimos anos, assenta-se fundamentalmente e sobre dois sentimentos: a nostalgia e a frustração. Ou, se quiserem, sobre um só: a sensação de vida vazia e inútil.

(1953)

9. Teatro Experimental do Negro

9.1. *O IMPERADOR JONES*

Em *O Imperador Jones* (como, mais tarde, em *Todos os Filhos de Deus Têm Asas*), Eugene O'Neill soube compreender admiravelmente o problema da dramaturgia negra, escrevendo peças em que a cor constitui a própria razão de ser do conflito e não uma decisão do autor, acrescentada ao enredo de forma mais ou menos arbitrária. Não é possível, por exemplo, imaginar outro imperador Jones que não um negro, porque o tema mesmo da peça são as relações entre duas raças e duas civilizações. Brutus Jones não é apenas um indivíduo, um preto norte-americano que fugiu da penitenciária para se tornar o imperador de uma ilhazinha hipotética qualquer, explorando a credulidade dos nativos, seus irmãos na cor. É um homem entre duas culturas, herdando de cada uma, como freqüentemente acontece quando uma civilização destrói outra sem substituí-la verdadeiramente, sobretudo as qualidades negativas: dos brancos recebeu a cupidez, a arte de enganar; dos negros, o fundo imemorial de superstições. Não há dúvida de que Jones se sente mais próximo ao cinismo do branco do que da ingenuidade do negro, regozijando-se com isso. Aos seus próprios olhos ele parece um explorador audacioso e sem escrúpulos. Daí o seu sentimento de superioridade, a sua pseudo-segurança de civilizado entre selvagens. Mas basta que uma situação fortemente dramática – a revolta dos negros – o solicite a fundo para que se revele abrutamente o outro lado da medalha: sob as vestes de colono europeu, ele continua a ser um negro como os outros, e ainda mais infeliz, porque privado das armas tradicionais de sua raça. Se em face do perigo não consegue manter a calma do civilizado, o predomínio da inteligência sobre as emoções, perdeu também a intuição do selvagem, a intimidade com a natureza, a faculdade, por exemplo, de achar o caminho, em plena noite, através da mata. Não passa de um pobre diabo, desarmado diante da floresta, como os brancos, desarmado diante do pânico religioso, como os negros.

O paradoxo de sua fuga desabalada pela selva é que ele não está sendo perseguido por ninguém a não ser por si mesmo. Na manhã seguinte, quando os nativos, findos os rituais propiciatórios, se aprestam a iniciar a perseguição, Jones já está vencido, tendo corrido a noite inteira desordenadamente para cair, exausto, próximo do ponto de partida. A sua fuga processou-se em círculo fechado, como convém a uma caçada em que a presa e o caçador são uma única e mesma pessoa. Os algozes, na verdade, foram os fantasmas, as visões primitivas, todo um mundo de crendices que ele trazia, sem o saber, dentro do coração e do cérebro.

A peça pode ser considerada quase um monólogo, ou um pseudodiálogo em que o único a falar é Brutus Jones. Monólogo, a princípio, que tem por testemunha Smithers, mero confidente de tragédia, cuja única função é permitir ao protagonista analisar-se e manifestar-se. Diálogo, depois, com uma série de interlocutores mudos, imaginários: diálogo com a floresta, com a memória, com a imaginação, com o remorso, e, principalmente, diálogo com o terror, esse terror pânico capaz de assumir mil formas, povoando a mata deserta.

O Imperador Jones pertence à família das peças que não se completam sem a encenação. Embora o texto seja de excelente teor literário (um dos melhores de Eugene O'Neill, dos menos discutíveis), nada significa no palco se a palavra não for fecundada pela música, pela luz, pelo jogo de cores, por todos os recursos que o espetáculo pode oferecer. De resto, o próprio O'Neill declarou que o gérmen da peça, a sua idéia inicial, está no efeito do tan-tan africano a bater freneticamente o ritmo da ação. Necessita, portanto, de uma direção engenhosa, hábil, capaz de disfarçar o artificialismo da primeira cena – a conversa com Smithers – e transfigurar a segunda – a caminhada pela floresta – num inesquecível pesadelo de sons e de formas, um *ballet* do pavor, tanto ou mais visual do que literário.

Para quem assistiu ao espetáculo do Teatro Experimental do Negro, a simples proposição de tais objetivos resulta na mais incisiva das críticas. A primeira parte arrastou-se como uma conversa qualquer, monótona, didaticamente expositiva do assunto, sem motivação dramática; e a segunda, apesar de rica de elementos humanos, apesar de servida por muitos figurantes, apesar de movimentada num evidente sentido plástico, jamais levantou vôo. Estamos pedindo demais, talvez, de um grupo formado por amadores, e que está longe de possuir os indispensáveis recursos técnicos – mas que fazer se, no caso presente, uma encenação materialmente perfeita é a própria condição de viabilidade da peça!

Por outro lado, não é tanto o pormenor quanto o próprio princípio da encenação que nos pareceu errado. Não se pode criar num palco uma floresta tropical, e muito menos uma sucessão de pequenas cenas ocorridas em seu seio, mediante um telão que desce, outro que sobe, uma árvore que é plantada às pressas pelo maquinista no centro do palco etc. Em tais circunstâncias, se não dispomos de todos os recursos do palco, a única saída é abandonar de vez a verossimilhança, contando ao máximo com a sugestão, jogando somente com as luzes e com dois ou três elementos longinquamente inspirados na realidade. A questão, em outras palavras, é de encantamento poético, quase no sentido primitivo da expressão. Os cenários de Clóvis Graciano erraram por ficarem timidamente a meio caminho entre a realidade e a estilização.

Para complicar ainda mais as coisas, o drama de O'Neill requer não só um grande, excepcional diretor, mas um grande, excepcional intérprete. E ainda aqui o Teatro Experimental do Negro permaneceu muito aquém da responsabilidade assumida. Abdias Nascimento é um bom ator, talvez ainda à espera do toque diretorial. Mas as suas características são umas, e outras as de Brutus Jones: onde o texto exigia força, tivemos delicadeza; onde exigia primitivismo, tivemos afabilidade etc. Se alguma coisa foi comprovada, é que toda a interpretação teatral deve partir de uma certa afinidade física entre o ator e a personagem.

O Teatro Experimental do Negro está numa fase de desenvolvimento em que necessita muito mais de auxílio do que de críticas. Infelizmente, pouco podemos oferecer-lhe além deste melancólico apontar de erros que constitui a própria essência do nosso ofício. Mas há quem possa e deva fazer mais – a Municipalidade, por exemplo. O seu programa de auxílio às artes comporta necessariamente uma parte referente ao teatro. E, neste setor, que tarefa mais alta, de maior alcance social e artístico, do que conceder uma oportunidade para que o heroísmo – estamos medindo bem as palavras – para que o heroísmo destes intérpretes negros, chefiados por Abdias Nascimento, tenha possibilidades materiais de se transformar eventualmente em arte?

(1953)

10. Companhia Delmiro Gonçalves

10.1. *A FALECIDA MRS. BLACK*

1900 é para a França uma época alegre, feliz, – *la belle époque*. Para a Inglaterra é um período soturno, marcado pelos preconceitos, pelo puritanismo, pelo inverno, pelas salas atapetadas, cobertas de renda e veludo, sem luz e sem ar. Em teatro sugere, no máximo, um drama doméstico, e, no mínimo, um melodrama policial. *A Falecida Mrs. Black* situa-se a meio caminho entre uma coisa e outra, embora bem mais próxima da segunda, a dois passos de Scotland Yard e não muito longe de Baker Street. Quer isso dizer, todos já perceberam, que é uma peça embebida de uma atmosfera especial, forrada de tradições literárias e subliterárias, uma dessas peças que se escrevem sozinhas quando dois autores ingleses se juntam para colaborar.

Um bom enredo policial assemelha-se sempre pelo menos a uma boa dezena de outros: a originalidade consiste em tomar uma situação conhecida, estudada, e acrescentar-lhe, com infinita paciência e sagacidade, uma ou duas peninhas para atrapalhar. O tema do crime cometido num quarto hermeticamente fechado, por exemplo, já foi trabalhado por algumas gerações, sem se esgotar. *A Falecida Mrs. Black* parte de uma situação não menos clássica. Uma paralítica que acaba de morrer e cuja presença flutua ainda pela casa, o viúvo, a jovem dama de companhia que sonha com o sol da Itália, a governante ligeiramente sinistra – que mais poderíamos desejar? Tudo é perfeitamente engendrado. No momento oportuno, no minuto exato, até a natureza contribui obedientemente com o seu quinhão: as portas rangem, o soalho estala, as luzes apagam-se, um perfume misterioso invade a sala, a chuva cai funestamente, e o vento, brincalhão de mau gosto, faz a alma da morta dar umas risadinhas irônicas em intenção dos vivos (quem quiser saber como, terá de ver a peça). Não falta, para completar o quadro familiar, nem mesmo esse nosso amigo de todos os dias, de todas as horas, o arsênico, que, para alívio dos autores e satisfação nossa, sempre encontra jeito de se insinuar despercebido pela cozinha e pela horta britânica adentro. Os menores indícios são naturalmente decisivos. O que faz a ação caminhar não são os homens, falsos protagonistas, mas a mancha da toalhinha de *croché*, a caixa de prata desaparecida, o copo de vinho que, de repente, passa para um gigantesco primeiro plano, apoderando-se durante um quarto de hora de nossa mais apaixonada atenção. Fornecidas todas as pistas, espera-se da inteligência do espectador que saiba ao menos somar os dados, tirando do enigma a única conclusão possível. Tarefa inútil, de resto: a exemplo dos mágicos, está claro que o autor, depois de explicar todos os outros, reservou para si o último truque, infelizmente o único importante.

A peça de Dinner e Morum, posta neste plano literariamente mais modesto, e apesar de não trazer nenhuma novidade, consegue superar a prova fundamental do gênero: manter a nossa imaginação ativa do primeiro ao último minuto. Não temos dificuldade em desmascarar, quase de antemão, os nós em que se vai articulando o enredo mas nem por isso deixamos de ficar presos ao seu desenvolvimento. Considerada num plano mais alto – uma história de amor e dúvida entre um homem e uma mulher – a peça já não nos toca tanto. Interessa-nos bem menos saber quem são na verdade Elizabeth Graham (a dama de companhia) e Gregory Black (o viúvo) do que penetrar no segredo de como e de que morreu essa famosa (e falecida) Mrs. Black do título. Até a idéia da suspeita mútua, agindo como elemento de destruição psicológica, serve acima de tudo para substituir engenhosamente o detetive pelos próprios culpados, na sofregidão com que cada um se lança a desconfiar e a acusar o outro.

O elenco da companhia Delmiro Gonçalves, nesta sua primeira apresentação, reparte-se eqüitativamente, segundo uma fórmula muito cara a um teatro em crescimento como o nosso: dois profissionais de excelente nível e dois amadores de possibilidades. Os primeiros são Margarida Rey e Jaime Barcelos, os outros Edith Helou e Rubens Petrilli de Aragão.

Desde que Jaime Barcelos surgiu em São Paulo, ansiamos por uma oportunidade para admirá-lo sem restrições. Alguma coisa, no entanto, acabava, em geral, interferindo: vícios de gosto, a repetição cansativa de uns tantos cacoetes, ecos de papéis anteriores etc. Agora chegou a sonhada oportunidade: o detetive de *A Falecida Mrs. Black* é um Jaime Barcelos por assim dizer em estado de pureza como ator, limpo de todos os resíduos de mau teatro, sem os defeitos e com as grandes qualidades antigas. Belíssimo desempenho. Já Margarida Rey, embora oscilando ao sabor das companhias de que fez parte, é uma atriz de regularidade a toda prova. De discretas para cima situam-se todas as suas interpretações. Mas também para ela o presente espetáculo vale quase como uma revelação. Solicitada finalmente por um encenador, como não o era desde os dias dos Comediantes, deu o melhor de si mesma, manifestando, juntamente com a sobriedade e a energia que lhe são características, uma flexibilidade, uma subtileza, que não lhe suspeitávamos. A peça de Dinner e Morum, portanto, se outro valor não tivesse, teria esse de repor em seus devidos lugares dois dos mais hábeis atores dos nossos palco.

Tudo isto, e mais o desenho de cenários e figurinos extremamente adequados ao texto, e mais uma direção que já seria ótima para um veterano e que é extraordinariamente segura e exata tratando-se de alguém que se inicia, deve-se a Rubens Petrilli de Aragão. Ele também representa, mas aqui a sua arte é composta, consciente em excesso, derivando da inteligência e não do instinto. Rubens defender-se-ia provavelmente dizendo que não encontrou ator para o papel. Mas, em três peças que encenou até hoje, é a segunda vez que tal acontece, levantando-se a suspeita de uma rebelde, ignorada e sub-reptícia vocação de ator querendo afirmar-se a qualquer custo. Se a hipótese é justa, o melhor que ele tem a fazer é ser implacável com as suas veleidades em germe. É evidente que a prática o auxiliaria muitíssimo – mas para que o esforço em quem não nasceu com a voz, o rosto, os braços, o corpo dos que representam espontaneamente, por necessidade biológica, sem saber como? E além disso, para que mais um ator quando necessitamos tanto de diretores do seu talento? A atual encenação revela que Rubens Petrilli não tem menos habilidade na marcação, perspicácia psicológica, sentido do espírito do texto, do que qualquer outro encenador brasileiro, sendo dos poucos a possuir uma visão artística ampla, não limitada ao teatro, estendendo-se igualmente pela música e pela poesia, pela pintura e pelo romance.

A excepcional estréia da Companhia Delmiro Gonçalves obriga-nos a terminar reafirmando dois pontos que todo mundo já observou e disse, mas convém repetir porque são verdadeiros. O primeiro é que grande parte do êxito cabe ao TBC, onde Rubens Petrilli de Aragão trabalhou dois anos como assistente de direção, assimilando-lhe os métodos de ensaio e o cuidado com a encenação. O segundo, infelizmente contrário ao primeiro, é que é uma pena que o TBC, contando com quatro encenadores estrangeiros, tenha deixado sair de seus quadros, sem antes lhe ter dado ao menos uma oportunidade, um dos raros, um dos raríssimos diretores brasileiros que, em possibilidade de progresso, não se inferioriza a nenhum diretor de fora. Verdade esta que podemos dizer sem o menor constrangimento porque temos plena consciência de que nunca a vaidade nacionalista alterou qualquer juízo nosso sobre o teatro.

(1953)

10.2. *A ILHA DAS CABRAS*

A Ilha das Cabras é o acontecimento teatral mais importante de 1953 até o momento – e talvez o ano, que já alcançou quase a sua metade, chegue ao fim sem que tenhamos mais do que dois ou três espetáculos de igual peso.

A Ilha das Cabras é primeiramente, antes e acima de tudo, o encontro com um grande autor – Ugo Betti. Os elogios da crítica italiana, colocando-o abaixo somente de Pirandello no panorama destes últimos vinte ou trinta anos, a irradiação que a sua obra começa a ter em outros centros, em Paris e Nova Iorque, já nos haviam decerto posto de sobreaviso. Mesmo assim *A Ilha das Cabras* constitui surpresa. A nós, que nos vemos obrigados tantas vezes a defender o teatro contra a invasão da literatura e da falsa poesia, que extraordinário prazer sentir nele de novo a presença, tão rara e tão nobre, de um verdadeiro estilo literário, de um estilo que não é um mero exercício de linguagem, que não se pode dissociar da situação dramática para admirá-lo à parte, como um enfeite, um ornamento. E que prazer, também, perceber o pulso de um grande escritor, um escritor que pode passar impunemente por cima de todas as regrinhas de bem escrever e bem construir, um escritor que não necessita reproduzir a realidade, nem ocupar-se da verossimilhança estrita, porque é capaz de criar a sua própria realidade, desprezando as aparências com que em geral nos contentamos, de modo a ir logo ao âmago das coisas, ao centro, ao coração do conflito. Ugo Betti não perde tempo com o que irão dizer os outros, com as formalidades julgadas de praxe, com os circunlóquios de bom-tom: coloca um homem desconhecido em presença de uma mulher, face a face – e ei-los imediatamente a se defrontarem encarniçadamente como velhos adversários, a se amarem e a se detestarem, presos um ao outro pelo laço que mais une e mais separa o homem da mulher – o sexo. São dispensáveis as palavras de apresentação, de sondagem: a única linguagem que conhecem esses famintos do absoluto é a confidência, a única coisa que sabem dizer são as coisas que não se dizem a ninguém. O primeiro ato, então, é um deslumbramento de descobertas dramáticas, com matéria suficiente para toda uma peça. Mal se abre o pano, já estamos mergulhados até o fundo de nossa alma nos acontecimentos, ligados à história incomum e às singulares personagens que a vivem. Chegamos ao intervalo extenuados de tanta ousadia, de tanta emoção humana e poética, dispensada com a prodigalidade de quem sabe que os seus tesouros não se esgotarão tão cedo. Depois, não importa que os outros atos não mantenham o mesmo fluxo transbordante de invenção: o que sobra em tensão, tensão dramática, psicológica, moral, bastaria para alimentar três ou quatro peças de fôlego comum. A sensação de riqueza é tanta que ansiamos por voltar ao espetáculo mais vezes, até matar a nossa sede, até o compreendermos e recebermos dentro de nós, integralmente.

O segundo grande encontro de *A Ilha das Cabras* é um encenador – Rubens Petrilli de Aragão. Após algumas experiências preparatórias, convenientemente comedidas, não é sem espanto e alegria que o vemos deixar a prudência de lado, esquecer momentaneamente a modéstia, e lançar-se a um texto dificílimo com o ardor e o ímpeto de um principiante para quem o teatro é uma necessidade vital. É possível que a sua maneira de encenar a peça não esteja inteiramente de acordo com a poética de Betti, ponto que não saberíamos discutir. Do próprio texto, por exemplo, ressalta que as três mulheres – irmã, filha e mulher de um professor – não são bem as camponesas quase rudes apresentadas no palco. Mas o caso é que Rubens soube transmitir aos atores uma espécie de fúria sagrada que compensa o que possamos ter perdido em sutileza de pensamento e requinte de poesia. Rubens pertence à raça dos que nasceram marcados pelo amor ao teatro – e é este amor que faz pulsar os intérpretes e o espetáculo.

Conviria, de qualquer forma, que os atores considerassem o trabalho apresentado na noite de estréia não como um ponto mínimo, a partir do qual devam crescer de intensidade, mas, ao contrário, como um ponto máximo. O que há, às vezes, de mau, e até de francamente mau, na representação, deriva sempre do excesso e não da carência. Os atores precisam é caminhar em direção da simplicidade e da medida, marcando melhor os momentos de expansão e os de retração do enredo, sem querer criar um estado de paroxismo que dure três horas.

Parece, aliás, que a violência física significa, para os nossos atores, um certo desespero, uma certa impotência para expressar artisticamente, harmoniosamente, a emoção que os sufoca e desejariam tanto transmitir, como o cantor que grita, numa última tentativa, a nota que não consegue alcançar. O ator deve ficar sempre dentro dos limites de sua arte, não recorrendo ao berro que desfigura a voz, nem ao salto. Dir-se-á que as personagens de *A Ilha das Cabras* estão próximas da histeria. Não quer dizer nada. No teatro, mesmo a histeria tem de ser representada como forma de arte, por uma transposição para o plano estético, a exemplo do que faz o autor, ao procurar, entre as palavras, o equivalente da emoção muda ou do soluço de dor inarticulado. Não importa que na vida real as pessoas gritem o seu desespero, descabelando-se ou caindo ao solo. No palco, a violência não será menor, mas diferente, transfigurada pela arte – e nada é mais desagradável do que perceber o cansaço físico, o esforço vocal do ator.

Uma atriz de *A Ilha das Cabras*, entretanto, escapa inteiramente a tais críticas – Margarida Rey, o terceiro grande encontro da noite. Margarida tem no drama de Ugo Betti o maior desempenho de sua carreira. Embora contracenando com três bons atores, esmaga-os com a sua sobriedade, a sua força autêntica e profunda, a sua impecável dignidade, a sua noção de medida que é calor e não frieza. Margarida sempre foi uma excelente atriz mas ascende agora ao rol, muitíssimo restrito, das grandes atrizes. A sua preocupação, durante muito tempo, será a de manter e não a de ultrapassar o nível deste seu desempenho.

Há muito que o teatro paulista aspira ao aparecimento de uma segunda companhia da mesma qualidade do Teatro Brasileiro de Comédia, de forma a termos, cada ano, dez ou doze espetáculos de primeira ordem em lugar de cinco ou seis. Vários conjuntos tentaram sem êxito a proeza que, do ponto de vista puramente artístico, está agora em vias de se realizar, ao que parece, pela Companhia Delmiro Gonçalves. Resta apenas que o público saiba compreender os seus interesses, acorrendo em massa ao teatro. E que ninguém interprete mal as nossas palavras. Não se trata em absoluto de estimular condescendentemente alguns principiantes, confiando em que a Providência Divina há de se lembrar de nos recompensar, no futuro, pela boa vontade demonstrada no presente, mas de assistir a uma peça de magnífica qualidade literária e dramática, representada em nível também superior – quaisquer que sejam as objeções que possamos fazer à direção e aos atores. Se se divertir é ficar preso ao palco, às palavras, se é esperar nervosamente pelo desfecho, se é se comover e ser obrigado a pensar – não sabemos de melhor diversão do que *A Ilha das Cabras*. Que ninguém cometa a tolice de ir vê-la julgando estar prestando um favor.

Jaime Barcelos tem no drama de Betti a sua primeira grande oportunidade dramática. Mas, por infelicidade, num papel que não coincide exatamente com a sua maneira de ser. O Ângelo da peça não é Jaime Barcelos, não por inabilidade do ator, por incapacidade sua de alçar-se até o nível de um grande texto literário, mas por uma divergência de temperamento. E não nos referimos ao homem, isto é, a fatores de ordem pessoal, como a altura ou a beleza física. Jaime Barcelos, quando representa, é exuberante, exuberantíssimo. Transforma tudo em grotesco, em jogo de contrastes vivíssimos, em ritmo marcante, descrevendo a personagem, se assim podemos dizer, pelo exterior, de fora para dentro: é mais fácil, por exemplo, rir dele – característica do ator cômico – do que rir com ele. Tais qualidades fazem-no ressaltar esplendidamente todo um aspecto de Ângelo: o fanfarrão algo ridículo, o pobre diabo inquieto e inquietante, o histérico sujeito a fases de expansão e depressão, indo com a maior facilidade do ódio à alegria, da mentira à sinceridade etc. Ângelo, no entanto, não é apenas isso. Ugo Betti, ao caracterizá-lo, é obrigado a referir-se a todo instante a sentimentos que estão naturalmente fora do alcance de Jaime Barcelos: candura, cerimônia, serenidade quase triste, cortesia etc. Há atores que acrescentam à realidade, sem com isso desfigurá-la, uma dimensão a mais – a poética. Barcelos é impelido, por suas próprias qualidades tão positivas, ao grupo oposto, perdendo-se, dessa forma, a ponta de mistério e de poesia da personagem.

Além disso, *A Ilha das Cabras*, quanto à técnica, marca um regresso a muitos dos vícios que *A Falecida Mrs. Black* havia eliminado do seu desempenho: respiração ofegante, dicção aspirada, com valorização mecânica das últimas sílabas, efeitos de mau gosto como a transição repentina do pianíssimo ao fortíssimo e vice-versa, uso de duas ou três vozes dentro da mesma peça etc. Jaime Barcelos maltrata as palavras, faz explodir as sílabas (tornando-se, às vezes, quase incompreensível) em vez de acariciá-las, de uni-las numa melodia contínua e única.

Falamos a seu respeito mais talvez do que é nosso costume. É que Jaime Barcelos, tanto pelo que tem de bom quanto pelo que tem de mau, merece esses cuidados. E *A Ilha das Cabras* apesar do que dissemos, é uma prova do seu talento: o seu Ângelo, afinal de contas, é um dos muitos Ângelos possíveis, dentro da variedade e riqueza da personagem.

Já sabíamos que Silvia Orthof era uma atriz ideal de comédia, levíssima, graciosíssima. A peça de Betti vem revelar a sua vocação dramática, também muito forte, evidenciando que o seu registro de intérprete é completo. Não há que duvidar da sua emoção, da sua capacidade de sentir o papel no seu próprio corpo: as lágrimas que lhe rolam pelo rosto dizem bem da intensidade com que se entrega ao texto, identificando-se à personagem. Apenas um defeito poderíamos lhe apontar: o de representar, talvez, pensando ainda no público, querendo impressionar pela máscara de dor, pelo olhar transfigurado etc. É sempre perigoso para uma atriz julgar-se fora das contingências terrenas – e Sílvia atravessa, às vezes, o palco, como sonâmbula, como que em estado de transe.

Dina Lisboa tem o papel mais fácil – e, nesse sentido, ingrato, porque pobre – dos quatro atores principais. Pia é apenas uma presença carnal, quase saudável. Dina interpreta-a inteiramente à vontade – e mais ainda faria, temos a certeza, se mais lhe fosse exigido pela peça.

Num espetáculo de grande homogeneidade, como, pelo valor do texto, há muito não víamos em São Paulo, destaca-se ainda o cenário de Bassano Vaccarini, dos melhores de sua autoria, magnífico de funcionalidade e colorido, ao mesmo tempo simples e sensual, a exemplo da peça.

O mais admirável em Ugo Betti é, talvez, a fusão de um homem de teatro seguríssimo de sua arte com um poeta que não se contenta em ser um artesão, desejando dizer alguma coisa a respeito da natureza humana.

Ao primeiro devemos a construção impecável do drama: cada ato tem uma perfeita unidade, apresentando e resolvendo uma situação dramática. No fim do primeiro ato, por exemplo, a peça parece terminada, com a partida de Ângelo. Mas, Ágata, segundos antes do pano descer, reabre silenciosamente a porta e põe-se à espera do estrangeiro, como de uma fatalidade. No fim do segundo ato, nova falsa solução e nova surpreendente reviravolta: depois de se negar a expulsar Ângelo, Ágata deixa cair no poço a escada de corda, emurando-o vivo. Esses finais são, não há dúvida, dois violentíssimos *coups de théâtre*, como melhores não se poderia desejar; mas são igualmente o desenvolvimento lógico e necessário do enredo. Cada situação, ao se resolver, cria automaticamente a situação seguinte. Os três atos, apesar de cada um possuir o seu tema característico, embricam-se uns nos outros de maneira exemplar. O primeiro introduz a história e as personagens, sendo o mais fértil psicologicamente; os dois outros, moem e remoem o problema inicial até a exaustão, sendo os mais abundantes de ação dramática.

Toda esta hábil carpintaria, entretanto, fim de tantas peças menos ambiciosas, não é aqui senão um meio, um instrumento. Ugo Betti está menos interessado no teatro em si do que na investigação do que poderíamos chamar de "lado noturno" da personalidade humana – aquela porção nossa, feita de apetites, desejos, que escondemos zelosamente, como uma chaga, aos olhos alheios. Somos um perante os homens e outro perante nós mesmos. Qualidade muito bem expressa nas duas Ágatas da peça: a mulher severa, puritana, intelectualizada, que se apresenta durante o dia; e a mulher noturna, desconhecida de todos, menos do marido e do amante, sedenta de expansão livre de todos os instintos. A sexualidade percorre toda a peça, como uma força obscura, oculta, avassaladora: para o macho, o essencial é a caça à fêmea; para a fêmea, a caça ao macho. Mas, ela própria é, talvez, o signo de alguma coisa ainda mais fundamental. O que Ângelo deseja acima de tudo, transmitindo a sua febre, o seu anseio, às três mulheres que gravitam à sua volta, não é tanto a satisfação carnal, como alcançar o estado de serenidade pagã próprio da natureza, a placidez dos animais, das ervas, das pedras, de tudo que se limita a existir, de tudo que desconhece a perturbadora idéia do bem e do mal. Assim como o velho motorista do caminhão representa, de certa forma, a vida social, a atividade diurna e normal dos homens, as cabras, que dão origem ao título, impregnando a peça com a sua presença relembrada a cada momento, representam esse paraíso de animalidade pura, feliz porque isento da idéia de pecado, onde, mesmo a promiscuidade sexual, mesmo o incesto justificam-se exatamente porque não sentem necessidade nenhuma de justificativa. As crianças possuem qualquer coisa de uma tal primitiva pureza, donde a beleza, a naturalidade das relações entre pais e filhos, quando ainda se passam por assim dizer no plano biológico, quando o pensamento ainda não se infiltrou para julgar uns e outros. Mas as crianças crescem, e um dia Ágata e Sílvia surpreendem-se ao se contemplarem, não mais como mãe e filha, porém como duas mulheres formadas igualmente de paixões inconfessáveis, duas mulheres que não se perdoam por não se terem mantido fiéis àquela piedosa e fictícia imagem infantil. Onde está o homem, está o pecado, o sofrimento, a inquietação moral, o julgamento dos instintos feito pela razão. O sonho de vida animal, acalentado por Ângelo, resolve-se, pois, naturalmente, em incompreensão, em desespero, em crime: infelizmente os paraísos terrestres não podem existir a não ser sob a forma de paraísos perdidos. Ângelo, símbolo da força vital, que deveria ser pura e simples, é também o símbolo do mal. Em vez de implantar a tranqüilidade, implanta, inevitavelmente, diríamos voluntariamente, a discórdia, o remorso, a insatisfação consigo e com os outros.

Ugo Betti não analisa em *A Ilha das Cabras* este ou aquele conflito, particular e delimitado, este ou aquele aspecto do mal, e sim o mal primeiro, o mal absoluto, fonte de todos os males, o mal de sermos homens, de trazermos dentro de nós um animal e um demônio que o julga e o condena. Através da parábola destas quatro atormentadas criaturas, o que *A Ilha das Cabras* esquadrinha é, no fundo, a miséria da própria condição humana. Se a peça é obra de um poeta, que sabe usar a linguagem dos poetas, exprimindo-se por intermédio de símbolos e imagens concretas, é também obra de um pensador martirizado pela cogitação metafísica. *A Ilha das Cabras*, numa palavra, é um mito poético interpretado por pessoas de carne e osso. Daí a multiplicidade de aspectos pelos quais pode ser encarada. Daí a sua riqueza – riqueza poética, riqueza humana, riqueza de pensamento.

(1953)

11. Nicette Bruno

11.1. INGÊNUA ATÉ CERTO PONTO

O que há de mais interessante na personagem central de *Ingênua até certo Ponto* é que ela não é ingênua nem até certo ponto. Pelo menos, se entendermos por ingenuidade o desconhecimento daquilo que os norte-americanos, seus compatriotas, chamam eufemisticamente de "fatos da vida" – os mistérios da reprodução da espécie. Patty O'Neill não só conhece perfeitamente (em teoria, seja dito) onde e de que maneira as cegonhas vão buscar os recém-nascidos, como não tem, praticamente, outro assunto de conversa, considerando filosoficamente que mais vale preocupar-se do que ocupar-se com questões do sexo. A experiência precoce da vida é mesmo o seu forte. Na televisão, só interpreta papéis de mulheres da rua. Como modelo, por motivos anatômicos contra os quais nada pode a sua vontade, a sua especialidade são as cintas e os *soutiens*. Não faz nenhuma objeção em jantar e, se preciso for, dormir em apartamentos de rapazes solteiros. Aceita, sem falsos pudores, dinheiro de milionários bem intencionados. Sonha prosaicamente em casar-se com um senhor rico e distinto, de mais idade, com alguns filhos já criados. E, se no meio de tudo isso, ainda conserva imprevista e teimosamente a sua pureza de corpo, vê no fato menos uma virtude do que um preconceito um tanto pueril, um acidente algo desvantajoso numa cidade como Nova Iorque, onde a caça ao prazer não permite, em geral, tais luxos. O problema de *The Moon is Blue* não é, portanto, como supõe o título brasileiro, o da ingenuidade, e sim outro, muito mais atual: o da honestidade ou da sinceridade. Antigamente a inocência provava-se pela ignorância; hoje, prova-se pela discussão aberta e franca, por essa sem-cerimônia ao tratar do corpo e de suas funções com que as gerações mais novas não cessam de surpreender e chocar as mais velhas. Talvez fosse muito cômodo, muito aconchegante, o mutismo e a hipocrisia sexual de outrora; mas, como manter esse segredo de Polichinelo, como continuar a fingir que não se sabe de nada, numa sociedade que costuma saudar todas as noites, no cinema, com assobios sabiamente expressivos, as virtudes e os talentos altamente localizados das sras. Jane Russell e Marilyn Monroe?

A questão do título seria, é evidente, secundária, se Nicette Bruno não se tivesse deixado seduzir por ele. A graça de Patty O'Neill decorre do inesperado das suas reações, da absoluta franqueza, da falta de meias palavras, da ausência de malícia. Nicette, não a compreendendo no seu aspecto mais moderno, reduziu-a a uma figura já muito nossa conhecida no teatro, velha de pelo menos quarenta anos (a idade de *A Menina do Chocolate*, de *Scampolo* etc.): a colegial impulsiva e irresistível, o pinguinho de gente, o diabinho estouvado e encantador. Patty O'Neill não quer ser e não sabe que é engraçadinha – e daí a sua espontaneidade, a sua originalidade. Ela não é engraçada por não pensar em nada, mas, ao contrário, por pensar em tudo com a máxima seriedade, não esquecendo de fazer nenhuma pergunta indiscreta e inconveniente. A sua forma de ataque é sempre frontal, direta, desarmante e cômica pela sinceridade.

Nicette Bruno tem sobre os seus ombros um peso que poucas atrizes de sua idade poderiam sequer aspirar: é dona não apenas de uma companhia mas também de um teatro. Muitos críticos interpretarão, talvez, esta circunstância como um convite à benevolência e à insinceridade. Nós, não, porque sabemos que se a crítica pode ser complacente, o público nunca o é – e é a opinião do público que em tais casos prevalece. Até agora Nicette jogou com os seus atributos por assim dizer pessoais, a sua mocidade, simpatia, o louro dos cabelos, uma certa maneira de andar, de vestir, de gesticular, que é dela antes de ser de qualquer personagem. De hoje em diante, se não quiser se repetir perante o mesmo público, terá de procurar, em cada papel, não o que tenha de comum com a sua personalidade, não o que apresente de já familiar e conhecido, mas o que tenha de diverso, de original, de único. Cada nova peça terá de ser uma nova pesquisa, uma nova experiência a partir de zero, como se atriz nenhuma jamais tivesse dito aquelas mesmas frases num palco. Em outras palavras, é preciso que a sua experiência de teatro não lhe sirva de encosto, de repouso.

O amor romântico, a vontade de casar com quem se gosta, naturalmente não desapareceram da face da terra. Assumem, porém, a cada nova geração, uma fisionomia, um semblante diferente. A moça solteira norte-americana de 1950, por exemplo, não se assemelha a nenhuma outra. Eis o que F. Hugh Herbert quis dizer, eis o motivo porque escreveu uma comédia. Retirar da peça esta pequenina e essencial peculiaridade psicológica, esta descoberta de alguma coisa menos observada, é retirar-lhe a sua própria razão de ser.

Armando Couto não é mais um principiante. Dispensa, portanto, a nossa proteção, a nossa generosidade. Dizemos isto porque *Ingênua até certo Ponto*, se não representa um retrocesso também não representa um passo à frente na sua carreira de encenador. Armando, ninguém discute, é um hábil manejador da mecânica do palco. Sabe movimentar os atores, sabe inventar jogos de cena. Quando uma peça, pela rua comicidade superficial, mais de farsa do que de comédia, estribada mais na graça visual do que na análise psicológica, não pede outras qualidades, a sua direção é excelente. Foi o caso de *A Tia de Carlitos* e de *Aconteceu às 5 e Um Quarto*. Mas Armando está correndo o risco de se tornar prisioneiro de suas próprias qualidades, permanecendo apenas um mestre da marcação pitoresca. Em *Ingênua até certo Ponto*, por exemplo, ele não soube ver o que havia de novo e mesmo de sério na comédia, procurando a todo custo um gênero de humor – o grotesco, a farsa – que não era o do texto. Anteriormente já havíamos visto *The Moon is Blue* interpretada pelo Rio Theatre Guild. Naturalmente não cabe qualquer comparação entre os dois grupos – um é amador, outro, profissional. Mas quanto à compreensão da peça, quanto ao resultado cômico obtido, é inegável que os atores norte-americanos estiveram em plano superior aos nossos. Qual será o problema de Armando Couto? Sentido do que é teatral não lhe falta mas talvez ainda não possua a experiência literária capaz de integrar cada peça dentro de sua corrente artística. Se as exigências da vida prática não fossem tão fortes, se Armando pudesse viajar e conhecer o teatro de outros países é possível desaparecesse essa pequena mas nítida diferença que ainda o distingue dos encenadores estrangeiros.

Luiz Tito reaparece depois de alguns anos, e não se pode dizer que tenha aproveitado a longa estada pelo teatro amador, na qualidade de intérprete e ensaiador. Talvez pelo hábito de ensinar os outros, o fato é que ele volta agora, pelo menos provisoriamente, sem algumas daquelas antigas qualidades, representando demais, didaticamente, preparando os seus efeitos com tal antecedência que o público acaba por antecipá-los, e deixando cair, a cada frase, o ritmo da representação. A graça de *Ingênua até certo Ponto* tem de ser simples, cortante, rápida, dita com o máximo de naturalidade. David caracteriza-se pelo ar de *enfant terrible* que começa a envelhecer, sem nada da compostura de grão-senhor, muito européia, muito digna com seu chapéu de diplomata, que Luiz Tito lhe emprestou.

Dos três atores principais – Nicette, Luiz Tito e Paulo Goulart – este último é o menos experiente e, talvez por isso mesmo, o mais espontâneo, o menos comprometido pela teatralidade. A sua representação nunca é intencional, nunca visa efeitos conhecidos e, nesse sentido, é a mais moderna das três – embora seja a de menor técnica – a mais cinematograficamente natural (em tais peças é impossível deixar-se de pensar no cinema). Paulo Goulart não tem ainda dois anos de palco: a simplicidade com que representa, o progresso que vem fazendo, aponta-o, em futuro talvez não muito distante, como um dos nossos melhores atores do gênero. Elísio de Albuquerque tem muito pouca coisa a fazer – e é pena, tratando-se de um magnífico ator característico. Os cenários de Clóvis Garcia fazem justiça à peça de F. Hugh Herbert, cuja tradução, de R. Magalhães Jr., é particularmente má, traduzindo ao pé da letra uma série de expressões idiomáticas.

(1953)

11.2. WEEK-END

Se tivéssemos que definir em duas palavras esta peça de Noel Coward, diríamos que é a comédia da *gaffe*, tomando-se a palavra em todos os seus sentidos, do mais amplo ao mais restrito.

A situação que dá origem à peça já é uma *gaffe* monumental e coletiva: uma família de artistas convida para um fim de semana quatro hóspedes formais e convencionais. O desacordo entre uns e outros é inevitável pois ao passo que os convidados se cingem rigidamente às regras do bom-tom e aos padrões dos tipos que escolheram para representar na vida ("o esportista", o "diplomata", "a mulher fatal" etc.) a família Bliss, ao contrário, não se deixa prender por qualquer norma precisa e constrangedora, preferindo vogar livremente nas asas da fantasia, do acaso e da improvisação.

Dessa *gaffe* grandiosa, dessa falta de afinidade psicológica, que divide as personagens em duas metades antagônicas, nascem mil outras "gaffezinhas": a estranha recepção dos hóspedes no primeiro ato, o jogo de salão sempre interrompido e, por fim, inacabado etc. Aliás, dentro da própria família Bliss não há um momento de sossego, de harmonia perfeita, uma conversa que vingue. Paira sempre na sala alguma confusão, algum desencontro. A diferença é que os Bliss respiram normalmente e com prazer esse ar que para os outros é irrespirável.

O tema, que poderia se desvanecer em mãos menos hábeis, foi tratado por Noel Coward com a graça e a precisão de uma peça musical ou de uma dança. De início, a abertura desenvolve, com variações, o motivo: a revelação do convite e escolha do quarto japonês. É a *gaffe* que se anuncia. Após a entrada dos convidados segue-se a dança dos *flirts*, que se desenvolve em combinações alternadas, isto é, em contraposição ao que se espera mas de acordo com a lógica de uma quadrilha bem marcada, que não dispensa o *changez-de-dames*... Nenhum *flirt*, todavia, consegue se desenvolver normalmente e chegamos assim ao formidável "crescendo" do final do segundo ato, em que a confusão explode com toda a violência, estarrecendo os hóspedes. Para o terceiro ato, só resta o movimento da despedida. Os convidados fogem e a família Bliss fica entregue a si mesma. A peça, tornando à situação inicial, se completou. *Da capo*, poderemos dizer, por que no próximo fim de semana com certeza a dança irônica recomeçará...

O encanto da comédia de Noel Coward deriva precisamente da sua leveza, do seu ar de brincadeira inocente e quase pueril, que não mascara nenhuma sátira mordente e amarga, nenhuma segunda intenção social ou moral. É um jogo, puro e gratuito como todos os jogos, que nunca quer dizer mais do que efetivamente diz.

Na direção, Antunes Filho faz uma ótima estréia profissional, surpreendente mesmo para quem passou às pressas pelo amadorismo. A sua marcação é boa, embora às vezes excessiva; o seu ritmo muito vivo, tornando clara cada situação cômica. Nem sempre compreendeu, no entanto, a comicidade de Noel Coward, constituída mais de displicência do que de vivacidade. Simon e Sorel são falsos inocentes, pessoas que chegaram a um certo primitivismo por excesso de "sofisticação". Em relação a Judith Bliss é preciso ter presente que é uma mulher encantadora, uma grande atriz (Coward inspirou-se em Laurette Taylor, descrevendo-a assim: "ela era ingênua, insuportável, adorável, e inteiramente destituída de tato") coisa de que Eleonor Bruno, talvez por culpa do encenador, se esquece freqüentemente, acentuando apenas o seu lado vulgar e teatral. Também a representação do dramalhão podia ser feita com um senso mais delicado de paródia: em tais casos, quanto mais sutil o efeito, mais engraçado. Quem melhor compreendeu a peça, aliás, foi Elisabeth Henreid: à sua pseudo-seriedade, à sua pseudodramaticidade, à sua pseudo-sinceridade, deve o espetáculo os seus melhores momentos. Os outros todos estiveram num bom nível: Nicette Bruno, mais natural do que das outras vezes, Rui Afonso, Elísio de Albuquerque (descansando um pouco das figuras carregadas que tem composto ultimamente) Paulo Goulart e Guilherme Correa – este um estreante com uma grande vocação para o palco: sente-se nele a alegria, a confiança em si, a vitalidade, o prazer de representar. Somente a escolha de Kleber Macedo para o papel de Myra Arundel pareceu-nos um grave equívoco: não há entre a personagem e o ator qualquer afinidade de temperamento. Em suma, a representação é boa, trazendo a peça para um plano mais vulgar, porém, não menos engraçado do que o original.

(1953)

11.3. INGENUIDADE

Nicette Bruno, quando chegou a São Paulo, já veio como perfeita profissional de palco, no sentido de atriz que entra em cena e, por bem ou por mal, domina logo o público. A força de presença, essa qualquer coisa imponderável que distingue os atores calejados e que se chama autoridade, ela a possuía num grau pouco comum para a sua extrema juventude. Uma qualidade, entretanto, Nicette não tinha, uma qualidade simples, ao alcance de qualquer amador bem intencionado: o dom da naturalidade, da ausência de artifício, da falta de afetação. O seu caso, paradoxalmente, era o de representar menos, o de desaprender de representar, uma procura de simplificação e humanização. E é o que ela vem fazendo de peça para peça. Cada novo espetáculo seu significa, em geral, uma pequena vitória sobre si mesma, um pequeno triunfo na luta contra a falsa teatralidade – e em tais casos o que interessa principalmente é a continuidade da evolução. Dia virá em que encontraremos nela apenas uma mulher, ao procurarmos uma atriz.

Ingenuidade não é segredo para ninguém, já foi excelentemente representada em São Paulo, com Cacilda Becker e Maurício Barroso nos dois papéis principais. Via de regra, o método das comparações, na crítica ou na vida real, não é dos mais simpáticos: coloca mal tanto a pessoa que se elogia, por tabela, apenas para estabelecer contraste, como a que se censura. Desta vez, porém, o cotejo pode ser estabelecido sem desdouro para ninguém. É possível que Cacilda e Maurício ganhassem em sobriedade, jamais caindo na comédia intencional, que pisca discretamente (ou indiscretamente) o olho para a platéia para ter a certeza de ser compreendida. Mas a diferença entre a antiga e a atual versão, se diferença houver, não será das maiores. Nicette tem em *Ingenuidade* o seu melhor papel em São Paulo, o mais sincero quanto à emoção, o mais fino e matizado quanto à comicidade. E Paulo Goulart volta à singeleza dos seus primeiros desempenhos, sobretudo nos dois últimos atos, depois de deixar as sobrancelhas, o ombro e o queixo em paz, desistindo de comentar cada frase com uma expressão facial diferente e adequada. Igual elogio não cabe, infelizmente, à terceira e última personagem. Eleonor Bruno, pela maneira como entendeu e realizou o papel, ofereceu-nos uma garbosíssima espanhola de opereta, de mãos nos quadris e vestido negro como a noite, e não uma atriz de Nova Iorque.

A direção de Madalena Nicol, a mesma, a mesmíssima em tudo, inclusive nas minúcias de marcação, de cinco anos atrás, envelheceu pouco, comparando-se às melhores que vimos de lá para cá – e esse é o seu melhor elogio. As intenções do texto, o perfil das personagens principais, a atmosfera geral da peça, foram compreendidas e delineadas com firmeza e penetração. Apenas a encenação, às vezes, explica o texto excessivamente, como nas referências a Mme. Pushkin (mesmo "os canastrões intelectualizados" são mais sutis nos seus processos) ou nas numerosas cenas de aflição de Nicette. É preferível, em tais casos, a técnica e a maneira algo indiferente dos atores norte-americanos, que confiam na sagacidade do público: o pior humorista é o que explica demais.

Todo o problema das peças de Van Druten – descobriu-o um crítico inglês – é saber quantas aventuras pré-matrimoniais – três ou quatro? – uma moça norte-americana pode ter, sem melindrar a moral. Parece que a cifra exata é três mesmo. Até aí, tudo bem. Um pouco mais e o marido em perspectiva já começa a ficar inquieto, a considerar a futura esposa um tanto exagerada. Na verdade, brincadeira à parte, se algum fundo sério há nas suas peças, voluntariamente tão leves, tão pouco sérias, será esse de retratar com a maior candura, sem nenhum intuito moralizante, um momento da evolução da moral sexual. A heroína e o herói da *Ingenuidade* procuram ajustar-se às novas idéias, aos novos costumes, com as hesitações, as perplexidades algo cômicas de quem não sabe mais exatamente o que está certo ou errado. Voltar às limitações do passado, ninguém desejaria. Mas as novas regras do jogo não são claras e é difícil distinguir o permissível do não permissível, a liberdade da libertinagem, sem aquele dogmatismo tranqüilo dos nossos pais e avós.

A arte de Van Druten está em ser ousado somente na aparência. As suas comédias estão sempre a dois passos da impropriedade, mas nunca chegam até lá. A sua discrição e o seu tato são impecáveis, comprazendo-se em manter o público numa arrepiada expectativa por um passo em falso que ele, como homem de sociedade, nunca dá. As suas peças observam as mulheres ao mesmo tempo com malícia e delicadeza, e, no fundo, apesar dos seus pseudos-atrevimentos, não passam de variações românticas, acabando burguesmente em casamento, sobre o tema mais romântico que existe: o *coup de foudre*, a revelação fulminante do amor. O seu diálogo, freqüentemente, é quase uma *marivaudage* vadia, quase uma conversinha mole de namorados envergonhados de o serem – mas uma *marivaudage* de quem acaba de ler o Relatório Kinsey.

Ingenuidade foi a peça de sorte do Teatro Brasileiro de Comédia, a primeira a lançá-lo junto ao grande público. E não será de admirar se fizer o milagre, pela segunda vez, em relação ao Teatro Íntimo Nicette Bruno, que também anda necessitando de um empurrão providencial desses para se firmar em definitivo. Pelo menos podemos garantir que o público da estréia apreciou, como poucos, o espetáculo: alguns pelo prazer de conhecer a comédia de Van Druten; outros, pelo prazer de revê-la, tão nova e atual como no dia em que se apresentou pela primeira vez ao público paulista; e todos pela satisfação que dá uma representação jovem e sincera.

(1954)

12. Rodolfo Mayer

12.1. *OBRIGADA PELO AMOR DE VOCÊS*

Um psicanalista imaginoso (qual é o psicanalista que não é imaginoso?) não teria nenhuma dificuldade em classificar psicologicamente cada autor pelos títulos que dá às suas peças. Há títulos exibicionistas e títulos pudicos, títulos poéticos e títulos prosaicos, títulos originais e títulos vulgares (fora os falsamente originais, como *Morre um Gato na China* ou *Os Inimigos não Mandam Flores?*), títulos aristocráticos e títulos populares, títulos herméticos, títulos concisos e títulos esparramados. Nesse estudo, imaginamos, um capítulo inteiro teria de ser dedicado à arte de traduzir títulos no Brasil: não há nenhum, em qualquer língua, por mais direto, por mais claro, por mais facilmente traduzível, que os nossos tradutores não se achem na obrigação de modificar. Não importa que o autor tenha, por acaso, escolhido uma palavra que possua equivalente etimológico exato em português. Toda a sabedoria, toda a esperteza, está em esquecer o nome pensado e meditado pelos autores (perdoai-os, Senhor, eles não sabem o que fazem) e achar um novo nome, bem diferente do primitivo, bem derramado, bem se mostrador. Vejam o que aconteceu com a peça de Edgard Nevile. No original chamava-se, apenas, *El Baile*. Em português parece que tanta simplicidade e discrição fazem mal e ei-la traduzida para *Obrigada pelo Amor de Vocês*: o que pretendia ser alusão, sugestão poética, tornou-se pieguice, sentimentalismo barato.

No caso, entretanto, não deixa de haver certa justiça: a peça, na verdade, se começa como alta comédia, como *O Baile*, termina mesmo como dramalhão, como *Obrigada pelo Amor de Vocês*. O primeiro ato é engraçado, leve, um jogo curioso embora sem profundidade e sem grande originalidade. De repente, todavia, o autor parece se ter lembrado de que é conterrâneo de Alexandre Casona e desandou a enxugar lágrimas discretas, a enviar aos protagonistas cartas misteriosas (a explicação do mistério é um total desaponto), acabando por nos proporcionar este quadro verdadeiramente tocante: uma menina de colégio, encantadora como todas as meninas de colégio do teatro destes últimos cinqüenta anos, e um par de velhinhos ainda mais encantadores, dois amores de velhinhos que não param de fazer gracinhas e só têm um defeito: deveriam ser nossos netinhos, não nossos avós, porque assim aproveitaríamos ainda mais as suas impagáveis reinações, as suas birras e os seus reumatismos deformantes.

A interpretação apresenta a mesma disparidade, dificultando o julgamento de conjunto: é muito boa dentro de um mau estilo. Queremos dizer com isso que os três únicos intérpretes conhecem perfeitamente o seu ofício, possuem uma técnica rara nos nossos palcos, mas nem sempre a empregam com bom gosto. Dos três, o melhor é Rodolfo Mayer, ator de recursos pessoais extraordinários, quase únicos no Brasil. Domina a platéia, sabe, com um mínimo de esforço, fazê-la rir ou chorar, reduzindo a voz a um sussurro e a expressão fisionômica quase à imobilidade. Mas tudo parece nele um truque de velha raposa do palco, um manejo de quem sabe muitíssimo bem o efeito que está produzindo. Não há na sua interpretação essa sinceridade total, integral, que ignora a existência da platéia. A sua arte, apesar de riquíssima, deixa a impressão de virtuosismo, de emoção antes figurada, com extrema habilidade, do que realmente sentida. André Villon tem progredido nestes últimos anos: de um "galã" apenas discreto está se transformando num ator cômico de intenso agrado popular. O seu maior defeito – a preocupação de ser engraçado a qualquer preço – decorre de sua formação, feita exclusivamente no palco, pronta a conceder ao público tudo o que este desejar. Lourdes Mayer, sem destoar propriamente, não está bem no nível dos seus companheiros, talvez por reaparecer depois de um longo período de ausência do palco. Não sugere, a princípio, a necessária leveza, e, no segundo ato, nas cenas dramáticas, recita muitas vezes o papel.

Obrigada pelo Amor de Vocês oferece ao público o que ele mais adora – o sentimentalismo fácil da rádio-novela – mas realizado em outro plano, muito mais fino e delicado do que o habitual, e interpretado por três bons atores. Nesse sentido merece o grande êxito que está obtendo, embora pouco tenha de ver com o melhor teatro moderno, tal como já vem sendo feito no Brasil.

(1954)

13. Companhia de Teatro de Arena

13.1. *UMA MULHER E TRÊS PALHAÇOS*

A última apresentação da Companhia de Teatro de Arena, com a peça *Uma Mulher e Três Palhaços*, de Marcel Achard, deixa-nos ligeiramente interditos, hesitantes entre uma porção de elogios e uma porção de críticas. Parece-nos evidente, por exemplo, que esta encenação de José Renato é, grosso modo, a melhor que já fez, a mais conscienciosa, a mais trabalhada, a mais difícil, a mais rica de invenções cênicas, a mais imaginosa plasticamente. O espetáculo possui unidade, conservando-se fiel aos seus princípios, aos seus postulados, do primeiro ao último momento. Há mais do que isso: a formação de uma certa atmosfera particularíssima, original, que nunca se desmente, afirmando-se de cena para cena, crescendo com o correr da representação. Apesar, entretanto, de tantas qualidades de execução, não temos a certeza de que o espetáculo esteja tão próximo do espírito de texto quanto outras encenações de José Renato, bem mais modestas tecnicamente, como a de *O Demorado Adeus*, de Tennessee Williams.

O que parece ter escapado particularmente à direção de *Uma Mulher e Três Palhaços* é o *humour* da peça – e estamos empregando de propósito a palavra na sua forma inglesa. José Renato, sentindo que era impossível tratar os dois *clowns* de maneira realista, recorreu a uma marcação exuberantíssima, quase de dança, expediente de que os nossos encenadores sempre lançam mão quando desejam fugir ao naturalismo estrito. Acontece, entretanto, que o estilo da pantomima do

Eva Wilma, John Herbert e Jorge Fischer Jr. em *Uma Mulher e Três Palhaços*, de Marcel Achard. Direção de José Renato, produção da Companhia de Teatro de Arena.

circo é outro, tão longe da dança quanto da naturalidade da vida. Um estilo de picadeiro, se quiserem, amplo, exagerado, feito de gestos desastrados, de movimentos mecânicos, de acrobacia grotesca, mas um estilo seco, econômico, sem nada da euforia de movimentos, da riqueza e desperdício de gesticulação, adotada pelos atores da Companhia de Teatro de Arena. Afinal de contas, a palavra, até no circo, tem uma força, um valor, que é preciso respeitar, não a sufocando sob a agitação física constante. Os dois *clowns* deram enorme importância ao gesto e praticamente nenhuma ao texto, que é lançado displicentemente, como se aquelas palavras estivessem ali meio por acaso e pudessem ser substituídas por outras – e a conseqüência é que o público acabou por não perceber, de verdade, onde estava a razão de ser, e principalmente onde estava a graça, daquilo que era proferido no palco. O tom da representação é o da gratuidade, quando a arte, em tais casos, consiste em imprimir um caráter de absoluta necessidade mesmo à fantasia mais descabelada. Um autor como Ionesco, um ator como Groucho Marx, impõe a nós a sua loucura, dando-nos a impressão de que no momento nenhuma outra coisa seria possível – e é um pouco desta espécie de fatalidade poética, de obrigatoriedade cômica, que gostaríamos de ver no desempenho dos dois palhaços. Para quem gosta e compreende a peça, nada do que eles dizem é gratuito, eis o que o público teria de perceber de forma iniludível.

A direção de José Renato, apesar de brilhante, é dessas que chamam a atenção sobre si, não sobre a peça. No fim, julgamos ter visto um texto fraco e um espetáculo magnífico, ao contrário do que deve acontecer com as verdadeiras interpretações teatrais. Talvez o seu caso seja o de muitos jovens encenadores nacionais: neles a experiência de palco é muito maior do que a maturidade artística geral. Lidam esplendidamente com a parte material do espetáculo, jogam habilmente com a marcação, mas encontram dificuldades em apanhar o sentido de uma personagem ou de uma peça. Menos conhecimento prático de teatro, mais sensibilidade literária, é talvez a fórmula que lhes poderia servir por enquanto de lema.

Em relação aos atores, todos os quatro aproveitaram bem as generosas oportunidades oferecidas pela peça, evidenciando que a companhia vai se firmando e amadurecendo, individualmente e em conjunto. Eva Wilma nunca esteve tão bonita, tão atraente, como na bailarina encantadora e insensível, cruel quase sem o saber, imaginada por Marcel Achard. John Herbert, ator de físico e temperamento mais propício às comédias naturalistas do que aos papéis líricos, vai vencendo aos poucos os seus defeitos, educando a voz (ainda um pouco mole, um pouco inexpressiva), eliminando os últimos resquícios de sotaque estrangeiro, adquirindo uma plasticidade, uma delicadeza, que estava longe de possuir. Forma com Eva Wilma um par de grande futuro no teatro brasileiro. Sérgio Brito é o valor mais realizado da representação, num trabalho firme, seguro de si, o melhor que já fez em São Paulo. José Renato, como o palhaço triste, de rosto trágico, convence no que diz respeito à parte mímica, criando um grande momento cômico e dramático na cena em que escreve equações de amor no quadro negro imaginário; na parte vocal, entretanto, procura, sem encontrar, um timbre de voz e um tipo de inflexão apropriados à figura exótica que compôs. É o caso típico do ator que representa pela inteligência, não pelo instinto, por vocação natural.

Se tivéssemos de resumir o que dissemos numa última e única palavra, seria ela inteiramente favorável à Companhia de Teatro de Arena. Quaisquer que sejam as nossas divergências, nunca o seu progresso nos pareceu tão real. Nunca, sobretudo, um espetáculo nos fez confiar tanto no futuro de José Renato: as suas encenações podem ter defeitos mas nenhum que um pouco mais de experiência humana e artística não possa corrigir em definitivo.

(1954)

14. Companhia Morineau

14.1. *A CEGONHA SE DIVERTE*

A carreira de André Roussin ilustra a trajetória habitual do autor de teatro, da vanguarda à respeitabilidade. Há dez anos atrás o escritor marselhês escrevia comédias como *Am-Stram-Gram*, a um passo apenas da gratuidade surrealista, quase uma brincadeira de crianças, mas de crianças extremamente sutis. Depois Roussin conquistou o teatro comercial e, de certo modo, o teatro comercial também conquistou Roussin. Em *La petite hutte* ainda restavam resquícios da antiga liberdade de imaginação, um certo tom absurdo, que era a melhor qualidade da peça. *A Cegonha se Diverte* já representa outra fase do seu desenvolvimento: estamos em cheio na comédia burguesa, bem-arquitetada (isto é, arquitetada de acordo com as convenções do gênero), preenchendo com a técnica aquilo que outrora era deixado a cargo da fantasia cômica. Roussin chega até a se apoiar em personagens criadas exclusivamente para fazer funcionar o enredo, como o velho avô e a antiga amante. Por um pouco mais a peça cairia no jogo fácil dos equívocos, que ela ensaia (a confusão, por exemplo, entre as duas paternidades, a do pai e a do filho), mas com muita habilidade, com muito bom gosto, sem abusar dos efeitos habituais.

Tudo isto dá uma comédia convencionalmente burguesa, confeccionada sob medida para o público, sem o lado inesperado, sem a graça um tanto ilógica das primeiras peças. Roussin não se acanha mesmo de desenvolver nas entrelinhas algumas considerações morais, procurando dar mais peso à sua comédia, colocando, com ar de quem não quer nada, uma série de pequenos problemas sociais e humanos a propósito da natalidade, problemas que ele, apesar de sua aparente audácia, acaba resolvendo sempre dentro da santa instituição do casamento. A dificuldade aqui, na nossa opinião, está em que um escritor, quando discute idéias, deve ter alguma coisa mais ou menos nova para dizer – nem que seja uma nova maneira de dizer coisas antigas. Este não é bem o caso de Roussin. Ninguém porá em dúvida o bom senso e a sanidade de suas conclusões: os pais devem compreender que os tempos evoluem, a posição social não é só o que interessa no indivíduo, e um filho, em qualquer circunstância, é um dom precioso demais para ser desprezado pela mulher. Mas nada disto é suficientemente original para merecer demonstração. Em suma, em duas palavras, preferimos o Roussin frívolo, somente autor cômico, ao Roussin grave, dialeta e anjo da guarda da moral burguesa.

A Companhia Morineau vem desempenhando uma função importantíssima entre nós. Salvo uma ou outra exceção (*Uma Rua Chamada Pecado*, por exemplo), não nos tem dado esses espetáculos excepcionais, que levam o teatro para diante. Mas a regularidade, a qualidade média do repertório, também valem muito num teatro em formação como o nosso. Ora, qualquer que seja a temporada e quaisquer que sejam os nomes dos atores, podemos sempre ter a certeza de encontrar sob o seu nome uma companhia boa, representando peças de bom nível comercial. A sua reaparição agora em São Paulo, após tantos anos, não desmente esta impressão que guardáramos. O trabalho de direção não se faz notar, não possui o brilho na marcação, a procura de estilo, de elegância, de subentendido na comicidade, que tem marcado os melhores espetáculos no gênero em São Paulo. Mas é competente, não deixando de compreender e realçar cada situação, explicando-a para o público dentro de uma óptica de reforço dos efeitos cômicos que, em geral, ainda é do agrado das platéias.

Não diremos nenhuma novidade afirmando que há atualmente duas gerações e duas maneiras de representar no teatro brasileiro. O atual conjunto de Morineau une as duas. A principal figura, naturalmente, é a própria atriz francesa, que está entre os nossos três ou quatro primeiros intérpretes, representando com outra finura e outro poder de observação psicológica do que os seus colegas. O ar estabanado, a atrapalhação de ideais, características tão freqüentes nas personagens femininas de palco, não oferecem nenhuma dificuldade para uma atriz de sua classe. Mas é engraçadíssima e exatíssima a maneira como repete ela mecanicamente para uns o que acabou de ouvir de outros ou como para, indecisa, encabulada, assim que o filho opõe alguma resistência às suas insinuações. Francisco Dantas vem do nosso antigo teatro: faz o público rir, mas lembrando a todo momento outros atores, de cuja influência ainda não conseguiu se libertar. Laura Suarez é artista para muito mais do que lhe exigiu o papel. E Delorges Caminha perde uma excelente oportunidade, fazendo de maneira convencional, um velhinho francês, *enfant terrible* de oitenta anos, que é um desses presentes raros para um ator de imaginação.

Quanto aos mais jovens, Fernanda Montenegro tem todas as qualidades para o teatro e Cilo Costa, que está começando, precisa somente perder o ar de meninão de Copacabana. Sobre Terezinha Amayo nada poderemos dizer por esta simples amostra. Já o mesmo não acontece com Renée Bell: mesmo dentro da caricatura deveria haver um jeito de fazer o papel com um pouco mais de discrição.

(1954)

14.2. *JEZABEL*

Jezabel é uma obra de extrema juventude e talvez não seja justo exumá-la agora que o seu autor é famoso e tem o dobro da idade que tinha ao escrevê-la. Não porque Anouilh não se revele suficientemente nestes seus primeiros ensaios mas porque se revela demais, expondo à luz do dia os seus pontos fracos, que uma experiência maior permitiria, mais tarde, se não dominar por completo, ao menos atenuar e esconder.

Anouilh está inteiramente neste drama, como está, de resto, em cada uma de suas peças. Ei-lo, aos vinte e um anos, já de posse de suas antíteses queridas, antítese entre pais e filhos, entre a felicidade apenas entrevista ou sonhada e a infelicidade solidamente implantada na realidade. Antítese, sobretudo entre gente rica e gente pobre, duas categorias humanas separadas por abismos de incompreensão e ressentimentos. É muito bonito ser nobre, generoso, desinteressado, mas, infelizmente, tais qualidades estão condicionadas pelo conforto econômico, pela paz de espírito conferida pela renda do fim do mês.

Eis aqui, também, o tema da renúncia: diante de uma sociedade que exige como preço de ingresso o espírito de submissão e de compromisso, a única resposta ainda é a fuga, a recusa a pactuar, o "não" lançado violentamente na face dos outros homens, como acentua um dos seus melhores críticos. A única novidade, talvez, é que, em *Jezabel*, Anouilh parece comprazer-se mais, ou enojar-se menos, com a vulgaridade. As suas personagens, mesmo as mais inescusáveis sob qualquer ponto de vista, são observadas quase com simpatia, quase com ternura, de forma acre-doce, com uma espécie de solidariedade por tudo o que é pobre, feio, comum, vergonhoso, miserável econômica e moralmente. O seu herói adolescente não tem ainda a dureza, a inflexibilidade de Antígone, hesitando, às vezes, em rejeitar a realidade sórdida em nome de uma pureza que se aspira desesperada e confusamente. Parece que ele sabe de início que está condenado, que seria fácil

Henriette Morineau e Jardel Filho em *Jezabel*, de Jean Anouilh. Direção de Morineau, produção dos Artistas Unidos.

demais despojar-se da pobreza e do vício como de uma roupa imprestável, que o seu lugar é ali, ao lado da mãe bêbada e do pai vulgaríssimo, como se os unisse, em certos instantes, mais do que os laços de parentesco, uma afinidade misteriosa qualquer. A atração do vício, a poesia equívoca dos pensamentos escusos, desempenham papel importante nesta peça, mais violenta e direta, porém menos corroída pelo sarcasmo, pelo cansaço, pela náusea de viver, do que as que lhe sucederam.

Onde, porém, patenteia-se claramente a ingenuidade do estreante é na história, na incrível preferência pelas situações grosseiramente teatrais. Há peças que se permitem todos os excessos sem jamais deixar de dar a impressão de coisa real. *Jezabel* é o contrário: nunca foge dos limites do teatro – e do mau teatro – só conseguindo criar emoção à custa de truques velhos e baratos, de coincidências de enredo etc. Anouilh, em peça nenhuma, inspira-se diretamente na realidade de todos os dias. Preferimos vê-lo, contudo, fazendo a paródia da farsa em *O Baile dos Ladrões*, ou a paródia da comédia clássica, das identidades trocadas, em *Convite ao Baile*, ou ainda apoiando-se sobre o texto de Sófocles na *Antígone*, do que procedendo a este arremedo involuntário do melodrama. Se a questão é ficar sempre dentro do teatro, onde Anouilh parece ter feito a sua aprendizagem de vida, antes a comédia do que o dramalhão.

Compreende-se melhor, e admira-se mais *Jezabel*, lendo-a, do que a vendo representada. Não conhecemos a versão feita no Rio, com outros atores na maioria dos papéis, mas a que está sendo apresentada em São Paulo antes acentua do que disfarça as falhas de gosto do texto. Em vez de humanizar as personagens, de compreender cada individualidade no que tem esta de menos comum, reduziu-as a tipos teatrais sumários e conhecidos: a criadinha rebola as ancas, o pai é uma figura apagada, sem originalidade etc. Não chega, está claro, ao nível do teatro popular, que qualquer espetáculo dirigido por Morineau está sempre muitíssimo acima desse nível. Mas não tem a delicadeza que o nosso teatro tem procurado aprender com tanto esforço nestes últimos anos, nem o pudor que é preciso manter especialmente nas peças violentas.

Salva-se, naturalmente, Morineau. Também a sua personagem poderia ser feita com mais sutileza. (Basta lembrar a rubrica que descreve a sua primeira altercação com o filho: "Elle se debat sans un mot, les yeux hagards. Elle pleure sans un cri".) Mas, o espetáculo da força de uma grande atriz é sempre fascinante, como um fenômeno da natureza – e Morineau tem força por três ou quatro atrizes: força física, força de voz, e força espiritual, isto é, força de temperamento. As suas explosões valem por si, independentemente da peça e dos atores. Quando entra em cena, a representação ganha a veracidade psicológica que lhe faltava, mantendo-nos presos, esmagados pelo seu peso humano e dramático. Morineau nasceu para interpretar mulheres que, como Lady Macbeth, só deveriam ter filhos homens:

> – Bring forth men-children only;
> For thy undaunted mettle should compose
> Nothing but males.

É pena que o repertório moderno tenha, em geral, tão pouco uso a fazer desse manancial de energias.

(1954)

15. Teatro de Amadores de Pernambuco

15.1. *A CASA DE BERNARDA ALBA*

O que é surpreendente, espantoso mesmo, nestes amadores de Pernambuco, é a sua tranqüilidade profissional. Não nos referimos propriamente à qualidade artística do conjunto – que é muito boa – mas a outra coisa, a essa impressionante segurança com que se apresentam, certos de si, da peça e do público. Tudo neles, a extraordinária homogeneidade do elenco, a evidente facilidade e prazer com que estão no palco, e até a escolha do repertório, comercial sem deixar de ser artístico, lembra o profissionalismo, não tal como é, mas tal como deveria ser no Brasil. Outros grupos amadores, Os Comediantes, no passado, O Tablado, no presente, desejam inovar, revolucionar, acrescentar alguma coisa ao nosso teatro. O Teatro de Amadores busca, sobretudo, sobreviver, o que é bem uma característica profissional, nunca cedendo mas também nunca esquecendo de todo a bilheteria. A lição que ministram, de imenso valor para o nosso teatro, tão fragmentário, tão descontínuo, será essa, não da criação original e única, mas da permanência, da influência lenta e constante, planejada e executada a longo prazo.

O tom profissional, todavia, como todos os milagres humanos, provenientes da inteligência e do esforço, tem explicação. Cada uma das peças a ser representada em São Paulo, a exemplo de *A Casa de Bernarda Alba*, já o foi anteriormente dezenas de vezes, em temporadas e em cidades diversas, terminando por adquirir esse polimento, esse acabamento profissional, essa confiança, essa firmeza que somente o contato renovado com o público pode dar. Por outro lado, o próprio elenco não é menos amadurecido que as representações, contando com uma experiência de palco mais própria, na verdade, de profissionais. Cerca de quinze anos de atividade, libertaram os amadores de Recife de qualquer resquício de nervosismo ou acanhamento, natural em estreantes. Qualquer que seja o seu nível, melhor ou pior conforme os casos individuais, trata-se sempre de atores feitos e não por fazer, e daí essa autoridade em cena que se reflete agradavelmente sobre o público e é por assim dizer o apanágio da companhia.

A Casa de Bernarda Alba não desmente no palco a impressão que causa na leitura – é a melhor e a mais sólida das peças de Garcia Lorca. Todo poeta precisa dominar o seu impulso lírico para sujeitar-se à disciplina do teatro: *Bernarda Alba* marca, para o escritor espanhol, o fim dessa luta entre duas tendências às vezes quase contraditórias, o momento em que o lirismo desaparece para reaparecer triunfante, transfigurado em fatos e pessoas, deixando de existir por si, isoladamente, em sua forma puramente verbal, para caracterizar-se apenas por uma intensificação de todas as experiências cotidianas, um elevamento de tom que nos faz passar para o campo da tragédia, um apuramento da linguagem, a um só tempo mais popular e mais artística, mais exata e mais imaginosa, bem longe de nossa morna conversa de todos os dias. Em *Bernarda Alba*, Lorca não é menos poeta, porém é infinitamente mais dramaturgo do que em qualquer outra de suas peças anteriores.

Não é fácil dizer coisas novas sobre o texto depois do brilhantíssimo ensaio que lhe dedicou Eric Bentley, em *In Search of Theater*, após havê-lo encenado com o Abbey Theatre, na Irlanda. Lá estão assinalados ou sugeridos com absoluta lucidez todos os temas da peça. Inicialmente, os grandes temas: a noção de honra feminina, baseada sobretudo na castidade; o apego às tradições, à maneira de viver e de pensar dos pais, dos avós, dos vizinhos, da aldeia, dessa comunidade invisível que é a maior presença da peça, exercendo implacável vigilância sobre cada um de seus membros, punindo exemplarmente a menor rebeldia e o menor deslize; as forças vivas do instinto em luta contra as formas sociais mortas e superadas; a concepção de hierarquia social, de casta, de casamento que se pode e casamento que não se pode fazer, isolando as cinco filhas de Bernarda; a sombra da loucura a pesar sobre a família, loucura que se é degradação vergonhosa, na figura da avó caduca, é também uma espécie de regresso a uma ordem anterior, mais livre e mais lírica, que ainda reconhecia e aceitava como legítimos os impulsos carnais. Em vão Bernarda luta para preservar uma pureza inumana o impossível: de todos os lados, o sexo cerca impiedosamente essas cinco encarceradas, irrompendo na beleza de Pepe Romano, na fúria de Adélia e no desespero de Martírio, nas pala-

Diná Rosa Borges de Oliveira, Geninha Sá de Rosa Borges e Teresa Farias Guye em *A Casa de Bernarda Alba*, de Garcia Lorca. Direção e cenários de Waldemar de Oliveira, produção do Teatro de Amadores de Pernambuco.

vras desconexas e vizinhas da obscenidade da avó, no exemplo das mulheres que são escorraçadas da aldeia, nos cânticos dos trabalhadores, nos apelos vindos dos campos onde se encontram as éguas e os garanhões. O máximo que ela conseguirá, coitada, será a satisfação duvidosa de poder proclamar aos quatro ventos a virgindade fictícia da sua filha que acaba de morrer. Que se salve ao menos as aparências, preocupação suprema da sua vida e da sua classe.

E em segundo lugar, os temas menores, como o calor que martiriza e exaspera os sentidos. Idéias, cores, ruídos, movimentos, sentimentos, tudo foi anotado meticulosa e inteligentemente por Bentley, estabelecendo um inventário que deverá servir de roteiro, de ponto de partida obrigatório, a toda discussão e encenação ulterior da peça.

A direção de Waldemar de Oliveira é mais simples do que costumam ser as nossas profissionais, e mesmo as nossas melhores amadoras, procurando menos a nota original, a marcação expressiva e inesquecível, do que uma certa naturalidade e fluência. O ritmo, por exemplo, é quase indiferente, menos rico de variações e sugestões do que os nossos, correndo de princípio a fim do mesmo jeito rápido e firme, sem achados e surpresas, sem criar expectativa, sem se deter a explorar suficientemente as pausas e os silêncios. O que dá uma representação menos minuciosa, menos em relevo, menos com efeitos de sombra e luz, porém, às vezes mais fácil e mais à vontade, repousando acima de tudo no desembaraço e na prática de cada intérprete, um pouquinho como o bom teatro de antigamente, quando os atores tinham outra liberdade de ação. O modo de compreender o texto, tanto por parte dos artistas quanto do encenador, é quase integralmente naturalista, sublinhando e valorizando antes os aspectos dramáticos do que os poéticos, o que desequilibra e diminui o alcance da peça, tornando-a mais prosaica do que realmente é, quase uma *tranche de vie* (não é preciso acrescentar que ainda assim sobra poesia suficiente para alimentar fartamente duas ou três peças comuns). A personalidade de Bernarda Alba é explorada antes quanto à agressividade de superfície do que quanto ao seu significado profundo, como última representante de uma tradição que se vai perdendo e que possui, inegavelmente, tremenda força dramática. Garcia Lorca, não há dúvida, condenava a velha Espanha mas o fazia com um misto de repulsão e fascinação, não podendo, como poeta e dramaturgo, deixar de admirar tanta austeridade, quase selvagem, tanta dureza para consigo e para com os outros. Uma versão mais lírica, mais atenta ao valor das palavras e das imagens, geralmente tão inesperadas e pitorescas, dariam ao drama, senão mais intensidade, pelo menos mais grandeza e beleza poética, recortando-o e afastando-o da realidade corrente.

A qualidade do elenco, intérprete a intérprete, pareceu-nos magnífica, sem qualquer ponto realmente fraco. As mais velhas caem uma ou outra vez em certo convencionalismo teatral (embora Diná Rosa

Borges de Oliveira possua rara força interpretativa e Vicentina Freitas do Amaral tenha excelentes momentos), defeito do qual estão isentas as mais jovens. Carminha Brandão, Geninha Sá da Rosa Borges e Teresa Farias Guye, principalmente, são atrizes de grandes possibilidades, como é difícil agrupar em qualquer conjunto, amador ou profissional.

O fato mais extraordinário, entretanto, talvez não seja nem Lorca, nem a encenação, nem o elenco, mas o próprio Teatro de Amadores de Pernambuco, uma companhia amadora que, num meio de empresas teatrais de existência efêmera como o nosso, consegue durar quinze anos, podendo enfrentar, sem medo, qualquer platéia, e encenar, sem desdoiro, qualquer texto, representando com honestidade, dignidade artística e bom gosto. Talvez os pernambucanos não percebam, tão bem quanto nós que estamos de fora, o que há de miraculoso em tudo isso. O teatro dos últimos anos, no Brasil, apresenta vários acontecimentos marcantes: a passagem de Dulcina, repentinamente, de Verneuil para Bernard Shaw e Garcia Lorca, elevando todo o nosso repertório comercial; a influência exercida por Pascoal Carlos Magno sobre os estudantes de todo o país; a renovação artística, em profundidade, feita pelos Comediantes; a fundação do Teatro Brasileiro de Comédia, com base nos grupos amadores paulistas. Nenhum deles nos parece mais rico de conseqüências sociais, mais significativo para o desenvolvimento do nosso teatro, do que o trabalho desenvolvido pelos companheiros de Waldemar de Oliveira. Teve razão, pois, o público de São Paulo para encher o Leopoldo Fróes e para tributar aos amadores de Recife uma das mais calorosas e fraternais acolhidas que temos visto em nossos palcos. Não foi só o coração, mas, também a inteligência que falou.

(1955)

16. Maria Della Costa

16.1. *O CANTO DA COTOVIA*

A realidade se impõe de tal maneira que freqüentemente deixamos de perceber o seu caráter espantoso. O hábito de viver, embotando-nos a sensibilidade, faz com que passemos distraidamente ao lado do milagre, sem darmos por ele. Aí está, por exemplo, o Teatro Maria Della Costa, inaugurado com *O Canto da Cotovia*, de Jean Anouilh. O perigo não é nos entusiasmarmos demais, mas não percebermos o que há de fantástico, de inacreditável, em toda a história.

O Teatro Brasileiro de Comédia tem esmagado, pela simples força de comparação, as outras companhias surgidas ultimamente em São Paulo. Sandro Polloni é o primeiro empresário a aceitar o desafio do TBC em seus próprios termos, respondendo de igual para igual. Que um homem rico, vindo da indústria – Franco Zampari – tenha resolvido empregar capital no teatro, onde os lucros extraordinários são certamente menores, já nos parece suficientemente estranho. Mas que a sua proeza seja agora repetida, em ponto maior, com maior riqueza de recursos, por dois atores, sem outras armas senão uma incansável pertinácia e uma teimosia que chega às raias da obstinação, eis o que nos deixa positivamente sem palavras. O Teatro Maria Della Costa não fica nada a dever a nenhum outro, como edifício e como organização artística, a não ser, talvez, quanto ao amadurecimento do conjunto, que apenas o tempo poderá trazer. Possui só quatrocentos e vinte lugares, mas quatrocentos lugares privilegiados, absolutamente perfeitos como acústica e visibilidade. O palco é, sem discussão, o melhor que existe em São Paulo, dentro da sua categoria, isto é, excetuando-se os grandes teatros como o Municipal e o Santana. E a companhia tem o desplante de estrear com uma versão cuidadíssima, visualmente perfeita, de uma peça que pede cenários, roupas históricas em profusão e quase duas dezenas de atores. Tudo, enfim, como se fosse uma entidade do Estado, fartamente subsidiada, e não uma simples empresa particular.

A peça de Anouilh conta a vida de Joana d'Arc, a cotovia do título – e talvez haja uma afinidade maior do que poderíamos pensar entre a heroína francesa e a atriz brasileira encarregada de interpretá-la. Não que Maria Della Costa esteja destinada a coroar o próximo rei da França na catedral de Rheims ou a morrer queimada sob as ordens de Sua Majestade britânica. Mas também ela, à sua maneira, ouviu vozes misteriosas, escutou um apelo superior, vindo não se sabe de onde. Pelo menos toda a sua existência, até aqui, tem sido uma longa e, seguramente, penosa ascensão. Menina do povo, teve inicialmente de vencer a pobreza, e as conseqüências da pobreza, educando-se, aprendendo a se exprimir, a vestir-se, a pensar e a ter personalidade. Mas isso foi o de menos. O obstáculo maior, para chegar aonde chegou, era naturalmente a sua beleza, que a marcava entre as outras mulheres, abrindo-lhe uma série de carreiras fáceis, capazes de deslumbrar qualquer jovem. Maria Della Costa foi "girl", exibiu-se nos cassinos, passou pelas casas de moda, como "modelo", e de toda essa experiência só trouxe o hábito do trabalho, a consciência profissional, e a ambição de ser uma grande atriz. Em vez do luxo, do dinheiro, da elegância, da vida social, preferiu meter-se num caminhão e percorrer cidadezinhas do Sul e do Norte do país, sacrificando alegremente a vaidade da mulher ao orgulho da atriz. E ainda aqui acertou milagrosamente, não considerando o teatro, como tantas outras, um pretexto para exibições pessoais. Sem qualquer cultura literária especial (não houve tempo para tanto), preferiu sempre, instintivamente, o bom teatro, com essa humildade perante a arte que é a sua melhor qualidade e a mais rara numa mulher bonita. Estudou, submeteu-se, voluntariamente, assim que pôde, à disciplina de um encenador, fazendo questão de criar uma companhia baseada, não na exaltação de sua pessoa, mas no valor do conjunto. A peça de Anouilh é a consecução, finalmente, de todos os seus ideais. Talvez a cotovia francesa, evocada poeticamente por Anouilh, cantasse mais alto e mais forte, para todo o universo ouvir. Mas, os milagres menores nem por isso deixam de ser milagres.

O ideal, no teatro, é que o cenário e a encenação nasçam de um só e mesmo instante de inspiração, explicando-se um pelo outro. Em *O Canto da Cotovia* isso é conseguido facilmente, e por motivos óbvios:

Maria Della Costa em *O Canto da Cotovia*, de Jean Anouilh. Direção e cenários de Gianni Ratto, produção de Sandro Polloni.

ambos devem-se à inteligência e à intuição teatral de Gianni Ratto. Essa, a primeira grande qualidade do espetáculo do Teatro Maria Della Costa: uma unidade visual perfeita, englobando tudo, desde a disposição da cena até os movimentos dos atores. Cada personagem define-se pela roupa, pela maneira de gesticular e pelo lugar que ocupa no palco, formando, em conjunto, um desenho único.

Gianni Ratto, esplêndido cenógrafo como é, não cometeu o erro tão comum de trazer o cenário para o primeiro plano. Aproveitando-se, habilmente, da altura do palco, imaginou uma série de plataformas, ligadas entre si por escadas. Criou assim, não um lugar histórico determinado, mas um espaço cênico concebido especialmente para fazer funcionar a peça, permitindo-lhe a maior mobilidade plástica e cênica. É um cenário do tipo de *Arlequim, Servidor de Dois Amos*, ou de *Eletra*, que vimos recentemente no Piccolo Teatro, no sentido de não querer competir em importância com o texto, servindo-lhe antes de suporte. Somente que a solução, para a peça de Anouilh, é mais rica arquitetonicamente, dada a variedade de ambientes requeridos pelo texto, desenvolvendo-se tanto verticalmente quanto horizontalmente. A cor é uma só e neutra, fazendo às vezes de pano de fundo para a beleza cromática das ventimentas. Estas, de autoria de Luciana Petrucelli, incumbem-se de animar visualmente o palco, povoando-o de todas as categorias sociais da Idade Média, desde a simplicidade popular até o gosto caprichoso e extravagante da aristocracia, passando ela severidade eclesiástica e pela roupa, sem época, nem classe, de Joana d'Arc.

Ainda de outra forma vive o cenário. Do ponto de vista dramático, dá aos atores uma extraordinária riqueza de marcações. As personagens entram e saem livremente, sobem e descem, dispersam-se ou concentram-se, transformando o palco, por esses simples expedientes, numa sala de trono ou num tribunal da Igreja, numa casa rústica ou na catedral de Rheims. O resultado é uma constante alegria para os olhos, um espetáculo de extraordinária beleza plástica, um dos mais belos que São Paulo já viu, não se excetuando os das melhores companhias estrangeiras.

No que diz respeito à direção dos atores, Gianni Ratto obteve igualmente ótimos resultados. Tomando em mãos um elenco heterogêneo e recém-formado, constituído por veteranos e principiantes, profissionais e amadores, vindo das experiências teatrais as mais diversas, conseguiu, em apenas dois ou três meses, incutir-lhe muita homogeneidade, baseada principalmente na discrição e no bom gosto. Ninguém representa demais, nem de menos, ninguém procura a ênfase que ainda hoje se associa, às vezes, erradamente, ao gênero histórico. A representação é simples, natural, sóbria. Poderá haver pontos mais altos ou mais baixos, mas nenhum que destoe verdadeiramente (exceto a Rainha de França, que parece pisar o palco pela primeira vez, não sendo mencionada no programa).

Se duas coisas ainda faltam aos nossos atores, a culpa não será deles. Não possuímos, com efeito, quer como intérpretes, quer como público, a arte de emprestar a cada debate de idéias esse tom apaixonado e apaixonante que faz a graça de tantas peças francesas da atualidade, como não possuímos, a não ser em grau bem pequeno, o dom da ironia, da malícia que caçoa levemente, no fundo com um pouco de ternura. Privado destes dois elementos vivificadores, o texto de Anouilh parece mais fraco do que é, um comentário um tanto pesado, um tanto monótono, um tanto prolixo, sobre alguns temas eternos. Não obstante tantas qualidades evidentes, não chegamos a sentir a peça próxima de nós e dos nossos problemas.

Maria Della Costa progrediu incrivelmente e a sua interpretação, no papel principal, está bem próxima da obra-prima. Joana d'Arc, vista por Anouilh, é um paradoxo vivo, uma criatura complexa onde coexistem a camponesa e o soldado, a mocinha ingênua e a mulher astuciosa. Maria Della Costa pega todos estes aspectos, mas deixa escapar um: a santa. A sua Joana d'Arc nunca cessa de pertencer a este mundo, ao contrário da outra, que possuía o segredo de ser altamente mística sem deixar de parecer uma jovem simples e terra-a-terra.

A figura desempenhada com mais imaginação cênica talvez seja a de Carlos VII. Sérgio Brito não é, às vezes, um ator simpático ao público. Mas aqui até os seus defeitos – certa afetação, certa tendência histriônica – aparecem adaptados, conscientemente, à personalidade desse singular rei-bufão. É um exercício de virtuosismo, mas de um virtuosismo a serviço da peça e da personagem.

Só temos admiração por Eugênio Kusnet. É interessante o método pelo qual esse ator, formado no teatro de outros países, impõe a sua autoridade em cena. Os nossos atores, quando querem dar a impressão de vigor, esbravejam, forçam a voz, destacam palavras, lançando-as ao rosto do público, forçando-o a aceitá-las. Kusnet, a exemplo de Ziembinski, vale-se de outros recursos, da variedade de timbres, percorrendo do falsete até a voz plena, numa modulação musical constante, persuadindo pela subtileza. Como Cauchon, todavia, pareceu-nos um pouco abaixo de suas reais possibilidades, talvez esmiuçando em demasia as frases, com prejuízo do ritmo do espetáculo. Estes textos franceses são para serem ditos como belos discursos, não para serem vividos, palavra por palavra.

Entre as mais agradáveis surpresas de um espetáculo tão cheio de boas surpresas está uma série de interpretações de atores pouco ou nada conhecidos em São Paulo. Assim o Baudricourt, feito com muita truculência cômica por Milton Morais, ou o pai de Joana, interpretado por Manoel Carlos, amador que quase não tem aparecido ultimamente, ou Amandio Silva Filho. Não acabaríamos nunca, entretanto, se fôssemos analisar cada desempenho. Basta distinguir ainda a boa colaboração de Luiz Tito, num papel que lhe cai como uma luva, de Edmundo Lopes, Serafim Gonzales, Eny Autran e Wanda Kosmo, entre tantos outros.

(1955)

17. Bibi Ferreira

17.1. *SENHORITA BARBA AZUL*

Com o teatro cheio e o público divertindo-se sinceramente, genuinamente, não é fácil à crítica meter a sua colher torta e exercer o seu ofício de estragar o prazer alheio. A correspondência recíproca, o entendimento entre atores e público, é um dos fins do teatro, e mesmo quando se estabelece à base de concessões, não é fenômeno de todo desprezível num teatro ainda à procura de estabilidade comercial como o nosso. Isso é uma espécie de introdução para dizer que Bibi Ferreira está de volta a São Paulo, e em melhor forma do que em qualquer outra de suas últimas temporadas. Livre finalmente da preocupação de parecer menina engraçadinha, guarda agora apenas um traço de imaturidade artística: um ligeiro toque de exibicionismo infantil. Como nas peças e revistas anteriores, Bibi não sossega enquanto não faz parar o enredo para dar uma pequena demonstração familiar da pureza do seu sotaque em nada menos do que cinco línguas estrangeiras: francês, inglês, italiano, alemão e espanhol (conservamos a ordem do programa). Exemplo: – "Do you speak English?" – "Yes, M'am. Very well". – "Lei parla italiano?" – "Si, parlo benissimo", e etc. É verdade que a sua desenvoltura lingüística e a sua pronúncia é algo de fazer inveja, despertando o entusiasmo da platéia e o poliglotismo latente que jaz no fundo de cada um de nós, brasileiros – mas será isso uma desculpa e uma razão suficiente? No mais, Bibi é hoje uma excepcional comediante, com muito encanto e simpatia pessoal, com uma alegria maliciosa e contagiante, que brilha nos olhos, e, principalmente, em se tratando de uma atriz, com uma precisão absoluta em cada inflexão cômica, sem jamais perder a naturalidade ou forçar a frase. Tudo que deseja, consegue arrancar do público, manejando-o com a maior facilidade. A única coisa que ainda lhe podemos criticar é não querer mais do que quer, em relação à sua arte. Com um pouco mais de método e orientação, poderia fazer passar a sua companhia para o plano das grandes companhias. Bastaria um certo cuidado, não consigo mesma, mas exatamente com os outros, com o espetáculo e, sobretudo, com o texto (por exemplo: peça húngara deve passar-se, de preferência, na Hungria mesmo, ou em qualquer outra região que não Copacabana). Até em comédias despretensiosas, há sempre lugar para a pesquisa, para uma relativa originalidade, fugindo-se aos lugares-comuns da interpretação, aos tipos e situações que o público adora porque são velhos conhecidos.

Senhorita Barba Azul, a princípio, parece ter sido uma peça húngara. Mas isto já foi há tanto tempo, que, no palco, ninguém se deve lembrar mais. Depois, ocorreu o sr. Raimundo Magalhães Jr., tradutor a que nem as línguas aglutinantes, pertencentes ao grupo hungaro-finlandês, escapam. O caso é que *Senhorita Barba Azul* se apresenta agora quase tão nossa como uma peça de Gastão Tojeiro ou Pedro Bloch. A estrutura do enredo, a origem das cenas, permaneceu provavelmente a mesma do original, mas a maior parte do recheio é puramente brasileira. Sob um fundo internacional, constituído por um desses enredos em que, não se sabe bem como, um solteirão se acha repentinamente casado com uma perfeita desconhecida, aplicou-se toda a variedade e verve da gíria carioca: mesmo as personagens pseudofrancesas, como Bibi, a horas tais não se agüentam e acabam batendo no peito e exclamando: "Isso agora é aqui com a mamãezinha". E o público ri, esse público simples e tranqüilamente doméstico que assiste às comédias do Teatro Santana, tão à vontade como os próprios atores. Afinal de contas, o Brasil sempre se entende. Como diz Carlos Drummond de Andrade: "aqui ao menos a gente sabe que tudo é uma canalha só, lê o seu jornal, mete a língua no governo, queixa-se da vida (a vida está tão cara) e no fim dá certo". A cumplicidade e cordialidade nacionais são, surpreendentemente, as duas maiores forças do texto húngaro do Sr. Gabor Degrely. A peça, aliás, só cansa quando pretende ser sentimental. De um certo ponto em diante, quando já ficou exaustivamente provado que os dois protagonistas nasceram um para o outro, não há nenhum motivo sério para o autor retardar o desfecho, a não ser a necessidade de escrever o terceiro ato. Todas as vezes em que o público anda mais depressa do que o texto – adeus teatro.

No momento em que a nossa comédia começa a procurar a discrição e a economia, *Senhorita Barba Azul* mantém-se fiel, em parte, ao antigo sistema do teatro brasileiro: quanto mais exuberância – de movimentos, gestos, cacoetes, repetições de palavras e frases – melhor. Não se dá assim qualquer folga ao público: o essencial é distraí-lo permanentemente, ainda que seja pela agitação e algazarra. Qual a parte que cabe em tudo isso, precisamente, à direção de Sady Cabral? É difícil saber. Após alguns meses de representação – a peça obteve grande êxito no Rio – é provável que o alto espírito inventivo de nossos atores tenha contribuído não pouco para estabelecer aquela constante vivacidade e mobilidade em cena. Virtudes e defeitos, tanto no texto como nos atores, acham-se de tal modo entrelaçados, que se torna impossível analisá-los: é toda uma maneira de representar, engraçada e superficial, viva e convencional, que está em jogo. Quanto aos atores cada um que se defenda, procurando, acima de tudo, obter o maior rendimento possível em número de gargalhadas. Destaca-se particularmente, nesta espécie de competição, Francisco Dantas, um bom ator cômico dentro da linha Procópio Ferreira (mas sem a graça e a originalidade de Procópio). Herval Rossano está relativamente no começo da carreira e é bem possível que venha a se firmar como galã. Entre os outros, aparecem ainda Wallace Viana e Gracinda Freire, esta bastante simples e natural, se é que a podemos julgar pela sua rapidíssima passagem pelo palco. Cenários de Harry Cole, como sempre mais de arquiteto do que de cenógrafo: são curiosos, modernos, mas poderiam servir indiferentemente a qualquer peça. A funcionalidade, a adaptação a um fim individual e único, é uma qualidade também da cenografia – e não só da arquitetura.

(1955)

Parte III

Teatro Brasileiro de Comédia

1. O Mentiroso

Esperou o Teatro Brasileiro de Comédia mais de um ano para encenar o seu primeiro clássico. E fez bem. A peça clássica apresenta mais problemas e dificuldades do que qualquer outra, especialmente para um público como o nosso. Não possuímos, ainda, no Brasil, a não ser em caráter de exceção, aquela universalidade de gosto que nos permitiria passar de século para século, de época para época, de estilo para estilo, compreendendo e simpatizando, aderindo sempre com o pensamento e a sensibilidade a cada maneira peculiar de conceber a vida e a arte. Presos ao presente pela quase inexistência do passado, comprometidos sobretudo com o futuro, palavras como "século XVII" ou "classicismo", que para o europeu se apresentam pejadas de sentido, não passam, para nós, habitualmente, de abstrações desenterradas dos livros de história.

Perante uma platéia assim – e não estamos nos erigindo em exceção – é tarefa dificílima reviver um clássico. Não é questão apenas de representar bem. Trata-se de muitíssimo mais, de arrancar o público de sua indiferença, de desfazer a diferença criada pelos séculos, de reavivar uma certa forma de sentir que já parecia definitivamente extinta, estabelecendo uma comunhão, entre peça e público, que se afigurava antes impossível.

Não estamos encarecendo dessa forma a empresa para escusar possíveis defeitos do espetáculo que vamos criticar. Pelo contrário: de nada tem de se escusar o Teatro Brasileiro de Comédia, ao apresentar *O Mentiroso*. É que teve o bom senso de não se aventurar por tais terrenos desprevenidamente. Rodeado como está de homens de teatro italianos, escolheu acertadamente no repertório italiano a sua primeira peça clássica, dentre as comédias do maior escritor teatral que a Itália já produziu – Goldoni. Assim, seria bem mais difícil errar.

Basta ter ouvido Ruggero Jacobbi discorrer sobre a *Commedia dell'arte* como ele o fez na noite de estréia, ou ter lido o programa, cujas notas são de sua autoria, para saber que a direção de *O Mentiroso* não saiu exata por acaso. Cada um dos aspectos do espetáculo, a música, as máscaras, os cenários, foi analisado inteligentemente, dentro de uma tradição que o encenador recebeu ao nascer para a arte. A prova do sentimento de intimidade que lhe inspiram a peça e o autor, está nas modificações que introduziu confiantemente no texto, sem modificar de forma alguma a qualidade e tonalidade própria da peça: a *Commedia dell'arte* admite tais liberdades. O único ponto da encenação que nos pareceu discutível – a pronúncia napolitana de uma personagem – discutível por quebrar a convenção de que a peça está sendo toda representada em italiano, fazendo nascer o contraste entre a pronúncia italianada e a portuguesa, é ainda desculpável pelo que significa como aproveitamento das aptidões especiais de um ator, não fugindo ao espírito do texto, formado de improvisações sucessivas.

Aldo Calvo, na parte de cenários e figurinos, está inteiramente à vontade. Não supõe, não adivinha. Estudou e sabe. Não vamos falar do seu gosto, que não escapará a ninguém. Preferimos salientar a maestria com que transforma até os defeitos de um palco em outras tantas qualidades. O palco do Teatro Brasileiro de Comédia não tem altura, como não tem espaço lateral para guardar os cenários. É um palco sem caixa, se é possível conceber tal coisa. Pois nas mãos de Aldo Calvo, transforma-se: duas plataformas giram, uma terceira avança inesperadamente do fundo e eis o público aplaudindo freneticamente o milagre. Nos espetáculos do TBC jamais o vimos empregar duas vezes a mesma solução para resolver o problema espinhosíssimo da mudança de cenário. Cada vez, encontramos uma solução diferente e até um palco diferente, de forma e dimensões diversas. Aldo Calvo não tem a volúpia da originalidade a todo custo ou do mecanismo complicado, sinais quase infalíveis de fraqueza criadora. A solução é sempre natural, os cenários não se sobrepõem à peça, não chamam a atenção sobre si. E não fora vermos o milagre tantas vezes repetido, nem daríamos por ele.

A encenação de *O Mentiroso* não está naturalmente a salvo de qualquer crítica e não seria mesmo concebível que o estivesse no estado atual de desenvolvimento de nosso teatro. Mas, como texto, como representação, como realização, é, não há dúvida, a obra mais considerável que o Teatro Brasileiro de Comédia já realizou. Esperamos que para o público tais palavras signifiquem tanto quanto para nós.

Não obstante as grandes qualidades da direção de Ruggero Jacobbi e da cenografia de Aldo Calvo, o maior acontecimento do novo espetáculo do Teatro Brasileiro de Comédia é o desempenho de Sérgio Cardoso, como protagonista. Expliquemo-nos: Jacobbi e Calvo chegaram ao nosso teatro já em plena posse de suas qualidades e, se muito devemos a eles, quase nada devem eles a nós, a não ser, está claro, a mais fraternal acolhida. A sua contribuição representa, portanto, a parte que o teatro europeu pode e deve desempenhar na renovação do teatro brasileiro. Sérgio Cardoso, ao contrário, é criação inteiramente nossa, e o fato de ter podido alcançar a altura desta sua criação é, não só um marco, mas também uma honra para o teatro nacional. Vendo-o e ouvindo-o em *O Mentiroso* tivemos a certeza de que nenhuma parcela do enorme esforço feito nestes últimos anos foi perdido e, como críticos, demo-nos por amplamente pagos de tantas e tantas horas gastas com espetáculos não tocados, como este, pela alta graça da poesia e da arte.

O seu Hamlet, na versão do Teatro do Estudante, do Rio de Janeiro – a quem caberá eternamente a glória da descoberta – revelara um ator nascido para o teatro, com todos os atributos possíveis, voz, gestos, naturalidade, elegância, força, intuição psicológica, imaginação – mas não um ator amadurecido. Faltava-lhe o senso da medida, a disciplina do gosto, a compreensão de que a exteriorização não é nem o traço mais artístico nem o mais difícil do teatro; faltava-lhe, numa palavra, a depuração trazida pelo tempo. Dois anos somente se passaram e já nenhuma dessas críticas seria justa, tão rápida foi a evolução da sua arte, aprofundando-se psicologicamente sem nada perder do brilho que a caracterizava.

Não é esta, evidentemente, a primeira vez que um ator brasileiro nos causa tamanha impressão. Certas interpretações de Dulcina, de Morineau, de Ziembinski, de Cacilda Becker e Madalena Nicol ficaram e ficarão para sempre gravadas em nossa memória. Mas possuíam todas um ponto em comum: eram dramáticas. Foi necessário esperar *O Mentiroso*, para vermos, no Brasil, cenas de comédias feitas nesse mesmo nível de grande teatro.

Sérgio Cardoso é um extraordinário comediante não apenas no sentido menor de ator engraçado (estes os possuímos em abundância) mas também no sentido mais alto, de artista capaz de nos falar antes à imaginação e ao espírito do que aos sentidos. A sua graça é essa graça aérea, levíssima, de certas músicas de Mozart, que parecem dirigir-se, principalmente, à inteligência.

É admirável, por exemplo, a perfeição e a facilidade com que resolve o problema do "à parte", um dos mais embaraçosos para o ator moderno. A passagem entre a estilização de tudo o que a personagem diz aos outros – Lélio forja-se constantemente pela imaginação – e a espontaneidade do que diz a si mesmo, é feita com tanto naturalidade, que é impossível resistir. Como é impossível resistir ao contraste que se estabelece em sua retirada, ao se ver ameaçado de duelo por Otávio, entre a precipitação da fuga e o desejo de conservar intacta a dignidade de gentil-homem. Nesses instantes, o virtuosismo do ator refina-se a ponto de conferir importância ao menor gesto. Lembremos a cena em que Doutor Balanção, advertido por Otávio, se recusa a ouvir as explicações de Lélio, puxando asperamente a cadeira em que este pretendia se sentar. Era necessário exprimir, de alguma maneira, o medo que assalta Lélio de se ter comprometido irremediavelmente, sem quebrar a linha aristocrática de displicência que o põe sempre a cavaleiro: toda essa situação complexa foi expressa por um gesto de mão somente, um mover desapontado e nervoso de dedos e, apesar da insignificância do movimento, não cremos que, no momento, tenha escapado à argúcia de ninguém. É que Sérgio Cardoso possui, em elevadíssimo grau, o poder específico do ator, que é o de sentir e o de comunicar a peça não apenas por meios racionais mas por meios intuitivos profundos, que dizem mais do que qualquer frase, penetrando muito além da inteligência crítica (não é por outro motivo que são os atores, habitualmente, que iluminam as peças para os críticos e não vice-versa).

A técnica, contudo, é um começo, não um fim. Por saborosas que sejam tais invenções, e por muito que revelem quanto ao domínio da profissão, não se completam se não se integrarem numa concepção do papel, que pareça nova e provocante. Também estas qualidades mais raras não faltam a *O Mentiroso*. Seria fácil representá-lo unilateralmente insistindo na nota principal que o define: a volúpia de mistificação. Ao lado desta, todavia, Sérgio Cardoso vai desfilando, conforme a oportunidade, todas as outras que completam o quadro: a romântica, a sentimental, a poética, e até a dramática. No meio da ficção que o seu espírito inevitavelmente secreta, Lélio perde-se, às vezes, mais ainda do que os outros. Por momentos, uma sombra de melancolia e inquietação passa-lhe pelo rosto, como se contemplasse o vácuo. Mas a fantasia volta a fazer valer imperiosamente os seus direitos e ele retorna ao perigoso jogo que é a sua vida, mergulha novamente no mundo fascinante e embriagador da imaginação. Com o sorriso daqueles cuja profissão é agradar nos lábios, bebe as palavras de Rosaura com a ansiedade do jogador cujo destino se precipita em cada lance. A decepção ou a esperança brilham-lhe nos lábios, à medida que escuta, e, depois de uma ligeira hesitação, em que se pode ver, quase materialmente, ir-se formando o pensamento, vem a resposta, inesperada e brilhante.

Há atores que diminuem tudo o que interpretam: serão atores excelentes, jamais grandes atores. É possível, por exemplo, conceber-se

Lélio como um mentiroso comum, reduzido à graça mais vulgar. Sérgio Cardoso dá-lhe o encanto e quase a dignidade dos grandes aventureiros, dos que fazem da vida uma contínua obra de arte.

O Doutor Balanção de Waldemar Wey situa-se abaixo do Lélio de Sérgio Cardoso por força do próprio papel, não do intérprete. Isto é, a realização de Wey é tão perfeita tecnicamente quanto a outra, mas a personagem que encarna não possui a mesma grandeza e nem requer do ator a mesma gama de recursos. Junto da complexidade que é possível atribuir à personalidade de *O Mentiroso*, o Doutor Balanção não esconde a sua condição de simples máscara, como Colombina, Arlequim ou Polichinelo. Não que lhe falte um fundo de observação psicológica. O que o torna engraçado é essa desproporção constante entre a solenidade do tom e a trivialidade do conteúdo, tão bem expressa pelo uso das citações latinas, fórmulas que lhe parecem ter o condão misterioso de aclarar qualquer situação e remover qualquer obstáculo. O eminente facultativo bolonhês deseja impressionar vivamente aos outros, mas a quem vivamente impressiona é apenas a si mesmo – daí a comicidade inconsciente da personagem, tanto mais risível quanto mais séria se imagina. Se o Doutor principia como um charlatão, recorrendo ao jargão ininteligível que prestigia a todos os chalatães, termina como um ingênuo, ainda mais tolo do que parece. (Para os iniciados da "nova gnomonia", duas palavras esclarecem tudo: o Doutor é o "mozarlesco" em estado de pureza absoluta, nessa quintessência que só a caricatura consegue proporcionar.)

É óbvio que essa simplicidade de psicologia esconde uma cilada para o ator: o Doutor é engraçado, mas de uma graça monocórdica, que se repete incansavelmente da primeira à última linha, em virtude do próprio esquematismo da personalidade. Ora, não é fácil repisar o mesmo recurso cômico dez, vinte vezes, obrigando-o a renascer intacto e virgem a cada momento, pela diversidade e pelo inesperado das expressões que o acompanham. Conseguiu-o Waldemar Wey, com inesgotável fantasia, fazendo a comicidade crescer com o tempo em lugar de esgotar-se: os risos que provoca no terceiro ato são ainda mais numerosos do que nos precedentes.

Duas qualidades, que superficialmente parecem se repelir, conjugam-se em sua maneira de representar: a estilização caricatural e a naturalidade. De fato, na vida real, ninguém procede como o Doutor, ninguém tem os seus gestos e as suas inflexões peculiaríssimas. Trata-se, portanto, de uma criação artística que se sobrepõe à realidade, e, em tal sentido, podemos falar de estilização. Mas esta permaneceria artificial, se o ator não a vivificasse com um máximo de sinceridade, de convicção, tornando-a verdadeira apesar de tudo. Não conhecemos ninguém como o Doutor, mas é impossível negar a sua existência quando o vemos viver diante de nós, em carne e osso, com tanto vigor e verossimilhança.

Nenhum dos outros atores de *O Mentiroso* iguala Sérgio Cardoso e Waldemar Wey no que diz respeito à fantasia, à liberdade de criação e ao senso de estilo – talvez por terem ambos se iniciado pelo teatro clássico, representando Shakespeare e Gil Vicente, respectivamente.

O magnífico par Colombina-Arlequim merece também destaque. É um prazer ver Célia Biar progredir de peça para peça. Como Colombina, é uma figurinha gentil, graciosa, espirituosa, que sabe ser petulantemente popular sem comprometer a distinção da representação. O Arlequim de Carlos Vergueiro, não é tão simples para se julgar. Todo o aspecto físico da personagem, a agilidade, a vivacidade, não poderiam estar melhor – igualando-se, em certos momentos, a de um magnífico bailarino – sendo inacreditável em qualquer outro ator que não reunisse, como Vergueiro, a sensibilidade de um ex-crítico de música à forma atlética de um ex-campeão de cem metros rasos... Quanto à composição psicológica, contudo, teríamos alguns reparos a fazer. Também aqui não lhe faltou brilho e espontaneidade mas estamos em dúvida se a imagem que nos apresentou foi bem a de uma máscara italiana do século XVIII. A tonalidade de seu espírito, mais travesso que fantasioso, pareceu-nos antes a de um moleque brasileiro, o *Demônio Familiar*, de José de Alencar, por exemplo. O que não o impediu de desempenhar a função que lhe cabia na peça, a de movimentá-la buliçosamente.

(1949)

2. Entre Quatro Paredes
 (**e** O Pedido de Casamento)

Quando assistimos a um espetáculo dirigido por um encenador inteligente como Adolfo Celi, por maiores que sejam as nossas divergências, de uma coisa podemos estar certos: trata-se realmente de divergências, isto é, de interpretações de caráter pessoal, e não de erros de direção, lapsos, inadvertências, falhas que o ensaiador não tenha percebido.

É o que acontece com *Entre Quatro Paredes*. Adolfo Celi é o primeiro a saber, como já o disse numerosas vezes, que a sua interpretação da peça difere sensivelmente da considerada ortodoxa. Não basta, portanto, repetir essa observação para fazer crítica. Torna-se necessário, além disso, mostrar em que ponto se deu essa ruptura, julgando depois de sua validade ou utilidade.

O inferno concebido por Sartre nada deve à noção comum de inferno, exceto quanto a ser um lugar de infinito sofrimento. Esse sofrimento, porém, não decorre de nenhum dos processos tradicionais de tortura, de nenhum sofrimento físico. Aquelas pessoas não foram encerradas "entre quatro paredes" para passar por experiências que fujam, pelo horror, à nossa condição humana. Ao contrário, o inferno para elas consistirá exatamente em reviverem, pela memória, sua existência normal e cotidiana, repetindo para toda eternidade os gestos e atitudes que as caracterizaram no passado. Só há uma grande e essencial diferença: a morte cortou de vez o fluxo abundante e imprevisível da vida, imobilizando-as tais quais foram, indefinidamente. Enquanto vivemos, persiste sempre a possibilidade – a esperança diriam outros –

de algum gesto que nos renove a personalidade. Mortos, seremos para sempre apenas a soma total de nossos atos – eis o terrível inferno de um Garcin, de uma Estela, de uma Inês.

A esse inferno, puramente psicológico e mesmo filosófico, Adolfo Celi acrescentou, de certa forma, músculos e nervos, dando-lhe uma dimensão mais conhecida e familiar. Nada tão característico disso como o início da peça. O inferno de Sartre não preexiste às personagens. É um salão segundo-império, comum. Nem algozes comporta, como observa Inês. São as próprias vítimas que vão introduzir, nesse ambiente neutro, a angústia, a dor, os suplícios. É um inferno, portanto, que se constrói aos poucos, precisamente da mesma forma pela qual, segundo o existencialismo, construímos a nossa existência, a partir de um nada inicial, pelo simples fato de existir. Já o inferno criado por Adolfo Celi, ali está, de maneira inconfundível, assim que se abre o pano, nas luzes excêntricas e inexplicáveis que pendem do teto, no surdo troar do canhão e na expressão diabólica com que o empregado reveste cada frase inocente e insignificante. Garcin entra diretamente numa câmara de tortura e já entra sofrendo, um sofrimento animal, que não se situa em nenhum inferno platônico mas num inferno sensível, palpável, brutal.

Idêntica falta de progressão nota-se no conhecimento que temos da personalidade do suposto jornalista brasileiro. Garcin não se revela aos arrancos, dificilmente, dolorosamente, como é sem dúvida a intenção de Sartre, que o faz enumerar toda sorte de auto-acusações antes de abordar, vencido, a única, profunda e verdadeira: a covardia. O Garcin ideado por Adolfo Celi mal chega a se esconder atrás do pacifismo e do pseudo-heroísmo, nem sequer tenta fugir de si mesmo, como insinua o texto: é, desde logo, o covarde confesso, o covarde evidente, o covarde que se trai despudoradamente a cada passo e a cada olhar.

É evidente que tal interpretação, marcada pela personalidade fortíssima de Adolfo Celi, possui vantagens e desvantagens. Cria uma visão do inferno menos original que a de Sartre, com gemidos e imprecações, e não assinala com tanta nitidez o crescendo da ação dramática: o inferno e a psicologia das personagens nos são dados inicialmente, não sendo atingidos por revelações e aprofundamentos sucessivos. De outro lado, confere ao espetáculo a máxima intensidade física, fazendo o público sentir na própria carne o que lhe seria talvez difícil alcançar pela inteligência.

Em seus melhores momentos, a representação de *Entre Quatro Paredes* atinge uma impiedade, um furor que não estão longe de lembrar "les monstres glapissants, hurlants, grognants, rampants, dans la ménagerie infâme de nos vices" de outro inferno – o de Baudelaire.

Entre Quatro Paredes representava uma experiência da maior importância na carreira de Sérgio Cardoso. Já o sabíamos ator ideal para o repertório clássico e romântico. Ignorávamos, porém, se em peças destituídas de estilização e poesia (peças que abrangem quase a totalidade do repertório moderno) não perderia parte de suas melhores qualidades. *Entre Quatro Paredes* veio dar resposta definitiva a essa pergunta. Sérgio Cardoso não é ator para este ou aquele papel, para este ou aquele gênero. É muito mais do que isso: um ator, simplesmente.

Quando Garcin entra em cena pela primeira vez, temos dificuldade em reconhecer naquele vulto mesquinho, o herói de *Hamlet* e de *O Mentiroso*. E o mérito da transformação é ainda maior porque não consiste em pormenores de caracterização. O olhar, a boca, o porte, é que são outros: foi o espírito e a psicologia que mudaram. Sérgio Cardoso não vacilou em despojar-se por completo do prestígio romântico e da elegância de atitudes que até aqui o haviam distinguido, para renascer numa interpretação artística em oposição a todas suas anteriores.

O Garcin criado por Michel Vitold na versão francesa original possuía certo interesse humano e mesmo certa estatura dramática. Era evidentemente um homem lúcido, um pacifista (ou um pseudopacifista), um intelectual, um jornalista de que ainda se falava ocasionalmente vários meses depois de sua morte. Em suma, um falso herói, que procurava ocultar ferozmente a sua covardia aos olhos estranhos, como quem esconde uma chaga. O Garcin de Sérgio Cardoso é o oposto: a covardia fala em cada um de seus gestos, no mais insignificante olhar; contamina-o, corrompe-o, irremediavelmente da cabeça aos pés; rouba-lhe os últimos resquícios de dignidade. Pode-se julgar – e é o nosso caso – o ator francês mais próximo das intenções de Sartre; mas é impossível deixar de admirar intensamente o vigor e o requinte da interpretação brasileira: criação por criação, equivalem-se.

Para Cacilda Becker, também o drama de Sartre constituía uma árdua prova: Cacilda não tem nem o físico nem o tipo de voz ideal para o papel de Inês. Não poderia, portanto, impor-se pela mera presença, por essa afinidade entre a personagem e a atriz, entre a criatura de ficção e a criatura de carne e osso, que significa muitas vezes metade do êxito. Representar, entretanto, é superar com o espírito tais dificuldades, é forçar vitoriosamente os limites da própria personalidade. Não é de surpreender, pois, que ela nos tenha dado o desempenho mais seguro da peça, extraordinário como firmeza e homogeneidade, progredindo dramaticamente do primeiro ao último minuto.

A maior virtude de Nídia Lícia é não ter desmerecido esses dois fortíssimos companheiros. Diga-se em seu favor que Estela é a personagem mais ingrata das três, a menos interessante psicologicamente, a mais fraca como inteligência e personalidade. Talvez por isto, não foi ainda desta vez que Nídia conseguiu ultrapassar o nível altíssimo de Laura, a menina infinitamente poética sem o saber, com que estreou em *À Margem da Vida*.

Carlos Vergueiro transfigurou a figura incolor do empregado num grande papel, em nada inferior aos outros qualitativamente. Entregar uma ponta como essa a um ator da qualidade de Vergueiro, que se afirma dia a dia como um de nossos melhores artistas, eis um fato que honra tanto o encenador, que fez a escolha, quanto o artista, que a aceitou de bom grado. São tais gestos que revelam o grau de amadurecimento de um meio teatral.

Em conjunto, o elenco do Teatro Brasileiro de Comédia transmitiu-nos integralmente a impressão procurada com tanta habilidade por Celi: um emaranhado de répteis, o "nó de víboras", do título do romance de Mauriac.

Entre Quatro Paredes não depende praticamente de cenário, podendo ser representada, com a mesma eficiência, diante de cortinas de cores neutras, com três ou quatro acessórios. Bassano Vaccarini fez o que era possível, não se colocando em plano inferior ao habitual no palco da rua Major Diogo. É um artista que merece mais e melhores oportunidades, como já provou com o cenário de *Antes do Café*.

Pode parecer supérfluo elogiar-se a tradução de Guilherme de Almeida. Que dificuldade poderia apresentar *Huis Clos* para quem já traduzira Villon, Verlaine e Baudelaire, para o poeta que escreve com a mesma facilidade no estilo do século XX ou do século XV, para um dos maiores artífices, se não o maior, da língua portuguesa no Brasil?

Todavia, eram esses triunfos mesmos, que nos haviam deixado prevenidos e até com ligeira desconfiança. Os feitos de Guilherme de Almeida relacionavam-se todos com textos poéticos. Ora, não há nada de menos poético que a prosa de Sartre, sobretudo nesta peça em que faz falar três pessoas não isentas de vulgaridade.

Entre Quatro Paredes, no dia da estréia, não custou muito a demonstrar que tínhamos previsto tudo, exceto a espantosa capacidade de adaptação do tradutor. O que estávamos ouvindo, em português, era ineludivelmente Sartre, Sartre com o seu gosto habitual pelas situações desagradáveis e palavras grosseiras. Cada termo da gíria francesa, aparentemente intraduzível, renascia em português num "cafajeste" ou num "safardana", inesperado e exato. A personalidade de Guilherme de Almeida desaparecera por completo – e não sabemos que melhor qualidade possa ter um tradutor.

Mas há ainda outros pontos que desejamos referir.

Uma das dificuldades maiores da prosa teatral brasileira é a do tratamento pessoal. É possível que daqui a muitos anos o "você" – que, incontestavelmente, vem dia a dia ganhando terreno – acabe por prevalecer, adquirindo a universalidade do "you" inglês e do "vous" francês, tratamentos que servem indiscriminadamente para qualquer grau de relação social, salvo a extremamente cerimoniosa – no caso do "vous" – ou a de grande intimidade. Mas enquanto isso não acontece, não temos outro jeito senão continuar a usar na conversação, essa mistura incongruente de "tu", "você" e "o senhor", em proporções que não obedecem a nenhuma regra lógica, dependendo de mil pequenas circunstâncias imprevisíveis, para desespero dos estrangeiros que tentam falar corretamente a nossa língua: há vezes e situações em que nós mesmos permanecemos incertos e hesitantes diante do tratamento a ser empregado.

É claro que uma situação caótica como esta não pode deixar de refletir-se na linguagem do palco. Alguns autores teatrais, e a maioria dos tradutores, resolvem a questão recorrendo inteiramente ao "tu", solução a menos admissível em face dos nossos hábitos atuais, obrigando os atores a uma constante falta de naturalidade, análoga ao sotaque levemente aportuguesado dos nossos intérpretes de outrora, quando o teatro português ainda influenciava fortemente o nosso. O "tu", hoje em dia, segundo nos parece, deve ficar confinado a peças cujo enredo se passa em regiões do Brasil onde esse tratamento é comum, ou então, a peças de cunho poético, em que seja empregado para obter-se um efeito artístico especial, como já é o caso do "vós".

A tradução de *Huis Clos* vem confirmar, com a autoridade de Guilherme de Almeida, esses pontos de vista: sem empregar o "tu", resolve tão bem a questão do tratamento com o "você", que o público nem chega a perceber que tenha havido qualquer espécie de problema a resolver.

A segunda questão refere-se ao Teatro Brasileiro de Comédia. Nos primeiros tempos, o ponto fraco de seus espetáculos eram as traduções, que andavam de mão em mão antes de tomarem forma definitiva, feitas por uns e refeitas por outros, corrigidas e recorrigidas até pelos atores. Ora, como aos cenários dedicava a direção do teatro um zelo e um amor inigualáveis, ficava-nos por vezes a amarga impressão de que os responsáveis pelo TBC davam maior importância aos elementos materiais que aos de ordem puramente literária, colocando o cenógrafo antes do escritor. O fato de terem ido buscar Guilherme de Almeida para traduzir a peça de Sartre põe as coisas agora em seus devidos termos.

Depois de Sartre, Tchékhov: depois do drama, a comédia: depois do inferno, um pedido de casamento... No entanto, por momentos, as duas coisas não se distinguem com a nitidez que seria conveniente: um pedido de casamento também pode assumir ares de pesadelo, um pesadelo menos cruel que o inferno de Sartre, mas não menos agitado e frenético...

É que a pecinha de Tchékhov – encenada por Adolfo Celi, num puro e delicioso estilo de farsa, de comédia de pastelão, com grandes barbas postiças e belíssimos fraques de ocasião – não é, no fundo, tão inocente como parece, tão isenta de malícia.

Dificilmente poderá haver momento mais festivo e mais pomposo que o de um pedido de casamento. Os ressentimentos antigos, se porventura existiram, desvanecem-se magicamente – todos os noivos são sempre perfeitos por definição – e tudo ressuma boa vontade, delicadeza, desejo de comunhão, de compreensão mútua. É o momento de paz e de tranqüilidade por excelência – ou, pelo menos, deveria ser... Acontece, entretanto, que vivemos isolados num mundo fictício criado pelos nossos hábitos e pela nossa vaidade incurável. Quando dois desses mundos se encontram (colidem seria o termo), um encarnado em Ivan Vasilievitch e outro em Natália Stepanovna, as melhores intenções e a própria solenidade da ocasião – trata-se, repetimos, de um pedido de casamento – não podem impedir que a discussão e a luta saltem fora mecanicamente, grotescamente, malgrado todos os esforços empregados em contrário; é uma questão de princípios, como tenta esclarecer pela última vez o noivo, com o ramalhete de flores enterrado furiosamente na cabeça, ao oferecer o chapéu como presente de núpcias à bem-amada... No fim de contas – perece dizer ironicamente Tchékhov – que culpa temos, se o nosso cão de caça é reconhecidamente o melhor do município e se o nosso vizinho teima, por despeito ou incrível má-fé, em proclamar, exatamente o contrário? Nos grandes conflitos como nos minúsculos incidentes a humanidade revela-se sempre a mesma, cômica ou trágica, irritantemente estúpida ou arrebatadoramente apaixonada. (É só questão de escolher o ponto de vista.)

No papel de Ivan Vasilievitch, Sérgio Cardoso esteve prodigioso de invenção cômica. A sua composição, perfeita como estilo, riquíssima de pormenores, só tem um defeito: o excesso de virtuosismo. Sérgio Cardoso consegue tudo, menos amar a sua personagem a ponto de se perder nela como Charles Chaplin se esquece e se perde em Carlitos: sentimos em não poucos instantes o ator inteligentíssimo parodiando e caçoando da personagem.

Cacilda Becker parece-nos mais atriz de drama e de comédia que de farsa, pois a naturalidade é o seu elemento instintivo. A noiva de *O Pedido de Casamento* evidencia a sua invulgar capacidade de adaptação a qualquer gênero e papel, essa versatilidade que é um dos seus melhores atributos, sem nada acrescentar propriamente ao que já realizou.

Vimos Waldemar Wey (e a peça) duas vezes. Na estréia embora engraçado, ainda não se libertara do Doutor Balanção de saudosa memória. Quatro dias depois, começava a compor outra silhueta, em que a excitação e a exaltação substituíam a antiga ênfase. Com o tempo

Wey terminará provavelmente encontrando o tom exato da personagem. De qualquer forma, o acontecido deverá servir para pôr de sobreaviso os encenadores do Teatro Brasileiro de Comédia. Se insistirem, como até agora têm feito, em confiar a Wey um só gênero de papel, acabarão inevitavelmente cansando o artista e o público. A crítica é prematura mas só tem valor nesse caráter: uma vez originado o mal, será bem mais difícil combatê-lo.

Bons cenários de Carlos Giacchieri, outro artista que vem reunir-se à equipe já numerosa de técnicos, cenógrafos e encenadores do Teatro Brasileiro de Comédia.

(1950)

3. O Anjo de Pedra

Depois de dois anos de existência, o Teatro Brasileiro de Comédia não perdeu ainda em nada a capacidade de nos surpreender. *O Anjo de Pedra*, vindo depois de *O Mentiroso*, de *Entre Quatro Paredes*, de *Antes do Café*, não apenas não desmerece de tão ilustres predecessores como significa mais uma posição conquistada. E isto se deve, primeiramente, à direção de Luciano Salce e a uma interpretação de Cacilda Becker que permanece extraordinária por qualquer critério que se queira considerá-la. Em *O Anjo de Pedra*, Cacilda faz-nos esquecer que estamos no Brasil, que o nosso teatro é jovem e inexperiente, oferecendo-nos uma dessas raríssimas ocasiões em que a crítica se pode colocar sem medo no plano do teatro universal.

Tennessee Williams, de todos os grandes escritores do presente momento, é certamente o mais conhecido de nossas platéias: *O Anjo de Pedra* é a última das suas três grandes peças a serem apresentadas em São Paulo, que já vira *À Margem da Vida* e *Uma Rua Chamada Pecado*. E é bom que assim seja. O conhecimento de qualquer dessas peças facilita a compreensão das outras, porque a esse propósito pode-se quase falar em trilogia: as personagens e as situações são diversas, não o ambiente e os problemas. Alma Winemiller é a irmã mais moça de Blanche Dubois e Amanda Wingfield. A diferença está apenas no momento escolhido pelo autor: desta vez, ao contrário das precedentes, assistimos ao começo, não ao fim do drama. Se em *À Margem da Vida* e *Uma Rua Chamada Pecado* devíamos reconstituir pela imaginação o passado, lançando mão dos dados fornecidos pelo autor, agora acontece justamente o contrário. É o futuro que temos de projetar à nossa frente. A última cena, compassivamente, limita-se apenas a apontá-lo: o triste quinhão de Alma Winemiller na sociedade será a de receber de braços abertos os caixeiros-viajantes tímidos e sedentos de amor.

O autor não se contentou em mostrar Blanche Dubois e Amanda Wingfield. Voltou à carga para esclarecer, com maior luxo de pormenores psicológicos, como se obtém uma Blanche, uma Amanda – como se fabrica uma neurótica.

Tennessee Williams parece, de fato, perseguido pela imagem da personalidade humana em decomposição, obsedado por esse mistério da transformação de uma jovem às vezes encantadora num triste e ridículo trapo humano. Há uns versos de Manuel Bandeira que bem poderiam servir de dístico à primeira cena de *Anjo de Pedra*, colocados ao pé da estátua:

> Vozes da infância, contai a história
> Da vida boa que nunca veio
> E eu caia ouvindo-a no calmo seio
>   Da eternidade.

A história da vida boa que nunca veio – e poderia ter vindo se o acaso e os homens não se interpusessem – é a história de Alma Winemiller.

O equívoco que a separa de Joe Buchanan Jr. pode ser resumido numa só frase, a velha e bela frase de Pascal: "l'homme n'est ni ange ni bête et le malheur veut qui veut faire l'ange fait la bête". Na peça nenhum dos dois lados tinha razão porque a questão, desde o início, fora mal colocada: se o animal, para Joe, identificava-se com a bestialidade de Gonzales, a sensualidade sem nobreza de Rosa, a embriaguez das rinhas de galo, o anjo, na versão de Alma, confundia-se com a atmosfera sufocante e estreita dos sermões protestantes, das festinhas escolares, o vazio pretensioso das reuniõezinhas lítero-sociais, em que a literatura entrava apenas como sucedâneo aguado e cômodo da verdadeira vida, pretexto para a fuga ante certas realidades brutais. Nem Alma nem Joe tinham encontrado o ponto de equilíbrio que define o homem, nas palavras de Pascal. Mas havia, de parte a parte, a sensação, quase a certeza, de que o abismo que os separava poderia e deveria ser transposto. Um dia Alma Winemiller deixaria cair a máscara de professorinha pública, o formalismo de filha de pastor protestante, solteirona por antecipação, revelando somente o que havia nela de melhor: a sua feminilidade reprimida, a sua exaltada sensibilidade, a sua flama. Toda a sua personalidade vale por essa espera, vive para esse milagre que adivinhamos possível e que o amor opera normalmente a todos os instantes.

Mas "le malheur veut..." Só, inábil, sem saber de que recursos lançar mão, Alma vê fugir-lhe uma a uma todas as oportunidades para desfazer o desencontro trágico que a afasta de Joe. O amor, passando rente ao seu lado, a uma distância apenas suficiente para incendiá-la ainda mais, acaba por lhe negar o único apoio que a poderia salvar. É o começo do fim. Entregue ao próprio temperamento nervoso, abandonada naquela cidadezinha sem horizontes, entre a mãe imbecil e o pai que vive a léguas de distância, sentindo formar-se a volta de si essa simpatia humilhante que nasce da piedade e presenciando já a frustração e a neurose irem-se imprimindo lenta, seguramente, nos seus gestos tímidos e desajeitados, Alma só poderá cair mais e mais até terminar por se tornar irreconhecível. Há um instante em que a personalidade, exausta de lutar, cede definitivamente ante as pressões que ameaçam esmagá-la.

O caso de Joe é bem mais comum, bem menos interessante e talvez seja isto que nos impede de colocar *O Anjo de Pedra* exatamente no mesmo nível dos outros dois dramas de Tennessee Williams. Em *À Margem da Vida*, os destinos de Tom, Laura e Amanda Wingfield completam-se com a exatidão e a necessidade das peças de um mesmo quebra-cabeças. Cada um se define em relação aos outros e nenhum parece ter sido criado só para justificar psicologicamente a existência dos restantes. Em *Uma Rua Chamada Pecado* a mesma coisa acontece, num sentido um pouquinho diferente: Blanche Dubois e Stanley Kowalski completam-se porque exatamente opostos: a aristocrata em decadência e o emigrante em ascensão tinham inevitavelmente de se cruzar em certo momento, uma além e o outro aquém da moral burguesa. *O Anjo de Pedra* não tem o mesmo equilíbrio: Joe é apenas a sombra de Alma, o seu reverso. Quando Alma é espírito, Joe é corpo, quando Alma é corpo, Joe é espírito – e está dito tudo. O que uma tem de palpitante, de único, o outro tem de convencional, de pobre artisticamente, como se o autor só tivesse tido olhos e ouvidos para uma personagem. E o resultado, mais do que uma grande peça, é um grande papel para uma grande artista.

A figura de Alma Winemiller, porém, é de talhe a sustentar todas as outras. Com a maior emoção seguimos a sua melancólica parábola, da menina que decifra com os dedos, comovidamente, a mensagem do anjo de pedra – uma palavra só: eternidade – da mocinha que lê o poema de amor de William Blake, até a neurótica pronta a mendigar a companhia do primeiro que deseje compartilhar de sua solidão. Para matar a fome de amor, a ânsia desequilibrada de simpatia e afeição, só lhe resta agora o derradeiro recurso, o mais vazio e o mais triste de todos: o amor de passagem. Que outro remédio, para sufocar a angústia,

Si ce n'est, par un soir sans lune, deux à deux,
D'endormir la douleur sur un lit hasardeux?

Talvez um dia a estátua, testemunha dos seus primeiros como de seus últimos amores, se compadeça dela, tornando realidade a promessa inscrita indelevelmente sobre a pedra: nesse dia Alma repousara finalmente, mergulhando para sempre "no calmo seio da eternidade".

Numa representação que é toda excelente, talvez a melhor que já apresentou até hoje o Teatro Brasileiro de Comédia, três elementos se salientam fortemente: a direção de Luciano Salce, o trabalho de Cacilda Becker e os cenários de Bassano Vaccarini.

Tennessee Williams não é um autor que escreva primordialmente para a inteligência, como Sartre ou Camus. E, na verdade, as cenas de discussão entre Alma e Joe, em que o texto assume ares quase pretensiosos de peça de tese ou de debate metafísico, são as mais fracas de toda peça. O que nos conquista no escritor norte-americano é o calor afetivo, a penetração intelectual não privada de simpatia, o olhar lúcido mas compadecido. A compreensão psicológica, a comiseração pela condição humana, são as notas predominantes de *O Anjo de Pedra*.

São essas, exatamente essas, as qualidades que encontramos na encenação de Luciano Salce. A tentação mais comum do intérprete é a de se sobrepor ao autor, assumindo toda espécie de liberdades. Salce é inteligente demais, sensível demais, para confundir esse simulacro com a verdadeira criação.

Cotejando o texto inglês, que inclui numerosas fotografias da produção nova-iorquina, com a representação no TBC, o que chama particularmente a atenção é a nenhuma vontade de fazer diferente, de ser original a qualquer custo. E não se pense que é fácil tal disciplina. Ao contrário, em arte o que custa mais é a renúncia de nossa personalidade, é a adesão completa e momentânea a pontos de vista alheios. Para que a obra de arte nasça em toda a sua independência, é preciso que os intérpretes tenham a humildade de se apagar, como o autor já se apagara ao criar as personagens, ao retirar da sua substância aquelas criaturas estranhas e com vida autônoma que constituem, por isso mesmo, a própria negação dele. A encenação de *O Anjo de Pedra* parece-nos excepcional não porque nos lembre a todo instante Luciano Salce, mas porque é Tennessee Williams da primeira à última linha. O que a encenação fez foi recriar a exata atmosfera da peça, um misto de nostalgia, violência e compaixão.

Para falar da interpretação de Cacilda Becker gostaríamos de encontrar nesse vocabulário crítico tão gasto algumas palavras que fizessem compreender que, ao menos desta vez, não se trata de elogios comuns. Cacilda está bem longe de ser uma principiante: a versatilidade e a regularidade têm sido as suas companheiras fiéis, como se vê comparando-se interpretações tão diversas em tudo, a não ser na qualidade, como as de *Ingenuidade* e *Entre Quatro Paredes, Arsênico e Alfazema* e *A Ronda dos Malandros, Nick Bar* e *A Importância de Ser Prudente*. A sua Alma Winemiller está, entretanto, em plano muito, mais muito superior a tudo o que fez anteriormente. Não é esta ou aquela característica isolada que nos seduz, mas a capacidade de ferir uma porção de notas ao mesmo tempo, todas com justeza e todas subordinadas a uma concepção única, rica e profunda do papel. Cacilda não esquematizou a personagem, não a fez mais feia ou mais bonita, melhor ou pior. Alma Winemiller que criou, como a própria peça, é essencialmente contraditória – ríspida e delicada.

Bassano Vaccarini, como cenógrafo, parte de um conhecimento por assim dizer manual do palco: é ele mesmo quem constrói cada cenário, desempenhando, se preciso for, todas as funções técnicas, mesmo as mais humildes. É isto que lhe permite resolver com tanta perícia os problemas que poderíamos chamar arquiteturais do cenário: a organização do espaço. Os cenários de *O Anjo de Pedra* têm essa precisão milimétrica que faz caber duas casas e uma praça pública dentro dos cinco ou seis metros de um palco, sem que os atores se sintam embaraçados em seus movimentos e sem que a ilusão se perca. Mas, ao lado dessa parte mecânica, há também todos os elementos de colorido, de composição de linhas, que dão vida ao cenário. Ainda aqui Vaccarini está inteiramente à vontade, pois veio da pintura para o teatro. O seu caso, na realidade, obedece a uma das fórmulas mais felizes em qualquer arte: a do artesão que é também um artista.

Em *O Anjo de Pedra*, tem Maurício Barroso a sua maior oportunidade e o seu maior desempenho desde *Ingenuidade*. A figura de Joe Buchanan Jr. presta-se de forma admirável para pôr em relevo as qualidades que o caracterizam mais particularmente como ator: naturalidade, discrição em cena, e uma certa autoridade calma, uma quase displicência física e psicológica que lhe dá muita graça viril, aparentando-o aos atores cinematográficos norte-americanos. Todas as vezes que uma peça exige apenas tais atributos – como *Ingenuidade, A Ronda dos Malandros* e *O Anjo de Pedra* – Maurício é um "galã", difícil, senão impossível, de encontrar rival no teatro brasileiro, um "galã" sem nenhuma concessão ao mau gosto. Mas, em arte, a discrição, o excesso de autocrítica, é uma arma de dois gumes. Em *O Anjo de Pedra*, por exemplo, quando Alma vai consultar durante a noite o Dr. Buchanan, somente pelo texto tomamos conhecimento de que Joe está ligeiramente embriagado. O ator, talvez com receio do ridículo, evitou a dificuldade contida em toda cena da bebedeira – tão fácil, na verdade, de cair no convencional – ignorando-a simplesmente. Também nos momentos mais dramáticos, parece lhe faltar aquela liberdade, aquela ausência completa de inibição com que certos atores se lançam, para o bem ou para o mal, nesta aventura perigosíssima que é representar, na qual o sublime está constantemente a dois passos do ridículo. Maurício Barroso não possui ainda essa volúpia de enfrentar as provas de fogo que faz os grandes atores. Há um velho e ingênuo preconceito de que todo artista precisa ser tocado pelo sofrimento, pela vida, para atingir o cerne de sua arte, humanizando-se. Não sabemos exatamente por que, mas sempre que vemos Maurício Barroso é essa idéia que nos vem à memória.

Quanto aos outros, acima de qualquer desempenho em particular, o que predomina é a verificação, mais importante, de que os veteranos mantêm as posições já alcançadas, enquanto os mais novos começam a ameaçá-las.

Entre os primeiros – veteranos, naturalmente, em relação ao teatro – citaríamos Marina Freire, Joseph Guerreiro e Waldemar Wey. Todos os três têm papéis que não representam grande novidade em relação aos anteriores, mas, se repetem, repetem para melhor. A solteirona levemente caricatural de Marina Freire, por exemplo, nunca nos pareceu mais saborosa, mais rica de pormenores. Ainda entre os veteranos, teríamos de elogiar, por motivos opostos, o trabalho de Nídia Lícia, diverso de tudo que já fizera antes, inclusive no timbre de voz e na pronúncia, em que pela primeira vez, não notamos resquício nenhum de sotaque estrangeiro.

Os novos são Elizabeth Henreid, Freddi Kleemann e Neli Patrícia. Elizabeth vinha de uma verdadeira revelação em *A Importância de Ser Prudente*. Em *O Anjo de Pedra* faz o suficiente para mostrar que aquela interpretação era uma conquista permanente e não apenas um instante privilegiado de inspiração. Freddi Kleemann também confirma o progresso evidenciado na peça de Oscar Wilde, criando uma esplêndida figura cômica, inteiramente liberta dos seus antigos maneirismos. O trabalho de Neli Patrícia é porventura o mais surpreendente de todos na peça, por surgir perfeito, de um momento para o outro, do nada. Fazendo o papel de Alma Winemiller quando menina, essa estreante consegue não desmerecer da grande interpretação de Cacilda Becker.

Deixamos para o fim dois pontos suscetíveis de discussão. O primeiro refere-se a Raquel Moacir. Não encontramos ainda duas opiniões divergentes a propósito de sua interpretação, qualificada, sem exceção, de ótima. Embora não tendo a esperança de ter razão contra todos, não podemos deixar de anotar que, como a Sra. Winemiller, qualquer coisa na sua fisionomia, ou talvez nas roupas – mais modernas que as da filha – fez-nos ver constantemente a atriz em lugar da personagem, isto é, uma pessoa muito inteligente, de grande tirocínio social, e não um pobre farrapo humano.

A segunda discordância diz respeito ao desempenho de Sérgio Cardoso na última cena da peça. Contudo, a nossa divergência, aqui, dirige-se exclusivamente ao diretor – e este é, de fato, o único ponto em que discordamos da encenação de Luciano Salce. Se estamos certos, a tonalidade exata para terminar *O Anjo de Pedra* seria outra, mais terna e menos cômica, mais delicada e menos cruel, mais sentimental e menos dura. O que aproxima Alma daquele pobre e tímido caixeiro-viajante é, sobretudo, o mesmo sentimento de solidão. Une-os – para repetir palavras do autor – "essa misteriosa e súbita intimidade que ocorre às vezes mais completamente entre estranhos do que entro velhos amigos ou do que entre amantes". Esta comunhão de dois desamparados, talvez ridícula mas, sobretudo, tocante, seria, a nosso ver, a verdadeira palavra final do drama de Tennessee Williams.

(1950)

4. Teatro da Segunda-Feira

O atual espetáculo do Teatro da Segunda-Feira é excelente. Tudo contribui para isso: um programa equilibrado, composto de três peças de caráter nitidamente diversos, e todas as três, no seu gênero, curiosas e interessantes; encenações de primeira ordem, tanto as de Ziembinski, quanto as de Luciano Salce; e, antes e acima de tudo, uma interpretação absolutamente excepcional de Cacilda Becker, em *Poil de Carotte*, de Jules Renard.

A peça *Raquel*, de Lourival Gomes Machado, que era inédita, tem como primeira qualidade a coragem. Trata-se de uma peça difícil para o autor, que se propôs, ao escrevê-la, altos padrões literários; difícil para os atores; e difícil ainda para o público, de quem exige um esforço de compreensão a que não está acostumado. É o texto ideal, portanto, para um teatro de experiência como o Teatro da Segunda-Feira, cuja função deve ser a de restituir ao nosso teatro aquele espírito de aventura, aquele gosto pelas empresas arriscadas, que já foi o seu há quatro ou cinco anos atrás – a época do amadorismo – e que perdeu, forçosamente, ao ingressar na vida profissional. *Raquel* não é dessas obras acessíveis, que chegam até o público pela humanidade, pelo espetáculo do sofrimento posto no palco sem disfarces, bem à vista da platéia. É uma peça poética, uma transposição artística, e somente nessa qualidade poderá ser apreciada e julgada, favoravelmente ou não. Esse julgamento não o faremos agora. Em todo caso, adiantemos já que a direção de Ziembinski, pela força, pela busca de uma teatralidade intensa, pareceu-nos a mais apropriada para ressaltar o tom poético e eloqüente do texto. Adiantemos ainda que tivemos em Lia e Jacó duas boas interpretações de Nídia Lícia e de Orlando Guy – apesar de uma rouquidão ocasional deste último – dominados ambos, entretanto, pelo Labão de Alec Wellington, cuja pronúncia algo estrangeirada não conseguiu ofuscar o excelente ator que é, capaz de explorar como poucos todos os recursos de uma voz riquíssima e perfeitamente educada. Cenários e vestimentas de Vaccarini, estas desproporcionais ao palco, antes dificultando do que auxiliando a representação e a movimentação dos atores.

A grande triunfadora da segunda peça – e da noite – foi Cacilda Becker. A todos tinha parecido que a Alma Winemiller de *O Anjo de Pedra* havia marcado o ponto mais alto de sua carreira e que, pelo menos tão cedo, não seria possível ir mais longe. *Poil de Carotte – Pega-Fogo* na tradução de Nonnemberg – veio mostrar como estávamos equivocados ao admitir limites para Cacilda. As suas imensas possibilidades são ainda mais vastas e profundas do que pensávamos e a atriz, entrando agora num período de plena maturidade, começa a elevar o nosso teatro a alturas raramente alcançadas mesmo pelo melhor teatro de outros países. O mais admirável é que essa extraordinária ascensão nada deve ao acaso. O dom inato, a vocação, representaram, naturalmente, o seu papel básico e indispensável, servindo como ponto de partida. Mas o resto foi obtido por uma força de vontade e por um amor ao teatro como não podem existir maiores. Não é sem emoção que há dois anos São Paulo acompanha a carreira dessa mulher, na aparência tão frágil, que se vai consumindo pelo teatro diante dos nossos olhos, emagrecendo de papel a papel, à medida que mais se afina a sua arte. Cacilda vive do teatro e para o teatro, a ponto de se ter reduzido materialmente, pela sobrecarga de trabalho, pela exaustão física, a um vibrante feixe de nervos, como se a atriz dispensasse tudo que não constitua matéria para a sua arte, tudo que não seja sensibilidade e energia nervosa.

Colocamos sempre a peça antes do intérprete, porque essa é a hierarquia natural do teatro. Se abrimos aqui uma exceção, não foi por não admirarmos o pequeno drama de Jules Renard, na verdade a peça mais perfeita deixada pelo teatro naturalista francês de fins do século passado. "Ce qu'il y a de plus dur á regarder en face, c'est le visage d'une mère qu'on n'aime pas et que fait pitié" –: Jules Renard sabia sobre o que estava falando, ele que, antes de escrever, viveu a história desse pobre Poil de Carotte, esmagado entre a mãe, mesquinha e comediante por natureza, e o pai, perdido dentro das preocupações e de seu mutismo. Não é de surpreender, portanto, que percorra toda a peça uma corrente poderosíssima de emoção, mas de emoção contida pelo pudor, pela malícia da inteligência. Poil de Carotte é o retrato humaníssimo, pungentíssimo, de uma criança amadurecida pelo sofrimento, infantil sob certos aspectos e singularmente adulta sob outros, uma mistura inimitável de ingenuidade e astúcia, de experiência e inexperiência, de humildade e orgulho pueril, de ignorância e sabedoria.

A interpretação tão justa, tão sóbria, tão exatamente observada de Cacilda Becker não poderia ser nada do que foi, como é óbvio, se a compreensão da peça, por parte de Ziembinski, que a dirigiu e ainda fez o papel do Sr. Lepic, não fosse também perfeita. Wanda de Andrade Hamel, estreante, esteve num nível de boa amadora, ou seja, muito abaixo dos seus outros dois companheiros; e Cleide Yaconis, embora de físico pouco propício para o papel, revela possuir qualidades para o palco.

O Inventor do Cavalo, de Campanile (a terceira peça do programa) é em primeiro lugar uma sátira aos cenáculos literários, às academias eruditas. O seu sarcasmo é de tal monta que nos tira toda a vontade, daqui por diante, de nos reunirmos em qualquer companhia douta, para discorrer doutamente sobre o que quer que seja, pondo em movimento essa maquinaria semi-ridícula, constituída de sessões, livros de atas, secretário-geral, sr. presidente, peço a palavra pela ordem etc. Uma peça como *O Inventor do Cavalo* é, antes de mais nada, uma análise psicológica feita em profundidade – a profundidade da caricatura – de tudo que a vida intelectual, exercida como um jogo de erudição, pode possuir de fútil, de gratuito, de inumano.

Há mais ainda: a fantasia do autor é tão feliz, tão livre, que nos faz passar, em certos momentos, da sátira para a poesia pura – limite natural de toda farsa – ao criar um mundo diferente, estranho, habitado por uma subumanidade curiosamente parecida com a nossa humanidade, e possuidora de sua lógica própria. A poesia de Campanile é a poesia dos desenhos de um Dubout ou das fitas dos Irmãos Marx, quando nos libertamos do real e nos sentimos líricos diante de um universo "onde a vida é uma aventura de tal modo inconseqüente que Joana, a louca de Espanha, rainha e falsa demente, vem a ser contraparente da nora que nunca tive" – como disse Manuel Bandeira.

Salce encenou de forma inspiradíssima esta pecinha evadida do "surrealismo", dando-lhe um delicioso ritmo de dança grotesca, e o elenco do Teatro Brasileiro de Comédia mostrou-se mais em forma do que nunca, cada ator numa deliciosa caricatura, desde o poeta maldito – Sérgio Cardoso – até o ministro da instrução pública – Luiz Calderaro –, desde a enciclopédica – Raquel Moacir – até o presidente – Waldemar Wey –, desde o médico – A. C. Carvalho – até o secretário-perpétuo – Freddi Kleeman. Colaboraram ainda eficientemente com a direção, formando um conjunto único e harmonioso, os cenários de Sérgio Cardoso e o trabalho de caracterização de Vítor Merinov, verdadeira criação artística.

Há peças e interpretações privilegiadas, que avultam em lugar de se exaurirem com a repetição: já conhecemos à saciedade cada frase, cada intenção e subintenção do texto, e, no entanto, a nossa surpresa, o nosso deslumbramento, são ainda maiores do que na primeira vez.

Pega-Fogo pertence a esta categoria de espetáculos, a que poderíamos chamar de clássicos – a encenação exemplar de uma obra igualmente exemplar. Bem andou, portanto, o Teatro Brasileiro de Comédia em trazê-la de volta para o seu Teatro da Segunda-Feira, e melhor ainda andaria se a mantivesse permanentemente no repertório, revivendo-a de tempos em tempos na interpretação de Cacilda Becker, que, obrigada a se repetir noite após noite, acha jeito de não se mecanizar nunca. Cacilda é sempre *Pega-Fogo*, mas nunca exatamente o mesmo *Pega-Fogo*. Os traços psicológicos fundamentais, aqueles que delimitam a personagem, permanecem, está claro, inalterados; o tom, porém, varia imperceptivelmente de espetáculo para espetáculo, indo do quase adocicado até o ultra-sêco, o primeiro porventura mais próximo da sensibilidade do grande público, o último da de Jules Renard.

Cacilda principia retratando uma criança pelo lado de fora, reproduzindo o timbre particular de sua voz, a tonalidade precisa e inesperada de suas inflexões, todos os modismos de uma determinada idade, como a maneira de se empoleirar incomodamente no alto de um corrimão – fazendo de cada objeto material um elemento a mais num contínuo e silencioso jogo de adestramento físico – ou o jeito de esconder as mãos nos bolsos da calça para disfarçar um vago encabulamento, uma indefinível vergonha de existir, que acompanha algumas crianças passo a passo nesse início de adolescência. A criação já começou, admirável de veracidade e graça, mas ainda assim algo exterior, algo pitoresca, seguindo, talvez instintivamente, o ritmo de desenvolvimento da peça, que está nos seus primeiros instantes, apresentando as personagens, estabelecendo contato, definindo em alguns poucos traços vigorosos três ou quatro pessoas e o sistema de relações que as define reciprocamente.

Depois vamos sendo empolgados por aquela sucessão de pequeninos episódios, e nem percebemos, a não ser tardiamente, que nada mais subsiste do antigo pitoresco: terminado o esboço físico do adolescente, mergulhou a atriz ambiciosamente pelo seu cérebro e pelo seu coração adentro. Ali, à nossa frente, está apenas um menino sentado ao lado do pai, quase sem gestos, quase imóvel, alguém, no fundo, não muito diferente de nós e que está passando por uma singular e decisiva experiência moral: um desses raros encontros de perfeita e mútua compreensão entre duas pessoas, perdidos entre os longos períodos em que nos sentimos solitários, confinados aos atos e às palavras puramente de relação.

No desempenho, como na peça, tudo convergiu insensivelmente para esse ponto único, de aprofundamento e revelação psicológica.

O que nos faz sorrir é, em parte, a extraordinária transparência que a arte – a arte do autor e a dos intérpretes – confere à cena,

Cacilda Becker e Ziembinski em *Pega-Fogo*, de Jules Renard. Direção de Ziembinski, cenários de Joseph Guerreiro, produção do Teatro Brasileiro de Comédia.

levando-nos a compreender de forma claríssima, tudo aquilo que, na vida real, havíamos contemplado mil vezes sem compreender: o mecanismo íntimo do pensamento de uma criança que começa a deixar de o ser.

Há qualquer coisa de surpreendentemente cômico na vaidadezinha pueril que reponta aqui e ali nas palavras de Pega-Fogo, no tom enfático – de quem pensa com as noções abstratas recém-adquiridas na escola, ainda não vivificadas pela experiência – com que ele se refere, por exemplo, à possibilidade de arranjar um emprego "no comércio, na indústria ou na agricultura", ou a uma falta muito grave cometida contra "a honra, a virtude e o dever". A ingenuidade de Pega-Fogo, no entanto, é quase só de palavras, porque a vida lhe ensinou bem mais do que poderia ter feito qualquer escola: a sua sabedoria é infinita quando se trata de evitar o sofrimento, físico ou moral. Comprimido desde a infância entre o pai e a mãe, não encontrando nenhum ponto de apoio fora de si mesmo, Pega-Fogo é mestre em enganar-se, lançando mão de todos os recursos, de todos os eufemismos, para não se sentir irremediavelmente só e abandonado. Ele tem de descobrir alguma maneira de justificar o procedimento do pai, da mãe, do irmão, porque, se não o fizer, a vida se lhe tornaria intolerável. Pega-Fogo está sempre no limite do choro, a ponto de se entregar por completo à autocomiseração, mas sabe se defender com unhas e dentes, fazendo das tripas coração, contra essa sensação amarga de desconforto que lhe sobe pela garganta. É esta maturidade, de quem já aprendeu a conviver com a injustiça e o sofrimento, poupando-se psicologicamente na medida do possível, que o torna tão comovedor.

A conversa com o pai é possivelmente a sua última experiência de criança. O que Pega-Fogo está conhecendo pela primeira vez, já na qualidade de adulto, é o gosto e o sabor da amizade, formado, sobretudo, de reserva e pudor. O amor alimenta-se da declaração feita em todos os tons, e a todos os momentos, quase numa ostentação da felicidade. A força e a nobreza da amizade estão, ao contrário, no subentendido, na onda de ternura correndo subterrânea, apenas adivinhada, apenas pressentida de lado a lado. Eis o que esse menino está aprendendo com esse homem áspero, fechado dentro de si mesmo, sempre pronto a temperar com o sal da ironia e do sarcasmo cada nova efusão sentimental, e que se liberta agora, por meio de uma conversa que resvala constantemente pela mais violenta e mais pura emoção, sem cair nunca nesse transbordamento fácil que é uma das taras da irritante e incessante tagarelice da Sra. Lepic. Pega-Fogo está aprendendo a não desprezar o coração, mas também, a não ceder de forma alguma ao gosto bastardo do sentimento pelo sentimento, das palavras que vão hipocritamente além dos fatos, lição de humanidade, de horror a qualquer espécie de impostura psicológica ou moral, que o escritor Jules Renard – para que continuar com a ficção de Pega-Fogo? – jamais se esqueceria em toda a sua vida, assimilando-a à sua arte, severa mais do que qualquer outra, em que a emoção se despoja até à secura.

Pretendíamos falar sobre a intérprete e voltamos à personagem. Era inevitável: em nossa memória, como em nossa afetividade, Pega-Fogo e Cacilda Becker permanecerão agora para sempre ligados. Evocar um, é lembrar outro. Se não fosse a arte maravilhosamente reveladora da atriz, estaríamos aqui tentando recapturar a figurinha desse rapazinho de cabelo de fogo, que encontrou, na conversa de um dia, consolo e justificativa para quatorze anos de humilhação?

(1950)

5. Seis Personagens à Procura de um Autor

Comecemos repetindo as palavras de Pirandello: "Tenho a serviço de minha arte, há muitos anos, (mas é como se fosse ontem), uma serva elegantíssima e, não obstante, sempre novata na profissão. Chama-se Fantasia".

Bastam essas palavras para explicar a repulsa ou incompreensão que as obras de Pirandello – e principalmente esta – despertam no espírito de certos espectadores. É que eles, coitados, não costumam ter a fantasia como companheira, negando-se mesmo a admiti-la em suas vizinhanças. Deixemo-los pois inicialmente de lado e continuemos. Qual seja, desta vez, a fantasia, o título da peça o indica com suficiente precisão: vamos imaginar, pelo espaço de poucas horas, que algumas personagens apenas esboçadas por algum autor incapaz ou pouco desejoso de lhes dar vida, fosse possível libertarem-se dessa semi-existência obscura e procurar forma definitiva em outra imaginação ou, então, nas pranchas de um palco, já que nasceram personagens de teatro e não de romance ou conto. Talvez não seja fácil, dada a seriedade que o drama subseqüente exige, admitir um ponto de partida tão abstruso. Mas não importa. Procuremos saber logo o que o autor nos oferecerá em troca de nossa adesão à sua fantasia. Essa deve ser (sabem-no as crianças instintivamente) a única preocupação de quem começa a ouvir uma bela história.

A dificuldade em resumir a história contada por Pirandello provém da sua excessiva riqueza. Não lia um drama na peça de Pirandello, mas pelo menos três. Ou melhor, um, que se desdobra em três. O primeiro, como é natural, é o vivido confusamente pelas seis personagens: confusamente, porque elas não adquiriram ainda forma artística acabada, não tendo sido suficientemente trabalhadas pela arte. É o drama de um pai surpreendido pela enteada em lugar e situação extremamente desairosos e desagradáveis para ambos: numa casa de tolerância. O incidente por si só não explica totalmente a personalidade de seus protagonistas nem é representativo do que há neles de melhor. Não importa: é como se fosse. A situação insólita agarrou-os pelo pescoço, fixando para sempre aquele vergonhoso e fugidio momento, apesar de continuar a vida a correr e a se modificar incessantemente. Cada um, principalmente a enteada, irá recompor a imagem do outro a partir desse dado inicial, como acontece na vida, em que, tomando como núcleo dois ou três pontos conhecidos, completamos o que supomos ser uma personalidade alheia. A tragédia das outras personagens, variando-se as circunstâncias, é a repetição dessa. Todas elas se chocam, se magoam reciprocamente até à exasperação, porque não são capazes de penetrar no universo alheio, nas "razões alheias", rompendo a solidão que as cerca e vencendo o antagonismo que uma série de circunstâncias infelizes criou para separá-las. O próprio Pai, o mais sensível e inteligente de todos, não consegue se fazer entender e amar, recebendo apenas desconfiança e repúdio em troca de suas boas e desastradas intenções.

Não tentemos, todavia, a difícil tarefa de esgotar esse primeiro tema da peça de Pirandello. Passemos logo ao segundo. Em certo momento do terceiro ato, quase em seu fim, o Diretor da companhia, exasperado ante as contínuas intervenções do Pai, não se contém e interpela-o ironicamente: "Gostaria de saber, no entanto, quando é que se viu uma personagem sair do seu papel e começar a discorrer, a perorar, a explicar, como faz o senhor". A que o outro responde: "Nunca se viu, porque os autores costumam esconder o seu trabalho de criação". Este – o trabalho da criação artística – é o segundo drama a que aludimos. Dissemos que o primeiro era o das seis personagens; o segundo, como vemos, é o da procura de um autor. Pirandello, fingindo cortar o cordão umbilical que o prendia às suas criaturas, dando-lhes, através de uma ficção artística, a liberdade de procurar outro autor, mais propenso a organizar coerentemente o drama, colocou diante dos olhos dos espectadores, como pouquíssimos escritores ousariam fazer, o problema da elaboração de uma obra de arte, desde os passos iniciais, confusos e palpitantes de emoção – quando algumas personagens e uma situação possível surgem na imaginação de alguém – até a etapa final de obra perfeita e acabada. Em *Seis Personagens à Procura de um Autor* a história jamais atingirá esta etapa final, pois para isso lhe falta precisamente um autor. Mas os esforços desesperados das personagens e do Diretor da companhia servem ao menos para nos indicar os obstáculos a serem vencidos na construção de uma peça: a necessidade de agrupar os acontecimentos no espaço e no tempo, acomodando-os aos limites estreitos do palco; a necessidade de exprimir claramente até as coisas que "não se dizem nem em voz alta", as coisas que só confessamos a nós mesmos; a necessidade de representar apenas uma parte da verdade, sugerindo-a, no entanto, por completo etc. etc. Pirandello põe assim a descoberto todo o mecanismo através do qual os acontecimentos e personagens, a princípio informes como a própria vida, ganham pouco a pouco os contornos, os limites, a forma, enfim, de uma determinada obra de arte que, como diz o Diretor da companhia, precisa "conter tudo em um quadro harmônico, representando o que é representável". Este segundo drama, desenrolado diretamente diante dos olhos do público, é o da disciplina que deve a nossa imaginação sofrer, e, por conseguinte, a vida, que é a sua matéria, para se transformar em arte.

Podemos agora aludir ao terceiro drama, ao qual, aliás, talvez caiba melhor a designação de tragicomédia: a criação do espetáculo por intermédio dos atores. É curioso que nenhuma personagem da peça se reconheça no artista encarregado de interpretá-la. A Enteada se limita a manifestar seu espanto, com a rebeldia e a indignação que são de seu feitio. O Pai, contudo, põe a questão nos devidos termos, referindo-se ao ator incumbido de imitá-lo: "A representação que ele fará, ainda que com a caracterização procure assemelhar-se a mim... dificilmente poderá ser uma representação minha como eu realmente sou. Será antes, fora o físico, será antes como ele crê que eu sou, como ele me sentirá, se sentir, e não como eu me sinto intimamente". Pirandello tocou, agora, no ponto nevrálgico da interpretação teatral: toda interpretação significa por força uma pequena variante, uma pequena traição ao pensamento do autor, uma vez que, entre este e o público, se interpõe necessariamente a personalidade do intérprete. Ainda há pouco, dizia O'Neill que, com uma exceção, nenhum ator jamais conseguira interpretar uma personagem sua integralmente como ele a concebera. Esse sentimento de traição Pirandello devia experimentá-lo no mais alto grau. Basta, com efeito, consultar as rubricas de suas peças para verificar com que minúcias físicas e psicológicas ele imaginava as suas personagens, como se as tivesse de verdade, fisicamente, ao seu lado, no momento de escrever. Isto explica o sentido da frase do Pai: as personagens aparecem tão vivas aos olhos de Pirandello, tão independentes, que ele não hesita em considerar a traição dos atores como feita diretamente a elas, personagens, e não a ele, autor, já destacado e ausente da obra, apenas terminada esta. Há um belíssimo símbolo, uma belíssima crença na realidade da arte, na intransigência com que as personagens se defendem da deformação que os atores procuram lhes impor.

Mas tínhamos dito que este último aspecto do drama se revestia de um caráter tragicômico. É que Pirandello não esqueceu a comédia habitual dos ensaios, a "estrela" que chega atrasada, a vaidosa susceptibilidade dos atores, a incompreensão destes ante qualquer originalidade e a propensão a tudo interpretar de acordo com as situações tradicionais do teatro, reduzindo assim o trabalho de interpretação ao mero emprego de um certo número de fórmulas, já devidamente catalogadas. Há uma ironia constante de Pirandello em relação ao teatro, arte das mais sujeitas a contingências materiais, e a peça vai e vem continuamente entre o dramático e o cômico, entre o dramático das personagens e o cômico dos atores, que encaram o teatro apenas como uma profissão, tão sujeita a rotinas como qualquer outra. É esse jogo de contrastes que desorienta muitos espectadores, mais crentes na vida do que na arte, desses que só aceitam a ficção artística quando revestida de todas as características exteriores e superficiais da realidade. Mas que não se veja nele um indício de que o próprio Pirandello não tenha levado a sério os momentos de trágica emoção semeados entre os de comicidade. Contou Benjamim Cremieux que, ao se representar esta peça em Paris, voltava Pirandello todas as noites ao teatro para rever o seu drama. E todas as noites, no momento do suicídio final, o seu rosto se contraía de dor e os seus olhos se enchiam de lágrimas.

Não é possível alcançar a razão de ser profunda da originalidade, aparentemente gratuita, de *Seis Personagens*, sem ter uma idéia nítida da natureza, do teatro. Antes de mais nada, é necessário lembrar que o teatro é a mais direta das artes literárias. Quer isso dizer que, no teatro, o autor se limita a criar uma dada realidade, sem poder comentá-la à sua vontade, como faz o romancista, que intervém para descrever a paisagem, resumir a situação, explicar a personagem, externando continuamente, se assim o quiser, seus pontos de vista. No teatro somente, as personagens se manifestam e, ou o autor atribui a esses os comentários que deseja fazer ou se resigna a calar, confiando em que os acontecimentos por si só sejam suficientemente eloqüentes.

Não foram poucos, modernamente, os autores que procuraram vencer essa dificuldade, lançando mão de um recurso incomum qualquer. Assim, Thornton Wilder, ao criar, em *Nossa Cidade*, um comentador à margem do enredo, incumbido de representar a parte do autor e revelar a significação da peça. Assim, Maxwell Anderson, que na sua última produção, *Joan of Lorraine*, figurou um ensaio de um drama sobre Joana d'Arc, de forma que a suposta peça e os comentários dos atores se intercalam e se fundem, esclarecendo integralmente o pensamento do autor. A solução de Pirandello, em *Seis Personagens*, é mais ousada artisticamente e tão original que não poderá jamais ser repetida. Porém no fundo visa a mesma coisa. De fato Pirandello, através da ficção das personagens que se libertam do autor, consegue pôr à mostra todo o trabalho de crítica que acompanha a elaboração de uma obra de arte. As intervenções do Diretor da companhia, os comentários das personagens, suas lutas e discussões não só elucidam singularmente o drama principal, como lançam uma luz vivíssima sobre a natureza do teatro e até da arte em geral. O teatro, arte direta por excelência, transformou-se, nas mãos de Pirandello e graças à sua surpreendente técnica, na mais indireta das artes. Pirandello conseguiu liberdade para comunicar todos os seus pensamentos, para comentar, para mostrar a oposição crucial que existe entre a arte e a vida, esta variando de forma de instante a instante, aquela fixando indelevelmente certos momentos e certas personagens. O Pai tem razão, portanto, quando se julga mais real, em certo sentido, do que o ator que vai interpretá-lo: os homens modificam-se, passam; as criações artísticas, não. Que é mais verdadeiro – pergunta Pirandello –: a fugidia realidade da vida ou a eterna ficção da arte? A arte – não hesita em responder, como não hesitaria nenhum criador digno desse nome. "Quando as personagens são vivas, verdadeiramente vivas, diante do autor, este não faz outra coisa senão acompanhar-lhes as palavras e os gestos." Vimos, há pouco, as razões técnicas, por assim dizer, da liberdade concedida pelo autor às personagens. Podemos compreender agora a razão psicológica: se acreditamos de verdade na ficção, se acreditamos de verdade na existência das nossas criaturas, nada há de estranho em dar-lhes liberdade de uma vez, deixando-as sair à procura de um autor – o universo da arte é tão real ou mais real do que o outro, diferindo dele apenas em natureza ou em grau. E é esta mesma a conclusão de Pirandello, colocada, com inexcedível beleza, na boca de uma de suas criaturas desta peça: "A natureza se serve do instrumento da fantasia humana para prosseguir mais alto a sua obra de criação"[1].

Através do achado genialíssimo de uma obra de ficção contendo em seu bojo outra obra de ficção – uma peça dentro de outra peça e um ensaio dentro de um espetáculo – conseguiu Pirandello descobrir o mecanismo mais íntimo do teatro, desnudando as dores da criação artística como nenhum autor jamais ousara fazer. Uma personagem que se oferta impudicamente, outra que se esquiva, uma cena que se delineia com todo o colorido e a sua vibração psicológica especial – a casa de Mme. Pace – outra informe, apenas esboçada, apenas posta de pé – o afogamento e o suicídio do terceiro ato – eis a matéria bruta que nos é oferecida atormentadamente, caoticamente e, entretanto, clara e evidentíssima, como mais não o poderia ser.

1. Estas duas crônicas, de comentário apenas ao texto pirandelliano, foram escritas a propósito da encenação de Diana Torrieri, Sérgio Tofano e Tino Carraro, feita no Teatro Municipal, em 1947. As seguintes referem-se ao espetáculo do Teatro Brasileiro de Comédia. Daí certas repetições de idéias.

O que Pirandello fez em *Seis Personagens*, mais do que um drama, foi o processo do teatro, desembaraçando-se de bom grado de todas as decepções que a sua sensibilidade agudíssima sofrera em anos de atrito permanente com o palco, denunciando que imensa e, em certo sentido, ridícula mentira é um espetáculo de teatro, de todas as artes a menos imaterial, a mais sujeita a toda série de contingências de ordem física, desde do ator que está endefluxado até o telão de pano que representa grosseiramente uma árvore, desde do ponto que não se faz ouvir com clareza até a confidência que necessita ser gritada para não se perder antes da última fila. Não é a verdade da vida ou mesmo a verdade da imaginação que se representa, mas a verdade que convém ao palco, a verdade filtrada, ordenada, depurada – "a verdade até certo ponto" a que se refere desdenhosamente uma das personagens.

Mas não nos deixemos embair pela ironia sarcástica de Pirandello: o que resulta do drama, afinal de contas, não é a fraqueza do teatro e da arte, mas a sua imensa força, consubstanciada, de início, no próprio mito dessas personagens que se destacaram do criador, possuindo vida autônoma e independente, como se a matéria artística, à semelhança das idéias de Platão, existissem por si, habitando uma esfera superior e mais perfeita, só dependendo do artista para se encarnarem e descerem humildemente à terra. Pirandello nos mostra que são as personagens que escolhem o escritor e não vice-versa, como pensam todos os que não acreditam suficientemente na magia da arte. Não se julgue também que desses dois mundos em contraste – o da realidade e o da ficção – o segundo não passe de simples sombra, simples reflexo do primeiro. Muito ao contrário, em confronto com a vida intensa, concentrada, paroxística das personagens, são as pessoas de carne e osso que parecem triste aparências, movendo-se automática e superficialmente num plano incolor e desinteressante. Se nos fazem ocasionalmente chorar na qualidade de atores, pela transfiguração momentânea que a arte proporciona, como pessoas humanas só podem despertar riso, esmagadas que ficam pela vitalidade e pelo calor das criaturas de ficção.

Teatro é simulação, só simulação, simulação do primeiro ao último minuto – diz Pirandello; mas, do momento em que o aceitamos nesses termos, como esse mundo fictício se revela doloroso, profundo, real!

Seis Personagens no seu sentido filosófico mais alto, apresenta-se como um jogo constante entre a aparência e a realidade (a fugidia realidade humana e a aparência eterna da arte) desenvolvendo até ao absurdo, até ao paroxismo final, em que ficção e realidade acabam por se irmanar e se confundir, aquele paradoxo comum a toda arte – tanto mais sincera quanto mais fictícia – celebrado por Fernando Pessoa em forma epigramática:

O poeta é um fingidor.
Finge tão completamente
Que chega a fingir que é dor
A dor que deveras sente.

Seis Personagens, cujo grande protagonista é o próprio teatro, abrange não só um drama mas igualmente todos os comentários críticos que seria possível bordar à sua volta, contendo, em forma dramática, toda uma teoria sobre a arte, e, dentro dessa, outra, sobre o teatro. Analisada e comentada ponto por ponto equivaleria a um curso completo de estética.

Sob seu aspecto humano, a peça de Pirandello organiza-se em redor de um núcleo – a história de cada uma das seis personagens – que outra coisa não representa senão um comentário a mais sobre esse tema da dificuldade das relações humanas que reaparece, como uma constante, em todas as suas obras. E ainda aqui, à primeira vista, Pirandello desempenha o papel de um habilíssimo advogado do diabo, acumulando miséria sobre miséria, de acordo com a sua reputação de autor pessimista e cruel. Não há um drama na peça, à volta do qual tudo se ordene: há tantos, quantas são as personagens. Até o menino, que não sabe ainda exprimir a sua angustia através da palavra, fá-lo diretamente, pela ação, com o tiro de revólver. *Seis Personagens* investiga, principalmente, o que há de turvo e de inconfessável na alma dos homens, apanhando O Pai e A Enteada numa dessas situações de exceções e cristalizando-a para sempre, como o faz inevitavelmente toda obra de arte, que pode representar tudo, menos a fluidez contínua e amorfa da realidade.

Mas, também, desta vez, é necessário ver, de preferência, o que se esconde sob a superfície, o sentimento profundo que anima e dá sentido à peça, não a exterioridade gritante. O dramático desentendimento que separa cada personagem, murando-as dentro de si mesmas, provém da falta de uma linguagem comum, apropriada para comunicar experiências de vida estritamente pessoais e diversíssimas umas das outras. Nunca, porém, da perversidade, da maldade deliberada. Desde A Mãe, inconsciente demais para agir e pensar com discernimento, até O Pai, que se perde, ao contrário, por excesso de raciocínio, por ignorar as forças instintivas profundas, querendo mover a vida dos demais como se fossem peças num tabuleiro de xadrez, cada um, quando chega o seu momento de reivindicação, tenta impor apaixonadamente aos outros a sua versão dos acontecimentos, a sua versão da verdade, segundo o seu ângulo particular de visão: o que os domina a todos, sem exceção, incoercivelmente, é a necessidade de se explicar, a ânsia febril de ser finalmente compreendido e desculpado. É esta busca desesperada de uma tábua de salvação, de um ponto de vista comum, que os dilacera, jogando-os uns contra os outros, mas é também o que dá à peça a sua vibração humana, porque, no fundo, o que se está afirmando é a força da solidariedade entre os homens. Talvez a vida seja um equívoco trágico, um mesquinho e ridículo jogo de "cabra-cega". Há algo de emocionante, de confrangedor, todavia, no esforço dos jogadores à procura dos seus semelhantes. O pretenso cerebralismo, a pretensa frieza de Pirandello só existem para aqueles que não percebem, além da lógica, a paixão que anima o escritor, essa paixão que consome literalmente cada criatura nascida da sua fantasia. Pirandello, o monstro da dialética, não é só lucidez. Basta contemplar, de resto, qualquer retrato seu: acima do rictus sardônico da boca, estão os olhos, tristes e compassivos como poucos.

Na presente versão do Teatro Brasileiro de Comédia as duas figuras principais – O Pai e A Enteada – foram vividas por Sérgio Cardoso e Cacilda Becker: será necessário acrescentar que, no Brasil, dificilmente poderia ter sido Pirandello melhor interpretado?

Sérgio Cardoso, especialmente, nunca subiu tão alto como em *Seis Personagens à Procura de um Autor*. O seu Hamlet fora, sobretudo, a revelação de um jovem talento, ainda pouco amadurecido, ainda deslumbrado pela facilidade. Depois vieram, para nós paulistas, o esplêndido triunfo de *O Mentiroso*, e uma série de papéis menores, utilíssimos, contudo, pelo que significavam como acréscimo de experiência e de disciplina artística. Agora esta sua última criação, pela perfeita identidade estabelecida entre personagem e ator, vem relembrar o que de melhor havia em *O Mentiroso*, embora num plano muito mais profundo psicologicamente, muito mais denso de humanidade e, além disso, num terreno inteiramente estranho ao que lhe é habitual. Sérgio Cardoso, no palco, é o brilho, a dança de gestos e das inflexões raras, a estilização instintiva. Ora, o teatro de Pirandello é o avesso de tudo isso, e foi preciso ver o intérprete para crer no milagre. Lá estava, com efeito, O Pai imaginado pelo autor, com a sua presença lúcida e furtiva, o seu abstrato e atormentado olhar, a sua inteligência e a sua humildade: o retrato de um homem singular e comuníssimo, de uma pobre criatura a que não faltava, entretanto, aquele halo de poesia e de levíssima irrealidade que é a marca, o selo, das melhores criações pirandellianas.

Cacilda Becker traz para A Enteada aquelas mesmas qualidades que a acompanham sempre, definindo-a como grande atriz: a sua inacreditável força de presença, o magnetismo oriundo de uma personalidade extraordinariamente vigorosa e autêntica, a generosidade com que se entrega de corpo e alma a cada novo papel, num dom total de si mesma. Em *Seis Personagens* Calcilda move-se no palco com a elasticidade, a graça carnal e o ímpeto felino de um animal de presa, pronto a atacar e a ferir, lançando-se à menor provocação contra tudo e contra todos. Se não situamos A Enteada exatamente no mesmo nível, por todos os títulos excepcional, de algumas de suas criações anteriores, é porque não lhe sentimos, desta vez, com igual intensidade, aquela vida interior, aquela irradiação íntima do sofrimento, que a iluminava em *O Anjo de Pedra* e *Pega-Fogo*. A agressividade de A Enteada tem suas raízes, como invariavelmente acontece em Pirandello, no desgosto de si mesma, na introspecção, no tormento de ordem psicológica: Cacilda, evidenciando excelentemente aquela agressividade, pouco revelou destes motivos. A sua interpretação é fértil em pesquisas de técnica como aquele riso voluntariamente vazio e forçado que percorre o papel de ponta a ponta. Mas achados de técnica não substituem nunca a criação de dentro para fora, do espírito para o corpo, se assim podemos dizer.

Vindo depois de *Nick Bar* e de *Entre Quatro Paredes*, *Seis Personagens à Procura de um Autor* já permite, talvez, uma tentativa para fixar as características fundamentais de Adolfo Celi como encenador. E entre estas salientaríamos principalmente a tendência de trazer o teatro do céu para a terra – se é que podemos repetir a esse propósito uma das mais velhas metáforas da filosofia. Alguns encenadores têm o dom – ou o vício – de tornar remoto, longínquo, afastado da realidade, tudo em que tocam. As peças se descarnam e passam a habitar um universo distante e diferente do nosso. Adolfo Celi está bem no caso oposto: sob sua direção, o lirismo um tanto ingênuo e vago de Saroyan adquiriu consistência, calor, uma carnação às vezes violenta, da mesma forma que o inferno metafísico de Sartre transformou-se no mais físico dos infernos, subjugando-nos antes pelos sentidos do que pelo cérebro. Agora, com a peça de Pirandello, também algo de parecido aconteceu: "julguei necessário dar ao drama um impulso latino, convulso e superexcitado, de modo que as seis personagens perdessem o tom irreal e romântico de muitas interpretações cênicas anteriores".

A citação é preciosa em vários sentidos. Primeiro porque revela a lucidez do ensaiador, capaz de voltar o seu poder de análise sobre si mesmo sem perder nada em argúcia e sagacidade. A interpretação de Celi merece verdadeiramente tal nome, isto é, não decorre da força das circunstâncias nem da compreensão falha ou unilateral do texto. Acontece apenas que o seu temperamento é feito de nervos, de ímpeto dramático, de uma certa força quase física – e é o temperamento, não a inteligência, que lhe determina a personalidade, a exemplo do que sucede com qualquer um de nós.

Não se julgue, todavia, que a direção de Celi seja ao pé da letra ou pouco inspirada. Celi é também, a seu modo, como todo artista, um visionário, alguém que impõe aos outros a sua visão particular e poderosa das coisas. Mas o material com que lida não são tanto as idéias puras, as abstrações, como a pessoa física do ator, aquela presença humana, tangível, que se debate e sofre dentro de um quadro – o palco – não menos sólido e verdadeiro. Celi, como homem de teatro que é antes de mais nada, parte do espetáculo, da realização viva e dramática, para o texto e, quando deforma, quando sonha, tende antes para o pesadelo, que se apresenta com todas as aparências angustiosas da realidade, do que para o devaneio lírico ou filosófico. Daí a força de suas encenações, esse condão de atrair e prender o público da forma mais direta e imediata, agarrando-o, por assim dizer, pelos cabelos.

Em *Seis Personagens* essas características trabalharam talvez ainda mais largamente a seu favor do que nas peças anteriores. O perigo na interpretação de Pirandello está, na verdade, em esquecer o tormento humano de cada personagem ao acentuar o tormento intelectual do autor, abandonando a psicologia pela lógica. Não se explica de outra forma a reputação de cerebralismo do escritor siciliano, justificado pelo trabalho de tantos encenadores que não vêem em suas peças se não o delírio dramático de um professor de filosofia, a exaltação passional da dialética, cometendo a mais grave injustiça contra um artista essencialmente visual e, num certo sentido, até mesmo realista, como Pirandello, que convivia com as suas criaturas de ficção a ponto de poder lhes descrever até os mínimos pormenores físicos – a maneira de andar, a cor dos olhos, o usado das roupas etc.

Celi, ao encenar *Seis Personagens*, conservou-se a igual distância de um naturalismo literal e de uma fuga propositada da realidade, dando-nos a peça pelo que realmente ela é: um conflito entre homens e não somente entre conceitos.

Num ponto, entretanto, a posição de Celi pareceu-nos ter se adiantado à do autor. Quando, nos minutos finais, o menino morre, o pânico estabelecido em cena é de tal ordem, que deixamos de perceber com a suficiente clareza que o terror advém não propriamente do fato material em si – o suicídio daquela criança – mas da confusão criada inexoravelmente entre ficção e realidade. Os movimentos desordenados dos atores abafam por completo a dúvida que deveria permanecer de pé até o último minuto – já que a dúvida é a última palavra do autor. Aqui, como ao fazer a enteada surgir inesperadamente naquele balanço trágico e gratuito, procurou o encenador obter sobretudo um choque emocional direto sobre o público, de belo efeito cênico, mas completamente avesso ao espírito pirandelliano, que conserva a capacidade de análise e discernimento mesmo nas situações de maior exaltação, definindo-se pelo choque entre um intelecto frio e uma sensibilidade exasperada. Foram esses, a nosso ver, os únicos instantes em que Celi se deixou dominar pelo seu temperamento, mais intuitivo e menos lógico que o de Pirandello, atribuindo à peça um elemento de irracionalismo que ela, não obstante a sua aparência, não possui realmente. Tudo se explica pela inteligência em *Seis Personagens à Procura de um Autor*. Quanto ao lado técnico, certamente menos importante, também a encenação de Celi parece-nos de primeira ordem. Pirandello joga em *Seis Personagens* com uma série de elementos antinômicos – os atores e as personagens, a realidade e a ficção, o texto e a representação – fazendo questão de entremear todos esses diferentes temas com um virtuosismo que nos causa, à primeira vista, quase uma sensação de vertigem intelectual. Celi deslindou muito bem os fios da meada, mantendo a estrutura da peça sempre clara e nítida perante os espectadores, sem que isso importasse numa esquematização ou numa simplificação didática. O problema primeiro era o de criar em cena dois mundos, diversos e interpenetrados. Pirandello indica, para solucionar a dificuldade, que os atores deverão representar com uma espécie de "volúvel naturalidade", menos real e menos consistente que a das personagens. Celi atingiu os mesmos fins – demonstrar a supremacia da arte sobre a vida – recorrendo a outros meios: na sua encenação, os atores são concebidos quase como fantoches, cômicos e caricaturais. Enquanto as personagens guardam as suas individualidades, permanecendo nítidas e distintas na nossa memória, como se fossem pessoas de carne e osso, os atores, ao contrário, formam um conjunto mais ou menos mecânico, traçando à volta da ação uma espécie de comentário gráfico, um coro que se exprimisse por movimentos globais e estilizados. Ainda aqui só uma objeção teríamos a fazer. Quando os atores tentam reproduzir o fato ocorrido em casa de Mme. Pace, o estilo quase paródico assumido pela imitação – contra-indicado expressamente pelo autor – oculta, em parte, o sentido da cena. Pirandello queria dizer que a representação artística sempre significa uma traição: o ator nunca é, de fato, a personagem, porque não pode abandonar as suas características físicas e psicológicas, e também porque não esquece jamais o público, tornando a exposição dos fatos mais clara, mais ordenada ou – se interferir a vaidade pessoal do intérprete – mais embelezada. Da maneira como a cena foi feita, restou de tudo isso apenas uma coisa: a prova de que um mau ator é um mau ator. Mas haverá quem o conteste?

    Que uma ou outra discordância não obscureça, no entanto, o sentido principal da nossa crítica: *Seis Personagens à Procura de um Autor* é, em nossa opinião, um dos mais perfeitos se não o mais perfeito espetáculo oferecido até hoje pelo Teatro Brasileiro de Comédia. Afirmação que não faz mais do que repetir o que já vem sendo dito há muito tempo, todas as noites, pelo público paulista.

(1951)

6. Convite ao Baile

A posição de Jean Anouilh, no panorama do teatro francês moderno, é rara e privilegiada. Há distintamente duas classes de pessoas que escrevem para o teatro. Uns chegam até ele depois de terem passado pelas mais diversas formas literárias – pelo romance ou pela poesia ou pelo ensaio crítico – considerando o teatro não mais do que um gênero artístico como os outros. São grandes escritores antes de serem grandes escritores de teatro. Tal é o caso de um Cocteau, de um Mauriac, de um Claudel, de um Sartre, de um Montherlant, cujas obras podemos imaginar perfeitamente despojadas da sua parte especificamente teatral sem que isso signifique uma mutilação irreparável.

Ao lado desses, existem os dramaturgos e os comediógrafos que poderíamos chamar de puros, os marcados inicialmente e implacavelmente pela vocação dramática, aqueles que não existiriam como escritores se não existisse o teatro e que em lugar de partir da literatura para o palco, partem do palco para a literatura. E aqui poderíamos citar nomes como os de André Roussin ou de Marcel Achard, autores de peças talvez de escasso valor literário mas de grande facilidade de comunicação, prendendo-se à técnica teatral de um determinado momento, não possuindo quaisquer probabilidades de sobrevivência literária.

Anouilh é dos poucos, dos pouquíssimos, que escapam brilhantemente a essa classificação, podendo ser colocado em qualquer dos dois ramos indiferentemente. Com efeito, desde 1932, quando escreveu a sua primeira peça, com pouco mais de vinte anos de idade, tem sido única e exclusivamente escritor de teatro, vivendo do teatro e para o teatro. A sua visão do mundo e das coisas, no entanto, é tão pessoal, tão forte, que acabou por lhe assegurar um lugar também na literatura, dando-se o caso infreqüente de um escritor de teatro que é considerado escritor pelos escritores e homem de teatro pelos homens de teatro.

Falar sobre qualquer peça sua é falar sobre todo o seu teatro. Parece que o pequeno mundo organizado pelo escritor já se fechou desde as primeiras peças, e nada mais lhe resta senão remoer eternamente os mesmos problemas, como se a sua dramaturgia fosse o produto de uma longa obsessão e o teatro a única via capaz de libertá-lo, embora provisoriamente, dos seus demônios.

Anouilh divide as suas peças em róseas e negras conforme a inspiração otimista ou pessimista. Mas, essa divisão, quanto ao fundo real do pensamento, não tem a importância que poderíamos julgar. A crise que anima tanto as comédias como os dramas é sempre a crise da adolescência, aquele instante único em que renegamos a sórdida realidade que nos cerca em nome de uma realidade mais alta e mais pura, aquele primeiro contato com a vulgaridade e a mediocridade da vida que nos faz sentir subitamente enojados de pertencer à espécie humana. Anouilh expele o fel que acabaria por envenená-lo se não houvesse a libertação da arte, gritando, como uma criança revoltada, o seu desespero ou o seu sarcasmo. E como vivemos sob o signo do dinheiro, é contra a burguesia que ele se volta incansavelmente, peça após peça.

As suas figuras são recortadas pelo ambiente em que vivem, sendo antes caricaturas mordazes, com pouca existência individual, através das quais podemos ir reconhecendo todos os contornos de uma determinada sociedade – o magnata inteligente, o parasita estúpido, o fiel servidor da família, a senhora irremediavelmente romântica, o jovem aristocrata etc. Não é o teatro de um psicólogo, interessado pelos casos raros e significativos, mas, como quase todo teatro francês moderno, a obra de um moralista que faz o processo de uma sociedade em decomposição. Anouilh só não despreza quando consegue rir, esse riso em geral sardônico e cortante, sob a aparente leveza das comédias róseas. Fora os imbecis, cuja alucinante freqüência nada lhes rouba em simpatia, apenas se salvam, aos olhos do escritor, os que não foram ainda poluídos pela vida, isto é, as mocinhas ingênuas, ou então aquelas velhas encantadoramente aristocráticas que, pelo tato social e sabedoria da idade, já se encontram do lado de lá das vaidades humanas, presenciando o ridículo das convenções sociais com uma ponta inesperada de malícia e humor.

Anouilh joga com um elemento moderno, talvez mesmo desconhecido de outras épocas: a sensação de mal-estar, o sentimento de culpabilidade que a riqueza desperta, depois que alguns profetas inspirados lançaram os seus anátemas sobre a nossa sociedade, espalhando a dúvida em todos os espíritos. Continuamos a viver e a gozar de nossos privilégios, mas – é inútil fingir – foram-se a segurança, a bela despreocupação de outrora, quando a riqueza santificava tudo, encontrando em si mesma a sua justificação. Sentimos algo daquela vaga e perturbadora inquietação que deveria dominar os nobres franceses, nas vésperas da revolução, ao aplaudir Fígaro interpelando o conde de Almaviva: "Qu'avez-vous fait pour tant de biens? Vous vous êtes donné la peine de naitre, et rien de plus".

Anouilh, entretanto, a exemplo de Beaumarchais, não percorre o caminho da revolução a não ser pela metade. Sabemos contra o que mas não a favor do que ele se inscreve. O mundo dos ricos, com o seu refinamento sentimental baseado no mais monstruoso dos egoísmos, é afinal de contas, o único mundo que Anouilh conhece e aprecia – e aqui está, talvez, a razão mais secreta e profunda do seu impotente desespero. Falta-lhe por completo aquela confiança um tanto ingênua nas fórmulas salvadoras sem a qual não se fazem as revoluções, a capacidade de ver tudo em preto e branco. A sua revolta, como observou um crítico, resume-se o mais das vezes num "não" lançado intransigentemente em face da sociedade – o "Não" de Isabel a Messerschmann em *Convite ao Baile* – mas esse gesto isolado e individual não a impedirá de desposar logo a seguir o riquíssimo Frederico, triunfando o amor onde o dinheiro não triunfara. E a revolta dos pobres fica mais uma vez adiada, enquanto se saboreia esses subprodutos do lazer que são a sutileza de espírito e o amor romântico.

Não compreenderíamos a peça, entretanto, se ignorássemos que Anouilh, mais do que qualquer outra coisa, é um homem de teatro, e um homem de teatro habilíssimo, que se diverte com a própria habilidade. *Convite ao Baile* faz questão de colocar as preocupações mais graves e atuais dentro dos quadros batidos e superados da comédia clássica, de Plauto até Shakespeare e Molière. Dois jovens casais que se amam desencontradamente ou dois gêmeos iguais no físico e opostos no temperamento – poderão existir temas mais velhos do que esses, com os quais durante três horas se entretece esta comédia de erros sentimentais que se chama *Convite ao Baile*? E haverá solução mais arbitrária do que a encontrada na peça, com o autor intervindo descaradamente nos últimos cinco minutos, para nos lembrar de que estamos em pleno reino das convenções e que, ao menos no teatro, tudo termina sempre bem, dependendo a felicidade somente de três ou quatro penadas nascidas da fantasia e da boa disposição de espírito do autor?

Perpassa por toda a comédia um tom levíssimo de ironia, de romantismo aliado à paródia do romantismo, de anacronismo voluntário e subentendido, que ameniza o tom de sátira e dá à peça seu ritmo próprio, quase de dança. Que esse ritmo inocente não nos engane, todavia. Se repararmos bem, é um minueto quase dramático que os atores estão dançando.

Convite ao Baile é um microcosmo que reflete em miniatura todo o universo dramático criado por Jean Anouilh. Nos seus cinco breves atos encontramos resumidas todas as facetas mais curiosas desse teatro — negro ou róseo não importa — que admiramos como poucos outros e que já nos habituamos a considerar como uma das colunas mestras do moderno teatro francês. Mas, na verdade, nenhum dos ingredientes que fazem habitualmente a graça das peças anouilhianas, definindo-lhe o sabor — a invenção cômica quase extravagante ou a amargura ou um romantismo próximo da pieguice — funcionou em *Convite ao Baile* com plenitude e fervor, como se o escritor se ressentisse do meio termo adotado, achando-se mais à vontade nos extremos da bufoneria ou do desespero. *Convite ao Baile* é uma dessas obras médias, mais representativas do que originais, escritas sobretudo com a técnica, num momento de inspiração não particularmente fecundo.

Da relativa fraqueza do texto talvez provenha a também relativa fraqueza do espetáculo, que não possui a penetração e a segurança habituais no Teatro Brasileiro de Comédia. A personagem de Mme. Desmermortes, por exemplo, a mais difícil de todas, verdadeira espinha dorsal da peça, está ainda muito além das possibilidades atuais de Célia Biar, pela longa experiência humana e de palco que requer: são as rodas da cadeira da velha paralítica que fazem a peça correr, ligando os elos, por si um tanto frouxos, da ação. Célia Biar, inteligentemente, percebendo o perigo que havia em se expor num papel que não fora feito para ela, procurou salvar-se pela discrição e pelo bom gosto, evitando ao máximo qualquer pretensão e qualquer excesso no seu desempenho. E, de fato, passou pela rena de maneira simpática e natural, sem a mais leve ponta de ridículo. Mas, resguardando-se pessoalmente, não conseguiu ao mesmo tempo beneficiar a peça, que se apoia de minuto a minuto sobre a sabedoria cínica e sobre o espírito irreprimível da velha aristocrata.

Já Nídia Lícia e Raquel Moacir pecam por motivo oposto. Capulat e a sua amiga da juventude são ridículas na medida em que não souberam envelhecer, permanecendo presas aos sonhos da adolescência. Aos vinte anos seriam apenas ingênuas; aos quarenta, são insuportáveis, com aquela mania de envolver os atos mais corriqueiros numa atmosfera de poesia barata e de romance de segunda ordem, esperando a cada momento a entrada do príncipe encantado. O tom que lhes convém é uma mistura de romantismo verdadeiro e de sátira ao romantismo, sem jamais recorrer à solução fácil da paródia, alguma coisa assim como o estilo dos versos que lhes brotam inevitavelmente dos lábios nos instantes de grande plenitude lírica. Ora, não foi bem isso que vimos. Nídia Lícia tem dois registros de atriz: o drama e a comicidade carregada, caricatural, de que já nos dera rápida amostra em *Do Mundo Nada se Leva* e o *O Inventor do Cavalo*. A espécie de graça dessa personagem de Anouilh, entre um registro e outro, escapa-lhe por completo, como escapou igualmente a Raquel Moacir, a primeira a não acreditar na existência real da personagem que encarna.

Quanto ao lado positivo, tivemos duas boas estréias e uma grande interpretação de Ziembinski, a única na verdade excepcional de todo o espetáculo. Ziembinski também carregou nos traços, também interpretou teatralmente, mas fê-lo com grande felicidade, sem retirar da personagem o seu relevo psicológico, compondo uma figura singularíssima, dramática e grotesca, que se comunica poderosamente à platéia. Todas as vezes em que entra em cena, a peça ganha novo alento, numa demonstração vivíssima do que representam vinte anos de experiência de teatro em confronto com a juventude dos outros atores.

As estreantes – semi-estreantes – são Cleide Yaconis e Maria Lúcia. A primeira aparecera anteriormente em *Pega-Fogo* num papel inteiramente contrário ao seu físico. Como Lady Indiana, não está longe de ser uma revelação, impressionando pela voz, pela desenvoltura, pela energia. Maria Lúcia também já representara, excepcionalmente bem, como aluna da Escola de Arte Dramática. A Isabel de *Convite ao Baile* não está no mesmo nível da esplêndida Fifi de *Dias Felizes*, mas, apesar disso, constitui uma bela estréia no profissionalismo, só fraquejando, na violenta cena dramática do segundo ato. Falta-lhe então fôlego, e não somente no sentido figurativo da palavra: a sua respiração ofegante corta a cada minuto o ritmo da frase, como que a obrigando a recomeçar sempre de novo. Todo o primeiro ato, entretanto, serve para pôr em evidência as suas qualidades, e sobretudo, duas que são invulgares: a de representar mesmo quando em silêncio, sugerindo pela vaga e imperceptível malícia do olhar, mais do que poderia expressar qualquer palavra; e a de saber explorar com muita finura certa monotonia de inflexão, certa pobreza no uso da gama vocal, para criar uma impressão contraditória, de graça irreal e de poesia quase terra a terra.

Os outros atores estão todos bem, sem especial relevo, isto é, sem acrescentar grande coisa ao que já fizeram anteriormente, exceto, talvez, Eugênio Kusnet, engraçado e natural. Se não temêssemos alongar a crônica, poderíamos ainda falar de Sérgio Cardoso, a quem cabe o mérito de ter marcado com extrema nitidez as duas personagens diversas que interpreta, não deixando nunca o público em perplexidade; de Elizabeth Henreid, de Rui Afonso e de Waldemar Wey, para cujo desempenho contribuiu não pouco a magnífica caracterização que lhe deu Vítor Merinov.

As críticas que poderíamos fazer à encenação de Luciano Salce já foram feitas: não cremos que a distribuição dos papéis tenha sido a ideal e mesmo o desenho psicológico das personagens e das cenas não nos pareceu tão feliz, tão exato, tão fino, como de outras vezes. Não exageremos, contudo. *Convite ao Baile*, há um ou dois anos atrás, maravilharia, e somente comparado com os melhores espetáculos pode ser considerado inferior. Mas se o Teatro Brasileiro de Comédia, com encenações sucessivas como as de *O Anjo de Pedra*, *Pega-Fogo*, *Paiol Velho*, *Seis Personagens*, nos vem acostumando mal, tornando-nos sempre e sempre mais severos e exigentes, a culpa será nossa?

(1951)

7. Ralé

Os cinqüenta anos que passaram depois da estréia de *Ralé* decantaram o que poderia haver de muito imediato e atual na peça de Máximo Gorki. As referências à situação russa naqueles dias tensos que precederam o massacre de 1905, as alusões à censura ou à polícia czarista dissolveram-se por si com a revolução soviética e as reformas sociais, emergindo para o primeiro plano a parte que mais resiste ao tempo, garantindo a sobrevivência de quase todas as grandes obras de arte: o conteúdo puramente humano. E talvez não esteja esta inversão de valores muito longe de representar o verdadeiro pensamento de Gorki, porque *Ralé* não afirma precisamente nenhum credo revolucionário, não advoga nenhuma medida concreta, alimentando-se sobretudo desse eterno fermento humano, comum a toda espécie de reivindicação social: a revolta dos infelizes contra os felizes.

Gorki não se perde mais do que devia na consideração do momento histórico e se alguma coisa depreendemos com certeza de suas palavras, é que um homem é sempre um homem, qualquer que seja a magnitude de seus erros e a altura de sua queda. Os romancistas russos, como Dostoiewski, têm um modo peculiaríssimo de provar a essencial dignidade do homem pelo espetáculo da sua extrema indignidade – e *Ralé* não permanece alheia a essa singular dialética.

Aqueles corpos que se amontoam como animais não demonstram apenas a dureza fundamental do homem em relação aos outros homens mas, também, e principalmente, a dureza do homem em relação a si mesmo. O que torna a vida quase insuportável para eles, não é tanto a pobreza, quanto a perspectiva da própria decadência, o sentimento irremissível de frustração. Mais do que pobres são pessoas fora da sociedade e fora da lei, vivendo do roubo ou da trapaça, da prostituição ou do lenocínio. Todos poderiam ter sido outra coisa e não o foram – tal é o sentido das confidências de cada um, desses apelos inesperados ao passado que iluminam com uma luz ainda mais impiedosa a miséria, atual. Daí a fúria, a impiedade com que se estraçalham mutuamente nos instantes em que não se refugiam no jogo ou no álcool, na mentira ou em qualquer outra vaga noção romântica, percorrendo uma escala de lucidez ou de inconsciência, de mentira ou de cinismo, que vai desde Luká, o mestre-mor da ilusão, até Bubnof, o único que olha a realidade, face a face, com a maior crueza e insensibilidade.

E, no entanto, desse quadro que, diríamos, não poderia ser mais implacável, eleva-se, apesar de tudo, um sentimento inequívoco de compreensão e, particularmente, de solidariedade humana. Sentimos que, para bem ou para mal nosso, somos irmãos desses seres desfigurados e desfibrados pela amargura, e nada do que lhes pode acontecer é inteiramente indiferente à nossa própria condição de homens: homens nasceram, homens hão de morrer, como afirma repetidas vezes a sabedoria benigna de Luká.

Qualquer representação de *Ralé*, portanto, será verdadeira na medida em que não adoçicar o original: nenhuma contemplação, nenhum embelezamento. Até Luká (magistralmente interpretado por Ziembinski, embora se possa imaginar outra versão do papel, mais severa e mística) não é a figura tradicional da bondade, essa bondade de convenção que, como os livros de criança, fecha os olhos à existência do sofrimento e da injustiça. A terrível historieta que conta sobre a terra dos justos – não existe a terra dos justos! – evidencia que a sua tolerância vem de uma experiência maior de viver, de uma penetração humana maior, não da ignorância ou da ingenuidade. Também Luká é duro, baseando sobre a dureza, sobre a aceitação da vida tal como ela é, o seu código de fraternidade. Ele, que espalha ilusões, é, no fundo, o menos iludido de todos.

Os cenários de Túlio Costa representam excelente ponto de partida para qualquer encenação de *Ralé*. Secos, incolores, ásperos, inumanos, estabelecem o ambiente ideal para o drama rude de Máximo Gorki, além de renovar a cenografia do Teatro Brasileiro de Comédia, ao estabelecer dois planos no sentido da altura, coisa que o palco da rua Major Diogo não parecia poder comportar. E, se deixam pouco espaço livre para os atores, tal desvantagem é largamente compensada: a própria multiplicidade de perspectivas gera a ilusão de que a cena se espraia pelos fundos, abrigando supostamente essas subpersonagens que acorrem, como formigas vorazes, sempre que há uma comoção violenta e de caráter coletivo: uma briga ou uma bebedeira generalizada.

A direção de Flamínio Bollini aproveitou-se, aliás, de forma exemplar dessa riqueza de segundos e terceiros planos, fazendo a ação serpentear com grande engenhosidade por todos os meandros daquele quase labirinto, eclipsando-se aqui para ressurgir logo adiante, num ritmo que marca com absoluta segurança os momentos de expansão e de retração do enredo. O cenário anima-se gradativamente, revelando em cada recanto uma figura insuspeitada, ou definha aos poucos, imobilizando-se para dar lugar à conversa de duas ou três criaturas em maré de nostalgia e reminiscência. E assim, a partir da movimentação dos atores, vai sendo criada plasticamente a atmosfera lírica ou brutal, cômica ou dramática, que convém a cada cena.

Bastaria essa qualidade – a mecânica difícil e exatíssima da representação – para revelar, no mais recente e mais jovem diretor do Teatro Brasileiro de Comédia, o pulso de um verdadeiro homem de teatro, se não percebêssemos, em *Ralé*, ainda muitas outras. De um modo geral, parece-nos que a direção de Bollini prima especialmente pela autoridade demonstrada nas cenas de conjunto – o espetáculo mantém-se sempre extremamente uno e coeso – e pela maneira com que soube manobrar um número muito grande de atores, sem permitir a nenhum deles uma descaída que se possa taxar de grave. Naturalmente, tratando-se de perto de duas dezenas de artistas, há toda uma escala de interpretações, indo de um máximo de teatralidade até um máximo de naturalidade. E de nossa parte não hesitamos em confessar que preferimos abertamente estas àquelas. O olhar duro, de animal amedrontado, de Elizabeth Henreid, ou a frieza, a indiferença, com que Waldemar Wey deixa cair do alto da sua insensibilidade as frases mais cruéis da peça, ou a agonia, sem concessões sentimentais e por isso mesmo ainda mais emotiva, de Cleide Yaconis, pareceu-nos falar bem mais alto e dizer bem mais claramente do tom amargo e impiedoso da peça do que qualquer imprecação ou qualquer gesto violento. É que a impiedade, como tudo o mais em teatro, é principalmente um estado de espírito, que pode se manifestar sob formas as mais delicadas e misteriosas, comunicando-se com a platéia por vias intuitivas e diretas que nada têm que ver com os sinais grosseiramente exteriores.

Gostaríamos também de salientar os desempenhos de Marina Freire e Maurício Barroso, por outros motivos, entretanto: Marina Freire conseguiu quebrar a sua voz, renovando-a, e Maurício Barroso continuou a nos surpreender com os extraordinários progressos que tem feito ultimamente. Foram-se aquele timbre e aquela dicção precisa, medida, fria, de *speaker* de rádio, como está prestes a desaparecer igualmente essa constante preocupação com a própria elegância que era o seu maior defeito em cena. Todas essas modificações parecem indicar que o "galã" está sendo substituído gradualmente pelo ator. É preciso ainda, está claro, não esquecer Ziembinski: no drama de Gorki, ele é mais uma vez, a exemplo do que se tem verificado invariavelmente nos últimos espetáculos, a viga-mestra da representação, o elo que une as diferentes cenas e as diferentes personagens. Mas isso já não constitui novidade para ninguém.

Passando de um pólo a outro, tocaremos no que menos nos agradou em *Ralé*: certo romantismo que não sabemos a quem atribuir, se a alguns atores ou se ao encenador. O Vaska feito por Paulo Autran, por exemplo, é, desde a maneira de se vestir, quase um "mocinho" de cinema, não nos convencendo, não obstante todos os generosos esforços do ator, de que seja um verdadeiro ladrão num verdadeiro *bas-fond*. A mesma objeção, em ponto maior, faríamos a Sérgio Cardoso, cuja concepção do papel é a mais entranhadamente romântica de todas. A peça de Gorki, efetivamente, é romântica mas de um romantismo que muda a realidade para pior, não para melhor: não há em *Ralé* nada desse tipo de sentimentalismo que se contempla a si próprio com olhos docemente enternecidos. O Ator, no desempenho de Sérgio Cardoso, é inegavelmente um farrapo humano, mas um farrapo humano que foi talvez um grande ator e que conserva um resto do antigo prestígio romântico, um halo de poesia decadente que o envolve como aquela capa que lhe cai dramaticamente dos ombros. Um ator, enfim, que, no fundo da sua desgraça, parece lembrar-se sempre de ter feito o *Hamlet*. Ora, O Ator, de Gorki, representou de fato o *Hamlet* – mas no papel de O Coveiro. Não fará isso nenhuma diferença?

Entre esses dois extremos, variáveis mais quanto à maneira de compreender o papel e a peça, situam-se os outros atores, todos com desempenhos acima do comum: Maria Della Costa – a Maria Della Costa de sempre, servida por um incontestável temperamento teatral e prejudicada pelo tom cantado de suas falas, como se estivesse perpetuamente sussurando em voz alta; Luís Linhares, talvez excessivamente explosivo; Nídia Lícia, Vítor Merinov – magnífico numa pequena ponta – e, finalmente, Rui Afonso e Carlos Vergueiro, ambos delineando com inteligência a psicologia das suas personagens.

O público espera em geral da crítica não tanto uma descrição como uma apreciação sobre o que viu. O que lhe interessa acima de tudo é a comparação com outros espetáculos e outros desempenhos: as palavras bom ou mau, melhor ou pior, deveriam formar três quartas partes do vocabulário crítico. Dentro desse critério, um tanto simplista, diríamos que a estréia de Bollini se fez em nível muitíssimo alto mas não exatamente igual ao das mais perfeitas produções do Teatro Brasileiro de Comédia: o de um *Seis Personagens*, por exemplo, ou de um *Paiol Velho*, ou de um *Anjo de Pedra*. E haverá nisso alguma coisa de extraordinário, tratando-se dessa espécie de corrida em montanha russa, cheia de altos e baixos, que é sempre, pela própria natureza de fenômeno artístico, o teatro?

Quanto aos atores do Teatro Brasileiro de Comédia, é evidente que estão ainda na fase de amadurecimento. Já não se repetem de peça para peça, como acontecia há pouquíssimos anos até com os nossos melhores profissionais. Mas a caracterização psicológica ainda permanece, algumas vezes, mais grandiloqüente do que profunda, mais teatral do que sincera. Quer isso dizer que têm ainda de aprender pelo menos mais uma lição, a última, talvez, e a mais importante de todas: a de economia de meios, a de simplicidade que não é a falta de força, nem pobreza de expressão.

(1951)

8. As Duas Antígones

Em relação a um espetáculo tão rico de teatralidade, de pensamento, de emoção, tão caprichosamente planejado, tão fundamente trabalhado, como o que acaba de nos dar o Teatro Brasileiro de Comédia, um primeiro artigo de crítica nunca poderia ir além de algumas impressões de ordem geral. O que importa é responder, embora apressadamente, embora imperfeitamente, a uma série de perguntas que se vem fazendo o público paulista, com crescente e mal disfarçada curiosidade, desde que, há cinco meses, começaram os primeiros ensaios da tragédia de Sófocles e do drama de Anouilh.

Comecemos pelo princípio: sim, deu certo a audaciosíssima experiência de se representar as duas *Antígones* de uma só vez. E, no entanto, todas as razões preliminares eram contrárias à idéia. Basta, com efeito, juntar numa só frase os nomes de Sófocles e Anouilh para se ter uma sensação de desequilíbrio, de disparidade, como se a grandeza de um devesse esmagar inevitavelmente o outro, reduzindo a nada a sua frágil emoção. Pois nada disso aconteceu. Depois do fortíssimo abalo causado por Sófocles, depois daquele ímpeto dramático cujo segredo se perdeu definitivamente com os gregos para o teatro ocidental, ouvimos Anouilh com um interesse, com uma emoção diferentes mas não menores. É que ele próprio foi o primeiro a perceber muito bem que não seria possível narrar outra vez a mesma história. Tudo o que Sófocles quis dizer, disse. Nada há a acrescentar à sua *Antígone*. Anouilh então, com a maior argúcia, estabeleceu um diálogo com ele, opondo-se quase maliciosamente às suas palavras. As melhores cenas da versão moderna são as que não haviam sido escritas por Sófocles, as deixadas nas entrelinhas ou fora da cena. A peça de Anouilh não é a *Antígone* contada novamente em termos modernos, tarefa inútil e provavelmente inglória: é um comentário sutilíssimo sobre os temas eternos da tragédia, funcionando como uma espécie de contraponto irônico à melodia simples e incisiva de Sófocles. Os fatos são os mesmos: mas as razões de cada personagem, as razões de Antígone, de Creon, totalmente outras.

Ora, esse comentário, em que a inteligência crítica constantemente sofrea e guia a afetividade, os atores do Teatro Brasileiro de Comédia estavam preparados para realçar como ninguém. Durante quatro anos, o que têm aprendido como uma lição constante, é fugir ao grosseiro, ao excessivo, ao demasiado evidente. Limitados a uma sala pequena, acostumaram-se a usá-la com o máximo de virtuosismo, estabelecendo a maior intimidade e comunicação, como se cada espectador fosse um amigo e um confidente. Se alguma virtude os define, há de ser o pudor, a contenção, e habilidade de reduzir a voz até o sussurro, sem nada perder de expressividade. Virtudes todas que se casam admiravelmente com o teatro de Anouilh: atores e autor falam a mesma língua, participam desse mesmo espírito rebelde e desconfiado em relação às grandes frases, aos grandes sentimentos, que é o próprio espírito de nossa época. A tensão afetiva, temperada de lucidez, com que se defrontam essa Antígone, tão forte dentro da sua fraqueza, e esse Creon, tão fraco dentro da sua força, chega aos nossos ouvidos com a mesma limpidez com que foi escrita, sem que um dos elementos abafe e perturbe o outro.

Sófocles é coisa diferente. Do ponto de vista psicológico, a peça resolve-se em três ou quatro linhas. Os seus temas morais, políticos e religiosos são expostos com clareza que não deixa margem a qualquer dúvida. O trabalho do ator é apenas um, mas esse o mais árduo de todos: não se deixar arrasar pelo vigor, pela nobreza do texto. O ator moderno depende do gosto e da sensibilidade. O ator trágico é antes de tudo uma questão de voz, de exuberância física, de vitalidade, de temperamento – uma irreprimível força da natureza. De um dos maiores – Mounet-Sully – eis a impressão deixada por um contemporâneo:

certains soirs, le cadre de la 'Comédie-Française' éclatait, au geste et à l'intonation de cet artiste athénien, féeriquement transporté sur notre scène dont le décor tremblait de cette présence léonine. Oui, c'était un lion, et non pas au figuré; il posait le pied, il rugissait comme le fauve; il écrasait l'interpretation, malgré le talent des autres artistes, parce qu'il jeuait à la greeque, et que seul il en avait la force et le génie.

Não sabemos exatamente com que espírito os atores do TBC abordaram a *Antígone* de Sófocles. Se a consideraram como uma primeira tentativa, o resultado não poderia ter sido melhor, digno do esforço feito. Entregaram-se ao papel com ardor raramente visto, de corpo e alma, não se poupando nem física, nem psicologicamente. Do ponto de vista, porém, que poderíamos chamar de absoluto, não chegaram a atingir a plenitude requerida pelo texto, apesar da generosa ajuda da direção e do coro. Sentimos, por exemplo, mais verdadeira intensidade dramática (essa que nasce do fundo de nós mesmos e não da garganta ou dos lábios) na Antígone e no Creon de Anouilh do que na de Sófocles – e isso diz tudo. A conclusão não encerra nenhuma novidade: na tragédia estamos apenas dando os primeiros passos, ainda à procura de modelos, ainda à procura de um estilo, e o mais que podemos desejar no momento é que não nos falte a necessária humildade.

As nossas palavras não parecem estar de acordo com o público, que depois da tragédia grega proporcionou aos atores e ao diretor a mais intensa e sincera ovação que já ouvimos no teatro nacional. Não há, contudo, desacordo nenhum: também para nós a encenação de Sófocles representou a experiência maior, mais difícil tecnicamente, artisticamente mais fecunda, aquela que, na verdade, deveria ser feita.

No conjunto, as duas peças formam, sem sombra de hesitação, o maior espetáculo que já vimos no TBC. Nunca os seus artistas deram tamanha demonstração de talento, dedicação, técnica, inteligência, sensibilidade: a vez em que visaram mais alto foi também aquela em que mais alto subiram. Atrás de todo esse êxito há, como todo mundo sabe, um nome, cuja presença dominou o espetáculo de princípio a fim, durante as suas três horas. Essa presença e esse nome, todos já adivinharam, é o de Adolfo Celi.

> *Tristeza de guardar um segredo*
> *que todos sabem*
> *e não contar a ninguém*
> *(que esta vida não presta).*
>
> CARLOS DRUMMOND DE ANDRADE

Apesar da crueldade, da injustiça, apesar das três mortes inocentes que coroam o seu implacável desenvolvimento, a *Antígone* de Sófocles foi concebida para nos inspirar, antes, confiança. Mais do que o debate entre duas pessoas igualmente irredutíveis, o que vemos é o espetáculo de um pensamento que emerge vitoriosamente das trevas. Tebas está a dois passos da barbárie: não vão muito longe os tempos em que a força era a única lei, em que os homens se guiavam pelo vôo dos pássaros ou pelas entranhas das aves, em que direito moral, religião, ciência se misturavam inextricavelmente entre si, acorrentadas a tradições obsoletas ou rituais estranhos. Esse fundo de superstição ainda perpassa fugazmente pela tragédia, dando-lhe às vezes um colorido remoto, selvagem, bárbaro. Mas o pensamento já havia se interposto: a religião caminha para uma concepção mais espiritual; a razão do mais forte está se transformando, aos poucos, na razão, apenas; a reflexão moral começa a se destacar penosamente, lentamente, do direito e do costume, impondo-se como o mais seguro dos guias. O ideal de Sófocles é a sabedoria, a divina sabedoria que assemelha os homens aos deuses.

É contra ela que Creon se opõe estupidamente. E quando cede, ferido pela têmpera dos homens e pela vontade dos deuses, o seu cântico fúnebre, entoado pelos anciões da cidade, é de fato um canto de louvor à sua inexorável inimiga, de que Antígone foi o instrumento humano: "Há muito que a sabedoria é a causa primeira de ser feliz. Aos orgulhosos, os duros golpes, com que pagam suas orgulhosas palavras, na velhice ensinam a ser sábio!".

Creon erra em parte por obstinação, em parte por medo: medo de não ser suficientemente forte, medo de ouvir os outros, medo de ceder às mulheres, medo de consultar o povo. Quando pergunta a Hemon se é "a cidade, então, que me há de ditar leis", os papéis se invertem, e é ao filho que cabe responder: "Vês? Estás falando como uma criança".

Desencadeada a catástrofe, pagos todos os erros fatais, o que nos sobra não é o desespero, e nem mesmo a comiseração – sentimentos incompatíveis com a dignidade e a objetividade da tragédia. É a esmagadora impressão da grandeza humana. Sófocles acredita nos deuses; porém acredita ainda mais nos homens. A sua última palavra poderia bem ter sido – "muitos milagres há, mas o mais portentoso é o homem". Pensamento que não deixaria, talvez, de nos ocorrer em face do prodígio dessa voz humana varando e desafiando sozinha o tempo sem perder o sentido e a ressonância.

Retomando o fio da meada vinte e cinco séculos depois, o primeiro cuidado de Anouilh é proceder a uma espécie de deflação do heróico. Do enterro de Polinice, núcleo do enredo, o que ele conserva é sobretudo o cheiro de carne apodrecida. Na peça de Sófocles, como observou um crítico inglês moderno, o gesto de Antígone é inútil. Quantas vezes ela se aventurar a sepultar o irmão, tantas vezes os guardas intervirão, impedindo-a. Todas as suas tentativas estão fadadas a falhar, como falhou a primeira, e ela já sabe disso ao encetar a segunda. Mas Anouilh vai ainda além. Os esforços de Antígone não são apenas inúteis; são mais do que isso: gratuitos, terrivelmente gratuitos. Não só Polinice não vale o sacrifício, como o próprio Eteocles, morto pela pátria, não lhe fica atrás em matéria de canalhice. Na realidade, Creon nem sabe qual dos dois cadáveres é o de Eteocles, qual o de Polinice. A pátria precisava de um herói e de um traidor: Creon erigiu os dois irmãos à condição de símbolos. Todo o ímpeto generoso de Antígone se reduz assim a uma sórdida história de política, sórdida e necessária. Pela primeira vez, Antígone aprende o preço da vida: uma série de pequenas transações cotidianas, um abandono gradual de si mesmo. Antígone, como Hemon, vai enfrentar esse instante crucial em que evoluímos da adolescência para a idade adulta, em que, como diz Creon, aceitamos ou não ser homens, com tudo o que de bom, e principalmente de mau, contém a palavra.

A revelação é de molde a deixar completamente esquecida essa ridícula e fútil historiazinha de um irmão que deve ser enterrado. Como a Antígone de Sófocles morre por um princípio mais alto, também esta vai morrer por outros motivos do que imaginava a princípio. O problema que vai devorá-la daí por diante é aquele que um escritor da mesma geração de Anouilh, Albert Camus, no mesmo ano em que a peça foi estreada, exprimia nas seguintes palavras: "não há senão um problema filosófico verdadeiramente sério: é o suicídio. Julgar que a vida vale ou não a pena de ser vivida, é responder à questão fundamental da filosofia. O resto, saber se o mundo tem três dimensões, se o espírito tem nove ou doze categorias, vem depois".

Antígone acreditava na vida. Ela era a primeira a se levantar de manhã, "só para sentir o ar frio na pele nua" e a última a se deitar, "quando já não se agüentava, apenas para aproveitar um pouco mais a noite". Mas não quer a vida sob qualquer condição: ela quer impor e não receber condições. Não está disposta, como os outros, a lançar-se à caça desesperada da felicidade, se isso significar qualquer protelação, qualquer concessão, qualquer compromisso com o que quer que seja fora dela mesma: "Quero tudo, e imediata e inteiramente. Do contrário, recuso! Não quero ser modesta, contentando-me com a migalha que me darão se tiver juízo".

É evidente que o drama da escolha terminou. Antígone só poderá aceitar a morte – é a lei para todos os da sua raça incômoda, para todos os heróis, para todos os santos, para todos os sedentos do absoluto. A solução é bela mas tem um defeito: não resolve nada. O inconveniente dos heróis é deixar sempre os encargos desagradáveis e infamantes para os outros. Morta Antígone, permanece Creon, que tem de decidir de alguma maneira, boa ou má, os destinos da cidade. Desde que fomos postos, sem consulta, num mundo que não se distingue particularmente pela perfeição, só restam dois caminhos: renunciar, como Antígone; ou realizar de qualquer forma a tarefa. Sem contar a terceira solução, a menos digna, preferida por todos aqueles cuja pobreza material ou de espírito não os deixa ascender à categoria de seres humanos. Como diria o guarda de Sófocles – "eu sou daqueles, felizmente, que, salvando a pele, o resto pouco importa".

Fazendo Antígone viver e morrer tragicamente só, Anouilh reflete longinquamente a nostalgia de um mundo melhor, de um mundo como o grego ou o cristão, em que os homens podiam ainda contar com os deuses. É nesse sentido que a peça pode ser aparentada ao existencialismo: não talvez a uma escola filosófica precisa e limitada, mas a um estado de espírito comum a toda Europa nestes últimos quarenta anos, de que Franz Kafka foi o profeta literário. Anouilh não chega a nos conduzir ao absurdo. Mas a sua voz, aparentemente tranqüila, nunca está longe do desespero – ao contrário da de Sófocles.

Não compreenderíamos perfeitamente as razões de ser da encenação da segunda *Antígone* se não tivéssemos visto antes a primeira. Para Adolfo Celi, uma é a antítese da outra. Se Sófocles é a tragédia, Anouilh poderá muito bem ser a antitragédia. E o cuidado do diretor foi diferenciá-las tanto quanto possível.

As vestimentas e os cenários de Aldo Calvo já nos transmitem duas sensações naturalmente alheias ao espírito da tragédia clássica: estranheza e familiaridade. Aquela casa entre ruínas, aquele rei guiado por um pajem que diríamos medieval, aquela menina da calça comprida em contraste com a irmã ricamente vestida, aquela farda de príncipe, tão parecida e tão diferente de todas as outras fardas militares, mergulham-nos de início numa atmosfera fantástica, bizarra. Por outro lado, o tom dos atores é o mais familiar possível, a começar pelo coro, anti-heróico por excelência. Os homens que habitam esse curioso país falam como nós, tratam dos problemas mais chegados ao nosso pensamento. O diálogo que ouvimos nos diz intimamente respeito como se em relação a essa pequena Antígone existencialista cada um de nós fosse mais do que um espectador – um amigo.

A impressão é, pois, voluntariamente ambígua: estamos na Europa do nosso tempo, não há dúvida, em meio aos destroços materiais e espirituais das últimas guerras, mas o mito que se vai evocar vem de muito longe, é velho como a nossa própria civilização. Donde esse inesperado casamento entre o imaginário e o real, entre o extraordinário e o comum.

Antígone é um debate de idéias. Até aí nenhuma novidade. Adolfo Celi sempre gostou de peças de fundo filosofante: *Seis Personagens*, *Entre Quatro Paredes*. O que surpreende agora, porém, é o perfeito equilíbrio, pela primeira vez conseguido, entre a lucidez fria do pensamento e o calor dos gestos humanos, sem sacrifício de nenhum dos dois pólos entre os quais oscila a ação. Esse novo amadurecimento do encenador evidencia-se de maneira curiosa, pela ausência de efeitos muito marcados. A peça de Anouilh não foi menos dirigida do que qualquer outra: é só atentar para o conteúdo dramático de cada inflexão, de cada passo, é só atentar, por exemplo, para esse trono que vem realçar tão ironicamente, com a sua falsa pompa, todo o incontido sarcasmo de Antígone. Mas a direção, desta vez, não se apóia mais em achados brilhantes e de caráter quase precioso, como o balanço de *Seis Personagens*, talvez porque não tenha sentido necessidade de demonstrar aos outros e a si mesmo a sua capacidade criadora. A encenação de

Antígone, tão sensível, tão justa, tão inteligente, parece provar que Celi acaba de atingir um ponto ideal de maturidade, aquele em que o intérprete realiza o milagre de criar tudo de novo, sem acrescentar propriamente nada.

Cacilda Becker é a própria Antígone imaginada por Anouilh, com toda a sua felinidade de corpo, com todo o seu fervor de espírito: compassiva e mal-educada – os heróis são mal educados por natureza – lúcida e frenética, quase um rapazinho arrogante algumas vezes, profundamente mulher outras vezes, devorada e consumida pela paixão da justiça. Não só a retidão de caráter, mas principalmente a retidão da inteligência, impedem-na de se afastar, um passo que seja, da sua dura concepção de verdade.

Paulo Autran também surpreende mesmo os seus mais incondicionais admiradores. Nunca o tínhamos visto tão humano, tão sóbrio e sutil. A profunda, dolorosa experiência de vida de Creon, essa espécie de imenso cansaço, e também a dureza de quem optou uma vez por todas, transparecem com a maior nitidez em cada gesto seu. Como ator, não precisa sequer erguer a voz para sugerir força e autoridade.

Além de Antígone e Creon, apenas três personagem têm real importância na peça: o coro, o guarda e Hemon (este muitíssimo menos que os outros dois).

Jaime Barcelos, como guarda, passa pela tragédia sem se aperceber de nada, indiferente como um animal, egoísta como um homem – e esse é exatamente o sentido do papel. Nem a vontade, nem a maldade, nem qualquer outro sentimento conseguem arrancá-lo da esferazinha medíocre em que se move, preocupado acima de tudo com as promoções, com a rivalidade entre os sargentos e os guardas de polícia, com todos esses miseráveis indícios de prosperidade e triunfo na vida.

Maurício Barroso empresta ao coro o tipo de fingida displicência requerida pela interpretação de Celi, como se nos dissesse em cada palavra tranqüilamente amarga – tudo isto é muito estúpido porém mais comovente do que gostaríamos de admitir. A naturalidade do seu desempenho escondeu com habilidade os percalços do papel, que larga o ator sozinho em cena, sem ser ele mesmo mas igualmente sem ser personagem, não lhe permitindo nenhum disfarce físico ou psicológico, nenhum ponto de apoio perante o público.

Hemon tem apenas alguns segundos de dramaticidade: a sua resistência é antes passiva, a sua capitulação rapidíssima. Luís Linhares interpretou-os com sincera e contida emoção. Os outros, Elizabeth Henreid, Sérgio Cardoso, Marina Freire, Nídia Lícia, Luiz Calderaro, Benedicto Corsi, se mais não fizeram, num espetáculo dos mais perfeitos que já vimos, é porque mais não lhes foi pedido pelo texto.

(1952)

9. Assim é (Se lhe Parece)

Com duas palavras define-se *Assim é (Se lhe Parece)*: o melhor espetáculo que o Teatro Brasileiro de Comédia apresentou até hoje. Um dos melhores como peça, certamente o melhor como homogeneidade, como interpretação individual dos atores e, particularmente, como direção.

Pirandello é talvez o autor estrangeiro mais e melhor conhecido em São Paulo, pois todas as companhias italianas que aportaram por aqui nestes últimos anos sempre se julgaram na obrigação de encenar ao menos uma peça sua. Ora, o que mais nos impressiona neste confronto estabelecido entre os nossos atores e os italianos é a fidelidade por assim dizer de raça, de língua, que Celi imprimiu ao seu espetáculo. Não só o aspecto físico dos atores, as máscaras peninsulares compostas, mas a própria vivacidade da gesticulação conseguiu sugerir fortissimamente a característica italiana, sem deixar de ser brasileira, isto é, sem cair no "pastiche", na contrafação mais ou menos paródica e caricatural. O ritmo da frase pirandelliana é entrecortado, anelante, nunca se dando por satisfeito, querendo sempre ir além, abandonando um pensamento para desenvolver outro e logo voltando ao primeiro para acrescentar alguma coisa, numa série de aproximações, de retoques, que vão cada vez cerrando mais de perto a idéia até encantoá-la e possuí-la por completo. Pirandello é difícil mas o contrário do escritor hermético por programa: ele deseja, tanto quanto as suas personagens, ser compreendido e assimilado pelos outros, sofrendo na sua carne a incompreensão alheia, desesperando-se ante a impotência das palavras para transmitir a sua verdade pessoalíssima e sutilíssima. Este ritmo inquieto, esta febre de comunicação, esta angústia do pensamento, que é o próprio cerne de sua obra, os atores do Teatro Brasileiro de Comédia pegaram com absoluta perfeição: é o som, o timbre da voz de Pirandello que parecemos ouvir.

A direção de Celi esconde as dificuldades vencidas, mas é, de fato, de um incomparável virtuosismo técnico. Porque, afinal de contas, uma coisa é dominar a luz e a marcação, elementos materiais, exteriores ao homem, que se deixam vencer docilmente pela nossa vontade e imaginação, e outra é lidar com o ator, a matéria-prima da representação, aquela que, por sua natureza, mais resiste ao encenador, obrigando-o a aceitá-la tal qual é, com todos os seus tiques de personalidade, com todas as suas características físicas e morais, impondo-se em vez de obedecer. Celi, trabalhando e dobrando os atores como nunca conseguira antes, arrancando, de cada um, uma pessoa que nada tem de comum com a personalidade real do intérprete, atinge agora o seu ponto de maior maturidade.

A Sra. Frola e o Sr. Ponza foram Cleide Yaconis e Paulo Autran. Que dizer de Cleide senão contar simplesmente que até ao vir agradecer ao público, comoveu-se e chorou não como uma mulher de vinte e poucos anos, bonita, elegante, mas como a pobre velhinha imaginada por Pirandello, ainda presa da sua criação, ainda trazendo no olhar batido e inseguro, nas mãos trêmulas, a angústia que nunca saberemos se era da demência ou da piedade infinita pelos homens? Ao lado dela, Paulo Autran ofereceu o mais violento contraste, dando-nos a imagem viva da impulsividade sangüínea que chega à irreflexão, fazendo-nos temer mesmo vê-lo cair em cena, sufocado por uma crise cardíaca, ou vencido, enfim, por essa sombra de loucura que pesa, todo o tempo, sobre a peça. Waldemar Wey completou o grupo dos protagonistas: a sua é a parte do diabo, um diabo alegre e irônico. É ele quem lança a dúvida nos espíritos (dúvida não em relação à Sra. Frola e ao Sr. Ponza, mas quanto ao próprio espírito), encarregando-se ainda, na cena do espelho, como diria o velho Machado, que também sabia algo a respeito desses assuntos, de dialogar com o abismo, de ouvir e passar aos espectadores "o cochicho do nada". De uma e de outra coisa, Waldemar desempenhou-se de maneira brilhantíssima, fazendo deslizar o drama em tempo de farsa.

Nas peças de Pirandello as personagens secundárias não o são verdadeiramente. Até os circunstantes discutem, brigam, tomam partido, afirmam-se com veemência; até as figuras de segundo ou terceiro plano, na medida de suas restritas possibilidades, participam apaixonadamente da trama. Se teatro é conflito, Pirandello parece ter nas veias a arte da contradição, de contraposição dialética.

Assim é (Se lhe Parece) não faz exceção: também a estranha história da Sra. Frola e do Sr. Ponza não admite neutros ou indiferentes.

Quando a peça se inicia, o drama a bem dizer já terminou – e nunca ficaremos sabendo qual foi ele. Sogra e genro já foram torturados, triturados, pelo sofrimento. Agora querem apenas esquecer e descansar, buscando um ponto de equilíbrio ainda que instável – exatamente o que os outros não permitem. A comoção vai espalhando-se, apanhando os vizinhos de surpresa, depois toda a localidade, e não temos a menor dificuldade em imaginar que num círculo de cinco ou dez léguas tudo já começa a se mover e a se agitar imperceptivelmente. Mas se o núcleo é dramático, a periferia é cômica (como nos *Seis Personagens*). O que as figuras centrais têm de irreal, de fantástico (sendo por isso mesmo muito mais poderosas, como toda obra de ficção), as outras têm de comum. O coro da tragédia, se assim podemos dizer, é constituído por donas-de-casa, senhores de boa família, pequenos funcionários públicos, gente excelente, sem a menor imaginação.

O equilíbrio, o *humour* da peça repousa mesmo sobre esse contraste entre a fantasia e a vulgaridade, contraste que, na representação, Celi soube respeitar admiravelmente. Os atores e atrizes encarregados de bordar o comentário cômico formam um quadro único e homogêneo, com ligeiro predomínio, talvez, para os homens. Luís Linhares e Freddi Kleeman, sobretudo, destacaram-se, o primeiro figurando a incompreensão agressiva, a mediocridade inepta e bem intencionada, a burrice do bom senso, e o segundo, a tolice adocicada, melíflua, que se julga infinitamente esperta. Estão igualmente bem, monotonamente bem, Dina Lisboa, Moná Delacy (haverá ainda quem duvide da utilidade da Escola de Arte Dramática?), Eny Autran, Raquel Moacir, Léa Surian, Renato Consorte (um delegado positivamente ultrapassado e aniquilado pelos acontecimentos), Benedicto Corsi – e, num grau um pouco menos feliz, um pouco mais de caricatura, Luiz Calderaro. A todos eles o crítico não tem nada a oferecer senão um elogio largo e indiscriminado, como confiaria ao vizinho qualquer espectador. É que o assentimento dispensa explicação. As representações felizes, como os povos felizes, possuem este inconveniente: não têm história.

Em *Assim é (Se lhe Parece)*, Pirandello propôs-se demonstrar, tranqüilamente, que toda lógica moderna, toda a nossa vida racional repousa sobre bases falsas. Não afirma um princípio que cada coisa possui a sua identidade, sendo igual unicamente a si mesma? Pois a mulher de véu será duas: será Lina para a Sra. Frola, e Júlia para o Sr. Ponza. Não diz outro que uma coisa não pode ser e deixar de ser ao mesmo tempo? Pois a Sra. Frola e o Sr. Ponza serão e não serão loucos ao mesmo tempo. Tal é a enorme conclusão da peça. Os espectadores do drama (no palco e na platéia), mantém-se até o último instante na esperança de que a contradição pertença finalmente não aos fatos, mas ao nosso conhecimento sobre eles. Aceitamos que os documentos esclarecedores tenham sido perdidos. Aceitamos a nossa ignorância eterna sobre o que sucedeu realmente. Mas não aceitamos que a própria verdade seja bifronte, negando de um lado o que afirma de outro. No entanto, assim é: esta é a conclusão para a qual a peça, se prestarmos atenção, caminha todo o tempo. Já no primeiro ato, Laudisio não a havia prenunciado, perguntando: "Que podemos nós realmente saber dos outros? o que são..... como são..... o que fazem..... por que fazem?". E, no segundo, não volta com maior insistência e desenvolvimento à mesma idéia do absurdo de nós pretendermos conhecer alguma coisa quando não conhecemos com certeza nem a nós mesmos? A dificuldade, portanto, não é se terem perdidos os papéis: então o mistério da personalidade humana não seria verdadeiramente mistério. Seria, no máximo, um conto policial sem desfecho, um enigma não resolvido mas que sabemos ter solução. Pirandello precisava achar um símbolo mais forte para o tema de incomunicabilidade humana; precisava ir mais longe na sua fantasia poética – e foi. Daí a irresistível ironia de tudo o que se diz no palco – a sua melhor peça é contra o público que ele a prega. É para os que, no fundo, não estavam acreditando em nada do que ela vinha dizendo, que a comédia reserva esta última e amarga surpresa. Agora eles queiram ou não queiram, terão de acreditar. Laudisio, o irresponsável, o fantasista, o doido é quem tinha razão.

Está claro que a peça é um paradoxo: uma verdade incontestável apresentada sob o seu ângulo mais absurdo – e, por isso mesmo, a um só tempo, mais dramático e mais humorístico. Laudisio não ignora que podemos saber muita coisa: os dias da semana, por exemplo, são sete, e doze os meses do ano. Da mesma forma, a Sra. Frola é uma velhinha de cabelos brancos e o Sr. Ponza trabalha na Prefeitura. Até os famosos documentos, na vida real, encontram-se sempre à nossa disposição: os arquivos não se desvanecem no ar, não há tragédias sem testemunhas. O bom senso, dentro do seu critério exato e miúdo, faria bem em rejeitar, como improváveis, os dados da peça. Mas o caso não é esse: os documentos nada revelam sobre o problema realmente importante, nada dizem sobre como é de fato uma pessoa – algo que ela mesma ignora, algo que, a bem dizer, não existe de maneira objetiva. Somos um em cada ato diverso, um para cada pessoa diferente. A nossa personalidade é formada de impulsos contraditórios que se justapõem sem se resolverem num desenho único. A síntese dessas tendências, a soma, o resultado, a visão de conjunto será sempre uma dedução pessoal, uma conclusão mais ou menos arbitrária, que cada qual tem o direito de tirar a respeito dos outros e de si próprio. Daí o mesmo indivíduo parecer bom ou mau, inteligente ou estúpido, frio ou afetivo – assim ele será, conforme parecer. Esta é a barreira, a impossibilidade profunda a que se refere Pirandello, usando livremente dos símbolos sugeridos pela sua fantasia.

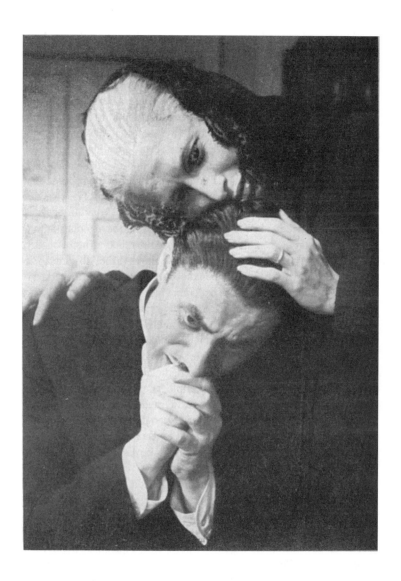

Cleide Yaconis e Paulo Autran em *Assim é (Se lhe Parece)*, de Pirandello. Direção de Adolfo Celi, cenários de Mauro Francini, produção do Teatro Brasileiro de Comédia.

De fato, há contradição na peça, mas contradição entre duas ordens: a racional e a afetiva. Para a Sra. Frola, a loucura do Sr. Ponza é uma necessidade íntima: sobre esse ponto de apoio ela organizou o seu equilíbrio mental, a certeza da sua própria sanidade – e vice-versa. Cada um não fez mais do que exagerar esse instinto de defesa e conservação que nos leva a gritar, se alguém nos considera louco ou imbecil: – "Louco, imbecil, é ele!". De cada conflito há duas versões, e, para os seus respectivos protagonistas, as duas são verdadeiras: esta é a realidade psicológica. Querer submetê-los à razão é não perceber que a lógica nada pode e até prejudica quando se trata de compreender um homem porque há verdades afetivas que não se confundem com as racionais. Nas relações humanas é a sensibilidade, a capacidade de simpatia que faz as vezes de raciocínio. Laudisio compreende melhor os outros, é o mais humano de todos, porque é o único a não querer reduzir tudo ao bom senso, o único a sentir que, em tais casos, falam mais alto as razões do coração do que as do cérebro. Viva, pois, a contradição. A Sra. Frola está certa e o Sr. Ponza também. Os dois, para poderem viver, alimentam uma ilusão a seu próprio respeito – e quem é que não as alimenta?

Não podemos, pois, explicar os homens. Mas, podemos aceitá-los, respeitá-los, tais como são. É a conclusão da mulher de véu: "Estamos, como vêem, diante de uma desgraça que deve permanecer oculta, porque só assim terá valor o remédio que a piedade lhe deu". A última palavra da peça é, portanto, a piedade, piedade pelas fraudes psicológicas, piedade, inclusive, por essa fraude suprema, por essa ilusão suprema – a loucura. Conclusão inesperada num escritor acusado com tanta freqüência de cerebralismo. É que a maior proeza da inteligência é conhecer os seus próprios limites – de que nos serviria ela, se não nos tornasse mais humanos?

Assim é (Se lhe Parece) é a mais ordenada e simples exposição das idéias de Pirandello. Não é, contudo, tão fácil como parece, oferecendo vários níveis de interpretação. Além disso, a sua própria natureza quase didática é traiçoeira: não custa nada achar que uma vez compreendido o sistema, está esgotada a peça. Ora, o que há de melhor em *Assim é (Se lhe Parece)*, como em qualquer obra de arte, não são as idéias: é a graça das situações, o *humour* com que são apresentadas, a sua mistura desconcertante de fantasia e realidade. Isto por um lado. Por outro, a força dramática que há, apesar de tudo, nas figuras da Sra. Frola e do Sr. Ponza. Não importa que ambos sejam mais ou menos simbólicos, que a sua história tenha sido criada com um alcance mais alto em vista. Quando os dois estão em cena, diante de nós, vemos apenas – tal é a força de Pirandello – duas criaturas que sofrem, que se comovem até nos comover também quase até às lágrimas. O que há de mais profundo nas obras de Pirandello, em definitivo, é a sua humanidade – "o soluço de vida" que as anima.

(1953)

10. Volpone

"Voltore", "Corvino", "Corbaccio" – Ben Jonson não teria reunido assim esse bando de aves de rapina se não pretendesse escrever a mais estranha e inesperada das comédias: a comédia da morte. Se se tratasse puramente de animais, a história seria esta: de como a raposa, ajudada por uma mosca varejeira, enganou o gavião, o corvo, o abutre que já se preparavam para lhe disputar a carcaça. Mas Ben Jonson lida com outra espécie de animal, mais malígno, menos inocentemente natural – o homem – e daí, em lugar de uma fábula graciosa, uma farsa quase negra, quase dramática, em lugar do riso franco e alegre, o riso frenético, violáceo, espantado com a ousadia e perversidade da brincadeira.

O espírito, a alma de *Volpone* é o ouro, "preço das almas", "alma do mundo":

> Ó tu, filho do Sol, mais fulgurante do que o teu pai, deixa-me beijar a ti e a toda as relíquias dos sacros tesouros deste aposento abençoado. [...] És melhor de todas as coisas porque prodigalizas satisfações maiores do que as que nos advêm das crianças, dos pais e amigos, ou de qualquer sonho de olhos acordados sobre a terra. [...] Ó magnificência, santo querido, deus mudo que dás língua a todos os homens, nada fazes por ti mesmo, mas por ti todos fazem qualquer coisa.

Ao lado do ouro, como divertimentos secundários, para as horas de lazer, a embriaguez dos sentidos, o vinho e as mulheres, mas unicamente em suas formas menos refinadas, mais cruamente sensuais. E por cima de tudo, a lubricidade suprema, a volúpia de enganar, a paixão do embuste que anima as entranhas e aquece os ossos: "todos os prazeres que nos advêm das mulheres não se podem comparar com isto". A trapaça justifica-se por si, pela satisfação que proporciona, mesmo ou sobretudo quando é gratuita, tanto mais voluptuosa quando mais brutal for. Ninguém cairia em armadilhas tão grosseiras, se os animais de presa atraídos pelo cheiro de carniça não estivessem também entontecidos pela ambição. É Mosca, instrumento de Volpone, quem o observa: "Estão ofuscados pelas chamas dos próprios interesses. Cada qual se encontra tão possuído e empanturrado de suas próprias esperanças que qualquer coisa que se lhes oponha, por mais verdadeira, por mais evidente, por mais palpável, é como se não existisse...". É ela – a trapaça – o alimento de todos os dias de Volpone, assim como o tônico, o remédio milagroso que o livra do medo e da vertigem provocada por esse jogo perigoso com a justiça e com a morte: "Ficaria totalmente bom, num relance, sob a ação ardilosa de alguma velhacaria bem engendrada, que me provocasse risos violentos e insofreáveis". Até o riso, portanto, tem de ser violento e insofreável – as duas únicas qualidades que ainda o excitam. É que ele talvez esteja menos vivo do que imagina. Uma corrente de masoquismo e sadismo, de tortura moral e física, percorre a peça de ponta a ponta, dando-lhe um odor de câmara mortuária. No fundo, Volpone não quer tanto gozar a vida, como escarnecer, violentar a natureza humana, submetê-la a todas as humilhações, desvendar por todos os lados a concupiscência e o instinto animal de posse, fazer explodir essa imensa hipocrisia que constitui, para ele, a moral: a consciência "é a virtude dos mendigos". Mosca, espírito menos profundo, desejoso principalmente de se divertir, para, ás vezes, exausto, lânguido, como num espasmo de amor satisfeito, atordoado por entrever o abismo, a destruição, diante dos pés. Mas Volpone fustiga-o, obriga-o a prolongar a mascarada insultante, até que chegue o fim dos fins, a morte, desta vez, depois de tanta simulação, real e fatídica.

Em todos os tempos, a velhacaria e a maldade serviram de alvo para o teatro: não é certamente entre gente honesta que os autores cômicos costumam buscar os seus heróis. É difícil, todavia, ir-se mais longe do que Ben Jonson, levando a comicidade a um paroxismo de ferocidade por detrás do qual não temos dificuldade em perceber uma espécie de furor moral, o nojo e o desprezo pela baixeza do gênero humano.

Stefan Zweig, ao reescrever *Volpone* (reescrever e não simplesmente adaptá-lo), fê-lo naturalmente em termos modernos, retirando-lhe todo um subenredo dispensável (a história de Peregrino, Sir e Lady Politick To-Be, e os interlúdios de Nano, Castrone e Androgino), acrescentando-lhe outras personagens, de importância menor, substituindo em geral a poesia de Ben Jonson pela sua própria eloqüência, fácil, ampla, discursiva, apoiada constantemente sobre a metáfora. Mas teve o cuidado de manter a virulência do pensamento e da frase, dando-nos uma versão em que se casam a euforia e a licença de viver da Itália renascentista com o tremendo vigor, a transbordante vitalidade, a paixão do teatro Elizabeteano, quando a Inglaterra ainda era a "Merry England", o reino de Ricardo III e Sir John Falstaff.

Desde que chegou ao Brasil, há quinze anos, portanto, Ziembinski vem sonhando com a encenação de *Volpone*. Pois valeu a pena esperar tanto para nos dar um espetáculo maduro como este, de longe o melhor que já fez no Teatro Brasileiro de Comédia, rico de sensualidade, de colorido, de brutalidade, de movimento. O estilo de Ziembinski, aqui, é o mesmo de Os Comediantes, apenas em ritmo mais acelerado. Porém, o texto de Ben Jonson nada perde, e até ganha, com esse tratamento abundante, retórico, extrovertido, francamente histriônico.

Entre tantas interpretações excelentes, quatro ou cinco destacaram-se. Ziembinski e Walmor Chagas, como Volpone e Mosca, completam-se pelo contraste, oferecendo duas versões antagônicas da mesma luxúria: uma sinistra, intensa, a outra, brilhante, esfusiante, rodopiante. Luís Linhares, de todos, é o de desempenho mais interiorizado e psicológico: até quanto à máscara foi quem mais dispensou os disfarces físicos. O horror de sua caracterização está no desvario do olhar, na crispação do rosto, não numa barba ou num nariz postiço. Esse seu realismo deu à representação a sua nota mais humanamente dolorosa, criando o momento mais alto do espetáculo, aquele em que Corvino hesita longamente antes de entregar a esposa a Volpone. Em ponto menor, dada a menor complexidade dos papéis, porém igualmente perfeitos, estão Elizabeth Henreid e Léo Vilar, hábeis em transformar em objeto e motivo de escárneo o espetáculo da inocência tola ou da estupidez senil.

Cleide Yaconis, que não é por natureza um temperamento cômico, nem vulgar, interpreta Canina com garbo (forçando a voz, talvez, no grave), Freddi Kleeman compõe com o seu humor característico uma silhueta fria de réptil (embora o texto desminta as sugestões semíticas do perfil), ao passo que para Waldemar Wey – não obstante as palmas recebidas em cena aberta – parece-nos faltar veracidade humana. A figura de Corbaccio deixa de amedrontar porque passa da conta. Jorge Chaia aparece de forma menos feliz que os seus companheiros, na pele de Leone, às voltas com uma personagem não existente, que Zweig tentou em vão animar: teria sido melhor deixá-la no limbo literário a que Ben Jonson a condenara.

Uma palavra final de louvor aos trajes de Michel Weber, ao cenário de Mauro Francini e à tradução. O *Volpone* original já encontrara em Newton Belleza um tradutor fiel e cuidadoso (pertence ao seu texto as citações que fizemos acima). Agora, Mário da Silva e Brutus Pedreira tiveram igual carinho com a paráfrase de Stefan Zweig. Valendo as traduções o que valem, via de regra, entre nós, que espantoso e feliz destino o de uma peça que recebe duas boas versões em nossa língua!

(1955)

Parte IV

Temporadas Estrangeiras

1. Jean-Louis Barrault

1.1.

A companhia de Jean-Louis Barrault estará em breve em São Paulo. Para quem acompanha de perto o teatro, não seria necessário acrescentar mais nada: Barrault e Laurence Olivier são certamente os dois nomes que têm tido maior evidência internacional neste após-guerra. Para os outros, contudo para os que não seguem senão distraidamente a evolução do teatro ou que somente agora, com o renascimento do teatro em São Paulo, começam a dar maior atenção ao assunto, conviria dizer algumas palavras sobre a significação do acontecimento.

A vinda de Barrault e seus companheiros não constitui uma temporada de teatro francês como as outras. Não são alguns atores que se agruparam de maneira mais ou menos acidental para fazer a América. É um conjunto permanente, que viaja com seus cenários, o seu equipamento elétrico completo, os seus oito técnicos, os seus vinte e dois atores e o seu repertório próprio. Os espetáculos não foram improvisados à última hora, ensaiados a bordo ou em nossas terras. São espetáculos já prontos, que serão apresentados exatamente como o foram em Paris, e que resumem o melhor da atividade da companhia nestes últimos quatro ou cinco anos. Na impossibilidade de irmos à montanha, é a montanha que vem até nós.

Muitos dos atores que vão visitar-nos fizeram-se dentro da Comédie Française, que é o primeiro teatro oficial da França. O próprio Barrault trabalhou na Comédie, como ator e como encenador, dando-lhe alguns grandes triunfos. Podemos dizer mesmo que a sua companhia herdou da Comédie o que esta possui de mais precioso, isto é, uma compreensão agudíssima das formas artísticas do passado, um sentido de estilo que não encontra paralelo em nenhum outro teatro dos países ocidentais, salvo, talvez, duas ou três exceções, entre as quais o Old Vic, de Londres. Mas Barrault, bem ao contrário do que acontece com a Comédie, não tem os seus movimentos manietados pelo costume, pela rotina ou por considerações de ordem burocrática. Se representa de um lado o passado, de outro representa o futuro, o que há de mais avançado e de mais experimental no teatro francês, provando que de fato não há nenhuma incompatibilidade entre arte clássica e moderna, quando uma e outra são exatamente compreendidas. Essa capacidade de pular do repertório mais tradicional ao mais revolucionário, essa possibilidade de representar Molière hoje e Kafka amanhã, e ambos com a mesma fidelidade ao espírito do autor e da época, a mesma riqueza de recursos técnicos e de idéias novas, é a marca distintiva da companhia que estará dentro de alguns dias no nosso Municipal.

Segundo nos informam, Jean-Louis Barrault dará apenas quatro espetáculos em São Paulo. É pena que não se demore mais, porém a deliberação foi tomada ainda na França, e talvez na ignorância do interesse que o teatro vem despertando ultimamente entre nós. O fato, portanto, está consumado, restando-nos apenas conjeturar sobre as peças que mais nos conviriam fossem representadas.

Dos oito espetáculos do repertório, três parecem-nos naturalmente indicados. O primeiro seria formado por *La seconde surprise de l'amour*, de Marivaux e *Les fourberies de Scapin*, de Molière. São dois clássicos que estão acima de qualquer discussão e que servem para apresentar Barrault e, principalmente, Madeleine Renaud, intérprete inexcedível de Marivaux. O segundo seria *Hamlet*. Não cremos também que haja quem discuta a escolha. *Hamlet* é um dos maiores êxitos pessoais de Barrault e, além disso, a recente encenação feita pelo Teatro do Estudante e a fita de Laurence Olivier reavivaram a curiosidade popular em torno da peça. O terceiro programa seria preenchido com *Le procès*, de Kafka, na adaptação de Gide e Barrault. Cremos que a nossa platéia tem o direito de ver esta peça, apesar das dificuldades da encenação, porque ela representa todo um aspecto, dos mais importantes, das atividades de Barrault: a procura de novos meios de expressão teatral, que o levou a montar espetáculos como *A Fome*, de Hamsum e *L'état de siège*, de Camus. Sem *O Processo*, a imagem que guardaríamos de Barrault não ficaria completa.

As dúvidas, portanto, começam apenas quanto ao quarto espetáculo. Se prevalecesse a nossa opinião, deixaríamos logo de lado *Malbrough s'en va-t-en guerre*, comédia de menos importância, *Les fausses confidences* (para não ter dois Marivaux) e *Le partage du Midi*. O Teatro de Claudel é um dos mais significativos de nossa época, mas extremamente difícil para um público desprevenido como o nosso. Há ainda a considerar que dois dos criadores da peça, Edwige Feuillère e Pierre Brasseur, não viajaram com a companhia. A escolha, portanto, restringe-se, na verdade, a *Les mains sales* e *Occupe-toi d'Amélie*. O público talvez incline-se pela primeira. Sartre é o nome do momento e os dramas são convencionalmente julgados mais artísticos que as comédias. Nós, porém, preferiríamos sem nenhuma hesitação *Occupe-toi d'Amélie*. Há atualmente, na França, um grande movimento à volta do teatro de Feydeau, autor ainda recentemente considerado por Marcel Achard como o maior comediógrafo francês desde Molière. Nesse movimento, Barrault desempenhou e desempenha papel decisivo. Além do mais, *Les mains sales* (que não foi criada por Barrault) é uma peça puramente de idéias, que não dá grande margem ao encenador e aos atores, podendo ser representada sem dificuldade por qualquer companhia de classe. *Occupe-toi d'Amélie*, ao contrário, na encenação de Barrault, é uma obra única, uma maravilhosa reconstrução do *vaudeville* de fins do século passado, feita com infinita graça, gosto e imaginação.

1.2.

Estávamos finalmente diante de Jean-Louis Barrault, essa espécie de ser mitológico, fabuloso, que colabora com Gide numa peça e com Camus em outra, que é tão íntimo de Claudel (de quem revelou ao público peças que dormiam há trinta anos nos livros, como *Le partage du Midi* e *Le soulier de satin*) quanto de Sartre; o homem que alia o pós-surrealismo de Labisse ao Conservatório de Paris de Madeleine Renaud; que levou para a Comédie Française algumas das experiências mais ousadas do teatro de vanguarda, trazendo para este o próprio espírito do teatro clássico; Barrault, esse ator e encenador prodigioso que, com menos de quarenta anos, orienta e dirige o grupo sem dúvida alguma mais homogêneo e mais brilhante do atual teatro francês: Madeleine Renaud, Marie-Helène Dasté, Jean Desailly, Pierre Bertin, André Brunot, Simone Valère...

Já conhecíamos nele o ator e o escritor. Agora, estava ali o homem, para que o decifrássemos em alguns minutos, num dia de estréia, certamente ainda mais sobrecarregado de trabalho do que os outros. Nenhuma impaciência ou enfado, entretanto, nas suas palavras. Ao contrário, um desejo muito vivo de não se poupar, de não economizar as próprias forças. Com um sorriso explica que a revista *Crapouillot*, ao fazer a análise de diversas personalidades francesas, atribuiu a ele, principalmente, duas paixões: "la gymnastique et le surmenage...".

Quando está sério, Barrault tem uma fisionomia naturalmente severa, quase ascética: o nariz e o queixo destacam-se no rosto magro, de zigomas salientes. Os olhos, estranhamente abatidos, um pouco perdidos ao longe, são talvez os olhos melancólicos do príncipe da Dinamarca ou os olhos torturados de Joseph K. do romance de Kafka. Lembramo-nos da primeira fita em que o vimos: *O Puritano*. Mas a impressão desfaz-se num momento. Sem ser o espirituoso profissional, sem procurar a frase de efeito, Barrault ri com facilidade e alegria, uma alegria que procura instantaneamente apoio em nós. A vontade de se comunicar parece ser, aliás, a constante de sua personalidade. A palavra amor, que em francês tem um sentido muito amplo, indo do nosso amor ao simples querer bem, volta-lhe constantemente aos lábios: amor ao teatro, amor ao público... Todo espetáculo é um ato de amor para esse espírito quase místico, nutrido pela severidade profissional de Dullin e pela fantasia poética de Antonin Artaud. Em vão procuraríamos nele o tom estudado e artificial de certos atores, a rigidez de manequim ambulante. Os seus gestos são despreocupados como a roupa. Barrault gesticula expressivamente e levanta-se quando quer manifestar-se com maior liberdade. Mas não se trata da gesticulação deliberada do mestre de mímica que, na realidade, ele é. Ao falar, é o mesmo estilo um tanto nervoso dos seus livros, cheio de imagens, feito mais de intuições, de iluminações súbitas, de afetividade, do que do raciocínio frio. Assim, o acolhimento que teve no Rio de Janeiro foi "um incendie d'affection". Estilo de artista, de vidente mesmo, por alguns instantes. O seu pensamento desprende-se com naturalidade do convencional e das rotas batidas e vai sem timidez até as últimas conseqüências. Mas ainda aqui não há atitude: Barrault não despreza o senso comum e, mesmo que desejasse fazê-lo, seu instinto de realização prática lho impediria. Comentando *Les mains sales*, explica que o conflito de Hoederer e Hugo é, mais do que uma luta política, o eterno conflito entre o homem de pensamento e o de ação. E diz que em teatro, na medida em que é revolucionário, tem simpatia pela posição de Hoederer – e é isso que permite encarná-lo: ama as soluções práticas, os compromissos entre as teorias e a realidade. O que nos deixa a meditar que é nessa capacidade de combinar harmoniosamente tendências opostas que estão a sua fecundidade e a sua riqueza como homem de teatro.

1.3.

Jean-Louis Barrault não poderia ter escolhido com mais felicidade o programa para o seu espetáculo de estréia em São Paulo: Molière e Marivaux. É o melhor da tradição de comédia francesa que vamos finalmente ver esta noite, no Teatro Municipal, após tantas e tantas semanas de ansiosa espera.

Les fourberies de Scapin não é obra de juventude. Em 1671, já fazia quase trinta anos que Jean-Baptiste Poquelin resolvera trocar de nome e abandonar o ofício de tapeceiro real para percorrer as províncias com uma companhia de cômicos. Nesses trinta anos, Molière havia criado a comédia francesa. O seu ponto de partida fora a *Commedia dell'arte* italiana, com seus tipos fixos, sua improvisação, seus heróis endiabrados. O texto pouco importava. O ator era tudo, o princípio e o fim da representação. E representar não significava apenas falar: era um atividade atlética integral, que incluía o canto, a dança, a mímica e a destreza física. Molière – graças a Deus – não abandonou nunca o riso de suas primeiras peças, mas foi carregando-o de observação psicológica, de pensamento, até chegar a essas comédias sinistras ou dramas alegres que são *L'avare*, *Le misanthrope*, *Tartuffe* e *Don Juan*.

Les fourberies de Scapin não pertence a esta última veia. No auge da carreira, poucos meses antes de morrer, Molière parece ter desejado voltar mais uma vez à alegria despreocupada e pura da *Commedia dell'arte*. Scapin é um primo-irmão de Arlequim, irriquieto como ele e ainda mais fértil em artimanhas, em engenhosos estratagemas. A sua astúcia ingênua, a sua vitalidade popular, a sua comicidade quase física, são veículos ideais para Barrault, ator cujo mérito não menor foi o de ter chamado a atenção para os valores visuais da representação, inclusive ao dar novamente categoria artística a essa arte semi-esquecida no teatro moderno que é a pantomima.

Com *La seconde surprise de l'amour*, estamos cinqüenta anos mais tarde. O século é outro e a atmosfera também. A comédia italiana, aclimando-se definitivamente, dava o seu último fruto na França mas, ao fazê-lo, perdia grande parte de suas antigas características. Marivaux não é mais a graça, é o espírito; não é mais o jogo corporal dos atores, é o jogo sutilíssimo das palavras e dos sentimentos. A leveza de uma sociedade aristocrática e requintadíssima exprimia-se, simultaneamente, na pintura e na literatura: Watteau e Marivaux. A semelhança entre os dois artistas não é superficial, não se limita ao assunto. Gustave Larroumet comparou-os nos seguintes termos:

> Espíritos inquietos, descontentes com a vida e apaixonados pela verdade, observadores indulgentes de costumes às vezes bem livres, perseguidos por uma evocação intelectual ou plástica de fina elegância, misturaram ambos a observação e a ficção para criar uma obra sem símile na literatura e na arte. Da verdade contemporânea retiram o que continha de delicado e de espiritual, eliminando tudo o que oferecia de vulgar ou grosseiro, e ajuntaram-lhe alguma coisa que era só deles: o sentimento de uma elegância quimérica, que nem a natureza, nem a sociedade jamais realizaram de forma tão sedutora. Desta união resultou uma poesia incomparável, de um encanto único, impregnado de felicidade e tristeza, de volúpia e recato; completando-se mutuamente, criaram um mundo encantado onde a verdade parece imaginária e a ficção verdadeira.

Esse é o espírito de Marivaux. Quanto ao de suas peças, ninguém o analisou com mais finura e precisão do que Sainte-Beuve:

> Observou-se com muita razão que em suas comédias, em geral, não há obstáculo exterior, nenhuma intriga positiva nem aventura que se interponha entre a paixão dos amorosos: são disputas do coração que eles mesmos criam, uma guerra de escaramuças morais. No fundo, estando os corações desde o início, mais ou menos de acordo, e não havendo perigos ou empecilhos de fora, Marivaux coloca a dificuldade e o nó no próprio escrúpulo, na curiosidade, timidez ou ignorância, ou no amor-próprio e no ponto de honra ofendidos dos amantes. Muitas vezes, é um simples mal-entendido que tece habilmente e que prolonga. Esse nó, extremamente frouxo, bastaria somente um certo jeitinho para desatá-lo no mesmo instante. Marivaux tem o cuidado de não fazê-lo e é este manejo, este tatear bem conduzido e semeado de acidentes graciosos que agrada aos espíritos delicados. "Você cederá!... Não cederá! Aposto que sim! Aposto que não!" – é tudo o que a ação parece dizer.

1.4.

Aldous Huxley falou certa vez da dificuldade que temos em não admirar devidamente o "Taj-Mahal". As opiniões em contrário são tão eminentes e tão numerosas que podemos ter a certeza de que o erro de apreciação é nosso. E, no entanto, o fato persiste. É mais ou menos nesse espírito que nos preparamos para escrever sobre *Les fourberies de Scapin*. Um espetáculo dirigido por Jouvet, interpretado por Barrault, com cenários e vestimentas de Christian Bérard, que é possível supor de mais perfeito? Pois apesar de Jouvet, Barrault e Bérard, *Les fourberies de Scapin* não nos empolgou no sentido literal do termo e seria inútil negá-lo. O estilo e o bom gosto da representação eram perfeitíssimos, o virtuosismo dos atores admirável, mas o sal da comicidade, para nós, faltava. Não rimos como esperávamos e como desejávamos. É possível que o defeito seja em parte da peça que, fora de Scapin, quase não existe. Os dois pais, os dois filhos, e as duas filhas – tão oportunamente recuperadas – não têm propriamente personalidade. São figuras convencionais da comédia da época. Jouvet, para vencer a dificuldade, recorreu a duas soluções diversas. Acentuou quanto possível a semelhança dos dois pares amorosos, indicando que se tratava de desdobramento da mesma situação dramática: as mesmas roupas, as mesmas cabeleiras, o mesmo ar ligeiramente apalermado. Quanto aos pais, usou do método oposto, diferenciando-os ao máximo. Como psicologicamente não havia grande coisa a aprofundar, as pesquisas voltaram-se para o físico. Nesse sentido a criação de Pierre Bertin foi o grande triunfo. O seu Geronte parece ter atingido esse limite máximo de caricatura em que passamos do humano para o animal ou para o fantoche. Ao ridículo inimaginável do corpo correspondia o da alma. "Que diable allait-il faire dans cette galère?" – exprimiu todos os cambiantes da emoção que a perda de dinheiro pode produzir num ser humano: a surpresa, a estupefação, a dor, a revolta.

Scapin foi Barrault. Quando surgiu no alto da escadaria, com a trapaça impressa no rosto, magnetizou imediatamente a assistência. Plasticamente, foi o próprio gênio da farsa, um Malazarte simpaticíssimo, menos cruel e menos gratuito que o nosso. *Les fourberies de Scapin* não nos parece, contudo, o melhor papel em que já o vimos e acreditamos que o desenvolvimento da temporada nos dará logo razão.

La seconde surprise de l'amour... Que prazer mergulhar de novo na atmosfera de Marivaux, guiados por Madeleine Renaud, Jean-Louis Barrault e Maurice Brianchon!

A intriga da peça é breve e para Lubin resume-se prontamente em duas palavras: "crac, me voilà infidèle". Mas é que os criados ignoram a complexidade dos patrões, não sabem como são difíceis as coisas fáceis. Entre o ponto de partida da peça e o da chegada, tão próximos um do outro, há toda uma dialética do coração que é preciso vencer. Os fios da ação embrulham-se porque, ao lado do amor, há o amor-próprio (como observaram os críticos) e, ao lado dos dois, o amor ao amor, a volúpia de se sentir atordoado pelo inexplicável e pelo inexorável de um sentimento que acaba de nascer e já domina todos os outros. O amor, de fato, é a única lei desse pequeno mundo: "on a un coeur, on s'en sert, cela est naturel". Nem a filosofia escapa ao seu império e o pobre Hortensius, não obstante os seus sábios tratados de moral, ama ingenuamente como os demais, com a única diferença de não ser correspondido, o que é de justiça tratando-se de alguém que, para essa coisa tão natural que é amar, precisa recorrer aos gregos e aos romanos, imaginando-se um novo Paris à procura de uma nova Helena: tudo é desculpável, menos o mau gosto e a pedantaria. O jogo do amor é tão delicado, as regras são tão sutis, os enganos tão fatais, que, por momentos, uma espécie de vertigem nos subjuga: nem mesmo os protagonistas sabem exatamente a quantas andam – "mais où ai-je donc été chercher tout cela?" – e cometeriam os mais estranhos desatinos se o autor não interviesse a tempo para salvar-nos – a eles e a nós. De tudo fica um resquício amável de ceticismo: dois amores infelizes e inconsoláveis, somando-se, nem sempre resultam em dois amores infelizes e inconsoláveis... Percorre toda a peça uma malícia sutilíssima que acrescenta invariavelmente um segundo sentido aos acontecimentos. O amor dos criados acompanha o da Marquesa e do Cavalheiro como uma paródia delicada e espirituosíssima, ao reproduzi-lo num plano mais direto e mais explícito. E, na verdade, é Lubin quem se encarrega sempre de extrair a moral da história, dizendo desastradamente as coisas que os patrões teimam tanto em fingir que não existem: "Ah! Monsieur, qu'est ce que vous voulez qu'elle fasse d'une memoire?". Esse grão de bom senso carnal restabelece o equilíbrio da peça.

É impossível imaginar maior finura, ironia mais discreta do que nessa fábula graciosíssima. Marivaux lida com uma matéria psicológica tão tênue que as suas obras quase alcançam o nível da arte pura, da arte que prescinde da substância do pensamento, invadindo o reino da gratuidade absoluta em que evolui a música. Depois de tantos outros, vale ainda repetir: não é provavelmente por acaso que o século que deu Marivaux, nos tenha dado também Mozart.

No palco francês moderno, todo esse requinte da sociedade e da época mais aristocrática que já existiu tem um nome. Chama-se Madeleine Renaud. Já faz alguns séculos que o teatro francês persegue um ideal de distinção e de poesia. A arte de Madeleine Renaud representa o resultado desse empenho de várias gerações de uma forma tão espontânea e natural que aos olhos menos experimentados correrá o risco de passar despercebida. Ao seu lado, Simone Valère, Jean Desailly e Jean-Pierre Granval compõem um quarteto impecável em que, sobre o tema único da graça – graça do corpo e do espírito, do pensamento e da matéria – todas as variações são executadas: a graça feminina e a graça masculina, a graça fidalga e a graça rústica, a graça experimentada e a graça ingênua etc.

A junção de *Les fourberies de Scapin* e de *La seconde surprise de l'amour* num só programa deixa-nos perplexos, a admirar a variedade e a riqueza do gosto francês. De um lado, a farsa, material, grosseira, sadia; de outro, a comédia mais refinada. São quase aos pontos extremos do cômico que as duas peças nos conduzem. É espantoso que um mesmo povo possa compreender tão bem um quanto outro, sentindo-se igualmente à vontade nesses dois pólos opostos. Que lição de maturidade e de compreensão do que é arte!

1.5.

O extraordinário *Hamlet* de Jean-Louis Barrault é dessas experiências integrais de teatro que nos induzem irresistivelmente a reexaminar a própria essência da arte de representar.

A primeira condição do grande ator é um magnetismo de ordem pessoal. Em toda arte há um elemento afetivo que não se reduz à razão. É a parte que poderíamos chamar da magia ou do encantamento, como outros já o fizeram. Se em poesia a combinação de sons acrescenta às palavras um sentido a mais além do sentido lógico (é isso que distingue a linguagem poética da científica ou da filosófica, tornando-a quase intraduzível), também no teatro um ator pode nos lançar num estado de exaltação emocional em que o raciocínio pouco toma parte. André Maurois conta, por exemplo, que Mounet-Sully, já velho, substituía por sons inarticulados as palavras – às vezes frases inteiras – que ia esquecendo. Não tinha importância: a fascinação era a mesma, porque provinha da voz, do rosto, do furor selvagem e sagrado do intérprete. O fato parece inacreditável. Todavia, quem ouviu Zacconi, pelo menos uma vez, não terá nenhuma dificuldade em aceitá-lo. Quando o ator italiano representava o Rei Lear, não era necessário, já não dizemos compreender Shakespeare, mas nem mesmo entender bem o italiano para sentir o frêmito que perpassava pelo intérprete e pela sala, em ondas sucessivas de emoção.

Esta capacidade de comoção quase física, que as nossas platéias parecem apreciar acima de tudo e que caracterizou os melhores momentos do Hamlet de Sérgio Cardoso, Jean-Louis Barrault possui em altíssimo grau, quer como ator quer como encenador. Como ator, é desses que carregam consigo o centro do palco para onde vão, tal a força de sua personalidade. E como encenador, soube criar, na cena do espectro, aquela infernal pulsação dos tambores que se transforma no pulsar dos nossos próprios corações e das nossas próprias têmporas, fazendo-nos recuar muitos e muitos séculos em nossas crenças, até a época dos milagres e das aparições, graças a esse outro milagre que se chama arte.

Mas há ainda na grande arte de representar, outro elemento indispensável: a inteligência do texto. Teatro não é só delírio e transporte. Como toda forma literária, é também mensagem da inteligência, mensagem que deve chegar intacta até os auditores. Uma boa representação equivale a uma explicação minuciosa da peça, em que o sentido de cada frase nos vai sendo revelado, não por meio de palavras, como faz o crítico, mas de uma forma direta e intuitiva, pela ação e pelos sentidos. O que pedimos ao intérprete, como a própria palavra enuncia, é uma concepção do papel e, se possível, uma concepção pessoal, que redescubra o sentido primitivo do texto, sepultado sob a tradição e as interpretações dos eruditos.

E é nesse sentido que o Hamlet de Barrault nos parece ainda mais prodigioso. Sem nenhum didatismo, sem nenhum truque de apresentação, torna claríssima uma peça que, mesmo na leitura, nem sempre o é. Às vezes é um pequeno achado que tudo esclarece. Vamos citar dois ou três exemplos. Quando o primeiro ator está recitando os versos sobre Hécuba, Barrault absorve-se nas palavras e nem mesmo cuida da presença dele. É Polônio quem lhe chama a atenção para as lágrimas que enchem os olhos do comediante. Barrault estremece como que diante de uma revelação e, impulsivamente, com as mãos, verifica por si mesmo o fato. O incidente é mínimo, mas com que força prepara o famoso monólogo seguinte em que Hamlet compara a sua tristeza e a do ator! Ainda nesse monólogo, ao invectivar violentamente o padrasto, Barrault volta-se para o trono vazio e é como se estivéssemos vendo, ali, a própria figura do Rei. Também é incrível a precisão com que marca, pelos gestos, os momentos de transição ao conversar com Ofélia e, mais tarde, com Rosencrantz e Guildenstern, quando a amizade inicial se transforma subitamente em selvageria ao perceber que está sendo observado e vigiado como uma criança. Hamlet, valendo-se da qualidade de Príncipe e da superioridade esmagadora da inteligência, brinca com Rosencrantz e Guildenstern como um gato brinca com dois ratinhos tolos e inocentes, permitindo-se toda espécie de familiaridades. Em todos esses momentos, o jogo de cena de Barrault dá uma consistência quase física à situação, fazendo-a entrar pelos nossos olhos adentro. São cenas, na verdade, de um ator que é também um encenador inteligentíssimo e que se beneficia da experiência deste para aprofundar a análise do texto. E note-se que Barrault, servindo-se da inteligência, não é enganado por ela, ao criar um Hamlet intelectualizado ou extraído inteiramente do pensamento. É fácil ver no Príncipe dinamarquês – como certos críticos têm feito – apenas o homem melancólico, ou apenas o herói romântico, ou apenas o estudante de filosofia de Wittemberg, e assim por diante. Barrault escapa brilhantemente de tais armadilhas da inteligência crítica, fiando-se sempre, e de forma exclusiva, na peça e no texto. Não é uma máscara convencional, uma fórmula que nos oferece, nem uma seqüência de cenas de efeito para impressionar a platéia, mas uma criatura humana, complexa como nenhuma outra, capaz de amar os homens num instante e desprezá-los no instante seguinte, alegre e triste, profunda e natural, esportiva e introvertida, sociável e misantrópica. Barrault é tão pouco formal que ousa rir – de um riso amargo bem entendido – nesse "ser ou não ser" que já andava ameaçado de entrar para algum museu, à força de celebridade. E com tudo isso nos dá, em profundidade, o retrato de um homem verdadeiramente admirável, no qual uma inteligência fria, lúcida, se choca desesperadamente com uma sensibilidade quase doentia de tão aguçada. O que define Hamlet perante as circunstâncias não é só a superioridade de intelecto, mas também a riqueza de afetividade – "Eu amava Ofélia, e as afeições juntas de quarenta mil irmãos não se poderiam igualar à minha".

Acrescentemos mais que se o homem é o mesmo através da peça inteira, as suas reações não o são. No início é o adolescente abatido pelo segundo casamento da mãe. Depois a pessoa esmagada pela estranha revelação do espectro e pela responsabilidade que lhe veio cair sobre os ombros. Como escreveu Barrault, são esses os momentos de cansaço, cansaço físico e moral, que se traduz também em ímpetos incontidos de agressividade. E, no fim, alguém a caminho da cura e da recuperação – quando morre. "Se vivesse teria sido um grande rei" – é a sentença final de Fortimbraz.

Se resta ainda alguma coisa de inexplicável – em Hamlet sempre resta – é o mistério da personalidade humana. Podemos compreender integralmente uma personagem literária. Não um homem.

1.6.

Depois de trinta anos de comédias, cada uma mais delicada do que a outra, é natural que comecemos a voltar para formas mais violentas de comicidade, nesse eterno movimento pendular da história. Recentemente, André Roussin queixava-se:

> Qui a aimé "l'exquise mesure" et le "délicat chatoiement" reçoit le trait vigoureux comme une flèche – et en est blessé. Le "fin dialogue parisien" n'a pu triompher pendant si longtemps – parfois mezza-voce et du bout des lèvres – sans habituer l'oreille à une acoustique et un vocabulaire; le franc éclat comique sonnant comme une trompette risque alors de déchirer les tympans délicats sinon de faire tomber les cloisons des bonbonnières appelés théâtres. Le sourire amusé – ou jaune – a remplacé le rire libre et heureux.

Na verdade é bom que o gênero cômico retorne de tempos em tempos ao riso livre e feliz, lembrando-se de Plauto, para não dizer de Aristófanes... Ao lado de Giraudoux, ou Claudel, um Georges Feydeau completa o panorama de unia literatura – verdade que o bom senso francês jamais esquece. E assim se explica em parte, a volta do *vaudeville*: "Feu la mère de Madame" já entrou até para o repertório da Comédie Francaise.

Não se trata, aliás, de comparar méritos: é cedo ainda para saber o lugar exato que ocupará na literatura francesa o autor de *Occupe-toi d'Amélie*. Por enquanto sabemos apenas – é o público quem o diz – que as suas melhores peças continuam a funcionar com a mesma precisão e a mesma irrefreável força cômica de outrora. Como teatro, a peça de Feydeau vale porque raramente esquece o equilíbrio necessário ao gênero: um pé na realidade, através da observação psicológica e da crítica social; outro na arte, através da estilização cômica.

Seria pueril negar que *Occupe-toi d'Amélie* não tenha envelhecido aqui ou ali. Mas a peça de Feydeau envelheceu também no bom sentido, como as boas peças envelhecem: destacando-se de nós, tomou o seu lugar no tempo, ao fixar não apenas um estilo de teatro – o *vaudeville* – mas também um estilo de vida. É toda a atmosfera do começo do século que a peça nos restitui, alegre e inconscientemente, com os seus grão-duques russos disfarçados em Príncipes da Palestrie... – os seus estroinas de boa família, e – "last but not least" – as suas *cocottes* de fama nacional e internacional.

Quarenta anos antes, na exposição internacional de 1867, Hortense Schneider, a atriz que havia atraído à França quase todas as cabeças coroadas da Europa, ao ser informada de que somente os príncipes e as princesas tinham o direito de entrar de carruagem no recinto da exposição, declinava orgulhosamente o seu título de nobreza – o título da opereta que estava representando: *La grande duchesse de Gérolstein*!

E passava risonha e triunfal perante os guardas, curvados e de chapéu na mão.

São os últimos momentos desse Paris que *Occupe-toi d'Amélie* retrata. O gramofone do primeiro ato, se ainda é o "dó de peito" famoso do Trovador, já é igualmente o prenúncio de uma nova era – a nossa era mecânica. Passados alguns anos, os rapazes iriam aprender a vida em outra escola, nas trincheiras e, mais tarde, nas lutas políticas. Desapareceram para sempre os grão-duques, civilizadíssimos e semi-bárbaros. As grandes *cocottes* também. Mas a arte, de vez em quando, pode ainda recuperar para nós esse já legendário tempo perdido.

Representar, hoje em dia, *Occupe-toi d'Amélie* é uma aposta: ou tudo ou nada. Se a representação não for impecável, restará da peça apenas uma farsa medíocre e de gosto mais do que duvidoso. Só aceitamos, de fato, Feydeau, numa encenação como esta, em que a graça irresistível desculpa a vulgaridade, e a finura da representação, a grosseria às vezes quase insuportável do texto, grosseria que, de resto, não é a do autor mas a própria grosseria de qualquer sociedade que não pensa em outra coisa a não ser no prazer, em suas formas mais materiais e baratas.

Madeleine Renaud, depois de ter sido a Marquesa de Marivaux, foi Amélie Pochet, aliás Amélie d'Avranches. A sua interpretação, como comédia, é a própria perfeição. Quem não a viu murmurar com a maior inocência – "Oui, je passais" – ao ser descoberta na cama, ao lado do seu suposto noivo; quem não a viu dizer, sorrindo encantadoramente – "Oh, mais je n'ai pas compris, monsieur!" – quando pronunciam inadvertidamente em sua presença a palavra *cocotte*; quem não a viu fazer reaparecer, sob os traços da *cocotte*, a antiga criada de quarto – desconhece uma das mais extraordinárias criações cômicas do teatro moderno, inigualável de malícia e finura.

A dificuldade em criticar os demais artistas reside no fato de estarem todos no mesmo nível quase insuperável de excelência. O máximo que poderemos fazer, se não quisermos nos alongar por outro tanto de espaço, é uma enumeração apressada: Jean Desailly, magnífico Cavalheiro, magnífico Horácio e, agora, magnífico Marcel Courbois, engraçadíssimo ao fazer operações aritméticas com o pé, no desempenho de sua inesperada função de *logeur*...; Dacqmine, esplêndido de graça primitiva e brutal; Beauchamp, tão perfeito General quanto fora Coveiro, no *Hamlet*; André Brunot, o naturalíssimo *meneur de jeu* na cena inesquecível do casamento; Charles Mahieu, esplêndido como a tolice que se julga esperteza e a ingenuidade que se julga finura; Regis Outin, que já nos dera um Espectro admirável; e ainda Bernard Dheran, e Simone Valère, e Jean-Pierre Granval, e tantos outros, em papéis pequenos e magníficos.

E Barrault? Barrault, não seria preciso dizer, foi juntamente com Labisse, o animador de tanta graça e de tanto espírito. Como ator, fez uma pontinha, um velho funcionário público que diz quatro ou cinco frases sem maior importância. Nunca a esqueceremos.

A encenação de *Occupe-toi d'Amélie* veio a propósito para nos recordar que, em teatro, a diferença entre gêneros maiores e menores não importa tanto como outra diferença, bem mais essencial: a de peças boas ou más, bem ou mal representadas.

1.7.

Sartre, em *Les mains sales*, tentou fundir numa peça única uma discussão de idéias políticas e um drama de fundo psicológico.

Diz-se correntemente que *Les mains sales* é uma peça anticomunista – e talvez o seja, em parte. O interessante, contudo, é saber em que termos Sartre estabelece a questão. Notemos que o conflito não se fere entre um comunista e um anticomunista. A luta entre Hugo e Hoederer é uma dissenção interna de um mesmo partido político: ambos podem discutir porque, embora de temperamento e formação opostos, falam a mesma linguagem – a do marxismo. A peça não é, portanto, um ataque frontal às concepções fundamentais do comunismo, aceitas igualmente pelos dois adversários. O ponto de discórdia diz respeito unicamente à passagem da teoria aos fatos. Mais do que o comunismo, ação política é o problema de *Les mains sales*. Em síntese, poderíamos afirmar que Hugo representa a sinceridade, o respeito às idéias, o horror à qualquer espécie de mistificação, e Hoederer, a eficiência, a visão prática das coisas. O que se discute, pois, é uma questão velha como a terra: os fins justificam os meios? Um ideal justo pode ser alcançado por meios injustos ou estes trazem consigo, inevitavelmente, um princípio de corrupção que acabará por atingir aquele próprio ideal?

Não é preciso ser versado em política para saber que este é, hoje em dia, o debate central do comunismo, não do comunismo como idéia, mas do comunismo como organização partidária e como tática de conquista do poder, debate tanto mais importante por ter nascido dentro do seu próprio seio, como uma crítica interna, feita em profundidade, por pessoas que viveram em toda sua plenitude a experiência comunista antes de lhe fazer a menor objeção.

Não é segredo para ninguém, igualmente, que a posição oficial do partido é a de Hoederer, ao passo que a dos inúmeros dissidentes ou desiludidos está mais próxima à de Hugo. Portanto, se Sartre tivesse inclinado os pratos da balança para o lado deste, não haveria dúvida de que a peça seria anticomunista, no sentido que acabamos de referir. Mas não é isto que acontece. Hoederer não é menos bem-intencionado, nem menos inteligente que Hugo. As suas razões, no plano político, são tão fortes quanto as do adversário, no plano moral. O acordo que Hoederer apresenta seria aceito por qualquer partido político em situações idênticas e o próprio Karski, que simboliza na peça os melhores aspectos da liberal democracia (como o Regente simboliza os piores) acaba por aceitá-lo, não obstante todos os seus inúteis protestos. Se Hoederer suja as mãos – a expressão é dele e tem nos seus lábios um tom de reivindicação orgulhosa – é porque é impossível deixar de fazê-lo. Não há ninguém que tenha participado do poder, por pequeno que seja e sob qualquer forma, política ou não, que ignore o sabor dessas capitulações necessárias, desses compromissos com a realidade, mediante os quais as idéias dão frutos. A questão é colocada por Sartre com tal imparcialidade e em termos tão amplos que transcende o debate político momentâneo que lhe serve de trampolim. Podemos imaginá-la transposta para o campo da religião, como disse Barrault, ou dentro da política mesmo, para outro setor, quando discutimos, por exemplo, se é lícito às democracias tomar medidas antidemocráticas com o fito de assegurar a própria conservação. Sartre tomou o exemplo do comunismo, por ser o mais característico do momento, mas, de fato, o que o preocupa em *Les mains sales* é o problema bem mais vasto da participação da inteligência na ação, e, sobretudo, na ação política – o problema de "l'engagement", para usar a sua terminologia. "A ação só vive quando o pensamento se humilha para passar pela porta estreita", escreveu certa vez Augusto Meyer. Hugo teme, provavelmente com razão, que o pensamento adquira assim o hábito de abaixar sistematicamente a cabeça diante de todas as portas, desfigurando-se a si próprio. Mas tudo o que poderia ser dito a favor da tese oposta, Sartre o disse, não esquecendo, inclusive, de caracterizar a posição de Hugo como a posição típica do intelectual burguês, que não pensa acossado pela fome. Aliás, Hugo aceita morrer para dar uma significação política – e não apenas passional – ao assassínio de Hoederer, num último tributo ao adversário. *Les mains sales* é uma peça de idéias mas não uma peça de tese, no sentido estreito da palavra.

Que permanece então do seu propalado anticomunismo? A verificação que o partido comunista muda freqüentemente de linha de conduta, adaptando-se às circunstâncias para melhor atingir os seus fins? Ou que os heréticos do comunismo, nos países próximos da Rússia, correm perigo de vida? Mas isso já são fatos da história e todo comunista consciente deveria aceitá-los de início, como preço inevitável de todo realismo político que não capitula diante de qualquer outra razão.

Um pouco perdida no meio de tantas discussões, desenvolve-se a história de Hugo, psicologicamente a personalidade mais curiosa da peça, porque a mais fraca e atormentada. Hoederer existe porque se afirma pela ação. Hugo, ao contrário, dominado pelo demônio da sinceridade, analisa-se incessantemente sem chegar nunca a se encontrar. Cremos que um existencialista diria que o seu erro é o de querer definir-se pela essência e não pela existência. Ora, é vivendo, agindo, que criamos a nossa personalidade. A preocupação da sinceridade absoluta conduz-nos a um círculo vicioso, como o cachorro que gira em vão para alcançar a própria cauda. Observada, dissecada pelo pensamento, a nossa personalidade vai perdendo a espontaneidade e, então, já não é possível dizer o que é sinceridade real e o que é simulação da sinceridade. Quanto mais desejamos ser sinceros, mais temos a impressão de estar representando a ignóbil comédia da sinceridade. O problema da simulação, da mentira, é o problema de Hugo e de Jessica, com a diferença de que esta aceita sem dramas de consciência esse universo de brinquedo e de jogo, até encontrar pela frente a presença maciça e por isso mesmo fascinante de Hoederer. O comunismo, psicologicamente, é um refúgio para Hugo, dando-lhe finalmente a sensação abençoada de que a sua vida tem alguma finalidade; e é o seu passado que o torna tão dolorosamente sensível aos perigos da má-fé, dessa má-fé que ele julga ameaçar agora o próprio partido e o próprio Hoederer.

Do ponto de vista estritamente teatral, *Les mains sales* peca, talvez, por juntar duas histórias numa só. Depois daquele prólogo, tão tenso politicamente, as cenas iniciais de Jessica e Hugo podem parecer um tanto remotas e indiferentes. Mais tarde, quando as duas intrigas se fundem completamente, temos alguns quadros de grande força dramática. Mas, ainda em tais momentos, *Les mains sales* recorre com muita facilidade a truques para resolver problemas de construção e para tornar a ação mais empolgante. A bebedeira de Hugo, por exemplo, é antes de tudo um excelente pretexto para adiar a discussão que já se iniciara. É também estranho, para não dizer mais, o desembaraço com que Olga entra e sai naquele verdadeiro fortim. Tais recursos, aceitáveis num melodrama sem outras pretensões, abaixam o nível em que as idéias haviam colocado a peça de Sartre.

Barrault não é o Hoederer ideal, nem física, nem psicologicamente, nem pelo estilo de representação. Dentro dessas circunstâncias, fez o máximo que um grande ator poderia ter feito. Em compensação, Jean Desailly esteve esplêndido como Hugo, tão bem quanto François Perrier, que criou o papel em Paris e que é, juntamente com Desailly, um dos melhores atores jovens franceses. Simone Valère pareceu desejar Hoederer mais por motivos físicos do que psicológicos, o que se nos afigura uma incompreensão da peça. No mais, valeu a sua graça deliciosa.

(1950)

1.8. *LE LIVRE DE CHRISTOPHE COLOMB*[1]

> *Si l'ordre est le plaisir de la raison, le désordre est le délice de l'imagination.*
>
> Paul Claudel

---

1. Esta crônica refere-se à segunda temporada de Barrault no Brasil.

Um espetáculo como *Le livre de Christophe Colomb* arrasta-nos quase obrigatoriamente da crítica para a estética: da crítica que considera estabelecidas certas regras, preocupando-se apenas com o caso em apreço, a obra de arte no que tem ela de único e insubstituível; para a estética, que cuida da arte em geral, das grandes definições, das tomadas de posição. Esta coisa tão rara, uma peça ou um espetáculo original, constrange-nos a reexaminar o que é o próprio teatro. Voltam as discussões a respeito da sua essência, daquilo que constitui a sua natureza mais profunda.

Grande parte do esforço da arte moderna se tem orientado no sentido da pureza, de distinguir e separar cada vez mais um gênero do outro. A poesia quer se distinguir da prosa pela irracionalidade, a pintura não deseja ter outro assunto senão ela mesma, o cinema agarra-se à imagem para não se deixar contaminar pelo teatro, e assim por diante. Analisado sob este aspecto, o drama de Claudel-Barrault (não se pode separar um do outro) é um monstro de impureza, a subversão dos valores, a palavra falada (dom específico do teatro) submetendo-se à dança, à música e até ao cinema, o triunfo da desordem, tão bem marcado pela constante confusão em cena, que o explicador mal consegue dominar. Não nos apressemos, entretanto, a condenar e a fulminar esse transbordamento de vida, essa anarquia estética. O teatro, arte essencialmente híbrida, confluência de todas as artes, nunca pôde dar-se ao luxo de alimentar ilusões de pureza. Pureza aonde, nessa união equívoca entre fatores literários e fatores plásticos, entre elementos humanos e não humanos? Todos os teóricos interessados em unificar o teatro, acabam sempre às voltas com antinomias irredutíveis: a do homem, elemento de três dimensões, opondo-se à paisagem pintada do cenário; a do ator, com sua personalidade viva e imprevisível, sujeito a falhas, imperfeições, caprichos, resistindo às idéias do encenador, ao seu desejo de ordem estética imutável. Tais cogitações só terminam, em geral, com o sacrifício injusto de um dos dois antagonistas: o ator, por exemplo, é substituído por um "super-marionnette", da mesma substância e tão disciplinado quanto o cenário. Conseguiu-se afinal a unidade teórica mas já não temos teatro propriamente dito. Teatro puro é teatro não existente, e não há desmentido mais completo à teoria da pureza que a tragédia grega, fusão da literatura, da arquitetura, da dança e da música.

Claudel não teme a contaminação – e faz muitíssimo bem. Em verdade, as ciências normativas, a estética e a lógica, vêm depois, não antes do impulso criador. A *Poética*, de Aristóteles, é posterior a Sófocles, como o *Novam Organum*, de Bacon, é posterior a Galileu. Racine e Shakespeare escreveram obras-primas partindo de princípios estéticos totalmente diversos e não há nada mais triste do que Corneille se curvando ante as academias, restringindo a divina indisciplina do Cid para chegar a Horace. A única coisa a fazer é procurar sentir a obra nova sem se prender às regras, a exemplo do público que, neste ponto, tem bem maior sabedoria.

Para nós, *Christophe Colomb* é uma peça irregular, de inspiração desigual (todo o segundo ato é sensivelmente inferior ao primeiro) mas que, ao acertar, atinge um nível de emoção como nunca vimos no teatro moderno. Não importa saber por que lado fomos atingidos, se pelo texto, se pela música, ou mesmo se pela simples vista daquela enorme vela branca sacudida pelo vento. A análise não serve como meio de conhecimento para uma obra que deseja ser essencialmente sintética, tirando toda a sua força da circunstância de nos atacar por todos os lados ao mesmo tempo. O fato é que nos comovemos intensamente, seja por motivos puros ou impuros, sancionados ou não pela razão. O velho marinheiro, refugado pelas ondas, de quem Colombo quer arrancar a força a confissão de que há terras no Ocidente; a revolta a bordo e a chegada do primeiro pássaro, anunciador do novo Continente, descoberta saudada pela dança acrobática do vigia no mastro principal; Isabel, a Católica, rezando na imensidão do palco vazio; o grotesco e sinistro Conselho da Corte; a tempestade (aqui evidentemente conta mais a encenação), são momentos que nos sacodem fisicamente, falando aos nossos corpos, aos nossos sentidos, liberando em nós uma espécie de energia selvagem, de alegria embriagadora que ignorávamos, fazendo-nos compreender, com Claudel, que a inteligência nem sempre é o melhor instrumento para captar a beleza ou mesmo a realidade.

Durante vinte e sete anos *Christophe Colomb* (à semelhança do que acontecera com *Le soulier de satin*), foi tido como obra irrepresentável, nascida da imaginação de um escritor totalmente ignorante das exigências do palco, impressão que ainda deixa à leitura. Barrault foi o primeiro a perceber-lhe a extraordinária teatralidade (teatralidade de um novo tipo) e o inesperado de sua descoberta é de molde a nos deixar ofuscados: a nossa tendência natural é considerar *Christophe Colomb* uma criação principalmente sua, como se tudo o que há de bom no espetáculo viesse dele, e tudo o que há de fraco ou mau coubesse ao texto. Mas isso é ignorar que uma coisa nasce de outra, que o mérito de Claudel é justamente o de ter previsto esta encenação, o de ter escrito para um encenador e uma forma de teatro que não haviam ainda nascido. Porque não há uma só idéia no espetáculo cuja origem não esteja no livro. O maior erro, por exemplo, seria imaginar em Barrault dois encenadores: um modesto, tradicional, submisso à palavra, o Barrault de *Le misanthrope*; e outro, criador, ousado, revolucionário, o Barrault da peça de Claudel. Na verdade o que existe é sempre um só e mesmo Barrault: um homem de teatro cada vez mais apegado às intenções do autor, mais desconfiado das fórmulas de encenação, mais disposto a acompanhar e desposar o ponto de vista de cada peça. Este é, temos a certeza, o maior e único elogio que ele deseja para si.

Todos os fatos realmente novos são mais ou menos incomunicáveis: quem não viu, não pode imaginá-los bem; quem viu, não consegue transmitir a sua experiência, justamente porque ela é nova, ou, como no caso presente, porque sensações, ao contrário de idéias, não se descrevem com palavras. A crítica fica assim desarmada, sem poder se libertar da poderosíssima carga emocional que recebeu. O melhor talvez seja nos reportarmos ao entusiasmo frenético do público. A arte é, todo mundo o sabe, uma coisa estranha, uma segunda realidade sobreposta artificialmente à primeira, um jogo de imaginação feito para adultos. Parece guardar sempre algo de infantil, de irresponsável, de gratuito, de pouco natural, de fútil mesmo. Como diz Hamlet: "Pois não é monstruoso que este cômico, por simples ficção, num sonho apaixonado, pudesse tanto submeter a alma à imaginação que por força dela todo se lhe descore o semblante, lágrimas nos olhos, delírio no dizer, quebrada a voz, e toda a sua compleição conformada com a sua fantasia? E, tudo por nada!". Mas de repente vem um espetáculo como *Christophe Colomb* e eis toda uma coletividade abalada, galvanizada por esta simples ficção, por este sonho apaixonado, por este nada, todos, ricos ou pobres, inteligentes ou tolos, cultos ou ignorantes, jovens ou velhos, todos elevados acima de si mesmos, todos compreendendo, ao menos por um instante, por um lampejo de sensibilidade, depois do qual tornarão a cair na rotina da vida prática, que a arte é verdadeiramente alguma coisa superior, uma forma de conhecimento que pode ser colocada ao lado da ciência, da filosofia e da religião. Esse é o milagre que, por alguns segundos inesquecíveis, *Le livre de Christophe Colomb* operou em todos nós.

> *A partir de um certo ponto a volta não é mais possível. Esse é o ponto que deve ser alcançado.*
>
> Franz Kafka

A descoberta da América nada tem de extraordinário. Com o desenvolvimento da navegação, condicionado pelo progresso científico, mais dia, menos dia, alguém teria de se aventurar pelos mares do Ocidente, como outros iriam fazê-lo pelos do Oriente. Se não fosse Colombo, seria outro navegante. Aliás, os homens pouco significam diante das leis sociais e históricas. A rigor, nem se pode mesmo falar de descoberta: a chamada América era um continente já de há muito desperto para a civilização, possuindo um desenvolvimento cultural, religioso e político tão válidos para o etnógrafo e o antropólogo quanto qualquer outro.

A esse tipo de explicação, a que a ciência moderna chegou depois de séculos de luta e conquistas, Claudel opõe outro, tão velho quanto a humanidade: a história é uma sucessão de prodígios, o mundo não é essa coisa morta descrita pelos cientistas mas uma coisa animada, palpitante de significação, onde o sobrenatural, a Providência Divina, são fatos familiares e cotidianos. O próprio nome do descobridor não é acaso porque nada é acaso nas mãos que guiam o universo: Cristóvão, o portador de Cristo, isto é, o servidor de Isabel, a Católica, o propagador da fé; Colombo, a ave que selou a aliança entre Deus e os homens. Para quem sabe interpretar – o poeta é um vidente – tudo é mistério, tudo é milagre, tudo é sinal de alguma coisa mais alta. A descoberta da América, mais do que um acontecimento histórico e geográfico, é um símbolo: o símbolo dessa outra vida, dessa outra realidade, almejada pelo cristão.

No plano humano também nada compreendemos se quisermos explicar tudo ao pé da letra: "C'est ce que vous ne comprenez pas qui est le plus beau", prevenia o Anunciador de *Le soulier de satin*. O que seduz Claudel na aventura de Colombo é o lado paradoxal, inverossímil, a história desse homem vindo ninguém sabe bem de onde, "un fou, un rêveur, un sans-patrie, un illuminé, un tailleur, un ignorant", que descobre um mundo novo pelos motivos errados, desejando simplesmente ir às Índias, e que morre sem saber ao certo que terras eram essas que encontrara, e as quais nem ao menos deixaria ligado o seu nome. Tudo é equívoco à volta de Colombo, a começar pelas suas suposições geográficas: ele não se aventuraria a partir se conhecesse as dimensões exatas da Terra. É inacreditável que Colombo tenha convencido alguém a partilhar os seus sonhos de grandeza, é inacreditável que os soberanos da Espanha lhe hajam entregue o comando de três naus, é inacreditável que por uma simples hipótese, mal baseada na observação, uma dezena de pessoas aceitasse abandonar a sua pátria e o seu lar. Esses marinheiros tinham mães, filhas, esposas. Que força os provocou a deixá-las, para correr o risco de morrer de sede e de fome em pleno oceano? Só há uma resposta: havia um homem chamado Cristóvão Colombo. Ele mesmo o diz:

> – Quand j'etais à Gênes, crois-tu que je n'aurais pas mieux aimé de rester dans ma patrie avec les miens? et quand j'etais à Lisbonne, crois-tu que je n'aurais pas mieux aimé jouir du visage et des caresses de ma femme très chérie? C'est lui qui ne m'a pas laissé de repos et qui m'a trainê jusqu'ici!
> – Quel est cet homme impitoyable?
> – Il s'appelle Christophe Colomb! Je porte accusation contre lui devant Dieu!

É que no homem chamado para cumprir uma missão há uma centelha divina. O que atemoriza os outros, espicaça-o, instiga-o a prosseguir. Cristovam Colombo só lutou verdadeiramente, em toda sua existência, contra um adversário: o medo, o terror dos homens contra o desconhecido. Eis o sentido do seu diálogo com os marinheiros revoltados:

– Expliquez-moi ce que vous fait peur.
– Rien.
– C'est rien qui vous fait peur?
– Nous avons passé la limite après laquelle il n'y a plus de limite.

O apelo do desconhecido, a determinação de ir além do humanamente permissível, isola o herói, torna-o incompreendido. Colombo só terá duas espécies de paga: a princípio, o escárnio, a chacota; depois, o esquecimento e a ingratidão. A sua recompensa não pertence ao reino dos homens.

É mais fácil compreender do que julgar Claudel. André Gide, quando interrogado sobre o maior poeta francês, não escolheu o mais fino, nem o mais delicado, nem o mais sensível, nem o mais raro, nem o mais agudo. Respondeu simplesmente: "Victor Hugo, hélas". Claudel tem qualquer coisa desta grandeza poética que não se confunde com o talento ou a inteligência. É dificílimo criticá-lo porque ele não estabelece diálogo com ninguém, não admite a menor concessão, não ouve e nem aceita razões alheias. Impõe a sua personalidade, os seus pontos de vista, com uma brutalidade que desconcerta e uma coragem que falta, em geral, aos católicos. Perto dele, os pequenos milagres que se permitem de vez em quando os romances de um Graham Greene, a presença sobrenatural cuidadosamente disfarçada das peças de um Eliot, parecem tímidos e insignificantes. Claudel, ao menos, não tem vergonha da sua fé, ostenta-a com o maior dogmatismo, a maior indiferença pelos adversários. Numa época de dúvidas e inquietações parece um primitivo, um monstro de outras eras. História, geografia, ciência, não são nada para ele. Ele sabe melhor porque julga conhecer a explicação definitiva: a explicação última, a explicação metafísica. Temos de aceitá-lo ou rejeitá-lo em bloco, com a sua força imensa e as suas mil puerilidades. Não importa que se divirta com o teatro como uma criança que acabou de descobrir um brinquedo, não importa que o seu senso de humor seja o mais pesado e carregado possível, não importa que volte as costas instintiva e deliberadamente ao bom senso mais elementar, jogando com as palavras, reinterpretando arbitrariamente os fatos, fazendo da história, muitas vezes, um simples joguete. A visão que tem das coisas é sincera, é autêntica, é poética, é a única no mundo atual a ter um certo sabor épico. Como disse Chesterton: podemos criticar um hipopótamo, mas sentimo-nos incapazes de fabricar outro igual. Feitas todas as contas, parece cada vez mais provável que, no futuro, ao nos interrogarem sobre o maior dramaturgo francês da primeira metade do século, tenhamos de responder meio desconsolados: "Paul Claudel – hélas!".

(1954)

2. Comédie Française

2.1. *LE MARIAGE DE FIGARO*

A nossa era cristã não havia ainda começado e já os palcos gregos e latinos trabalhavam a figura do criado mais esperto que o patrão: Menandro, Plauto, Terêncio. Depois, com os tempos modernos, Molière, os espanhóis, sem esquecer Gil Vicente e Antônio José, ou a *Commedia dell'arte*, com os seus inumeráveis Arlequins, Scapins e Truffaldinos.

Mas para que a personagem alcançasse o ápice, atingindo o máximo de sentido social, foi necessário esperar até que tivesse chegado o momento histórico exato em que os antigos empregados estivessem na verdade pensando em ocupar o lugar dos antigos patrões, surgindo alguém com acuidade psicológica bastante para perceber, sentir e dizer certas coisas que andavam no ar, ocupando o espírito de toda gente, carregando a atmosfera de tal maneira, que bastariam algumas frases de espírito e bom-senso para provocar a súbita impressão de um raio. *O Barbeiro de Sevilha* e, mais tarde, *O Casamento de Fígaro*, de Beaumarchais, foram essas duas centelhas, fazendo rir nervosamente, lado a lado, nobres e plebeus. Mas é de se imaginar que os primeiros rissem um pouco menos à vontade do que os segundos.

Le mariage de Figaro tem como subtítulo "la folle journée". Para quem, entretanto, essa catadupa de quiproquós, uns se sucedendo e desaguando nos outros (a peça não tem um e sim seis, sete enredos), deveria parecer uma "folle journée"? Para Fígaro? Suzana? Querubim?

Mas se todos se divertem como nunca, mantendo-se sempre alegremente na crista dessa irresistível onda de equívocos, inclusive a Condessa, que também encontra, entre os seus dissabores, dois ou três legítimos momentos de triunfo. A vítima, dos homens como dos acontecimentos, é na realidade uma só: o Conde. É ele que ao se esconder indiscretamente atrás de uma cadeira afugenta sempre alguém que ao abrir à força a porta de um quarto acha certamente quem não deveria estar lá, e se marca um encontro furtivo tem o desprazer e o ridículo de fazer uma declaração de amor à própria esposa. Todos os planos e estratagemas, bem ou malsucedidos, devido ao acaso ou à manha dos homens, apontam uma só direção e tem um único fim: escarnecer e zombar do Conde, o amo, o dono, o senhor!

Le mariage de Fígaro, se fosse um tratado de moral, poderia muito bem intitular-se "da impotência do poder ou da fraqueza da força". E não é só a luta de plebeus contra um nobre. Também as mulheres têm a sua parte de vingança. Fígaro pavoneia-se, gaba-se, planeja. Mas é à Suzana e à Condessa que cabe a última palavra, o embuste filial e definitivo. "Les plus forts ont fait la loi!" – diz Suzana a propósito dos maridos que nunca são punidos pelas faltas de amor. Para que, no entanto, existe o engenho humano se não para triunfar de toda espécie de ordem injustamente estabelecida?

A filosofia que se esconde nas malhas da peça, filosofia caseira, popular, e mesmo rasteira dentro da sua inegável vivacidade, é a de um otimismo instintivo que persiste através do mais negro pessimismo. O que está errado para Beaumarchais? Tudo. Os costumes políticos são os piores possíveis. Os homens de bem acatam os vencedores e desprezam os vencidos. O amor cansa. Mas nada disso importa, pois existe sempre a possibilidade de se dar de ombros e sorrir, como Fígaro, à espera de que o acaso acabe por nos proporcionar a justiça que os homens nos negaram. A Madrid descrita por Beaumarchais para os franceses do século XVIII, com a sua censura que permitia escrever sobre tudo, exceto sobre a autoridade, a moral, a religião, os corpos constituídos, as artes, as pessoas em evidência etc. etc., talvez se assemelhe muito à Poldavia imaginada por Marcel Aymé para os franceses de 1952. Mas o riso de Beaumarchais é muitíssimo mais franco e sadio, confiante na força da inteligência para afastar finalmente todos os obstáculos. Fígaro, que não faz outra coisa a não ser falar a torto e a direito, acabará por obter tudo – noiva e até, inesperadamente, pai e mãe de cambulhada!

Duas grandes companhias francesas, à altura da atual, nos haviam visitado precedentemente: a de Jouvet e a de Barrault. Ambas representam a vanguarda do teatro francês, o seu lado de aventura e jogo, em que cada nova encenação é uma cartada que se pode ganhar ou perder. A Comédie Française não encarna exatamente o mesmo espírito. Se não se nega ao progresso, tem por outro lado uma tradição de quase trezentos anos a cuidar. Estas verdades conhecidas de todos, traduzidas em cena, dão-nos freqüentemente um espetáculo que vale menos pelas audácias da direção, pela novidade do conjunto, do que pelo desempenho de cada ator. É pelo ângulo do valor individual que a Comédie dificilmente encontra com quem possa competir. Foi esta, igualmente, a impressão que nos ficou do espetáculo de estréia da companhia em São Paulo. *Le mariage de Figaro* não foi redescoberto para nós, renovado por uma nova perspectiva. Vimos, contudo, até nos pequenos papéis, um trabalho extremamente consciencioso, embora fugindo às interpretações pessoais e intensamente criadoras. O desempenho menos ortodoxo, mais sujeito a discussões, talvez tenha sido o do próprio Fígaro, eixo da peça. Jean Meyer, segundo nos pareceu, procurou submetê-lo o mais possível à disciplina da situação. Fígaro, como ele o concebe, menos ataca do que se defende: as invenções que urde, as frases cintilantes de espírito que diz, são ditadas, em grande parte, por circunstâncias prementes, filhas antes da necessidade do que de qualquer outra coisa. Fígaro não é a *machine à mots* descrita pelo velho Sarcey, fábrica de tiradas engraçadas e respostas inesperadas, funcionando de forma mais ou menos independente do enredo. É um homem de grandes recursos de imaginação, que ama e quer conservar a sua noiva a todo custo – e é principalmente daí que decorre a sua facúndia. Para um público como o francês, que conhece de cor cada palavra de Fígaro que o tempo transformou praticamente em máxima, talvez seja a interpretação ideal, por submeter a frase espirituosa à personagem, e esta à ação, privando Fígaro dessa espécie de exibicionismo verbal, de virtuosismo gratuito, que estamos acostumados a lhe emprestar. Para o nosso público, todavia, não temos a certeza de que um desempenho mais propenso a valorizar cada réplica cômica, mesmo sob pena de isolá-la momentaneamente do contexto, não teria tornado a peça mais viva e palpitante.

A dificuldade de comentar os outros atores é que eles formam um bloco coeso, de extrema homogeneidade, sem esses altos e baixos que, se diminuem o prazer, facilitam a tarefa da crítica, fazendo-a trabalhar sobre os contrastes. Poderíamos elogiar, por exemplo, a dignidade de Yvonne Gaudeau, a vivacidade de Hélène Perdrière, o encanto poético de Renée Faure, o preciso toque caricatural de Béatrice Bretty, a distinção de Maurice Escande, a autoridade de Louis Seigner. Mas não são essas exatamente as características de cada papel?

Não devemos acariciar a nossa vaidade, supondo que *Le mariage de Figaro* seja uma peça para a qual esteja preparada a nossa sensibilidade de brasileiros. Os seus problemas – problemas da literatura *engagée* da França pré-revolucionária – já chegaram até nós, na sua maioria, triturados e resolvidos por muitos anos de sofrimento europeu. Contemplando esse mundo um tanto alheio e longíquo de condessas e pajens travestidos, que brincam de esconde-esconde, chegamos a esquecer que o que era, no momento em que a peça foi escrita, apenas um *jeu de l'amour* travado galantemente entre um plebeu e um nobre, estava nas vésperas de se transformar num trágico *jeu de la mort*, ante os olhos atônitos do próprio Beaumarchais.

Le mariage de Figaro volta-se duplamente para o passado: pelas questões que propunha, referentes a um estado de coisas na iminência de ser ultrapassado; e pela forma teatral, velha de algumas centenas de anos. A seguir, quase imediatamente, veio a Revolução Francesa, mudando tudo, desde a ordem social até a ordem artística e teatral. E alguns anos depois o Brasil nascia...

2.2. *LES TEMPS DIFFICILES*

Poderemos negar tudo à burguesia, menos a boa vontade com que se autoflagela regularmente através das suas obras de arte. Nem sempre foi assim, naturalmente. Em fins do século passado, Zola queixava-se de que o teatro não dava ao dinheiro a importância que ele tinha na vida real. Mas Zola fez escola, deixou numerosíssima descendência. É de se supor, por exemplo, a alegria que lhe deveria causar esta peça de Edouard Bourdet, em que só se fala do primeiro ao último minuto em operações bancárias e que celebra um casamento como se fosse uma espécie de contrato de compra e venda entre duas famílias interessadas (o único puro de toda a transação é débil mental). Verdade é que apenas chegado a este máximo de crueldade, Bourdet recua imediatamente, primeiro, tornando o casamento infeliz, e depois, fulminando as duas riquíssimas famílias com o anátema da pobreza e da miséria. Entusiasmado (entusiasmado é o termo) com alguns reflexos da crise econômica de 29, Bourdet refere-se aos novos "tempos difíceis" como se fossem o dilúvio libertador que viesse varrer definitivamente da face da terra tais ignomínias. Mal sabia ele, em 1934, que as vacas magras passariam depressa, sem chegar a tocar verdadeiramente nas fortunas dos Antonin-Faure e dos Laroche. Uns e outros devem ter colaborado discretamente com Vichy durante a ocupação alemã e continuam agora a gozar tranqüilamente as delícias da quarta república. A prova é que reaparecem com alguma freqüência nas obras teatrais do segundo após-guerra. Uma peça como *Convite ao Baile* coloca, no fundo, os mesmos problemas de *Les temps difficiles*: o poder corruptor do dinheiro, o leilão da mocinha ingênua etc. Mas há uma diferença essencial, que marca o envelhecimento de *Les temps difficiles*. Bourdet ainda levava os seus burgueses tragicamente a sério. Anouilh, não. Em vez de se contentar com um aleijão humano, poria logo em cena quatro ou cinco, cada qual mais grotesco, fazendo-os depois dançar uma valsa histriônica e macabra. O riso convulso, frenético, substituiu assim a indignação moral. Diante das audácias de um Marcel Aymé, o teatro de Edouard Bourdet já principia a parecer timorato, bem mais preso aos dramas burgueses do começo do século do que as nossas irreverentes farsas atuais.

Como peça, *Les temps difficiles* vem nos lembrar que o teatro, ao contrário do romance, não é habitualmente a arte das análises psicológicas sutis. As suas qualidades, como os seus defeitos, são os de um bom raciocínio matemático: de um lado, a força e a coerência do pensamento; de outro, esse caráter um tanto óbvio, um tanto voluntário e previsto, que costumamos associar à demonstração de um teorema. Bourdet demora dois atos inteiros para definir os seus elementos, na verdade não muito originais: os dois ramos da família Antonin-Faure, dedicados respectivamente ao comércio e à arte. Quando começa, no entanto, a extrair as conseqüências lógicas dos seus princípios, unindo os diferentes fios do enredo, é impossível não admirar a sua maestria técnica e a honestidade, o vigor do seu espírito. Todo o terceiro ato, e parte do quarto ato, é de uma extrema teatralidade, prendendo senão pela singularidade ao menos pela implacável dureza das coisas que estão sendo ditas no palco. O ardor e a sinceridade de Bourdet são tais que ele não deixa os acontecimentos se exprimirem livremente. Vai além, acabando por impor a todas as pessoas envolvidas na história o reconhecimento explícito de que há na terra outros valores além do dinheiro – verdade de fundo moralizante e que, por ser evidente, dispensava tanto empenho. A tese, no entanto, acabava de ser demonstrada, e quase poderíamos ouvir o autor murmurando consigo mesmo, num rasgo incontido de satisfação – "quod erat demonstrandum..."

Se não houvesse nenhum motivo para se representar *Les temps difficiles*, os artistas da Comédie Française já se teriam encarregado a estas horas de fornecer o melhor dos motivos. Com efeito, não nos lembramos de ter visto em São Paulo um espetáculo teatral de tanta e tão compacta homogeneidade. Todos os atores, sem qualquer exceção, estiveram no mesmo nível excepcional de excelência. É possível, talvez, destacar Louis Seigner e Jean Meyer. Mas isso porque a própria peça colocou sobre os seus ombros as responsabilidades maiores da representação. Jean Meyer parte da comédia: a figura que traça a princípio é somente a de um homem fraco e levemente ridículo. À medida que a peça caminha, no entanto, vamos aprendendo a respeitá-lo (sem que nenhuma modificação aparente se tivesse feito sentir) e, por fim, a amá-lo como a figura mais profunda e humana da peça. É sempre esta, aliás, a técnica de Bourdet: dá de começo os traços fundamentais da personagem e depois, aos poucos, sub-repticiamente, a vai enriquecendo com uma série de pequenos toques, apagando o que poderia haver de excessivamente sumário no primeiro desenho. A evolução de Louis Seigner, por exemplo, também segue a mesma linha, embora em sentido oposto: vemos nele, nos primeiros minutos, apenas o homem de negócios, preciso e brutal. É claro que esta primeira impressão persiste através de todo espetáculo, mas sutilmente modificada: a truculência do seu pensamento, a sua verve, essa espécie de espírito esportivo com que aceita os revezes, reconciliam-nos ao menos em parte com o rebento mais brilhante da família Antonin-Faure. Ainda num primeiro plano, poríamos Beatrice Bretty, cuja deliciosa inocência de espírito é de molde a lhe fazer perdoar facilmente todos os pecados (sobretudo, não é preciso dizer, os da carne...), Germaine Rouer, Hélène Perdrière e Jacques Clancy, ambos vivíssimos, e Robert Hirsch, que traçou uma silhueta de um anormal absolutamente impressionante, comovedora, inesquecível. Citando tais desempenhos, somos os primeiros a perceber que a escolha é arbitrária, baseando-se acima de tudo nas oportunidades criadas pelo texto, e que poderíamos mencionar com igual justiça outros nomes: por exemplo, os de Renée Faure, Yvonne Gaudeau, Suzanne Nivette e Jacques Charon.

Ainda neste segundo espetáculo, passando agora da comédia clássica para o drama moderno, a Comédie Française continua a nos empolgar mais pelo desempenho de cada ator do que pelos valores coletivos.

Diríamos, por exemplo, que a direção de Pierre Dux é boa principalmente porque não se faz quase sentir, principalmente porque se apóia por completo na capacidade de cada ator. Não temos a certeza se esse critério se aplica a toda e qualquer encenação. Mas contando com tais elementos, que de melhor e de mais razoável poderia ter feito o encenador de *Les temps difficiles*?

2.3. *LA REINE MORTE*

Há coisas difíceis de compreender. Por exemplo, o êxito de *La reine morte* na França. Montherlant é, sem dúvida, um escritor de primeiro plano e, mesmo no teatro, já escreveu pelo menos uma obra-prima – *Le maître de Santiago*. Mas como não perceber a inanidade, o vazio cuidadosamente escondido e disfarçado, desta sua primeira experiência dramática?

O que criticamos em *La reine morte* não são evidentemente os anacronismos de superfície. A liberdade em relação à verdade histórica é uma constante de todo teatro poético moderno e pouco se nos dá que Afonso IV se tenha visto transfigurado de uma hora para outra em Ferrante, se essa era a condição necessária para que um pedaço da crônica real portuguesa se pusesse a viver e a palpitar num verdadeira obra de arte.

Mais graves, no entanto, parecem-nos os anacronismos referentes ao espírito da época. Portugal, por ocasião do episódio de Inês de Castro, era um país tosco e rude, animado por paixões primitivas e elementares. Que vem fazer aqui, pois, esse ambiente afetado de intrigas de Corte ("sous la plume de don Edouard, la contre-verité devient un véritable bonbon pour l'esprit") que se existiu algum dia, em algum lugar, pertence muito mais à Itália Renascentista, terra de eleição de Montherlant, do que à Península Ibérica, em plena Idade Média. Não que em Portugal também não existissem intrigantes. Mas não havia certamente essa complacência na intriga, esse reconhecimento da legitimidade da má-fé nos negócios públicos, que constituía a própria alma da política renascentista italiana, na descrição clássica de Maquiavel.

Devemos ressaltar, por outro lado, que o maquiavelismo de *La reine morte* está mais nas palavras do que nos atos. Ficamos sabendo, na sessão do Conselho, que Ferrante e Fernando de Aragão travam um duelo de perfídias diplomáticas e que a carta prestes a ser enviada à corte de Catalunha é um monumento de hábil hipocrisia. Mas tudo isso por ouvir dizer, isto é, porque as personagens não se contêm e exclamam indiscretamente, no máximo do entusiasmo: como somos tortuosos! Há, aliás, nesse excesso de consciência de si mesmas e do momento histórico, algo que nos faz lembrar irresistivelmente aquela personagem de um velho melodrama popular francês que se dirigia candidamente aos seus companheiros – "nous autres du moyen-âge...". As personagens de *La reine morte* também parecem a todo instante proclamar – nós os traiçoeiros, nós os desleais...

E o pior é que o público, na falta de maiores esclarecimentos do autor, vê-se obrigado a acreditar em tudo sob palavra.

Técnica muito semelhante é empregada no desenho de cada figura do drama. Sabemos, por exemplo, que a Infanta é altiva porque ela nunca nos deixa esquecê-lo. Cada vez que abre a boca é para referir-se ao seu orgulho, e, como se isso não bastasse, intervém logo o seu séquito de honra, secundando-a: – "Elle est toute pétrie d'orgueil", "Ah, elle est de Navarre..." etc. etc.

O mesmo tipo de confissão direta ao público caracteriza o Rei que, em vez de se revelar pela ação, prefere ir-nos pacientemente informando, passo a passo, como ele é ou como não é. Até nos instantes finais da agonia, a sua preocupação máxima é definir-se incansavelmente através de palavras e mais palavras, ou, melhor, não se definir, posto que a marca da sua originalidade parece estar na completa indeterminação. Porque Ferrante manda matar Inês? Por motivos de Estado? Por cansaço? Por dó, para poupá-la da pena de viver? Para não ter testemunhas dos seus momentos de sinceridade? Ninguém sabe e ninguém jamais saberá. Montherlant teve o cuidado de lançar um cômodo véu de incerteza sobre esses abismos que imaginamos profundíssimos exatamente porque lhe desconhecemos a profundidade, como se bastasse deixar todas as questões dramáticas em suspenso para fazer obra de impenetrável metafísica e insondável psicologia.

Toda a arte de *La reine morte*, aliás, consiste em sugerir alguma coisa que é muito alta para o comum dos mortais. Já o Rei usa esse processo em relação ao filho, acusando-o de pequenez, de não respirar à altura em que ele respira, crítica que possui a inestimável vantagem de estabelecer de início a nossa superioridade sobre o adversário, fazendo-o supor que nos sobram todas as virtudes cuja ausência acabamos de lamentar. A mesma atmosfera de aristocracia espiritual é diligentemente mantida pelas imagens animais, tão caras a Montherlant: os animais citados em *La reine morte* nunca vão abaixo do touro, do falcão ou da águia. E, por fim, quando o Rei mantém com Inês de Castro a conversa que será a última para ambos, há, envolvendo a cena, todo um coro de cortesãos, que vão fugindo espavoridos, como se tivessem acabado de escutar as revelações mais patéticas e insólitas que jamais penetraram ouvidos humanos. Mas nós, que não fugimos espavoridos, que não aceitamos as sugestões dessa técnica de intimidação intelectual tão habilmente manejada pelo autor, só conseguimos distinguir uma série laboriosa de trivialidades, ditas no mais solene dos tons (e expressas, manda a verdade que se diga, numa das formas mais puras e mais belas do moderno teatro francês).

"Dans mon théâtre, j'ai crié les hauts secrets qu'on ne peut dire qu'à voix basse" – confessa modestamente Montherlant. Em *La reine morte*, por mais que apurássemos avidamente os sentidos, nada discernimos que se assemelhasse, nem de longe, a algum "alto segredo", e não por falta de extrema boa vontade – vimos a peça duas vezes e lemos o texto também duas vezes.

O rei Ferrante, na versão oferecida pela Comédie Française, encontrou um intérprete ideal em Maurice Escande. As qualidades de Montherlant, quais quer que sejam, são indubitavelmente as de um escritor clássico. Clássico também é Maurice Escande. Pela primeira vez, nesta rapidíssima temporada, tivemos a impressão de ouvir o timbre próprio e inconfundível da Comédie Française, timbre que se revela muito mais numa peça como esta, que tende para a dignidade da tragédia, do que numa comédia essencialmente prosaica, como a de Beaumarchais, ou num drama moderno – *Les temps difficiles*. Essa força que se concentra sobre si mesma, esse senso de medida na exaltação e até no furor, esse sábio modular de voz entre a fala e o canto, essa estilização que nada tira do conteúdo humano de cada palavra, todos esses ingredientes que nos fazem reconhecer imediatamente a escola da Comédie Française, estiveram presentes em altíssimo grau no desempenho de Maurice Escande, fazendo-nos deplorar que a companhia não tenha trazido nenhum Corneille e nenhum Racine no seu repertório.

A Infanta foi interpretada por Renée Faure. Nem o seu talhe pequeno, nem a sua voz, muito rica mas não particularmente forte, a predispunham fisicamente para o papel. Mas um ator representa acima de tudo com o coração e a inteligência: com que galhardia, com que entusiasmo, soube ela dançar "le pas de l'honneur" imaginado por

Montherlant, sem que notássemos qualquer esforço, qualquer crispação, na sua nota constante de altivez! Outro magnífico desempenho foi o de Jacques Charon, frio e desagradável como um réptil, na figura de Egas Coelho. Hélène Perdrière e Jacques Clancy formaram o par amoroso, relegado na peça a um relativo segundo plano. Ambos, parece-nos, são mais artistas cômicos do que dramáticos. Apesar disso, Hélène Perdrière conseguiu comover fundamente, enquanto que a Clancy faltou principalmente um pouco mais de voz, capaz de vencer a deficiente acústica do teatro.

Deixamos para o último lugar os cenários e as vestimentas de Roland Oudot: que isso não represente injustiça. Na verdade foram eles, em muitos momentos, os verdadeiros protagonistas da peça, os motivos mais fortes do nosso prazer e do nosso encantamento.

2.4. *LE BOURGEOIS GENTILHOMME*

Não sabemos se a cidade já está a par do que significou o espetáculo de despedida da Comédie Française – e não apenas para os fanáticos do teatro. O teatro, o cinema, a pintura, a música, cada uma das artes, enfim, tem o seu culto mais ou menos fechado, os seus fiéis e os seus sacerdotes. Mas de vez em quando surge um acontecimento que pela excepcional importância repercute por todos os lados, quebrando e tornando sem sentido essa divisão em compartimentos estanques. *Le bourgeois gentilhomme*, na interpretação da Comédie Francaise, é um desses espetáculos. Se fosse repetido mais vezes, com a aura de admiração que a estas horas já se formou certamente à sua volta, acabaria por abalar toda a vida artística da cidade, tornando-se – como já se tornou para todos aqueles que tiveram a felicidade de estar anteontem no Santana – um marco definitivo, um obrigatório ponto de referência, desses que permanecem para sempre na nossa memória e na nossa sensibilidade.

Se algumas vezes fomos reticentes no elogio, não considerando todas as interpretações e todos os espetáculos como os melhores do mundo, colhemos agora a recompensa ao poder afirmar, sem o menor exagero, sem que as palavras acrescentem nada ao pensamento, que a presente versão da comédia de Molière representou para o nosso público a maior experiência de teatro destes últimos vinte ou trinta anos, experiência como não tínhamos desde outro Molière, *L'ecole des femmes*, de Jouvet. A aproximação é curiosa porque as duas interpretações estão tão distantes uma da outra quanto possível. O Molière de Jouvet é o Molière clássico, simples, humano, quase dramático. O Molière de *Le bourgeois gentilhomme*, ao contrário, é um bufão que não se envergonha de usar o seu poder de fantasia com uma liberdade que só encontramos igual no teatro europeu, em Shakespeare, um histrião possuído momentaneamente pelo delírio aristofanesco. As duas representações como que marcaram, portanto, sem o querer, os extremos limites desse homem de teatro, vasto, vário e profundo como nenhum outro, esse escritor capaz de nos arrastar a todos, sábios ou ignorantes, tolos ou atilados, num só e único riso – e todos pelas mesmas, pelas mesmíssimas e excelentes razões.

Convém relembrar aqui, em duas palavras, as condições em que Molière escreveu a peça, para que a nossa vaidade de modernos receba uma lição de humildade artística, pondo-se no seu verdadeiro lugar. Uma embaixada turca havia estado na França, divertindo involuntariamente a Corte com os seus hábitos extravagantes. Ocorreu então a Luís XIV encomendar ao seu ator e autor predileto uma peça leve, uma inconseqüente *comédie-ballet*, com música de Lulli, "oú l'on pût faire entrer quelque chose des habillements et des manières des Turcs". Obra de circunstância, portanto, obra feita de encomenda para agradar aos poderosos do dia, obra com assunto dado e data fixa de representação, aquelas mesmas circunstâncias inimigas de toda e qualquer inspiração, segundo a intransigência do nosso orgulho atual de artistas. Pois foi com esses modestos elementos que Molière construiu esta gigantesca obra de arte, que se é *divertissement*, é também análise psicológica e crítica social, não concedendo, no fundo, nada a ninguém, a não ser ao próprio teatro.

Para Molière não custa muito divertir uma platéia. Basta, por exemplo, fazer aparecer quatro ou cinco especialistas – o homem de armas, o filósofo, o músico, o mestre de danças – cada um com os seus tiques, a sua terminologia, o seu pedantismo profissional, os seus hábitos ridiculamente arraigados, a sua visão estreita e limitada do universo, para que um retrato extremamente fiel do homem pareça ao mesmo tempo a mais grotesca das caricaturas. A maneira exata e científica de como se deve pronunciar as vogais *a, e, i, o, u*, o método infalível (que método de ensino não é infalível?) para vencer em esgrima qualquer adversário, a reverência mundana que se deve fazer – em havendo espaço – em três tempos, que melhores e mais engraçadas lições de humanidade poderíamos imaginar?

O riso não pára aqui, entretanto. A farsa vai crescendo, vai ganhando força, transformando-se por fim num irresistível pesadelo cômico, habitado por turcos de fancaria que falam uma língua às vezes estranhamente parecida com o francês, um faz-de-conta insensato e puro como o jogo das crianças, em que a razão e o bom senso mal se reconhecem. No limite, o teatro cômico, tocado pelo desvario, vira dança, vira cerimônia lúdica ou mágica – e não há mais nada a não ser uma grande purgação pelo riso, uma grande libertação coletiva, libertação lírica como todas as verdadeiras libertações.

A mola de tudo isso é paradoxalmente M. Jourdain: um senhor de meia-idade, nédio e corado, inocente e curioso como uma criança de meses, cujo único e irremediável ridículo é possuir uma virtude das mais respeitáveis: a ânsia de saber. M. Jourdain não se satisfaz com meias soluções: quer refazer em trinta minutos alguns séculos da história do pensamento humano. Tendo amanhecido ignorante e burguês, quer anoitecer sábio e gentil-homem. Ninguém consegue fazer frente a este Sancho Pança que tem a credulidade e a imaginação de um D. Quixote: nem a sabedoria terra a terra de Mme. Jourdain, nem o riso cristalino como a verdade de Nicole. M. Jourdain impõe naturalmente, pela sua simples presença, a sua maneira peculiar de ver as coisas, pois que, para falar, para comunicar-se com ele, já é antes obrigatório aprender, voluntariamente ou não, o vocabulário da sua fantasia. No fim, não há quem resista: todos, amigos ou inimigos, empregados ou patrões, jovens ou velhos, parentes ou desconhecidos, burgueses ou fidalgos, todos entram alegremente na dança. A cena em que lhe são tributadas as mais curiosas homenagens jamais conhecidas pelo cerimonial turco, momento de supremo escárnio e tripúdio, é também, em certo sentido, o momento do seu maior triunfo. Existe, de fato, em algum lugar, algum país, onde ele é nobre e poderoso – ainda que somente na sua imaginação. M. Jourdain impôs aos outros o seu sonho com a tranquilidade dos verdadeiros profetas. Devemos apenas agradecer a Molière que nos tenha poupado o espetáculo do seu despertar para a nossa triste e mesquinha realidade – seria como presenciar Ícaro despenhando das alturas.

A genialidade da encenação de Jean Meyer foi a de seguir, passo a passo, *Le bourgeois gentilhomme*: é só reler a peça e toda a interpretação da Comédie Française ali está, dormindo através dos séculos, à espera de quem a descubra. É que Jean Meyer, ao contrário de tantos encenadores, teve a habilidade e a audácia de acompanhar Molière até o fim. À medida que o texto o foi exigindo, a encenação foi-lhe dando tudo, desde a comicidade mais crua e violenta até o maior requinte de luxo, numa riqueza de inteligência, num transbordamento de bom gosto (de que os cenários e as vestimentas de Suzanna Lalique são os melhores testemunhos) de nos deixar atônitos e sem palavras.

Igualmente, o desempenho de todos os atores é uma dessas coisas exemplares em que não se pode tocar: de Louis Seigner, o maior triunfador da noite, ator de inexcedível vitalidade cômica, a Beatrice Bretty; de Jacques Charon a Germaine Rouer, de Jacques Clancy a Hélène Perdrière; de Yvonne Gaudeau a Georges Chamarat; de Jean Meyer a Maurice Escande; de Robert Hirsch a Michel Galabru – que extraordinária exibição de graça, estilo, elegância, beleza, sensibilidade!

Às vezes, vêm-nos contar, a nós amigos da França, histórias da sua decadência, inclusive artística. E, no fundo do coração, começamos a temer e a duvidar. Mas surge uma nova peça, uma nova encenação como esta, e eis-nos respirando melhor, novamente com o direito de pensar que a França continua firme como nunca na sua missão, que é, como todo mundo sabe, a de guiar e iluminar o resto do mundo com a sua claríssima inteligência.

(1952)

Parte V

Crônicas

Parte V

Crónicas

1. Ziembinski

Foi outro dia mesmo que Ziembinski chegou ao Rio de Janeiro – de passagem para os Estados Unidos – trazendo como únicas armas, ao lado da sua carteira de emigrante, uma língua arrevesada que ninguém entendia (e que até hoje constitui uma das diversões prediletas dos colegas quando ele enumera nomes de artistas ilustres da sua terra natal) e uma tradição de teatro estranha à nossa. Ainda nos lembramos das primeiras notícias, circulando incredulamente entre os entendidos, sobre a chegada de um polonês fabuloso, que tinha todo um espetáculo dentro da cabeça antes que se fizesse o menor ensaio ou se batesse o primeiro prego do cenário, e que até se dera ao luxo, jamais conhecido, de promover 134 mutações de luz – ou eram 268? – dentro de uma única representação – *Vestido de Noiva*, de Nelson Rodrigues. Lembramo-nos também da emoção com que acorremos ao Municipal, uma tarde, para nos certificarmos de que o fenômeno existia mesmo: lá estava um homem de óculos, diante de um microfone, a dar ordens aos eletricistas com a paciência, o método e a precisão de um grande general diante de um pobre batalhão de recrutas. Em quatro horas, as famosas mutações de luz estavam prontas e o espetáculo ia começar. Zbigniew Ziembinski não só existia como até funcionava!

Faz apenas dez anos que Ziembinski chegou ao Brasil. E nesses dez anos já arranjou jeito de andar pelo Norte e pelo Sul, de dirigir alguns dos nossos melhores atores e alguns dos nossos mais veneráveis canastrões, de aprender Gonçalves Dias de cor e de adaptar para a cena peças de Castro Alves e Álvares de Azevedo, e até de acompanhar "samba de breque" com caixinha de fósforo e contar anedotas de moralidade duvidosa no melhor e mais puro estilo carioca. Realizou mais ainda: aos quarenta e três anos de idade, já é uma figura meio legendária, tão segura do seu lugar na história do teatro brasileiro como qualquer outra, em qualquer tempo. Num meio teatral pobre de "monstros sagrados", Ziembinski está entre as poucas personalidades que, pelo vigor e originalidade, podem aspirar a este título supremo.

Alguns nomes devem ser citados, ao lado do seu, pelo muito que fizeram quase na mesma época: Dulcina, pelo âmbito comercial dos seus empreendimentos, que atingiram pela primeira vez o grande público; Pascoal Carlos Magno, por inquietar a todos com as suas histórias de como se faz teatro na Inglaterra e outros países que tais, igualmente admiráveis e longínquos; e alguns amadores paulistas, encabeçados por Alfredo Mesquita, por preparar o terreno para a atual estupenda eclosão do Teatro Brasileiro de Comédia.

Mas nenhum desses movimentos pode equiparar-se, em alcance e profundidade artística, à ação de Ziembinski nas duas grandes fases de Os Comediantes – a amadora e a profissional. Não era uma reforma limitada, um esforço de amadores bem-intencionados ou de pessoas com ótima formação teórica mas sem contato direto com o palco. Era, na prática, dirigida por um experimentadíssimo homem de teatro, toda uma revolução teatral: autores novos, cenógrafos novos, técnica nova, e, sobretudo, uma nova maneira de representar, uma nova maneira de conceber o teatro como espetáculo. Com alguns cinqüenta anos de atraso, era o teatro moderno que chegava repentinamente, estrepitosamente, triunfalmente ao Brasil.

Entre 1920 e 1930, período de formação de Ziembinski, alcançava o auge o surto iniciado no começo do século com a descoberta de uma novidade sensacional: a representação deveria girar não em redor do ator, como se julgara durante séculos, mas em volta de uma personalidade toda-poderosa e até então desconhecida: o encenador. A definição do diretor no teatro alemão – escrevia Giraudoux – é muito simples: ele é o teatro. E acrescentava: "nos cartazes, a mera indicação de que a encenação é de Max Reinhardt atrai mais público que o nome do autor. O público deseja tanto ver como Reinhardt compreendeu a peça quanto ver a própria peça. A peça transforma-se no tecido com que o costureiro faz o vestido ou, mais exatamente, o libreto sobre a qual o músico escreve a sua ópera".

Mais tarde, passado esse primeiro instante de deslumbramento, viria, está claro, a reação, e o encenador voltaria novamente às suas funções mais humildes de simples intérprete do autor, de simples servidor do texto. Hoje em dia, nem mesmo Barrault, com toda a sua audácia de pensamento, tomaria certas liberdades de interpretação de alguns anos atrás, liberdades com que sonhava esperançosamente cada jovem diretor.

Ziembinski, no entanto, pelo espírito e pelo temperamento, pertence mais à grande e genial geração de Max Reinhardt e de Meierhold do que à atual. É de um Gordon Craig ou de um Stanislávsky, por exemplo, a sua paixão quase mística pelo teatro. Todos conhecem a anedota clássica sobre a peça russa que teve de ser abandonada depois de meses de ensaio porque ninguém acertava a inflexão exata da primeira frase: "Boa-tarde". Pois foi alguma coisa dessa extraordinária e quase incompreensível severidade artística, dessa intransigência fanática, desse devotamento integral, que Ziembinski trouxe para o nosso teatro. Ziembinski é homem que faz teatro, representando e dirigindo, quatorze, quinze horas por dia, e só pára, porque sente necessidade de conversar sobre teatro as sete ou oito horas restantes. Todo ator, mesmo principiante, sabe como completar a sua caracterização em menos de uma hora. Ziembinski não: a sua consciência profissional jamais permitiria qualquer embuste, qualquer solução menos autêntica, ditada pela pressa ou pela indiferença. Afinal de contas, representar não é um ato de amor e o amor não considera ganhos todos os momentos perdidos por sua causa?

Ziembinski não ensaia: habita a peça que deve dirigir, convive na maior intimidade com cada personagem, desvendando-lhe desde as mais inocentes manias até as suas concepções religiosas ou filosóficas. Não contente com isso, penetra-lhe pelo subconsciente adentro ou passa a investigar os outros membros da família que o escritor esqueceu fora da peça. O resultado dessa análise, levada a cabo com verdadeiro furor lógico e uma minúcia de filatelista é, muitas vezes, quase uma segunda obra de arte, sobreposta à primeira. Ziembinski não interpreta somente. Cria também. Daí tanto as suas grandes qualidades como os seus defeitos, oriundos sempre da riqueza e não da indigência, do excesso e não da falta. Quando a peça apresenta ainda algo de imperfeito, de inacabado, Ziembinski galvaniza-a com a força do seu temperamento e da sua inteligência, acrescentando legitimamente não ao texto mas ao escritor. Temos, então, um *Vestido de Noiva*, um *Paiol Velho*, um *Amanhã se não Chover*, obras-primas de colaboração lúcida entre o encenador e o autor. Outras vezes, Ziembinski vai além da medida exata porque não sabe se poupar astuciosamente, não conhece as fórmulas conciliatórias da prudência: aposta sempre e só no branco ou no vermelho. Acerta ou erra, com a mesma coragem, a mesma franqueza e o mesmo conhecimento de teatro. É por isso que podemos discordar mil vezes dele sem que diminua a nossa admiração.

Seríamos injustos, aliás, se víssemos em Ziembinski apenas o homem e não o mito que já se vai formando, apenas as suas encenações isoladas e não a soma de influência que exerceu, maior que qualquer outra. Não há ninguém que faça teatro seriamente, entre nós, que não se veja obrigado de início a se definir esteticamente em relação a

Ziembinski. Esse é o seu maior título de glória, o que ele não reparte com nenhum outro homem de teatro do Brasil.

(1951)

2. Alda Garrido

Mme. Sans Gêne parece-nos o produto de um dos mais gigantescos equívocos do nosso teatro. Alda Garrido começou na revista, onde podia expandir à vontade a sua fantasia cômica e o seu pendor para a improvisação. Depois, deu um passo à frente, no sentido da pseudo-seriedade artística, passando da revista para a "chanchada". Imaginou-se daí que, para coroar a ascensão da atriz, nada melhor do que uma peça já famosa, consagrada, um desses dramalhões de museu irremediavelmente cobertos de poeira.

Mme. Sans Gêne representa uma tentativa para tornar Alda Garrido artisticamente digna e respeitável, como qualquer outra atriz. Ora, é possível desejar tudo a Alda Garrido, menos que se torne artisticamente respeitável e digna. Esse falso respeito seria a única forma de irrespeito capaz de diminuir o seu talento. Porque, de fato, nem atriz propriamente ela é. Atriz é alguém que se especializa em não ser nunca duas vezes a mesma pessoa. Alda Garrido não tem nada disso: os seus recursos de técnica teatral, de caracterização psicológica, são dos mais precários. Em compensação, possui qualquer coisa de muito mais raro: uma personalidade genuinamente cômica. Quando representa a graça não está nunca na personagem: está na intérprete, no que esta possui de inconfundível, de inimitável. O que admiramos não é a peça, mas a própria Alda Garrido, com o seu grão de irreverência e de loucura, que lhe permite comportar-se sempre da maneira menos convencional possível, e também com o seu grão de inesperado bom senso, que a faz sempre achar a resposta mais desconcertantemente terra a terra, mais prosaicamente adequada.

Alda Garrido, muito mais do que atriz, é uma grande excêntrica, a exemplo desses cômicos de cinema e de teatro musicado norte-americano – um Groucho Marx, um Danny Kaye. Preservar a sua originalidade deveria ser o primeiro cuidado dos que a rodeiam. Todos deveriam conspirar não para constrangê-la, não para reduzi-la à medida comum, não para inibi-la sob falsos pretextos artísticos, mas, ao contrário, para libertá-la, para facilitar ao máximo a plena expansão da sua maneira de ser, único modo de ajudá-la a realizar algo de autenticamente seu. O ideal, no caso, seria encontrar um autor e um diretor que a compreendessem a fundo, escrevendo e dirigindo-a tendo em vista as peculiaridades do seu temperamento de atriz, temperamento constituído por uma parte de vulgaridade popular e três partes de extravagância pura e simples.

Fazer Alda Garrido representar "Mme. Sans Gêne", reconstituir uma época aristocrática, uma sociedade de príncipes e duquesas (embora príncipes e duquesas de origem recente), por intermédio de uma companhia que até ontem só representava traduções de "chanchadas" espanholas, é criar situações de um cômico que seria irresistível se não fosse dolorosamente involuntário. Por felicidade, em algumas cenas, Alda Garrido ousa mandar às favas a peça e ser ela mesma: na recepção às princesas, por exemplo, quando resolve bater a cauda de veludo do vestido como se fosse um tapete usado – por causa das pulgas, explica – ou quando se refere, desdenhosamente, aos *lacraios* do palácio. Nesses poucos momentos de frenesi e libertação cômica chegamos até a esperar a entrada repentina de Cantinflas como Napoleão Bonaparte, único imperador digno de dar réplica a esta Mme. Sans Gêne, cuja *sans gêne* nem o próprio Sardou teria jamais coragem de imaginar. Infelizmente, o ator que entra em cena está certo de que é Napoleão mesmo, e perde-se assim, como das outras vezes, esta excepcional oportunidade de transformar a envelhecida comédia francesa numa criação realmente nova e engraçada.

(1952)

3. Uma Certa Dercy

Após Alda Garrido, Oscarito. Após Oscarito, Dercy Gonçalves. Parece que uma onda de respeitabilidade burguesa, de decoro artístico tomou conta de nossos cômicos. Em plena maré de êxito, com o público a seus pés, arrepiam carreira, trocam a malícia grossa da revista pela relativa distinção da comédia, como essas pessoas que, na primeira oportunidade, abandonam a profissão menos nobre que lhes deu fama e fortuna. Haverá sabedoria nisso? Por um lado é compreensível e humano o que acontece com eles: a nossa revista não é lá coisa que satisfaça mesmo a ninguém. Mas, por outro, não sabemos até que ponto dará certo, como solução permanente, essa tentativa de impor à comédia outros hábitos, outro tipo de comicidade, a comicidade caricata – casando-se, num arranjo de última hora, a improvisação, a insubmissão cômica da revista com a placidez, a disciplina artística, do teatro propriamente dito. Seria mais justo, talvez, melhorar a revista, dar-lhe o que ela ainda não possui, sem renegá-la de todo. Em arte, nunca é demais repeti-lo, não há gêneros superiores e inferiores. Um artista pode crescer ao infinito dentro de que gênero for: do circo, como os Fratellini; do *music-hall*, como Grock; da pantomima cinematográfica, como Carlitos.

Dercy, por exemplo, ainda não se desprendeu da revista – e para o seu bem não deverá se desprender nunca. No dia em que aprender a representar como as outras, normalmente, estará liquidada. Passando para a comédia, continua uma atriz engraçada, às vezes engraçadíssima, mas tudo o que há nela de bom pertence ao imprevisto, ao impremeditado, ao extemporâneo – não a peça. Esta tem uma história curiosa. No início, foi um conto de Somerset Maugham. Depois, uma adaptação teatral norte-americana. Depois, uma readaptação francesa. Depois, uma tradução brasileira. Mas de nada valeram os esforços desses quatro ou cinco cavalheiros bem-intencionados no sentido de criar uma peça. Dercy os ignorou a todos, não permitindo qualquer interferência alheia, enfrentando diretamente o seu velho parceiro e antagonista, com que ela se acostumou a dialogar cada noite – o público. Em vez de *Uma certa Viúva*, tivemos, como sempre, uma certa Dercy. Todo o espetáculo é uma luta desigual entre a intérprete e o texto, em que este faz triste figura. A peça procura resistir, aqui e ali, discretamente. Mas a atriz destrói todos os efeitos, dramáticos ou cômicos, previamente preparados – e não poderia fazer por menos, se quisesse subsistir. Se o galã, por exemplo, entra para a grande cena do terceiro ato, estacando fatidicamente alguns segundos junto à porta, conforme a sábia marcação do encenador, Dercy não resiste, exortando-o solicitamente: "Pode entrar. Está esperando passar os préstitos?". Se o autor, sem consultá-la, transforma-a inadvertidamente numa grã-fina da mais alta sociedade de Londres, envolta numa capa escarlate riquíssima, pronta a partir para o baile, fala mais alto o bom senso popular: – "Será que eu, assim de Rei Momo, ele vai gostar?". E se a cena não possui nada, absolutamente nada de hilariante, há sempre a oferecer ao público a sua técnica de tomar chá, comer biscoitos ou falar alto, tudo com grande intensidade e ao mesmo tempo.

Dos destroços da peça e da direção, surge alguma coisa que tem tanto de britânico quanto o Grande Otelo de bailarina russa: uma graça brasileiríssima, que nos vem, em primeira mão, do circo, da bufonaria das ruas, e que freqüentemente nos surpreende pela comicidade, pela espontaneidade e autenticidade da invenção popular, se não pelo espírito.

Uma certa Viúva tem uma grande vantagem: é unicamente Dercy Gonçalves, sem as caceteações habituais da revista, podendo ser ouvida pelas famílias, coisa surpreendente que ela mesma não deixa de relembrar ao público de vez em quando. Mas nos faz imaginar o que não seria um espetáculo em que a sua capacidade de improvisar, a sua euforia de representar e de ser engraçada, fosse apenas o prolongamento de uma atmosfera geral criada pela peça.

(1954)

4. Folies Bergère

Para muita gente, a estréia do *Folies Bergère* deve ser o fato teatral mais importante do ano – se não for do decênio ou do meio-século. Algo assim como o ponto mais alto das comemorações artísticas do quarto centenário. Há toda uma multidão, que foge habitualmente do teatro como o diabo da cruz, pronta a enfrentar uma fila de cinqüenta metros e a gastar duzentos, trezentos, quatrocentos cruzeiros, desde que haja uma ligeira esperança de "nu artístico", expressão em que a palavra artístico, como todos sabem, não passa de gentil eufemismo de linguagem. A nós pessoalmente – pedimos desculpas aos leitores pelas nossas preferências – a revista não é dos gêneros que mais falam à alma e ao coração. Até cometemos o crime de ignorá-la comumente, porque seria cacete criticar desfavoravelmente a todas elas – e sempre pelos mesmos motivos.

Folies Bergère é exatamente o que se espera; nem mais nem menos. Não surpreende, não deslumbra, e também não decepciona. Para tomar um termo de referência conhecido de todos, diríamos que é um espetáculo de Walter Pinto, não em ponto maior, mas com mais gosto e homogeneidade. Como "estrelas", não mais do que três ou quatro – nada de extraordinário. Como *girls*, um conjunto cuja maior vantagem sobre as nacionais está, não na beleza ou na idade, mas no saber andar, na presença e experiência de palco. E é evidente que os *boys* entraram para o teatro pela mesma razão que os daqui.

Com semelhante material humano, pouco tirariam os nossos empresários e é precisamente a partir deste momento que os franceses ganham longe. A disciplina é maior, o ritmo se faz sentir, as idéias estão mais trabalhadas, não há tantos pontos mortos, tanto desnível entre um quadro e outro. Cenários, representação, canto, dança, tudo está mais ou menos no mesmo plano, conservando outra coesão, formando um espetáculo, no conjunto, muito mais firme e atraente. O segredo, portanto, é a melhor direção, o melhor aproveitamento, não a maior riqueza de artistas ou de recursos materiais. Ainda a favor – ou a desfavor, como quiserem – do espetáculo francês está a sua limpeza. Talvez por não haver parte cômica (o obstáculo da língua, bem ou mal, foi julgado intransponível para as platéias sul-americanas) não há nele nada de sujo ou desagradável. A própria nudez é apresentada simplesmente e perde um pouco do sabor pela repetição: depois de quatro ou cinco desfiles, a platéia já começa a ficar meio indiferente, meio cansada, e só vibra de verdade, paradoxalmente, com um número de exercício acrobático, de excelente classe.

Quanto ao espírito, não há grande diferença. Na França, como no Brasil, a revista parece guardar, no fundo, uma espécie de ingenuidade, de nostalgia da pureza. Se num momento recorre aos nosso piores instintos, no momento seguinte procura redimir-se: lá vêm Georges Sand e Alfred de Musset (um *boy* de casaca azul, com uma barba loura posta às pressas), Josefina e Napoleão Bonaparte, Mme. Walewska e Berlioz, num tributo sincero e discreto à cultura histórica e artística da platéia. Numa revista nacional, a apoteose de fim de ato era – adivinhem! – uma delicada homenagem à castidade feminina. No espetáculo francês, há a evocação dos vitrais de uma igreja, enquanto vultos negros empunham círios e uma voz, que não ousa pronunciar as palavras, entoa a Ave-Maria. Assim, quem sabe, os nossos pecados, artísticos ou outros, serão perdoados.

A revista parece conservar também, curiosamente, uma nostalgia secreta das outras artes maiores: é o *ballet* dos que não vão ao *ballet*, a ópera dos que não suportam quatro horas de ópera, a idéia cômica não desenvolvida, reduzida a *sketch*, a riqueza e a suntuosidade dos que se contentam com o dourado, o prateado, as jóias enormes e falsas, as plumas de meio metro, tudo o que brilha e ofusca. A aparência vistosa, aparatosa, é toda a herança que recebeu das artes plásticas. E a variedade, a sua única regra estética, porque se dirige a um público de atenção instável, como as crianças, que, para se manter desperto, precisa, de cinco em cinco minutos, de ver e ouvir alguma coisa nova.

(1954)

5. Porgy and Bess

Catfish Row foi, a princípio, um bairro negro, em Charleston, na Carolina do Sul. Mas, hoje em dia, para o mundo inteiro, é uma terra criada pela imaginação literária de Du Bose Heyward e pela inspiração musical de George Gershwin, uma região estranha e pitoresca, como nunca existiu, nem provavelmente jamais existirá outra igual. A realidade, para se transformar eventualmente em arte, passou por três processos disciplinadores, por três graus sucessivos de estilização: o romance, a peça de teatro e a ópera. É provável, portanto, que da verdadeira realidade pouco tenha ficado – porém não é essa, precisamente, a mais alta função da arte, a de competir não só com o registro civil mas, se possível, com o próprio trabalho do Criador? Se esses pobres pescadores desaparecessem, agora, com a forma eterna que a ficção lhes deu, não seriam apenas alguns homens e mulheres que sumiriam da face da terra: toda a humanidade sentir-se-ia, artisticamente, um pouquinho menos rica e feliz.

Em *Catfish Row*, conta-nos Du Bose Heyward e Gershwin, há duas ou três palavras de ordem, sílabas mágicas, de poder encantatório. "Police!" é uma delas. Basta pronunciá-la para estabelecer, numa rua alegre e movimentada, de um instante para outro, o mais absoluto silêncio, a mais perfeita tranqüilidade. Ninguém ouviu nada, ninguém sabe nada, todos estiveram de cama, doentes, pelo menos durante os três últimos dias e as três últimas noites. Outra palavra extraordinária é "Pic-Nic": alguém imediatamente surge à janela, um segundo começa a bater o compasso, um terceiro ensaia uns passos de dança e, num átimo, sem que tenhamos tempo para nos recuperarmos de nossa surpresa encantada, é toda a rua que entra em delírio, num pandemônio de ritmos musicais e coreográficos. O que importa, no palco, não é tanto esta ou aquela figura isolada, mas o sabor dessa intensa vida em comum, que é uma das poucas prerrogativas dos pobres. A encenação de Robert Breen faz funcionar *Catfish Row* com a cronometria de um mecanismo de precisão e com a graça e a espontaneidade dos organismos vivos. Parece que estamos ouvindo pulsar, a cada momento, o coração da comunidade, marcando os instantes de alegria e de tristeza coletivas.

A mesma total e absoluta fusão observa-se a propósito dos meios empregados: nunca se pode dizer exatamente quando a palavra se transmuda em canto ou quando o gesto passa a ser dança. O que vemos são sentimentos humanos, situações dramáticas exprimindo-se indiferentemente, conforme as circunstâncias, pela orquestra ou pela frase declamada, pelos efeitos de luz ou pelos gestos largos e exuberantes, pelos movimentos de conjunto ou pelos solos musicais. A representação nunca é propriamente bailado, nunca exclusivamente teatro. Daí não se pedir vozes excepcionais, e sim, em primeiro lugar, atores, mas atores que saibam também cantar e dançar. Realiza-se assim o ideal da ópera, compreendida como fusão de todas as artes, ideal comprometido, no melodrama italiano, por duas graves capitulações históricas: a primeira em favor da música, com sacrifício da ação dramática, e a segunda, já no romantismo, em favor do intérprete, com prejuízo da própria música. Para todos aqueles que não reconheceram a velha ópera neste novíssimo espetáculo a resposta é uma só: essa é a verdadeira tradição da ópera, nascida, conforme todos sabem, dentro do teatro (e não da música), como uma tentativa para ressuscitar a tragédia grega.

Porgy and Bess é um prodígio de realização, que não seria possível sem o desenvolvimento técnico, realmente excepcional, do teatro norte-americano, e sem as suas pesquisas no campo do teatro musicado. Se algum dia a ópera renascer, começam a perceber os críticos, será nos Estados Unidos – e a presente encenação da obra de Gershwin, nesse sentido, é o coroamento de uma tendência que se vem acentuando nas últimas décadas. Mas esta história do amor entre um negro aleijado e uma negra submetida a todas as tentações do mal – das mais brutais, como *Crown*, as mais sofisticadas, como *Sporting Life* – não dá ensejo apenas a um extraordinário e inesquecível espetáculo. É obra de arte igualmente – e aqui entra o mérito do *libretto* e da partitura. A unidade da peça é dada pela unidade da inspiração literária e musical, ambas alimentadas pela mesma única e generosa fonte. A maior presença de *Porgy and Bess*, em última análise, é a de uma raça – a negra – incrivelmente bem-dotada para as artes do espetáculo, em particular para a dança e para a música, trazendo o ritmo no sangue, uma raça teatral por natureza, gostando de se expandir, de se manifestar fisicamente, com um prazer quase infantil, com uma vitalidade e liberdade de movimentos quase primitiva. Se não há, na peça e na representação, nenhum traço de realismo menor, há, contudo, este contato fecundo com a vida e com a realidade dos homens. Os mitos poéticos da população negra, do Sul dos Estados Unidos, sustentam constantemente a trama literária, da mesma forma que a trama musical se apóia sobre a matéria riquíssima dos *blues* e dos "negro spirituals". É isso que dá a obra de Du Bose Hayward e George Gershwin o seu significado humano e a sua categoria artística.

Todos têm alguma coisa a admirar, a aprender, em *Porgy and Bess*: o músico, o encenador, o ator, o cenógrafo, o coreógrafo, o iluminador, o poeta. E para o público, trata-se da mais rica e imaginosa diversão que se possa desejar.

(1955)

6. Hoje Tem Goiabada...

Há de novo um circo em São Paulo. Não o circo sedentário, cansado de aventuras, instalado comercialmente na vida, resignado a viver das sobras do teatro e do rádio, a que já nos vamos acostumando no Brasil. Mas o circo de ontem e de sempre, o circo de cavalinhos, com animais raros, trapézios volantes, chineses malabaristas, mulheres forçudas e homens de meio metro – ou dois metros e meio.

Há coisas maravilhosas criadas pela imaginação e pelo esforço do homem. Assim o *ballet*, povoado por seres estranhos que desafiam as leis da gravidade com um sorriso de indiferença no canto da boca. Ou a ópera, que consegue arrancar sons espantosos da garganta humana. Nenhuma delas, entretanto, é tão singular materialmente como o circo. Já a bilheteria não é bem uma bilheteria: é uma carroça, montada sobre as suas quatro rodas, com duas janelinhas para a rua. Os indicadores de lugares, solícitos e anônimos, irão dentro de alguns minutos enfrentar leões ou montar no dorso dos elefantes. E à nossa frente, surgem uniformes flamejantes, aparelhos únicos, inimagináveis, feitos de metal e veludo vermelho, desdobrando-se inesperadamente em argolas, presilhas, laços, maravilhas de gratuidade esportiva que só ganham sentido quando manejados pela igualmente fantástica humanidade que habita o picadeiro.

Quando a função começa, a própria rigidez do ritual, em que cada gesto de apresentação ou agradecimento mostra ter sido trabalhado pacientemente por dezenas de gerações, adverte-nos de que estamos em presença de uma cerimônia grave, quase religiosa. E, na verdade, somos pouco a pouco transportados para um mundo diverso e mais perfeito do que o nosso. A ginástica, por exemplo, deixa de ser essa coisa ridícula, de esticar e encolher os braços: trata-se, no mínimo, de vergar o corpo para trás até encaixar a cabeça entre os tornozelos. Toda exibição de força deve ser feita com músculos inconfessáveis, insuspeitados. Um chapéu só pode ser logicamente sustentado na ponta do nariz, uma cadeira equilibra-se num único pé, as mãos foram feitas para segurar cinco objetos ao mesmo tempo, e, já que tocamos no assunto, não há motivo nenhum para que tais operações não sejam realizadas sobre um fio de arame suspenso a alguns metros do solo. Com surpresa, começamos a compreender, que as articulações existem para serem desarticuladas, os músculos para se atrofiarem ou se hipertrofiarem, a espinha dorsal para que a guardemos numa caixa depois de dobrá-la cuidadosamente três ou quatro vezes sobre si mesma. A música também pode participar da cerimônia, mas sob condições: que o instrumento seja uma enfiada de garrafas vazias ou uma bomba de encher pneumáticos. Se tivermos mesmo de suportar um violino, que este, ao menos, possua uma corda só, e seja tocado de costas e de cabeça para baixo (isto é, o violino ou o músico, indiferentemente).

Ao sortilégio nem os animais escapam: os cães resolvem problemas de aritmética, os elefantes comem balas de coco enquanto pousam elegantemente sobre uma das patas, e os reis das selvas, coitadinhos, desfilam obedientes, pulando arcos e caixões, como bons colegiais numa aula de educação física, amedrontados e dominados, ao que parece, por uma cadeira de palhinha brandida inocentemente no ar. Sem contar que o circo, em matéria de bichos, revela uma simpática preferência pelas *gaffes* da natureza: referimo-nos, por exemplo, a bichos cujo corpo e cabeça são apenas as duas extremidades de uma parte preciosa e essencial chamada pescoço (sim, a girafa existe: meninos, eu vi!).

Está claro que somente os loucos e as crianças são verdadeiramente dignos de espetáculo tão portentoso: se não estivéssemos desde a infância acostumados a presenciá-lo periodicamente, morreríamos de susto, de incredulidade, de vergonha pela miserabilidade da nossa imaginação, e seriamos enterrados em nome da razão, da lógica e do bom senso. E ainda agora são elas, as crianças, que nos amparam em nossos momentos difíceis de dúvida e perplexidade. Para recuperar, entre prodígios tais, toda a nossa segurança de pessoa adulta, basta reparar o olhar de compreensão que lhes ilumina o rosto ao contemplar o homem de *maillot* que, no alto da pirâmide humana, com o riso nos lábios e bandeirolas na mão, executa alegremente, em tempo de valsa, uma série de manobras que não seríamos capazes de repetir nem em terra firme, auxiliados por dois prestimosos professores de ginástica sueca. Pela primeira vez, elas estão vendo o mundo tal como haviam sempre tido a secreta certeza de que era na realidade. Nada daquilo que os grandes tinham dito, não. Mas, de fato, "a aventura de tal modo inconseqüente", pressentida e jamais alcançada pelo poeta.

(1952)

O Exercício do Pensamento Teatral

Meu contato com Décio de Almeida Prado amiudou-se no "Suplemento Literário". Não me lembro por que, ou por intermédio de quem, convidou-me a colaborar nestas páginas do então, como hoje, prestigioso jornal *O Estado de S. Paulo*. Eu já o conhecia por alguns encontros anteriores no Nick Bar, o local que Joe Kantor havia criado junto ao TBC e que concentrava, sobretudo após as sessões teatrais, não só atores, diretores, cenógrafos e gente ligada às atividades da cena ou celebridades que passavam por São Paulo, como artistas plásticos, escritores, jornalistas, intelectuais e não poucos espectadores e fãs.

Como muitos (que hoje não devem ser tantos assim) hão de se lembrar, esse bar, após os espetáculos, era não só um local de animadas conversas que saltavam de mesa em mesa, como uma espécie de vitrina de talentos e belezas. Nesse ambiente, é claro que, na maioria das vezes, não dava para trocar nem desenvolver grandes idéias; mas, comentários maliciosos, epigramas espirituosos e observações críticas, a propósito do que ocorria dentro e fora do tablado, no TBC, assim como de outros palcos da vida, não só no Brasil, eram uma corrente contínua que eletrizava a atmosfera, elevando-a como que acima do cotidiano e perpassando-a de uma efervescência lúdica. Décio, apesar de seu porte altaneiro e fisionomia tendente ao circunspecto, sentia-se perfeitamente à vontade neste ambiente de toque boêmio. Podia-se ver que sua relação com as pessoas, sempre mediada pelo código de boas maneiras que lhe era peculiar e que criava desde logo uma certa distância cortês, encontrava no seu gosto pela conversação e no seu senso de humor as formas de uma comunicação fácil e descontraída, independentemente do tema em discussão e mesmo quando tinha por interlocutor alguém que fora alvo de um reparo do crítico. Não obstante, por maior que fosse a animação do papo, havia sempre uma reserva de contenção e ironia que o mantinha em domínio próprio e que muitos chamavam de "o ar de lorde inglês do Décio".

Este jeito de ser, na medida em que fui percebendo-o, me trazia uma certa perplexidade. Leitor de suas críticas e, anteriormente, de alguns números da revista *Clima*, tendo acompanhado apenas de muito longe o seu trabalho no teatro universitário, a imagem que eu formara de sua personalidade intelectual, de um lado não se ajustava bem ao que me era dado ver, embora, de outro, revelasse nela o largo espectro de sua dimensão humana.

De toda maneira, se nesta abertura o envolvimento com a filosofia, a política, a estética e a literatura de alto coturno podiam coabitar, entre outras entregas, com a paixão pelo teatro como jogo e pelo futebol, não deixa de ser menos verdade que o seu discurso crítico, pelos princípios e pontos de vista defendidos explícita e implicitamente, foi tido como representação quase oficial não só de um certo teatro (o TBC), como de uma certa forma de fazer teatro. Patentear-se-ia mais tarde, por sua postura em relação a grupos como os do Arena (que nasceu de uma sugestão de Décio de Almeida Prado a José Renato) e do Oficina (cujo trabalho na maioria das vezes mereceu o seu estímulo), que este modo de encará-lo era limitativo.

Efetivamente, havia espaço em seu espírito para a ampliação da ousadia literária e cênica a extremos nada morigerados, aristocráticos ou burgueses ou proletários. O que, no entanto, não cabia nele era um teatro que, embora antiteatro, por exemplo, não se entendesse como arte e, sim, simplesmente como vida ou negasse, em suas negações, a determinação em última análise se não racional ao menos ética da condição humana. Isto por certo se prendia a uma cena baseada no poder significativo, expressivo e reflexivo da palavra, o que implicava uma teatralidade essencialmente ancorada na dramaturgia, isto é, no texto, na medida em que, embora a arte do teatro não se reduzisse ao escrito da peça, só ele, ou pelo menos prioritariamente ele, poderia estruturar e objetivar em unidades coerentes, formais e estilísticas, os elementos contraditórios da experiência, da ação, do pensamento, da emoção que devem ganhar representação na linguagem dramática. Existia, pois, em Décio de Almeida Prado uma constante ou, se se quiser, uma afinidade eletiva, sensível tanto em sua maneira de dizer como na de escrever (em que vinha claramente à tona), e que o aproximavam de uma estética mais apolínea, derivada de análises com distanciamento crítico e calcada em avaliações de forte peso literário.

Todavia, por relevante que seja apontar os fundamentos de suas leituras dos espetáculos, parece-me que um fato deve ser sobreposto, no que concerne à função por elas desempenhada no movimento de renovação do palco brasileiro. Trata-se, em todas essas manifestações, da operação de um pensamento teatral sólida e sistematicamente organizado e exposto, que deu origem aqui, como nenhum outro antes, a uma consciência crítica em nosso teatro e que se constituiu em um dos fatores do processo de busca de uma identidade específica, sob as mais diferentes formas que esta veio assumir. Este papel, realçado posteriormente pela obra histórica e ensaística do professor e pesquisador, legitima as expressões de reconhecimento com que se tem tentado honrar a sua memória. Décio de Almeida Prado foi o mestre do moderno teatro brasileiro, na medida em que lhe ensinou a pensar-se criticamente e a discutir seus rumos e suas realizações ao compasso de suas filosofias estéticas.

J. Guinsburg

Índice Remissivo

ACHARD, Marcel – 211, 213, 281, 315
Aconteceu às 5 e Um Quarto – 203
Águia, O – 174
AIMÉE – 34
Álbum de Família – 4, 9, 10
ALBUQUERQUE, Elísio de – 102, 164, 204-205
ALENCAR, José de – 244
ALMEIDA, Guilherme de – 248-249
AMADO, Genolino – 183
AMADO, Jorge – 3, 93
Amanhã, se não Chover – 24, 61-64
AMARAL, Vicentina Freitas do – 225
AMAYO, Terezinha – 217
Am-Stram-Gram – 215
ANDERSON, Maxwell – 272
ANDRADE, Carlos Drummond de – 5, 57, 93, 234, 295
ANDRADE, Jorge – 97-103, 146, 148
ANDRADE, Mário de – 57
Anjo de Pedra, O – 25, 253-259, 262, 277, 286, 290
ANOUILH, Jean – 89, 217-220, 227-231, 281-285, 293-295, 296-299, 336
Antes do Café – 16, 65, 248

Antígone (de Anouilh) – 293-299
Antígone (de Sófocles) – 219, 293-299
ANTÔNIO JOSÉ – 333
ANTUNES FILHO – 205
ARAÇARI – 96
ARISTÓFANES – 35, 323
ARISTÓTELES – 41, 328
ARIZA, Francisco – 138
Arlequim, Servidor de Dois Amos – 230
ARNISCH, Hoffman – 118, 122-124
Arsênico e Alfazema – 257
ARTAUD, Antonin – 316
As Mãos de Eurídice – 65-68, 69
Assim é (Se lhe Parece) – 301-306
AUTRAN, Eny – 232, 303
AUTRAN, Paulo – 56, 58, 64, 74, 76, 290, 299, 302
AYMÉ, Marcel – 89, 334, 337
AZEVEDO, Álvares de – 347
AZEVEDO, Dionísio – 157
AZEVEDO, Odilon – 69, 128

BACON, Francis – 328
Baile dos Ladrões, O – 219

BALLONI, Armando – 157
BANDEIRA, Manuel – 8, 254, 263
Barbeiro de Sevilha, O – 333
BARCELOS, Jaime – 10, 192, 193, 196, 299
BARRAULT, Jean-Louis – XVIII, 137, 150, 313-332, 334, 348
BARROS, Fernando de – 53, 59
BARROSO, Maurício – 16, 25, 74, 206, 257, 258, 289, 299
BARRYMORE, John – 118
BASAGLIA, Flora – 146
BATISTA, Xandó – 138, 140
BATY, Gaston – 113
BAUDELAIRE, Charles – 4, 6, 246, 248
BAUER, Maria do Carmo – 146, 148, 153
BEAUCHAMP – 324
BEAUMARCHAIS – 283, 333, 334, 336, 340
BEAUVOIR, Simone de – 176
BECKER, Cacilda – 24, 26, 206, 241, 247, 250, 253, 256, 257, 258, 264, 267, 276, 299
BECKER, Henrique – 137
BECQUE, Henri – 21, 156
BELL, Renée – 217
BELLEZA, Newton – 309
BENTLEY, Eric – 222, 224
BÉRARD, Christian – 318
BERNHARDT, Sarah – 113
BERTIN, Pierre – 315, 318
BETTI, Ugo – 194-199
BIAR, Célia – 16, 244, 284
BILAC, Olavo – 41
BLAKE, William – 255
BLOCH, Pedro – 65-70, 89, 234
BOLÍVAR, Simon – 176
BOLLINI, Flamínio – 150, 289-290
BOURDET, Edouard – 336, 337
Bourgeois gentilhomme, Le – 341-344
Bouvard e Pecuchet – 33
BRANDÃO, Carminha – 225
BRASINI, Mario – 179
BRASSEUR, Pierre – 102, 315
BRECHT, Bertold – 140-143
BREEN, Robert – 358
BRETTY, Béatrice – 335, 338, 343

BRIANCHON, Maurice – 319
BRITO, Sérgio – 102, 121, 213, 231
BRUNO, Eleonor – 205, 206
BRUNO, Nicette – 202-206
BRUNOT, André – 315, 324
BUENO, Eduardo – 137, 140

CABRAL, Sady – 235
CAETANO, João – 117
CALDERARO, Luiz – 74, 263, 299, 303
CALVO, Aldo – 35, 240, 241, 298
CAMARGO, Aguinaldo – 25
CAMARGO, Joracy – 45-51
CAMINHA, Delorges – 217
CAMPANILE, Achile – 263
CAMUS, Albert – 176, 256, 297, 314, 315
Canção dentro do Pão, A – 81-83
Canto da Cotovia, O – 101, 102, 227-232
CARDOSO, Araci – 10, 179
CARDOSO, Lúcio – 85-88
CARDOSO, Sérgio – 12, 58, 82, 95-96, 117-120, 241-243, 244, 246, 247, 250, 259, 263, 276, 285, 290, 299, 321
CARIBÉ – 180
CARRARO, Tino – 273 n. 1
CARRERO, Tônia – 56, 64
CARVALHO, A. C. – 25, 263
Casa de Bernarda Alba, A – 221-225
CASONA, Alexandre – 210
CASTRO ALVES – 178, 347
CASTRO, Ed. – 70
Catfish Row – 357
Cegonha se Diverte, A – 215-217
CELI, Adolfo – 73, 92, 150, 245-246, 248, 250, 277-279, 295, 298-303
CERVANTES – 35
CEZÁN, Claude – 114
CHAGAS, Walmor – 309
CHAIA, Jorge – 309
CHAMARAT, Georges – 343
Chapéu de Palha da Itália, O – 31, 40
CHAPLIN, Charles – 8, 35, 80, 92, 250, 353
CHARON, Jacques – 338, 341, 343

CHESTERTON – 332
Chuva – 127-130
CLANCY, Jacques – 338, 341, 343
CLAUDEL, Paul – 85, 151-152, 281, 315, 323, 328-332
CLAUDIANO FILHO – 87
CLEMENTS, Randolph – 130
COCTEAU, Jean – 281
COELHO NETO – 57
COLE, Harry – 235
COLTON, John – 130
Com a Pulga atrás da Orelha – 101, 102
Conde de Monte Cristo, O – 114
CONSORTE, Renato – 303
Convite ao Baile – 219, 281-286, 336
COPEAU, Jacques – XX, XXI, 178
COQUELIN – 113
CORDEIRO, Flávio – 34
CORINALDI, Emanuel – 153
CORNEILLE, Pierre – 328, 340
CORREA, Guilherme – 205
CORRÊA, Sônia – 43
CORRÊA, Viriato – 79
CORSI, Benedicto – 75, 137, 142, 299, 303
COSTA, Cilo – 217
COSTA, Jaime – 61, 166, 167, 169-170, 173-174
COSTA, Túlio – 162, 288
COUTO, Armando – 56, 64, 91-92, 203
COUTO, Carlos – 121, 179
COWARD, Noel – 39, 204, 205
CRAIG, Gordon – 349
CREMIEUX, Benjamim – 272
Crime do Padre Amaro, O – 5
CROMMELINCK, Fernand – 180, 182, 183
Crown – 358
CURBAN, Lucila – 138, 140

DACQMINE – 324
Dama das Camélias, A – 31
Da Necessidade de Ser Polígamo – 34, 35-38
DANTAS, Júlio – 39
DANTAS, Francisco – 216, 235
DASTÉ, Marie-Helène – 315
DAUMIER – 6

DEBRET – 149
DECROUX, Étienne – 150
DE DIVITIS, Glauco – 16, 25
DEGRELY, Gabor – 234
DELACY, Moná – 102, 136, 140, 142-143, 303
DELFINO, Luiz – 38, 43
DELLA COSTA, Maria – 103, 228, 231, 290
Demônio Familiar – 244
Demorado Adeus, O – 138-140, 211
DESAILLY, Jean – 315, 320, 324, 327
Descoberta do Novo Mundo, A – 149-154
Desejo – 6, 8, 107-115
Deus lhe Pague – 45-51
DEVAL, Jacques – 76
DHERAN, Bernard – 324
Dias Felizes – 285
DICKENS, Charles – 66
Dilettante, O – 147-149
DINNER, W. – 192, 193
DIOGO, Maria Madalena – 146
Do Mundo Nada se Leva – 284
Don Juan – 317
Dorotéia – 9
DOSTOIEWSKI – 66, 287
Dous ou o Inglês Machinista, Os – 147-149
DUARTE, Walter – 179
DUBOUT – 263
DULLIN, Charles – 113, 316
DUMAS, Alexandre – 10
DUVAL, Liana – 137, 142
DUVAL, Roberto – 166
DUX, Pierre – 338

Ecole des femmes, Le – 341
Eletra – 230
Eletra e os Fantasmas – 55, 159-164
ELIOT, T. S. – 332
ELLIS, Havelock – 39
Endemoniada, A – 164
Entre Quatro Paredes – 25, 73, 245-249, 257, 298
E o Noroeste Soprou – 75-77
ESCANDE, Maurice – 335, 340, 343
Escriturário, O (Pantomima) – 143-145, 149

ÉSQUILO – 159, 160
Essa Mulher é Minha – 79-81
Exceção e a Regra, A – 141-142
EZIO, José – 87

FABRICIUS, Duílio de – 143
Falecida, A – 10-12, 13
Falecida Mrs. Black, A – 191-194
Falta um Zero nessa História – 172-174
Família e a Festa na Roça, A – 146-147, 149
FAURE, Renée – 335, 338, 340
Fausses confidences, Le – 315
FELIMONOFF, Ana – 87
Feliz Viagem de Trenton a Camden, A – 145-146
FERNANDES, Millôr – 32, 58, 89-92
FERREIRA, Bibi – 59, 233, 234
FERREIRA, Procópio – 48, 61, 79-81, 173, 235
FEUILLÈRE, Edwige – 315
FEYDEAU, Georges – 315, 323, 324
FÍDIAS – 57
FIGUEIREDO, Guilherme – 39, 53-59, 61
Filho Pródigo, O – 85-88
FISCHER, Jorge – 145, 146, 148, 153
FLAUBERT, Gustave – 33, 145
FLEURY, Tito – 164
Folies Bergère – 355-356
Fome, A – 314
FONTANA, Emílio – 153
Fourberies de Scapin, Les – 314, 317, 318, 319
FRANCINI, Mauro – 92, 309
FRATELLINI – 353
FREDDY – 38
FREGOLENTE, A. – 157
FREIRE, Gracinda – 235
FREIRE, Marina – 16, 74, 258, 289, 299
FREUD, Sigmund – 4, 39, 109
FRY, Christopher – XVIII, 57, 85
Fugitive Art, The – XVII
FURQUIM, Luiz – 137
FURTADO, Raimundo – 43

Gabinete do Dr. Caligari, O – 145
GALABRU, Michel – 343

GALILEU – 328
GARCEZ, Eduardo – 179
GARCIA, Clóvis – 185, 204
GARCIA, Léa – 87
GARCIA LORCA – 46, 222-225
"Garçonnière" de Meu Marido, A – 38-43
GARRIDO, Alda – 351-352
GAUDEAU, Yvonne – 335, 338, 343
GERSHWIN, George – 357-359
GIACCHIERI, Carlos – 251
GIDE, André – 314, 315, 332
GIL VICENTE – 56, 244, 333
GIRAUDOUX, Jean – 46, 57, 85, 89, 114, 115, 151-152, 323, 348
GOLDONI – 240
GONÇALVES, Delmiro – 16, 192, 193, 196
GONÇALVES, Dercy – 353-354
GONÇALVES DIAS – 142, 347
GONÇALVES, Flávio – 137
GONÇALVES DE MAGALHÃES, D. J. – 88
GONZAGA, Armando – 79
GONZALES, Serafim – 179, 232
GORKI, Máximo – 287, 288-290
GOULART, Milton – 185
GOULART, Paulo – 204, 205, 206
GRAÇA MELO – 9, 178-180, 183-185
GRACIANO, Clóvis – 149, 189
Grande duchesse de Gérolstein, La – 323
GRANVAL, Jean-Pierre – 320, 324
GRANVILLE-BARKER, Harley – 121, 122
GREENE, Graham – 332
GREGORI, Haroldo – 16
GRENIER – 137
GROCK – 353
GUERREIRO, Joseph – 258
GUITRY, Lucien – 113
GUY, Orlando – 157, 262
GUYE, Teresa Farias – 225

HAMEL, Wanda de Andrade – 263
Hamlet – 117-124, 247, 290, 320, 324
HAMSUM, Knut – 314
HELOU, Edith – 192
HELMAN, Lilian – 55, 85
HENREID, Elizabeth – 205, 258, 285, 289, 299, 309

HERBERT, F. Hugh – 203, 204
HERBERT, John – 213
HEYWARD, Du Bose – 357-359
HINGST, Sérgio – 140
HIRSCH, Robert – 338, 343
HODOS, Elizabeth – 38
HOUGHTON, Norris – 110
HUSSENOT – 137
HUXLEY, Aldous – 318

IBANEZ FILHO – 9, 179, 184
IBSEN, Henrik – 97, 186
Ilha das Cabras, A – 194-199
Imperador Jones, O – 187-189
Inconveniência de Ser Esposa, A – 26, 31-35, 37, 55, 91
INGE, William – 186
Ingênua até Certo Ponto – 201-204
Ingenuidade – 16, 25, 206-207, 257
Inimigos Não Mandam Flores, Os – 209
Inventor do Cavalo, O – 263, 284
Irene – 68-70

JACOBBI, Ruggero – 150, 162-163, 240, 241
JARDEL FILHO – 8
JARDIM, Celeste – 137
JARRY, Alfred – 32, 182
Jezabel – 217-220
Joan of Lorraine – 272
JONSON, Ben – 307-309
JOSÉ RENATO – 137, 139-140, 211-214
JOURDAN, Marcos – 137
JOUVET, Louis – 113-115, 150, 318, 334, 341
JOYCE, James – 17

KAFKA, Franz – 97, 143, 298, 314, 316, 330
KAYE, Danny – 352
KLEEMAN, Freddi – 25, 76, 258, 263, 303, 309
KOSMO, Wanda – 102, 232
KRUTCH, Joseph Wood – 109
KUSNET, Eugênio – 25, 231, 285

LABANCA – 179
LABICHE, E. – 31

LABISSE, F. – 315, 324
LALIQUE, Suzanna – 343
Lampião – 93-96
L' Annonce foite à Marie – 110
La reine morte – 338-341
LARROUMET, Gustave – 317
La seconde surprise de l'amour – 317, 319
LAUGHTON, Charles – 102
L' avare – 317
LAWRENCE, D. H. – 8, 39
LEÃO, Ester – 166, 170
LEBESQUE, Morvan – 149, 151-152
L' état de siège – 314
Life with Father – 79
Liliom – 131-138
LIMA, Luís de – 143, 148-151, 153
LINHARES, Luís – 75, 77, 121, 164, 290, 299, 303, 309
LINS DO REGO, José – 93
LISBOA, Dina – 138, 142, 197, 303
Little Foxes, The – 55
Livre de Christophe Colomb, Le – 151, 327-332
LOPE DA VEGA – 152
LOPES, Edmundo – 232
LUCIANO MAURÍCIO – 10
LUIZ TITO – 203, 204, 232
LULLI – 342

MACEDO, Kleber – 205
MACHADO, Lourival Gomes – 261
MAGALHÃES GRAÇA – 8
MAGALHÃES JR., Raimundo – 79-83, 157, 183, 204, 234
... Magnífico, O (Le cocu magnifique) – 180-184
MAGNO, Pascoal Carlos – 118, 225, 348
MAHIEU, Charles – 324
Mains sales, Les – 315-316, 325-327
Mais Forte, A – 65
Maître de Santiago, Le – 338
Malbrough s'en va-t-en-guerre – 314
MANOEL CARLOS – 231
MARCEAU, Marcel – 142, 150
MARCH, Frederick – 170
MARCUCCI, Orlando – 137

Margem da Vida, À – 132, 247, 253, 255
MARIA FERNANDA – 121, 124
Mariage de Figaro, Le – 333-336
MARIA LÚCIA – 75, 285
MARIVAUX – 145, 314, 315, 316-320, 324
MARTINS, Aldemir – 95, 96
MARTINS PENA, Luís Carlos – 56, 88, 146, 147-148, 149
MARX, Groucho – 213, 352
MARX, Irmãos – 32, 36, 263
MARZULLO, Dinorah – 70
MASCARO, Fernando – 185
Massacre – 175-180, 183
MATHEUS TORLONI, Geraldo – XXII, 137, 140, 145, 146, 148
MAUGHAM, Somerset – 49, 130, 354
MAURIAC, François – 89, 281
MAUROIS, André – 320
MAYER, Lourdes – 210
MAYER, Rodolfo – 67-68, 210
MEDEIROS, Anísio – 59, 87
MEIERHOLD – 113, 349
MEITNER, Lazlo – 64
MELVILLE, Hermann – 143, 149
MENANDRO – 58, 333
MENDONÇA, Marly – 148
Menina do Chocolate, A – 202
Mentiroso, O – 239-244, 247, 276
MERINOV, Vítor – 263, 285, 290
MESQUITA, Alfredo – XXII, 132, 134, 135, 136, 141, 142, 148, 348
MEYER, Augusto – 326
MEYER, Jean – 335, 337, 343
MILLER, Arthur – 97, 165-169, 170, 172
MILRAS, Leon – 109
Ministério de Perguntas Cretinas – 32
MÍRIAM CARMEN – 164
Misanthrope, Le – 317, 329
Mme. Sans-Gène – 351-352
MOACIR, Raquel – 25, 258, 263, 284, 303
MOLIÈRE – 8, 35, 90, 115, 146, 283, 314, 315, 316, 317, 333, 341-343
MOLNAR, Ferenc – 132-135, 138

MONROE, Marilyn – 202
MONTE, Paulo – 166
MONTEIRO, José Maria – 13
MONTENEGRO, Fernanda – 102, 217
MONTHERLANT, Henri de – 89, 281, 338-341
MORAIS, Conchita de – 69, 70, 127
MORAIS, Dulcina de – 70, 127-130, 225, 241, 348
MORAIS, Milton – 102, 231
MORAIS, Sônia de – 70
Moratória, A – 97-104
MORINEAU, Henriette – 216, 219, 241
Morre um Gato na China – 209
Morte do Caixeiro-Viajante, A – 165-172
MORUM, W. – 192, 193
Moscow Rehearsals – 110
MOUNET-SULLY – 294, 320
MOZART – 241, 320
Mulher do Próximo, A – 17-22
Mulher sem Pecado, A – 8-10
MUÑOZ SECA – 46
MUSSET, Alfred – 19

NASCIMENTO, Abdias – 87, 189
NAVARRO, Olga – 111, 155, 156, 157, 185
NEVILE, Edgard – 209
Nick Bar – 257, 277
NICOL, Madalena – 16, 164, 206, 241
NÍDIA LÍCIA – 58, 59, 82, 247, 258, 262, 284, 290, 299
Nina – 39, 155-157
NIVETTE, Suzanne – 338
NOGUEIRA, Odilon – 137
NONNEMBERG, Gustavo – 262
Nossa Cidade – 272
Novam Organum – 328
NUNES, Vera – 56, 64

Obrigada pelo Amor de Vocês – 209-210
Occupe-toi d'Amélie – 315, 323-325
OITICICA, Sonia – 12, 59
OLIVEIRA, Diná Rosa Borges de – 244-245
OLIVEIRA, Pernambuco de – 121, 124
OLIVEIRA, Thalma de – 185

OLIVEIRA, Waldemar de – 224, 225
OLIVIER, Laurence – XVIII, 313, 314
O'NEILL, Eugene – XI, XXI, 16, 46, 55, 108-109, 110, 112, 114, 118, 159-164, 187-189, 271
Oréstia – 160
Orfeu nos Infernos – 31
ORTHOF, Silvia – 197
OSCARITO – 353
Otelo – 182
OUDOT, Roland – 341
OUTIN, Regis – 324

PÃES LEME, Fernão Dias – 73
Paiol Velho – 22-29, 286, 290, 349
Palavras Trocadas – 142
PALMEIRIM – 61
Pancada de Amor – 39
Para onde a Terra Cresce – 71-75
Parisienne, La – 156
Partage du Midi, Le – 315
PASCAL – 254
PASCOAL, Armando – 137, 140
PATRÍCIA, Neli – 258
Pedido de Casamento, O – 250-251
PEDREIRA, Brutus – 309
Pega-Fogo – 25, 262-267, 277, 285, 286
PENA, Nilson – 82, 121
Pensador, O – 11
PENTEADO, Darcy – 148-149
PERA, Manoel – 127
PERDRIÈRE, Hélène – 335, 338, 341, 343
PEREIRA DE ALMEIDA, Abílio – 15-29, 39
PEREIRA, Zeni – 25
PERRIER, François – 327
PERRY, Carlos – 43
PESSOA, Fernando – 274
Petit hutte, La – 155, 156, 215
PETRILLI DE ARAGÃO, Rubens – 192-193, 195
PETROLINI – 36
PETRUCELLI, Luciana – 153, 230
Pif-Paf – 15-17, 18, 19, 20
PINHEIRO, Gustavo – 148, 153
PINHEIRO, Vanda – 81
PINTO, Walter – 355

PIRANDELLO – 33, 36, 65, 89, 94, 140-143, 166, 269-279, 301-306
PITOEFF – 113, 136
PLATÃO – 274
PLAUTO – 53, 283, 323, 333
Poética, A – 328
POLLONI, Sandro – 102, 227
PONGETTI, Henrique – 61-64
POPESCO, Elvira – 157
POQUELIN, Jean-Baptiste – 317
Porgy and Bess – 357-359
PRAXÍTELES – 57
Primeiro Comediante – 121
Procès, Le – 314
Puritano, O – 316

QUEIRÓS, Eça de – 35, 138
QUEIROZ MATOSO, Helenita – 16
QUEIROZ MATOSO, José de – 16
QUEIROZ, Rachel de – 93-96

RABELAIS – 35
RACINE, Jean – 50, 328, 340
Ralé – 287-291
Raposa e as Uvas, A – 56-59
Raquel – 261-262
RATTINGAN, Terence – 85
RATTO, Gianni – 101, 151, 230
RAW, Isaías – 148
Rei Édipo – 182
REINHARDT, Max – 113, 114, 348, 349
REIS, Dary – 70, 128
REJANE – 113
RENARD, Jules – 261, 262, 264, 266
RENAUD, Madeleine – 314-315, 319-320, 324
Respeitosa, A – 81
REY, Margarida – 192-193, 196
RIBEIRO, Milton – 25
RIBEIRO, Rejane – 164
RIPOLI FILHO, Líbero – 148
ROBINSON, Don – 145
ROBLÈS, Emanuel – 176-179
ROCHA MIRANDA, Edgard da – 71-77
RODRIGUES, Aparecida – 87
RODRIGUES, Hamilta – 81
RODRIGUES, Nelson – 3-13, 22, 39, 89, 347

RODRIGUES, Rosires – 77
ROMERO, Sílvio – 147
ROSA BORGES, Geninha Sá da – 225
ROSSANO, Herval – 235
ROUER, Germaine – 338, 343
ROUSSIN, André – 39, 89, 155-156, 215-216, 281, 323
RUGGENDAS – 149
RUI AFONSO – 16, 205, 285, 290
RUSSELL, Jane – 202

SALACROU, Armand – 89
SALCE, Luciano – 73, 150, 253, 256, 259, 261, 285
SAINTE-BEUVE – 318
SAMPAIO, Sérgio – 137, 140
SANTA ROSA, Tomás – 166, 170, 180
SARCEY, F. – 31, 335
SARDOU, Victorien – 352
SARTRE, Jean-Paul – 89, 175, 176, 245-247, 248, 249, 256, 281, 315, 325, 327
Scampolo – 202
SCATENA, José – 16
SCHNEIDER, Hortense – 323
Seconde surprise de l'amour, La – 314, 317, 319, 320
SEIGNER, Louis – 335, 337, 343
Seis Personagens à Procura de um Autor – 65, 73, 269-279, 286, 290, 298, 303
Senhorita Barba Azul – 233-235
SHAKESPEARE, William – 35, 46-47, 50, 57, 122, 146, 283, 321, 328, 341
SHAW, Bernard – 46, 50, 90, 225
SHERMAN, Maurício – 179
SILVA FILHO, Amandio – 231
SILVA, Mário da – 309
SILVEIRA, Miroel – 180
SILVEIRA SAMPAIO – 12, 31-43, 55, 58, 61, 89, 91, 92
SILVESTRE, Vicente – 96, 148
SÓFOCLES – 50, 159, 182, 219, 293-298, 328
Soulier de satin, Le – 151, 315, 329, 331
SOUSA, Jackson de – 8
SOUZA, Ruth de – 25

Sporting Life – 358
STANISLÁVSKY – XVIII, 349
SUAREZ, Laura – 34, 38, 43, 216
SURIAN, Léa – 303
SYNGE – 94

Tartuffe – 317
TAYLOR, Laurette – 205
TCHÉKHOV – 97, 186, 249, 250
TEMPLE, Shirley – 69
Temps difficiles, Les – 336-338, 340
TERÊNCIO – 333
THIBAUDET, Albert – 31, 75
THIRÉ, Carlos – 56
THURBER, James – 32
Tia de Carlito, A – 203
Tobacco Road – 108
Todos os Filhos de Deus Têm Asas – 187
TOFANO, Sérgio – 273 n. 1
TOJEIRO, Gastão – 234
TORRIERI, Diana – 273 n. 1
Trilogia do Herói Grotesco – 37, 38

Ubu-Rei – 182
Uma certa Viúva – 353, 354
Uma Mulher e Três Palhaços – 211-213
Uma Mulher em Três Atos – 89-92
Uma Rua Chamada Desejo – 216, 253, 255
Um Deus Dormiu lá em Casa – 53-56, 57
Um Imbecil – 140-141

VACCARINI, Bassano – 25, 26, 73, 197, 248, 256, 257, 262
VALÈRE, Simone – 315, 320, 324, 327
VAN DRUTEN – 207
VANI, Lídia – 9, 179, 184
VÃO GOGO – ver Millôr Fernandes
VASCONCELOS, Teófilo de – 38
VELLOSO, Ludy – 92
VENTURA, Antônio – 121
VERGUEIRO, Carlos – 25, 26, 74, 244, 248, 290
VERLAINE, Paul – 57, 248
VERNEUIL, L. – 225

Vestido de Noiva – 3-8, 9, 12, 13, 24, 43, 48, 113, 347, 349
VIANA, Wallace – 235
VILAR, Fernando – 12, 81
VILAR, Jean – 150, 151
VILAR, Léo – 12, 58, 82, 137, 309
VILLON, André – 210
VILLON, François – 248
VITOLD, Michel – 247
Volpone – 307-309
Volta, Mocidade – 184-186
Voz Humana, A – 65

WAGNER, Felipe – 76
Week-end – 204-205
WELLINGTON, Alec – 262
WEY, Waldemar – 74, 148, 243-244, 250-251, 258, 263, 285, 289, 302, 309
WILDE, Oscar – 90, 258
WILDER, Thornton – 143-146, 167, 272

WILLIAMS, Tennessee – 46, 97, 138, 139, 167, 211, 253-255, 256, 259
WILMA, Eva – 213
WEBER, Michel – 309
WORSLEY, T. C. – XVII

YACONIS, Cleide – 75, 263, 285, 289, 302, 309
YOUNG, Stark – 163

ZACCONI, E. – 321
ZAMPARI, Franco – 227
ZARA, Carlos – 96
ZIEMBINSKI, Z. – X, XI, XX, 6, 13, 22-26, 64, 73, 77, 107, 110, 111, 113-115, 118, 150, 178, 231, 241, 261, 263, 285, 288, 290, 309, 347-350
ZOLA, Émile – 21, 108, 109, 336
ZWEIG, Stefan – 308, 309

Sobre o Autor

1917 – Nasceu a 14 de agosto em São Paulo. Terceiro filho do professor de Medicina Antonio de Almeida Prado e de Zilda Junqueira de Almeida Prado.
1938 – Conclui o curso de Filosofia e Ciências Sociais, na terceira turma da então recém-criada Faculdade de Filosofia, Ciências e Letras da Universidade de São Paulo.
1939 – Participa como ator, na companhia de teatro amador de Alfredo Mesquita, da peça *Dona Branca*.
1941 – Forma-se em Direito, pela Faculdade de Direito da Universidade de São Paulo.
1941-1944 – Responde pela seção de teatro da revista *Clima*, tendo sido um de seus fundadores, juntamente com Alfredo Mesquita, Antonio Candido, Paulo Emilio Salles Gomes, Ruy Coelho, Lourival Gomes Machado.
1943-1948 – Constitui, com Lourival Gomes Machado, o Grupo Universitário de Teatro (GUT) e passa a dirigi-lo, estreando com a peça de Gil Vicente, *Auto da Barca do Inferno*, que tem Cacilda Becker como protagonista.
1946-1968 – Atua como crítico teatral, no jornal *O Estado de S. Paulo*.
1948 – Surge o Teatro Brasileiro de Comédia – TBC, com uma proposta artística que teve em Décio de Almeida Prado um de seus principais esteios intelectuais.
1948-1963 – Leciona na Escola de Arte Dramática, fundada por Alfredo Mesquita.
1955 – Participa, com o ensaio "A Evolução da Literatura Dramática", da coletânea *A Literatura no Brasil*, vol. II, dirigida por Afrânio Coutinho, publicada no Rio de Janeiro.

1955/ 1958/ 1961/ 1962/ 1966 e 1970 – Preside a Associação Paulista de Críticos Teatrais.

1956 – Publica *Apresentação do Teatro Brasileiro,* pela Livraria Martins Editora, São Paulo e é condecorado pelo governo francês com as "Palmes Academiques".

1956-1967 – Dirige o Suplemento Literário do jornal *O Estado de S. Paulo.*

1962/ 1967/ 1976 e 1977 – Preside a Comissão Estadual de Teatro.

1964 – Publica *Teatro em Progresso,* pela Livraria Martins Editora, São Paulo.

1967 – Recebe o Prêmio Brasil-Israel do Centro Cultural Brasil-Israel.

1968 – Participa, com o ensaio "A Personagem no Teatro", do conjunto de trabalhos de Antonio Candido, Anatol Rosenfeld e Paulo Emilio Salles Gomes, reunidos em *A Personagem de* Ficção, que inicia a coleção Debates, da Editora Perspectiva, São Paulo.

1968-1983 – Tem a seu cargo o curso de Teatro na disciplina de Literatura Brasileira da Faculdade de Filosofia, Letras e Ciências Humanas da Universidade de São Paulo.

1971 – Doutora-se em Literatura Brasileira, na Faculdade de Filosofia, Letras e Ciências Humanas da Universidade de São Paulo, com a tese sobre João Caetano.

1972 – Lança o livro *João Caetano – O Ator, o Empresário, o Repertório,* pela Editora Perspectiva, São Paulo.

1978 – Participa, com o ensaio "O Teatro Romântico: A Explosão de 1830", de *O Romantismo,* organizado por J. Guinsburg, Editora Perspectiva, São Paulo.

1979 – Colabora, com o ensaio "Leonor de Mendonça: Amor e Morte em Gonçalves Dias", para *Esboço de Figura – Homenagem a Antonio Candido,* Livraria Duas Cidades, São Paulo.

1984 – Presta o concurso de livre-docente junto ao departamento de Literatura Brasileira, na Faculdade de Filosofia, Letras e Ciências Humanas da Universidade de São Paulo.

1984 – Publica *João Caetano e a Arte do Ator,* pela Editora Ática, São Paulo.

1984 – Publica *Procópio Ferreira,* pela Editora Brasiliense, São Paulo.

1984 – Escreve o ensaio de interpretação "Teatro: 1930 – 1980", para o volume da *História Geral da Civilização* organizado por Boris Fausto, *O Brasil Republicano,* Tomo III, cap. XII, DIFEL, São Paulo.

1987 – É agraciado com o Prêmio Mambembe de Personalidade, no Rio de Janeiro, pelo INACEM.

1987 – Publica *Exercício Findo,* pela Editora Perspectiva, São Paulo.

1988 – Recebe o Prêmio Molière (Especial), no Rio de Janeiro e publica *O Teatro Brasileiro Moderno,* pela Editora Perspectiva, São Paulo.

1989-1993 – É membro do Conselho Editorial da *Revista – USP,* São Paulo.

1993 – Publica *Peças, Pessoas e Personagens,* pela Companhia das Letras, São Paulo.

1993 – Publica *O Teatro de Anchieta a Alencar,* pela Editora Perspectiva, São Paulo.

1995 – É publicado o livro *Homenagem a Décio de Almeida Prado,* pela União Brasileira de Escritores/SP e João Scortecci Editora, São Paulo.

1996 – Publica *O Drama Romântico Brasileiro,* pela Editora Perspectiva, São Paulo.

1997 – Lança a obra *Seres, Coisas e Lugares – do Teatro ao Futebol*, pela Companhia das Letras, São Paulo.

1997 – É publicado o livro *Décio de Almeida Prado: Um Homem de Teatro*, organizado por João Roberto Faria, Vilma Áreas e Flávio Aguiar, pela Editora da Universidade de São Paulo, São Paulo.

1998 – Recebe o Prêmio José Ermírio de Moraes da Academia Brasileira de Letras. Publica *História Concisa do Teatro Brasileiro*, pela Editora da Universidade de São Paulo, São Paulo.

1999 – Publica o ensaio "O Clima de uma Época", em Antonio Candido, *Pensamento e Militância*, organizado por Flávio Aguiar, Editora Fundação Perseu Abramo, São Paulo.

2000 – Publica o ensaio "Antonio Candido e a 'Pena da Galhofa'", em *Prezado Senhor, Prezada Senhora – Estudos sobre Cartas*, organizado por Walnice Nogueira Galvão e Nádia Battella Gotlib, Companhia das Letras, São Paulo.

2000 – Falece a 3 de fevereiro, em São Paulo.

A PERSPECTIVA DE DÉCIO DE ALMEIDA PRADO

A Personagem de Ficção (D01)
Exercício Findo (D199)
O Teatro Brasileiro Moderno (D211)
Teatro de Alencar a Anchieta (D261)
O Drama Romântico Brasileiro (D273)
João Caetano (E11)
Apresentação do Teatro Brasileiro Moderno (E172)
Teatro em Progresso (no prelo)

Impressão e acabamento:

ESCOLAS PROFISSIONAIS SALESIANAS
Rua Dom Bosco, 441 • 03105-020 São Paulo SP
Fone: (11) 3277-3211 • Fax: (11) 279-0329